LabVIEW

LabVIEW를 이용한
ARM 마이크로컨트롤러 제어

LabVIEW

LabVIEW를 이용한
ARM 마이크로컨트롤러 제어

이 책에서 사용된 예제는 ㈜스마트인스투르먼트 홈페이지
(www.smartin.co.kr) '고객지원 → 자료실'에서
다운로드할 수 있습니다.

| 장현오 지음 |

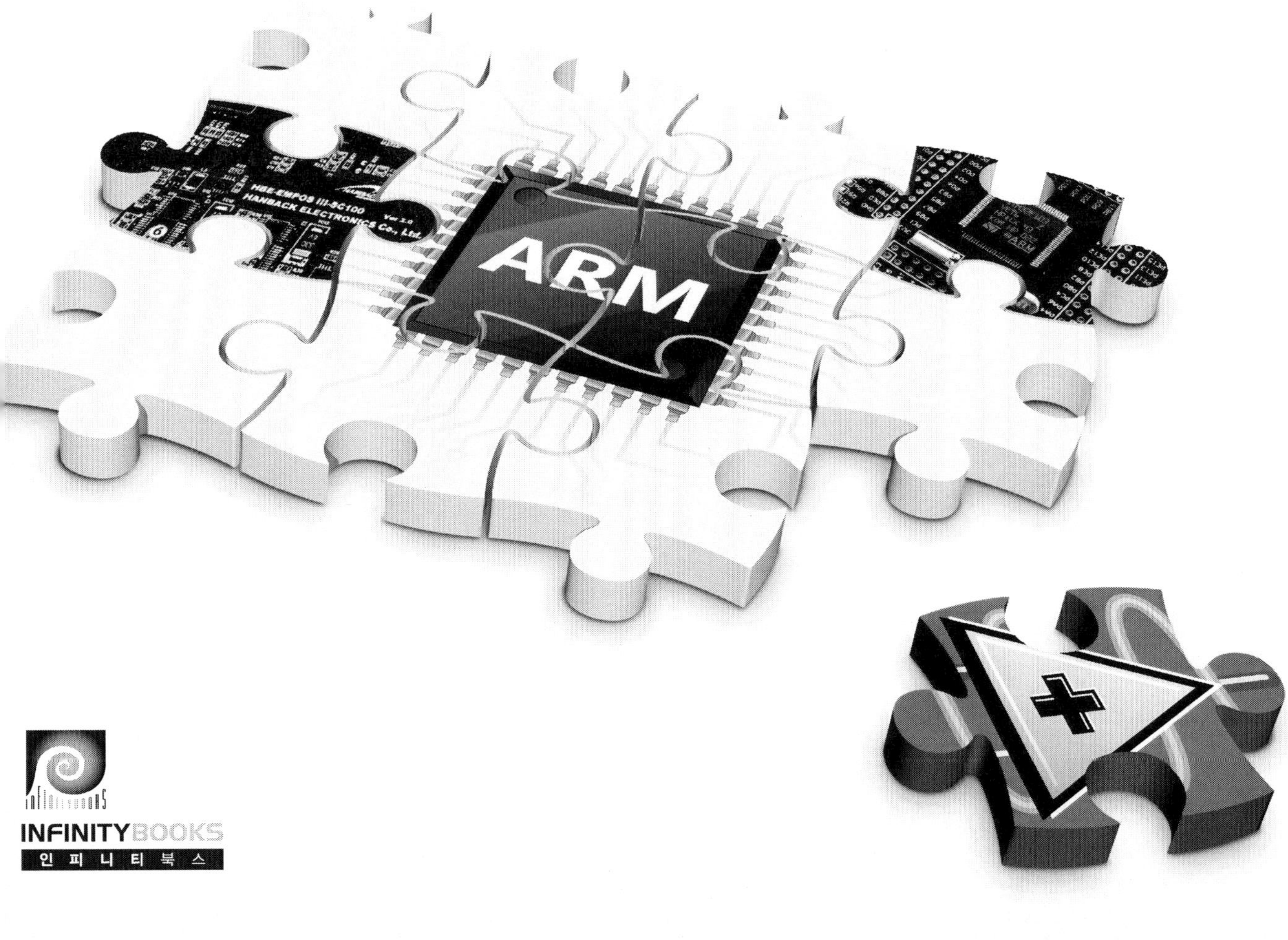

INFINITYBOOKS
인 피 니 티 북 스

머리말

LabVIEW는 1983년 내쇼날인스트루먼트에서 고안된 프로그램으로, 직관적인 그래픽 아이콘 및 흐름 차트를 사용하는 그래픽 기반 프로그램 언어입니다. LabVIEW는 고급 측정, 테스트, 컨트롤 시스템을 개발하기 위한 하드웨어를 제어할 수 있는 입 · 출력 드라이버 및 분석 함수를 그래픽 환경에서 제공합니다.

스프레드시트가 일반 사업 분야에 다양하게 도입된 것과 유사하게 LabVIEW도 디자인 테스트 및 생산 테스트 엔지니어가 쉽게 접할 수 있게 되었습니다. 스프레드시트 이전에는 단순한 통계 처리조차 COBOL과 같은 프로그램이 필요하였기 때문에 각 분야의 전문가들은 프로그래머의 도움을 받아야 했습니다. 하지만 스프레드시트의 도입으로 프로그램을 잘 모르는 사람들도 자신들의 전문 분야에서 필요한 연산 및 복잡한 데이터를 스스로 처리할 수 있게 되었습니다. 이와 유사하게 LabVIEW도 각 분야의 전문가가 최소한의 프로그램적 지식으로 문제를 스스로 해결할 수 있는 매우 강력한 툴을 제공하고 있습니다. 또한 스프레드시트가 발전을 거듭하듯이, LabVIEW도 매우 복잡한 소프트웨어 태스크를 해결할 수 있게 계속 진보하고 있습니다.

LabVIEW 임베디드는 그래픽 데이터 프로그램 기법을 새로운 임베디드 엔지니어가 적용할 수 있으며, 적용 분야는 NI 하드웨어를 이용하는 Real-Time 및 FPGA(Field Programmable Gate Array), 타사의 타겟을 이용하는 DSP, ARM 등으로 분류됩니다.

이 책은 Windows용 LabVIEW를 기본으로 작성하였으며, LabVIEW를 처음 접할 때 필요한 기초적인 내용부터 LabVIEW로 ARM을 제어하는 방법까지 광범위하게 설명하였습니다. LabVIEW 프로그램을 이해하고 어플리케이션을 개발하는 데 도움이 되기를 바랍니다.

㈜스마트인스트루먼트(www.smartin.co.kr)
장현오(hojang@smartin.co.kr)

목차

PART 02 LabVIEW 임베디드 ARM 마이크로컨트롤러 ············ 231

본 책자에 사용된 예제는 www.smartin.co.kr “고객지원 → 자료실”에서 다운로드 받을 수 있습니다.

PART 1

LabVIEW의 기초

LabVIEW를 이용한

ARM 마이크로컨트롤러 제어

CHAPTER 01

LabVIEW 프로그램의 소개

1.1 LabVIEW란?

LabVIEW®는 **Lab**oratory **V**irtual **I**nstrument **E**ngineering **W**orkbench의 약자로 프로그램을 그래픽으로 작성하는 일종의 프로그램 언어이다. LabVIEW는 텍스트로 작성하는 C, Pascal, Basic과 같은 고전적인 프로그램 언어와는 작성 방법이 다르다.

LabVIEW는 직관적인 그래픽 아이콘 및 흐름차트를 연상케하는 와이어를 사용하여 고급 측정, 테스트 및 컨트롤 시스템을 개발하기 위해 수백만의 엔지니어 및 과학자들이 사용하는 그래픽 프로그래밍 환경이다. LabVIEW는 수천 개의 하드웨어 디바이스와 최상의 통합을 제공하며 고급 분석 및 데이터 시각화를 위해 내장된 수백 가지의 라이브러리를 제공한다. 또한 LabVIEW 플랫폼은 여러 타겟 및 운영 시스템에서 확장이 가능하다.

LabVIEW는 다음의 블록다이어그램과 같이, 그래픽 프로그래밍으로 텍스트 라인 작성이 아닌 드래그 & 드롭, 그래픽 함수 블록방식을 사용한다. 또한 데이터흐름 표현방식으로 직관적인 흐름차트 표현방식을 통해 코드를 편리하게 개발, 유지, 이해할 수 있다.

블록다이어그램

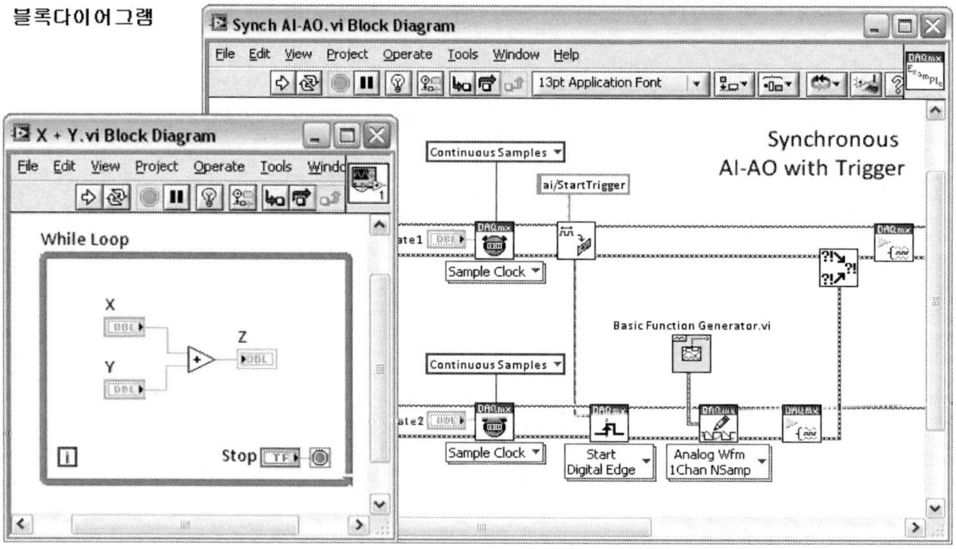

LabVIEW의 프런트패널은 데이터 값을 입력하고 블록다이어그램의 출력값을 표시하는 곳이다. 이처럼 LabVIEW는 사용자 어플리케이션을 쉽게 개발할 수 있는 기능을 내장하고 있기 때문에 생산성을 증대시킬 수 있다. 과학자, 엔지니어는 LabVIEW를 이용하여 짧은 시간에 시스템에 관련된 프로그램 작성, 디자인, 수정 등을 프로그래머의 도움 없이 작성할 수 있다.

프런트패널

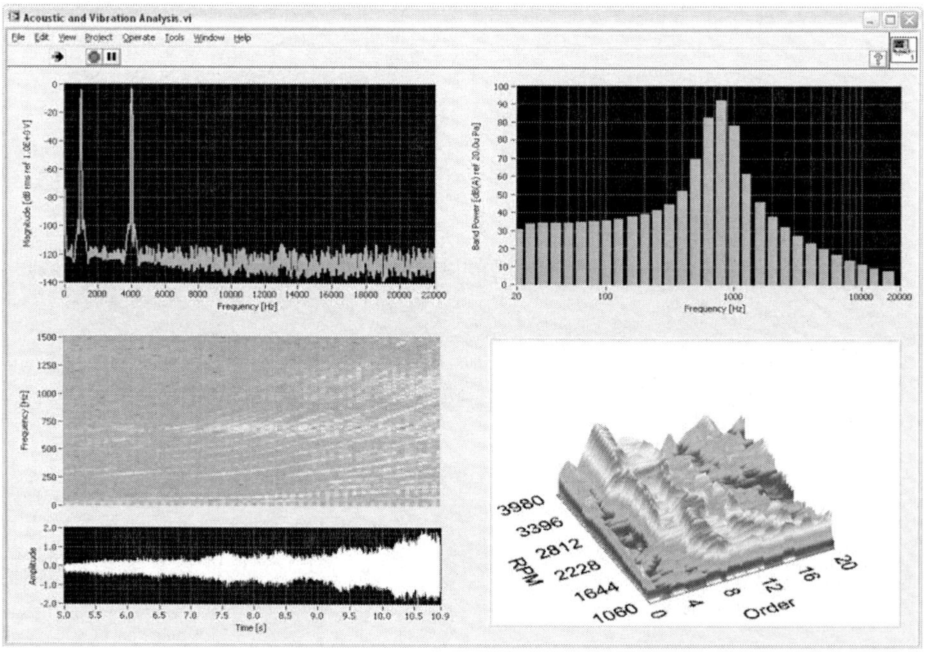

1.2 LabVIEW 임베디드 개발 소프트웨어

NI 그래픽 기반 시스템 디자인 플랫폼은 NI LabVIEW와 모듈형 상용 하드웨어로 구성되며, 임베디드 시스템을 설계, 프로토타이핑 및 배포하는 기능을 통해 개발 비용을 절감하고 시장 출시 시간을 단축할 수 있다. 전자동 차량, 의료기기, 산업용 머신, 재생 에너지, 그린 엔지니어링 솔루션 또는 기타 직접 정의한 디바이스 설계 시 NI 임베디드 플랫폼을 활용하면 임베디드 디자인 비용을 절감할 수 있다.

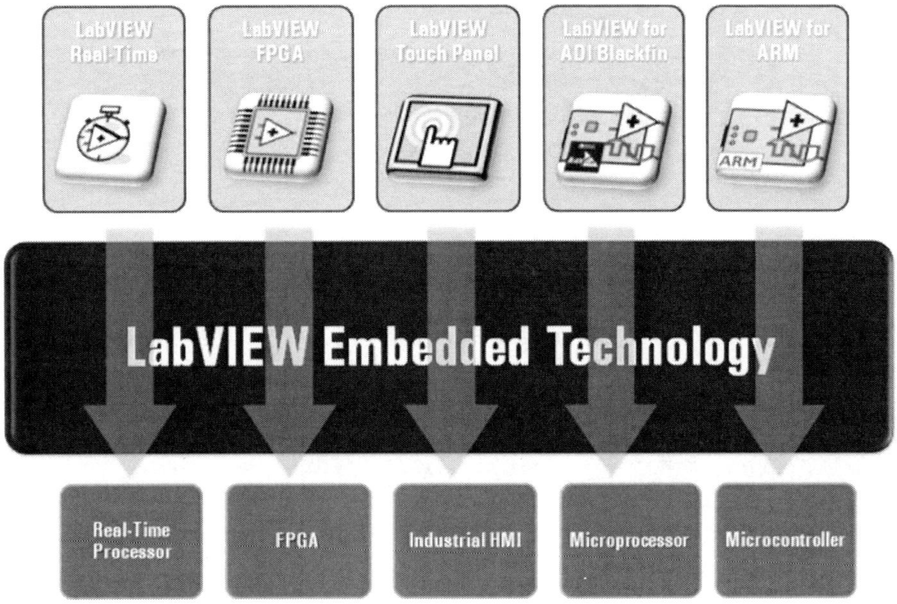

LabVIEW Real-Time 모듈

NI 하드웨어를 리얼타임 운영체제로 확장한다. LabVIEW Real-Time은 결정성 있는 부동점 분석과 I/O 통합을 위해 재구성 가능한 I/O(RIO) 하드웨어와 직접 인터페이스하게 된다.

LabVIEW FPGA 모듈

LabVIEW 그래픽 코드를 다양한 I/O가 탑재된 NI-RIO 디바이스의 FPGA(Field Programmable Gate Array)에 다운로드함으로써 사용자 하드웨어를 만들 수 있다. FPGA에 다운로드 되는 LabVIEW 그래픽 코드는 맞춤 타이밍, 트리거링, 동기화 및 컨트롤을 위한 하드웨어 구축에 도움이 된다.

LabVIEW 마이크로프로세서 SDK

32비트 플랫폼을 타겟으로 하기 위해 타사의 툴 및 임베디드 OS와 함께 사용한다. 이 툴로 기존 C 코드 및 아날로그, 디지털, 통신 I/O 드라이버를 특별화한 VI로 쉽게 통합할 수 있다.

ADI Blackfin 프로세서용 LabVIEW 임베디드 모듈

임베디드 디자인에 포괄적인 그래픽적 개발환경을 제공한다. 이 모듈은 LabVIEW를 이용하여 단일 통합개발환경 설계에서 최종적인 사용자 하드웨어를 생산할 수 있도록 도움을 준다. 또한 이 모듈에는 최적화된 수백 가지의 수학 및 신호처리 함수, ADC 및 DAC 드라이버, 실시간 디버깅 등이 포함되어 있다.

ARM 마이크로컨트롤러용 LabVIEW 임베디드 모듈

그래픽 프로그램을 인기있는 ARM7, ARM9, Cortex-M3 마이크로컨트롤러에 적용할 수 있는 개발환경을 제공한다. 이 책에서는 LabVIEW 및 ARM 마이크로컨트롤러 분야만 다룬다.

LabVIEW 터치 패널 모듈

윈도우 CE 터치 패널 디바이스에 사용자 HMI(Human-Machine Interface) 어플리케이션을 개발할 때 사용한다.

1.3 ARM 마이크로컨트롤러용 LabVIEW 임베디드 모듈

NI **ARM 마이크로컨트롤러용 LabVIEW 임베디드 모듈**은 가장 보편적으로 사용되는 임베디드 32-비트 RISC(Reduced Instruction Set Computing) 프로세서에 그래픽 프로그래밍을 구현할 수 있게 한다. LabVIEW 임베디드 모듈은 260개의 다양한 ARM 프로세서를 타겟으로 선택하여 개발할 수 있다.

마이크로컨트롤러 칩 내부에는 다음과 같이 메모리, 아날로그 및 디지털 I/O, 카운터 타이머, 시리얼 포트 등이 내장되어 있다. 마이크로프로세서는 일반적으로 마이크로컨트롤러보다 고가이며 고성능 제품이다.

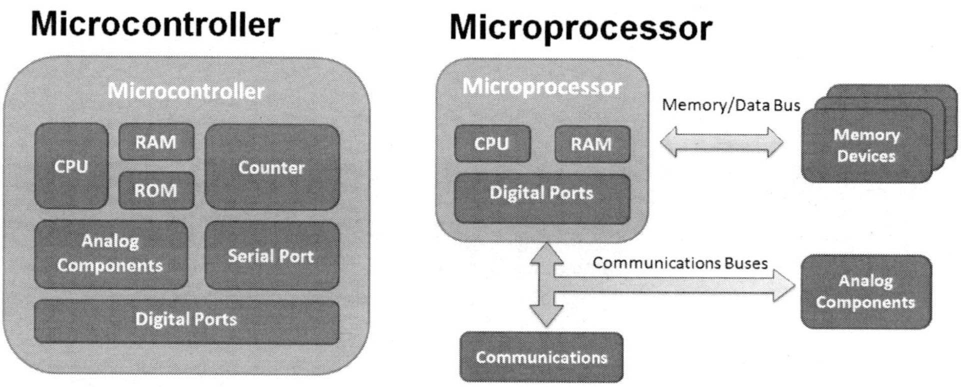

LabVIEW는 하드웨어의 타겟의 종류에 따라 이더넷, 아날로그 및 디지털 I/O, 펄스폭 모듈레이션, SPI/I2C, LCD, 파워 관리 등을 제어할 수 있는 디바이스 드라이버를

제공한다. 또한 인터럽트 관리자는 LabVIEW 코드가 하드웨어 인터럽트를 처리할 수 있게 하며, LabVIEW는 ARM 타겟 개발에 필요한 사이클 정확(Cycle-Accurate) ARM 시뮬레이터를 제공한다.

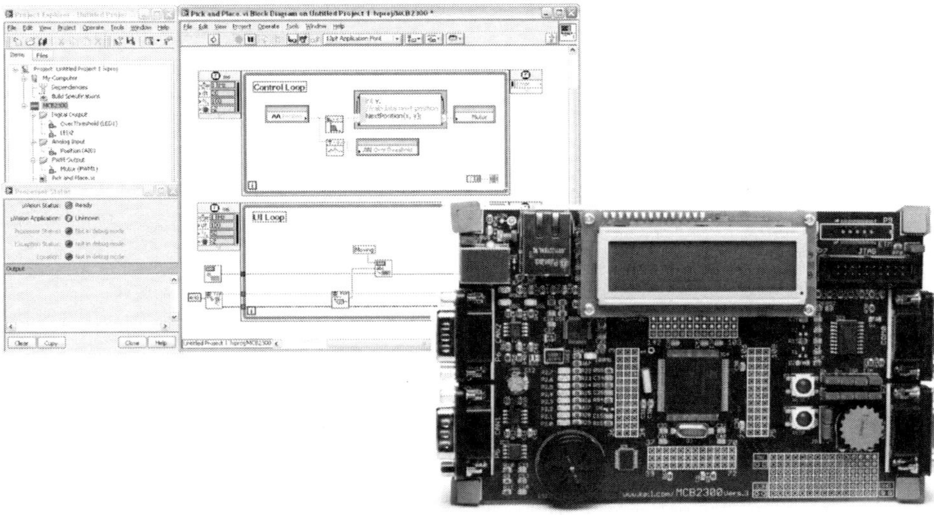

ARM 마이크로컨트롤러용 LabVIEW 임베디드 모듈은 ARM7, ARM9, 및 Cortex-M3 마이크로컨트롤러를 위한 종합개발환경을 제공한다. 이 모듈은 NI와 ARM이 공동 개발한 제품으로, NI LabVIEW 임베디드 기술과 Keil RealView Microcontroller Development Kit를 통합하여 완벽한 임베디드 프로그래밍을 제공한다. 이 책에서는 다음의 제품을 기본으로 설명할 것이다.

- **마이크로컨트롤러 제조사:** NXP
- **평가보드 제조사:** Keil
- **프로세서 타입:** ARM7 NXP LPC2378

다음은 LabVIEW 및 **LabVIEW ARM 마이크로컨트롤러용 LabVIEW 임베디드 모듈**을 실행한 화면이다.

- **새로 만들기:** 새 VI, 새 프로젝트 등을 시작할 때 사용한다.
- **열기:** 최근에 작업했던 VI, 프로젝트 (lvproj), 라이브러리(lvlib)를 선택하여 다시 열 수 있다.
- **타겟:** LabVIEW for ARM이 설치 되었을 경우 원격 타겟을 설정할 때 사용한다.
- **ni.com의 최근 소식 등:** ni.com 홈페이지에서 제공하는 최근 소식 및 LabVIEW 관련 예제, 교육관련 정보 등을 인터넷으로 검색할 수 있다.

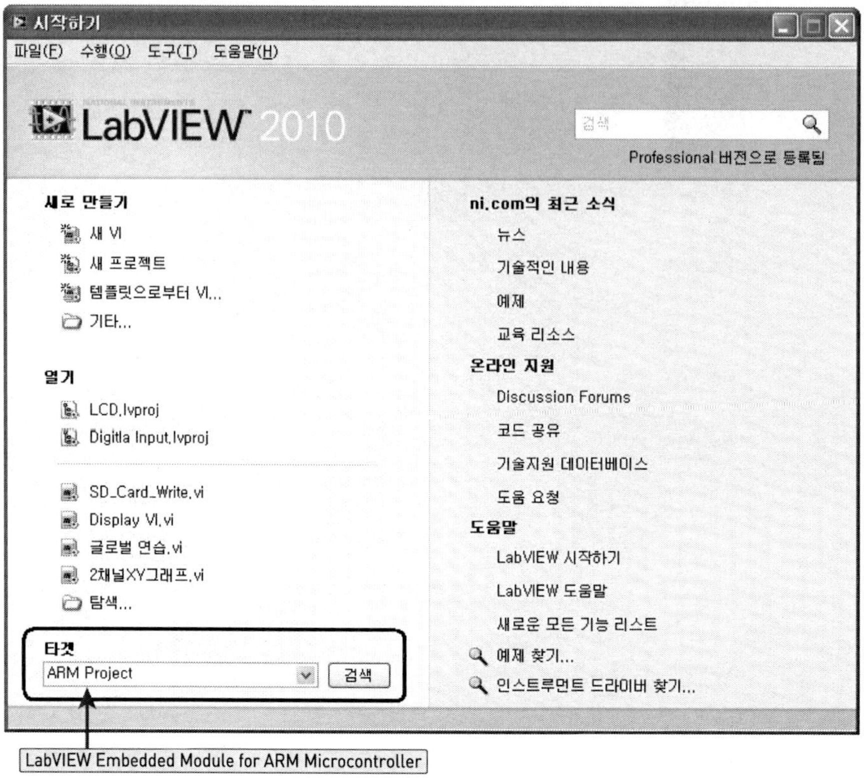
시작하기
파일(F) 수행(O) 도구(T) 도움말(H)
LabVIEW 2010
검색
Professional 버전으로 등록됨
새로 만들기
새 VI
새 프로젝트
템플릿으로부터 VI...
기타...
열기
LCD.lvproj
Digitla Input.lvproj
SD_Card_Write.vi
Display VI.vi
글로벌 연습.vi
2채널XY그래프.vi
탐색...
타겟
ARM Project
검색
ni.com의 최근 소식
뉴스
기술적인 내용
예제
교육 리소스
온라인 지원
Discussion Forums
코드 공유
기술지원 데이터베이스
도움 요청
도움말
LabVIEW 시작하기
LabVIEW 도움말
새로운 모든 기능 리스트
예제 찾기...
인스트루먼트 드라이버 찾기...
LabVIEW Embedded Module for ARM Microcontroller

CHAPTER 02

LabVIEW의 기본 사항

LabVIEW의 3가지 구성요소인 프런트패널, 블록다이어그램, 아이콘/커넥터의 동작 원리를 설명한다. 3가지 구성요소를 적절히 사용하면 VI를 독립적으로 운용하거나 LabVIEW 프로그램에서 SubVI로 사용할 수 있다. 또한 LabVIEW의 풀-다운 메뉴와 팝업 메뉴, 이동할 수 있는 팔레트와 보조 팔레트, 툴 바, Help를 이용하는 방법을 습득하게 될 것이다.

또한 이 장에서는 LabVIEW의 기본 원리를 이용하여 간단한 프로그램을 작성하는 방법을 이해하게 될 것이다. 다양한 형태의 데이터를 사용하는 방법 및 VI를 작성, 변환, 실행하는 방법을 습득하게 될 것이다. 또한 개발시간을 단축하기 위한 유용한 단축키를 사용하는 방법 및 프로그램을 디버깅하는 방법 등을 습득하게 된다. 이러한 기본 사항들은 LabVIEW 프로그램을 이해하는데 중요하므로 확실한 이해가 요구된다.

2.1 프런트패널(Front Panel)

프런트패널(Front Panel)은 사용자가 작성한 프로그램을 운용 또는 표시하는 곳이다. 프런트패널은 프로그램을 실행하기 위한 데이터를 입력하는 곳이며, 동시에 프로그램의 결과를 표시하는 곳을 의미하므로 VI는 실행할 때 불러올 프런트패널이 있어야 한다. 다음의 그림은 LabVIEW로 작성한 일반적인 프런트패널의 예이다.

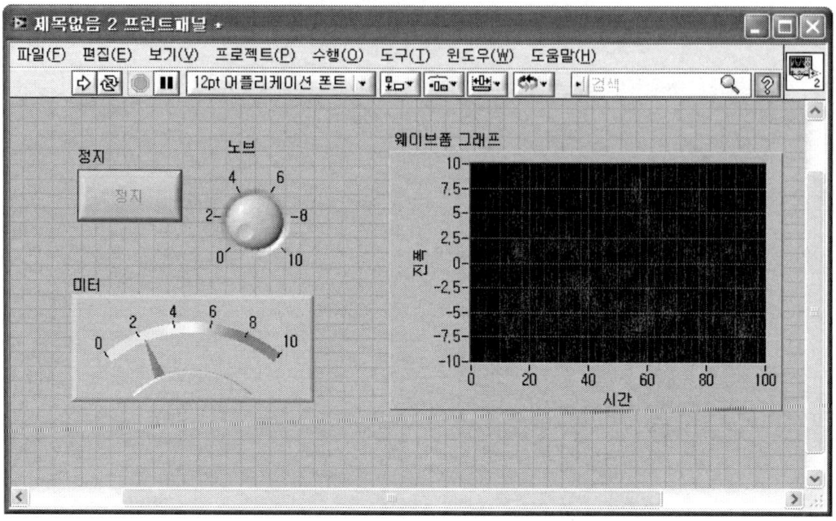

2.1.1 컨트롤(Control)과 인디케이터(Indicator)

프런트패널은 **컨트롤(Control)**과 **인디케이터(Indicator)**의 조합으로 구성된다. **컨트롤**은 고전적인 계측기에 있는 노브, 스위치 등의 기능을 갖는 일반적인 오브젝트를 말한다. 사용자는 컨트롤을 이용하여 데이터를 입력할 수 있고 이 데이터는 VI의 블록다이어그램으로 전송된다. **인디케이터**는 블록다이어그램 내부의 프로그램에 의해 처리된 데이터를 출력하는 곳이다. 프런트패널에서 스위치, 노브 등은 사용자가 설정 값을 입력할 수 있으므로 컨트롤이라 하고 컨트롤을 신호의 소스라 부르기도 한다. 반면에 그래프와 같은 인디케이터는 측정한 결과 또는 계산된 값을 표시하기만 하고 사용자가 값을 변경할 수 없다. 일반적으로 컨트롤과 인디케이터는 기능을 혼합해서 사용할 수 없으므로 이들의 차이점을 명확히 이해해야 한다.

2.2 블록다이어그램(Block Diagram)

블록다이어그램(Block Diagram) 윈도우에는 그래픽 언어로 작성한 LabVIEW VI의 그래픽 소스 코드가 입력되어 있다. LabVIEW의 블록다이어그램은 고전적 언어인 C, BASIC의 소스 코드와 동일하게 그 자체가 실행되는 코드이다. 블록다이어그램의 작성은 특정한 기능을 하는 오브젝트를 와이어로 서로 연결하면 된다. 이 장에서는 블록다이어그램의 구성요소인 **터미널(Terminal)**, **노드(Node)**, **와이어(Wire)**를 설명할 것이다.

다음의 VI는 2개의 컨트롤 A와 B를 연산하는 VI이며 A+B, A-B는 계산된 결과를 출력하는 인디케이터이다. 블록다이어그램에서는 프런트패널의 오브젝트에 대응하는 터미널, 노드, 와이어를 관찰할 수 있다.

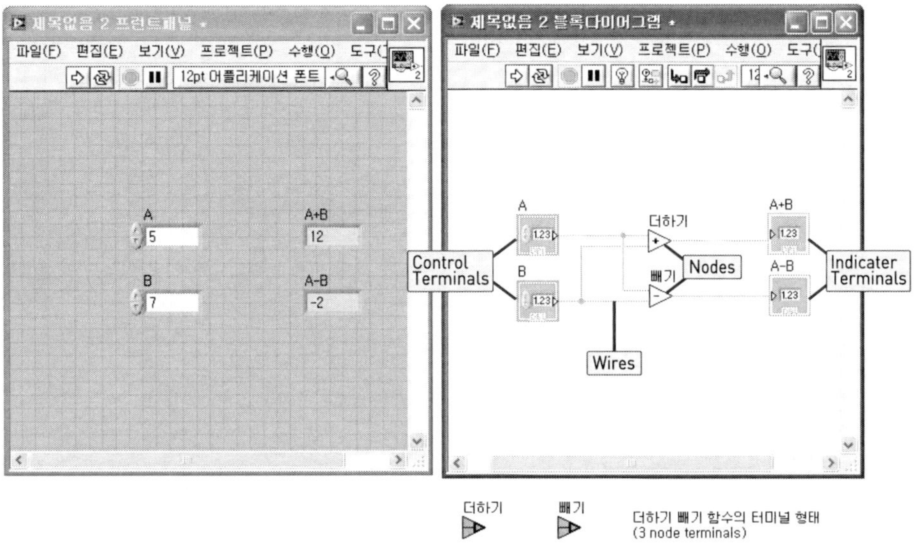

2.2.1 터미널(Terminal)

일반적으로 컨트롤 터미널은 테두리가 굵게 표시되며 인디케이터 터미널의 테두리는 얇게 표시된다. 컨트롤과 인디케이터를 프런트패널에 작성하면 LabVIEW는 자동적으로 이들에 대응하는 **터미널(Terminal)**을 블록다이어그램에 생성한다.

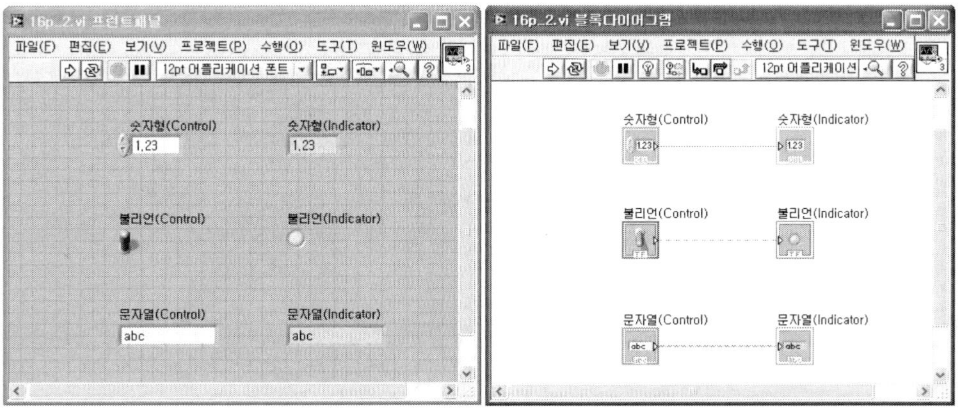

블록다이어그램에서 터미널은 아이콘 형태로 표시되기 때문에 특성을 쉽게 파악할 수 있다. 하지만 **아이콘으로 보기**는 많은 공간을 차지하므로 터미널의 팝업 메뉴에서 **아이콘으로 보기**를 해제할 수도 있다.

2.2.2 노드(Node)

노드(Node)는 프로그램의 실행 요소이다. 노드는 일반적인 프로그램 언어의 statements, operations, 함수, 서브 루틴과 유사하다. **더하기**() 함수와 **빼기**() 함수도 일종의 노드이며, **For 루프**, **While 루프**와 같은 구조도 일종의 노드로 생각할 수 있다. 고전적인 프로그램 언어의 루프나 케이스 문과 유사하게 코드를 반복적 또는 조건적으로 실행할 수 있다. 또한 노드에는 수학적 공식 또는 표현을 직접 입력할 수 있다.

2.2.3 와이어(Wire)

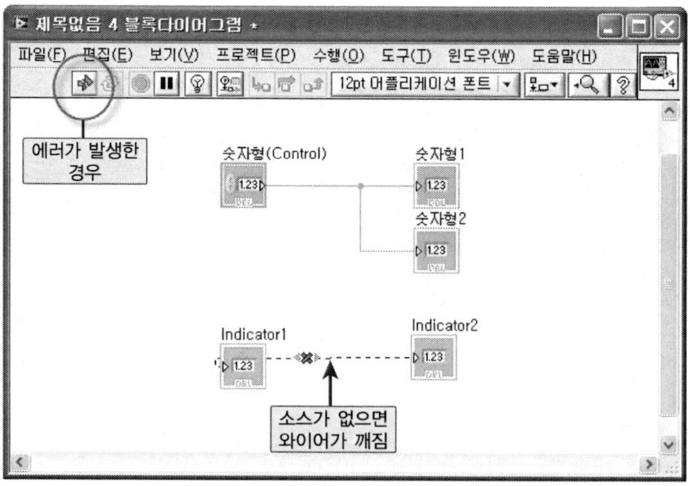

LabVIEW VI는 노드와 터미널을 **와이어**(Wire)를 통해 연결한다. 와이어는 터미널의 소스와 행선지 사이의 데이터 경로이며, 와이어는 1개의 소스 터미널에서 1개 이상의 행선지 터미널로 데이터를 전달한다. 1개 이상의 소스를 연결하거나 소스가 없으면 LabVIEW는 에러를 발생하며, 와이어가 깨진 상태로 표시된다.

지금까지 논의한 내용으로부터 LabVIEW와 일반적인 프로그램 언어에서 사용하는 용어의 차이점을 나열하면 다음 도표와 같다.

LabVIEW	일반적인 프로그램 언어
VI	프로그램
함수	함수
SubVI	서브 루틴, 서브 프로그램
프런트패널	사용자 인터페이스
블록다이어그램	프로그램 코드
그래픽 프로그램 G	C, Pascal, Basic 등

2.3 아이콘(Icon)과 커넥터(Connector)

VI를 SubVI로 사용하면 컨트롤과 인디케이터를 불러오는 VI에서 데이터를 입·출력한다. VI의 **아이콘**(Icon)은 다른 VI의 블록다이어그램에서 SubVI로 사용된다. 아이콘 내부는 그림 또는 텍스트를 입력할 수 있으며 이들을 조합해서 작성해도 된다. 또한 윈도우의 그림판 등에서 작성한 이미지 데이터를 아이콘에 삽입할 수도 있다.

VI의 **커넥터**(Connector)는 C 또는 PASCAL 함수의 불러오는 변수 리스트와 유사한 기능을 하며, 커넥터 터미널은 데이터를 SubVI로 입·출력하는 그래픽 변수와 동일하게 작용한다. 각각의 터미널은 프런트패널의 컨트롤과 인디케이터에 관계된다. SubVI을 불러올 때 입력 변수 터미널은 연결된 컨트롤에 데이터를 전송하며 SubVI가 실행된다. 도움말 윈도우를 표시한 경우 컨트롤은 아이콘의 왼쪽에 표시된다. SubVI 실행을 종료하면 인디케이터 값이 출력변수 터미널로 전달된다. 도움말 윈도우를 표시한 경우 인디케이터는 아이콘의 오른쪽에 표시된다. 다음의 아이콘과 아이콘 내부의 커넥터를 참조하기 바란다.

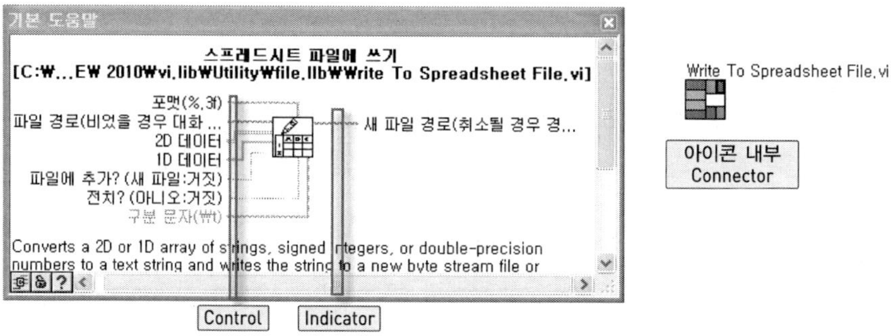

각각의 VI는 기본 아이콘을 갖고 있으며 이것은 프런트패널 또는 블록다이어그램의 오른쪽 상단에 표시된다. 다음은 새로운 VI를 작성할 때 표시되는 LabVIEW의 기본적인 프런트패널 및 블록다이어그램의 아이콘을 표시해 놓은 그림이다.

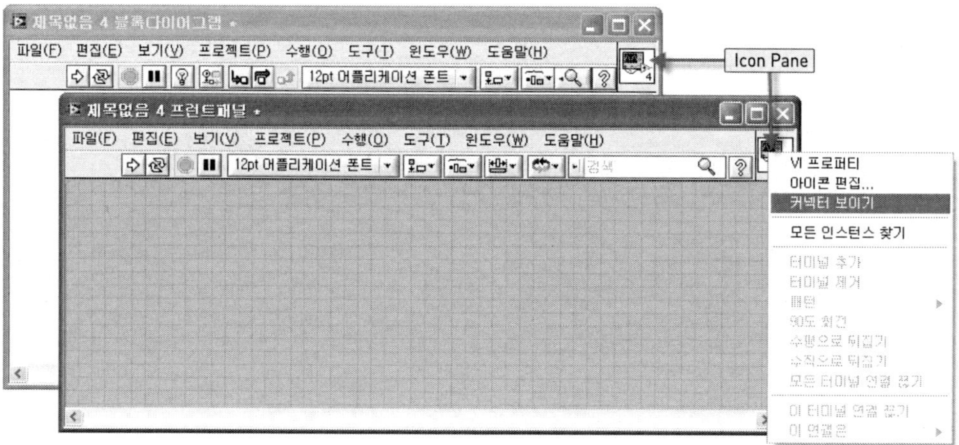

VI의 커넥터는 아이콘 뒤에 숨겨져 있고 프런트패널의 Icon Pane 팝업 메뉴에서 **커넥터 보이기**를 선택하면 커넥터가 표시된다. 커넥터가 최초로 표시될 때 현재 프런트패널의 컨트롤과 인디케이터를 참조해서 LabVIEW는 자동으로 커넥터 패턴을 만들어 준다. 다른 패턴을 원한다면 최대 28개의 터미널을 갖는 패턴으로 변경할 수 있지만 블록다이어그램에서는 아이콘을 수정할 수 없다.

2.4 LabVIEW의 3가지 팔레트

LabVIEW는 스크린에 표시되는 3개의 팔레트는 **도구** 팔레트, **컨트롤** 팔레트, **함수** 팔레트로 구성된다.

2.4.1 도구 팔레트(Tools Palate)

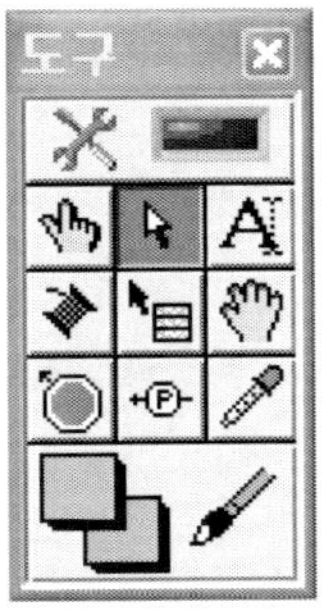

VI를 만들고 운용할 때 필요한 **도구** 팔레트는 VI를 생성·수정·디버깅할 때 사용한다. **도구** 팔레트가 표시되지 않으면 메뉴에서 **보기(V) → 도구 팔레트**를 선택하면 된다. 메뉴에서 툴을 선택한 후에 마우스로 원하는 버튼을 선택한다. **도구** 팔레트에 있는 임의의 툴을 SubVI 또는 함수의 아이콘 위에 놓으면 SubVI나 함수에 포함되어 있는 의미가 도움말 윈도우에 표시된다. 단 **도움말(H)** 메뉴에서 **기본 도움말 보이기**를 선택해야 가능하다.

- **자동 도구 선택**( ) 버튼: 가장 적합한 마우스 도구를 자동적으로 선택해 준다.
- **값 수행**( ) 툴: 프런트패널의 컨트롤과 인디케이터를 조작할 때 사용한다. 디지털 또는 문자열 컨트롤 등에서 텍스트를 입력할 때 커서는 으로 변한다.
- **위치/크기/선택**( ) 툴: 오브젝트를 선택, 이동, 크기 변경을 할 때 사용한다.
- **텍스트 편집**( ) 툴: 텍스트를 라벨에 입력할 때 커서는 과 같이 표시되며, 텍스트 자체만 만들 때는 커서가 이 된다.
- **와이어 연결**( ) 툴: 블록다이어그램에서 오브젝트 사이를 연결 할 때 사용한다.
- **객체 바로 가기 메뉴**( ) 툴: 오브젝트로 바로 가기 하는 기능을 수행할 때 사용한다.
- **윈도우 스크롤**( ) 툴: 화면을 스크롤 할 때 사용한다.
- **브레이크포인트 설정/삭제**( ) 툴: VI, 함수, 구조에서 브레이크포인트를 설정하고자 할 때 사용한다.
- **데이터 프로브**( ) 툴: 블록다이어그램의 와이어에서 프로브를 만들 때 사용한다.
- **색 얻기**( ) 툴: 컬러 박스에 컬러를 복사하고자 할 때 사용한다. 특정 오브젝트와 동일한 컬러를 사용하고자 할 때 매우 유용하다.
- **색 설정**( ) 툴: 오브젝트에 컬러를 입력할 때 사용한다. LabVIEW의 오브젝트는 3차원으로 구성되어 있으므로 이 툴로 오브젝트의 전면 색상과 후면 색상을 변경할 수 있다.

2.4.2 컨트롤 팔레트(Controls Palate)

다음은 대표적인 컨트롤 팔레트의 모습이다. **컨트롤** 및 **함수** 팔레트는 최상위 레벨 아이콘과 보조 팔레트로 구성된다. 상위 레벨 팔레트에 있는 각 오브젝트는 보조 팔레트에 많은 컨트롤과 인디케이터를 갖고 있다. 컨트롤 팔레트가 보이지 않으면 메뉴에서 **보기(H) → 컨트롤 팔레트**를 선택하면 된다. 또한 프런트패널에서 임의 위치를 팝업하면 컨트롤 팔레트를 사용할 수 있다. 팝업은 마우스를 프런트패널의 빈공간에 놓고 마우스 오른쪽 버튼을 클릭하면 된다.

팔레트에 보이는 항목을 변경하려면 **팔레트 보기 변경** 창에서 수정하면 된다.

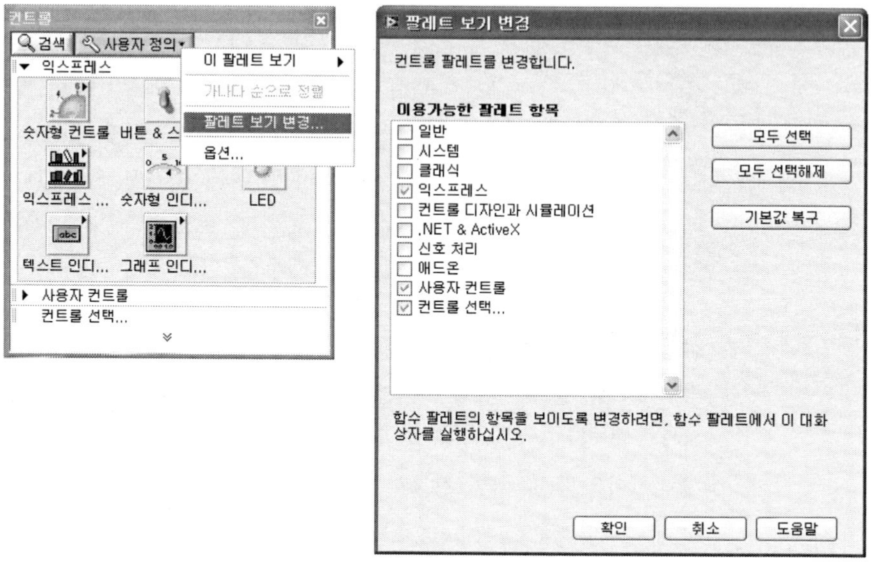

2.4.3 함수 팔레트(Functions Palate)

함수 팔레트는 블록다이어그램을 구성할 때 사용한다. 팔레트에 있는 각 팔레트는 상위 레벨 아이콘으로 여러 개의 보조 팔레트를 갖고 있다. **함수** 팔레트를 볼 수 없으면 메뉴에서 **보기(H) → 함수 팔레트**를 선택하면 된다. 또한 블록다이어그램에서 마우스 오른쪽 버튼을 클릭하면 **함수** 팔레트를 사용할 수 있다.

팔레트에 보이는 항목을 변경하려면 **팔레트 보기 변경** 창에서 수정하면 된다.

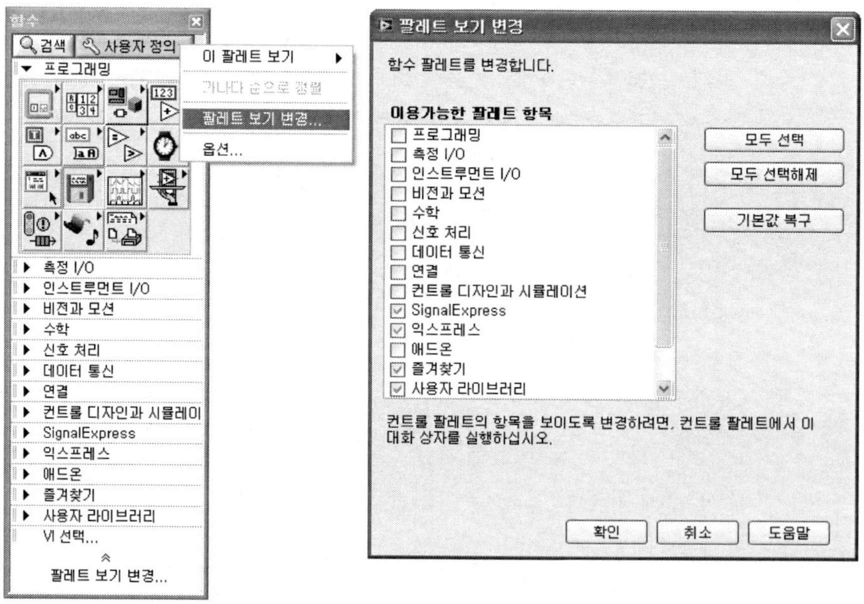

2.5 LabVIEW의 도구 바

LabVIEW 윈도우의 상단에 있는 도구 바는 VI를 실행하기 위한 버튼과 오브젝트를 정돈하기 위한 도구들로 구성되어 있다. 다음의 그림에서와 같이 도구 바는 프런트 패널 보다 블록다이어그램에 더 많은 옵션이 있다. 또한 프로그램의 수정에 관련된 일부 옵션은 VI가 실행되면 없어진다. 만약 버튼의 기능을 확실히 알지 못한다면 커서를 버튼 위에 놓았을 때 표시되는 작은 글씨를 참조하면 된다.

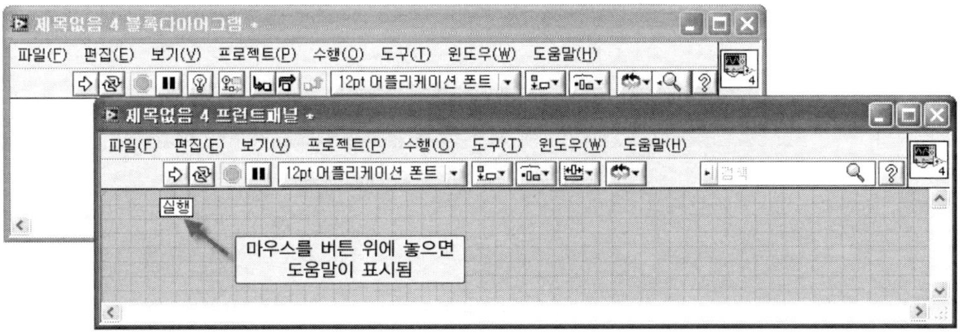

- **실행**() 버튼: VI를 실행할 때 사용한다. 이 버튼은 실행이 시작되면 실행(active,) 이 된다. VI를 성공적으로 컴파일하지 못하면 이 버튼은 깨진 실행 버튼(broken,)이 된다.
- **연속 실행**() 버튼: 정지 버튼을 클릭할 때까지 VI를 연속적으로 실행한다. VI가 실행되면 상태로 변하며, 버튼을 다시 클릭하면 VI가 종료된다.
- **실행 강제 종료**() 버튼: 이 버튼은 정지 신호와 유사하다. VI를 실행하면 액티브 상태가 되며, VI를 실행하기 전에는 뿌연 형태()로 표시 된다. 버튼을 다시 클릭하면 VI가 종료된다.
- **일시 정지**() 버튼: 이 버튼은 VI를 일시 정지한다. 단계별 실행, **Step Into**(), **Step Over**(), **Step Out**()과 같은 디버깅 옵션을 사용할 수 있게 한다. 일단 버튼을 클릭하면 버튼 내부 라인이 빨간색()으로 변경되며, 블록다이어그램은 정지된 위치의 오브젝트가 깜빡일 것이다. 버튼을 다시 클릭하면 디버깅 작업을 종료한다. 디버깅 목적으로 블록다이어그램을 단계적으로 실행하는 경우를 고려하고자 한다. 단계별 실행모드에서 디버깅 시 버튼을 클릭하면 노드가 깜박이며 실행 준비가 되었음을 표시한다. 버튼을 실행하면 루프 내부, SubVI 내부에서 실행한다. 버튼을 클릭하면 루프, SubVI 등을 종료한다.
- **실행 하이라이트**() 버튼: 블록다이어그램에서 이 버튼을 클릭하면 상태로 변하며 VI를 애니메이션 한다. 은 블록다이어그램에서 데이터 흐름을 추적하기 위해 단계별 실행 모드와 함께 사용하면 디버깅의 기능이 향상된다.
- **와이어 값 유지**() 버튼: 실행흐름의 각 포인트에서 와이어 값을 저장함으로써 와이어에 프로브를 놓을 때 와이어를 따라 흐른 데이터의 가장 최근 값을 즉시 얻을 수 있다.

- **아이콘 정렬**( ) 버튼: 상하 좌우 줄 맞추기, 간격 맞추기, 크기 맞추기, 앞 뒤 아이콘 위치 바꾸기, 그룹 지정 및 해제에 사용된다.
- **다이어그램 정리**( ) 버튼: 아이콘과 와이어 정리, 특히 블록다이어그램의 일부를 마우스로 선택한 다음 다이어그램 정리를 클릭하면 선택된 부분만 정리된다.

2.5.1 단축키

LabVIEW의 많은 메뉴는 단축키를 가지고 있다. 예를 들어 새로운 프런트패널을 작성하려면 **파일(F)** 메뉴에서 **새로 만들기**를 선택하거나 윈도우에서 단축키 <Ctrl + N>을 사용한다. 다음의 표는 윈도우에서 자주 사용되는 단축키이다.

윈도우 단축키	Action
〈Ctrl + B〉	다이어그램의 잘못된 와이어를 제거한다.
〈Ctrl + E〉	패널과 다이어그램 윈도우를 서로 교체한다.
〈Ctrl + F〉	LabVIEW의 오브젝트 또는 텍스트를 찾는다.
〈Ctrl + H〉	Help 윈도우를 표시하거나 닫는다.
〈Ctrl + N〉	새로운 VI를 생성한다.
〈Ctrl + Q〉	LabVIEW의 현재 작업을 종료한다.
〈Ctrl + R〉	현재 VI를 실행한다.
〈Ctrl + U〉	블록다이어그램의 아이콘과 와이어를 자동 정리한다.
〈Ctrl + W〉	현재 VI를 닫는다.
〈Ctrl + Z〉	이전 실행을 취소한다. 〈Ctrl + Shift + Z〉는 다시 실행한다.
〈Ctrl + . 〉	현재 VI를 종료한다.
〈Ctrl〉 + 드래그	아이콘 사이의 공간을 넓힌다.

예제 2.1 LabVIEW의 기본 팔레트를 이용해서 간단한 연산하기

숫자 2개를 입력받아서 이를 더하고 빼는 간단한 VI를 만들어 보자.

프런트패널

1. **컨트롤→일반→숫자형** 팔레트에서 **숫자형 컨트롤**( ) 2개를 프런트패널에 위치시킨다.

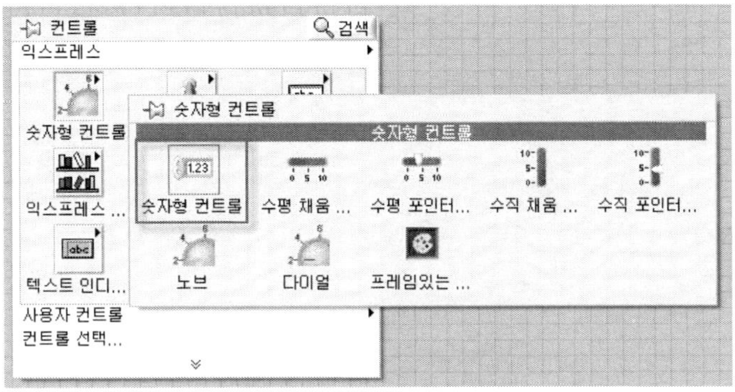

2. 라벨은 각각 "a", "b"로 수정한다. **도구 팔레트**가 **자동 선택**( )으로 설정되어 있을 때에는 수정하려는 텍스트를 더블 클릭하면 수정할 수 있다. 또는 **문자 입력 도구**( )를 이용해서 텍스트를 수정할 수 있다.

3. **컨트롤→일반→숫자형** 팔레트에서 **숫자형 인디케이터**( )를 2개를 갖고 와서 프런트패널에 놓고 라벨을 "a + b", "a − b"로 수정한다. 또한 을 이용해서 정렬한다.

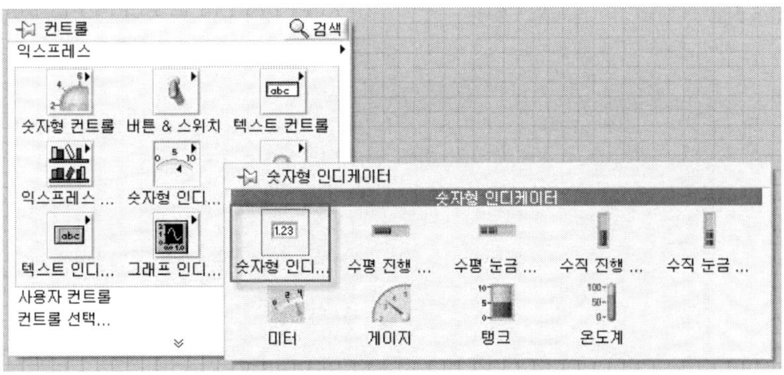

4. **컨트롤→일반→숫자형** 팔레트에서 **수직 채움 슬라이드**( )를 2개 갖고 와서 프런트패널에 놓는다.

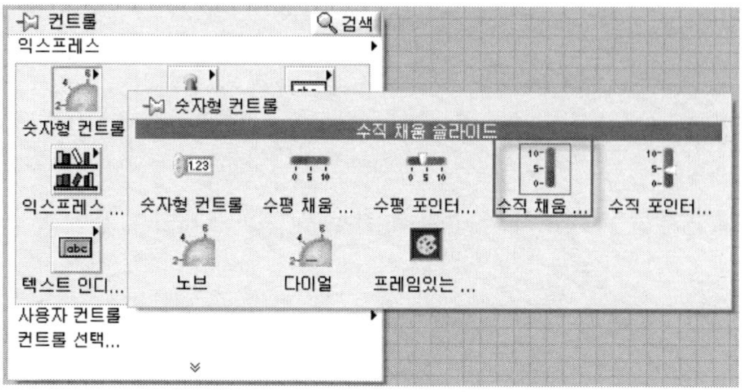

"슬라이드 2"를 마우스로 선택하고 마우스의 오른쪽 버튼을 클릭하면 팝업 메뉴가 표시된다. 여기서 **인디케이터로 변경**을 선택한다. **수직 채움 슬라이드**는 초기 상태가 컨트롤이기 때문에 인디케이터로 변경한다.

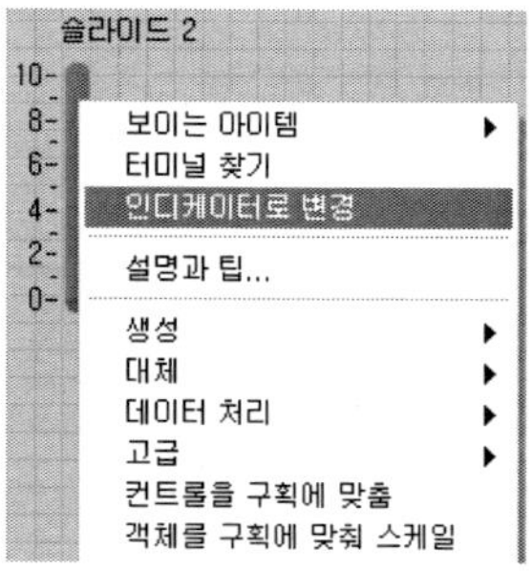

5. 프런트패널을 다음과 같이 정리한다.

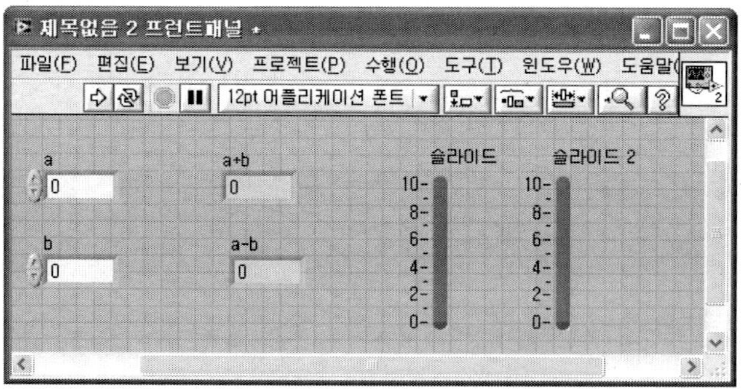

숫자형 컨트롤과 인디케이터는 프런트패널의 모양으로 구분이 가능하다. 하지만 **"슬라이드"**와 **"슬라이드 2"**는 프런트패널에서 구분하기가 어렵다. 컨트롤()은 테두리가 진하고 삼각형이 오른쪽에 있으며, 인디케이터()는 테두리가 연하고 삼각형이 왼쪽에 있다.

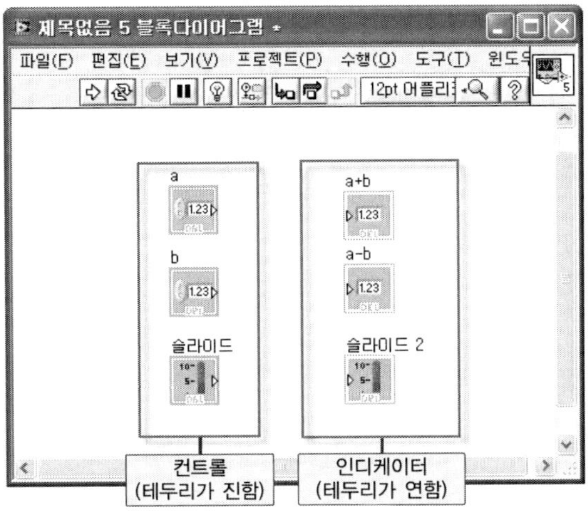

블록다이어그램

6. **함수→프로그래밍→숫자형** 팔레트에서 더하기( ) 및 빼기( )를 블록다이어그램에 놓고 와이어를 다음과 같이 연결한다. 이때 **기본 도움말**을 이용하여 정확한 연결 위치를 확인한다. **기본 도움말**은 단축키 <Ctrl + H>, 윈도우 창 오른쪽 상단의 버튼, **도움말(H)** 메뉴에서 **기본 도움말 보이기**를 선택하면 된다.

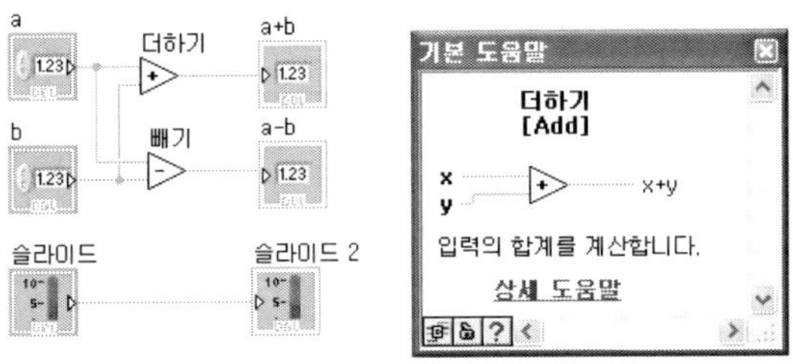

7. **더하기 빼기.vi**로 프로그램을 저장한다. 단축키는 <Ctrl + S>이다.

8. 프런트패널에서 "a", "b", "슬라이드" 값을 입력하고 VI를 실행한다. VI 실행은 버튼 또는 단축키 <Ctrl + R>이다.

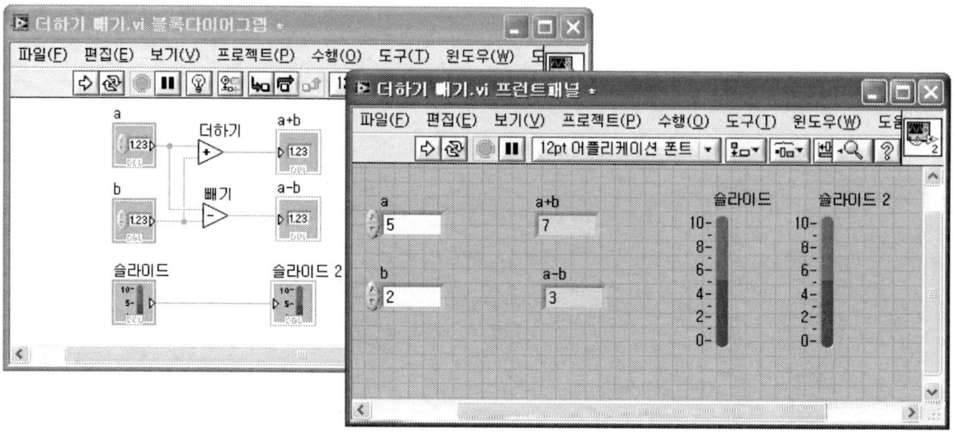

9. 슬라이드 눈금의 최대값을 10에서 100으로 변경해 본다. 버튼 또는 버튼을 이용하면 된다.
10. 슬라이드의 특성을 변경하는 연습을 한다. 슬라이드를 선택하고 마우스의 오른쪽 버튼을 클릭한다. LabVIEW의 모든 아이콘에 마우스를 놓고 오른쪽 버튼을 클릭하면 팝업 메뉴가 표시된다. 슬라이드 팝업 메뉴에서 **프로퍼티**를 선택하면 다음과 같이 **슬라이드 프로퍼티** 창이 나타난다.

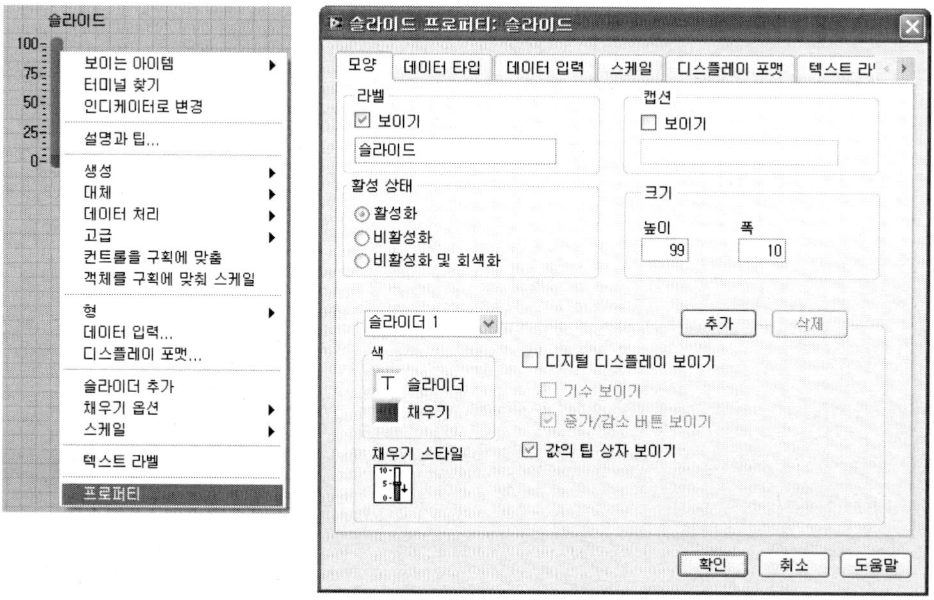

'디스플레이 포맷' 탭에서 **뒤따르는 제로 숨기기**의 체크 표시를 없앤다. 전체적으로 자릿수만큼 되도록 나머지 부분을 0으로 채워넣게 된다.

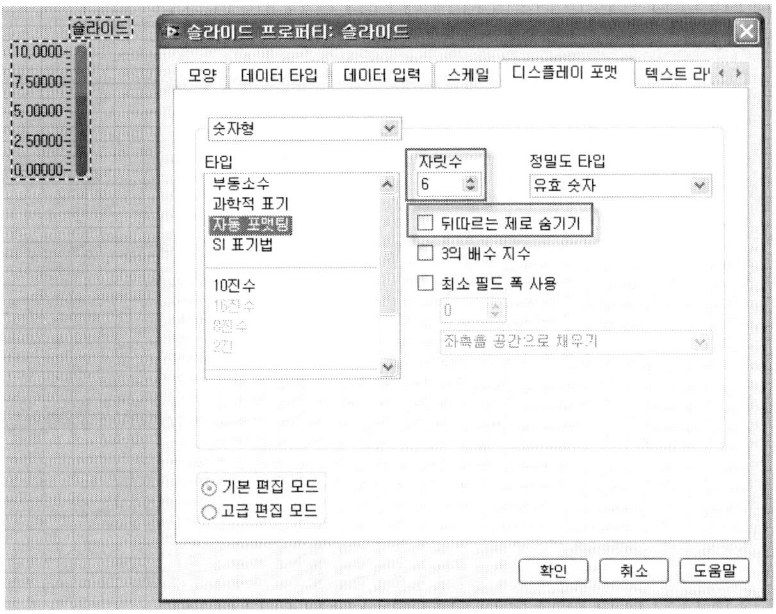

11. VI의 아이콘 모양을 변경해 본다. VI의 오른쪽 상단의 아이콘을 더블 클릭하거나 팝업 메뉴에서 **아이콘 편집**...을 선택하면 **아이콘 편집기**가 실행된다.

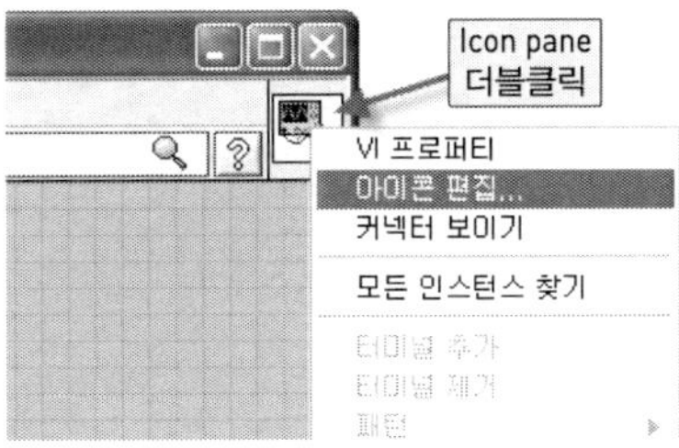

먼저 기존 아이콘을 지우고 라인 텍스트에 "+ −"를 입력하여 글씨 크기를 키우면 다음과 같은 형태로 아이콘을 수정할 수 있다.

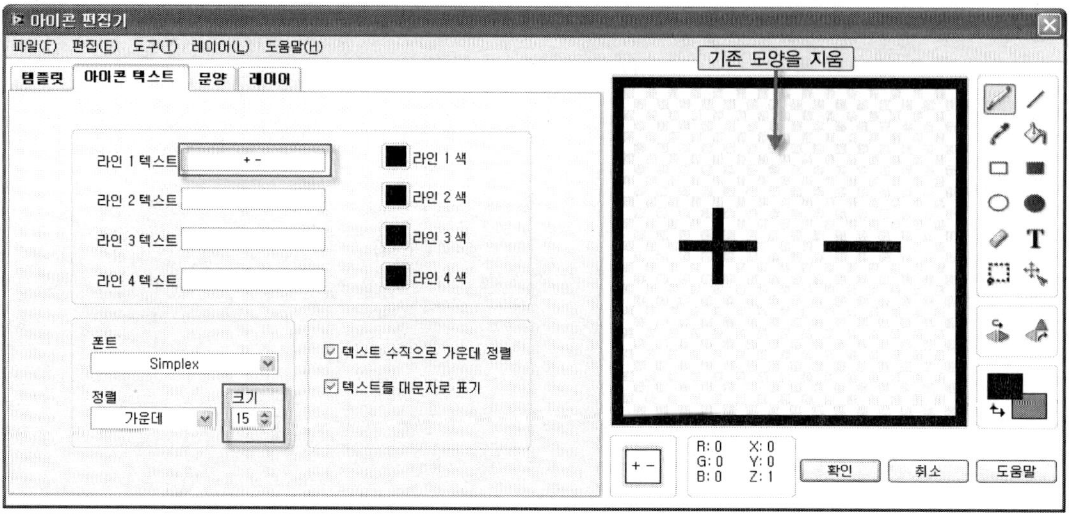

아이콘이 다음과 같이 변경된 것을 확인할 수 있다.

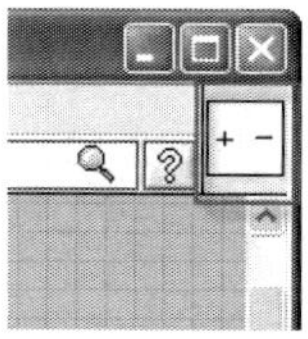

12. VI를 저장한다.

2.6 LabVIEW 프로그램의 디버깅 기법

에러 없는 완벽한 프로그램을 작성하는 것은 쉽지 않다. 그러므로 에러가 발생하면 이를 쉽게 찾고 수정하는 것도 프로그램 개발 시간을 단축하는 데 일조할 것이다. LabVIEW에는 VI를 개발할 때 필요한 여러 디버깅 툴을 갖고 있다.

2.6.1 에러의 발견

에러의 발견이란 컴파일 또는 실행할 수 없는 VI를 말한다. VI에 에러가 발생되면 **실행**(⇨) 버튼이 **에러 열거**(⇨) 버튼으로 표시된다. 이러한 현상은 블록다이어그램의 모든 아이콘에 적절한 와이어를 연결하기 전까지 계속 표시된다. 때로는 **편집(E)** 메뉴의 **깨진 와이어 제거**(또는 <Ctrl + B>)를 선택하면 잘못된 와이어를 제거할 수 있지만, 필요한 와이어도 동시에 제거될 수 있으므로 주의가 필요하다.

VI가 깨진 이유는 버튼을 클릭하면 나타나는 **에러 리스트** 대화 상자에서 알 수 있다. 특정한 에러로 이동하려면 리스트 박스 내의 에러를 더블 클릭하거나 에러를 선택하고 '에러 보이기' 버튼을 클릭한다. LabVIEW는 자동으로 적절한 VI로 이동하며 에러를 유발한 오브젝트를 선택한다.

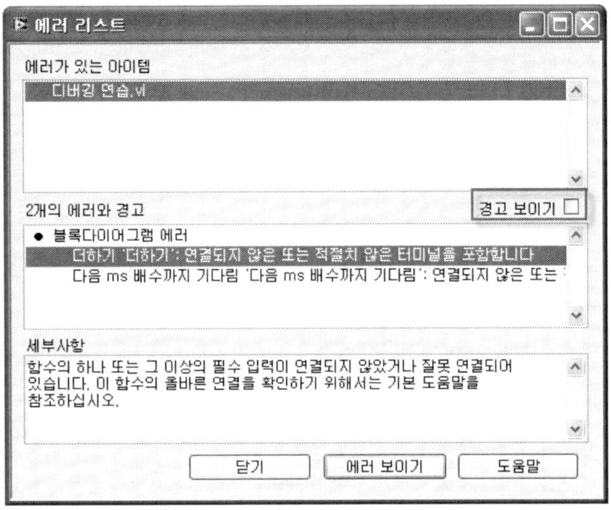

1 경고 보이기

추가적인 디버깅을 원한다면 **에러 리스트** 대화 상자의 '경고 보이기'에 체크 표시를 한다. 경고 메시지는 LabVIEW의 컨트롤 터미널이 어느 것에도 연결되지 않은 상태를 말하며, 실행 버튼의 화살표가 깨진 모양이 되지 않도록 한다. '경고 보이기'에 체크 표시를 선택한 후 주목할만한 경고 사항을 갖고 있다면, 툴 바에 경고 메시지가 표시된다. Warning() 버튼을 클릭하면 경고 사항을 기술한 **에러 리스트**가 표시된다.

2 VI를 단계적으로 실행

디버깅을 목적으로 한다면 블록다이어그램을 노드 단계로 실행할 수 있다.
단일스텝 모드인 경우, 3개의 스텝, **Step Into**() 버튼, **Step Over**() 버튼, **Step Out**() 버튼을 클릭하면 다음 단계로 진행한다.

2.6.2 브레이크포인트(Breakpoint)의 설정

브레이크포인트는 VI의 실행을 일시적으로 중지하므로 사용자는 프로그램을 디버깅 할 수 있다. 그러나 브레이크포인트로 실행 중인 VI, 노드, 와이어의 입력을 검사하기는 어렵다. 브레이크포인트로 실행을 정지시킨 뒤에 단계별 실행( ) 버튼을 이용하여 단계별로 실행하면서 VI를 관찰할 수 있다. 또는 프로브와 함께 사용하여 각 위치에서의 값을 확인할 수 있다.

브레이크포인트를 설정하려면 블록다이어그램 도구 팔레트의 **브레이크포인트**( ) 툴로 설정하거나, 와이어의 팝업 메뉴에서 **브레이크포인트→브레이크포인트 설정**을 선택한다. 오브젝트를 다시 클릭하면 브레이크포인트가 해제된다. 또한 브레이크포인트의 커서의 모양으로부터 브레이크포인트가 설정 또는 해제되었는지를 알 수 있다.

Set Breakpoint Cursor　　Clear Breakpoint Cursor

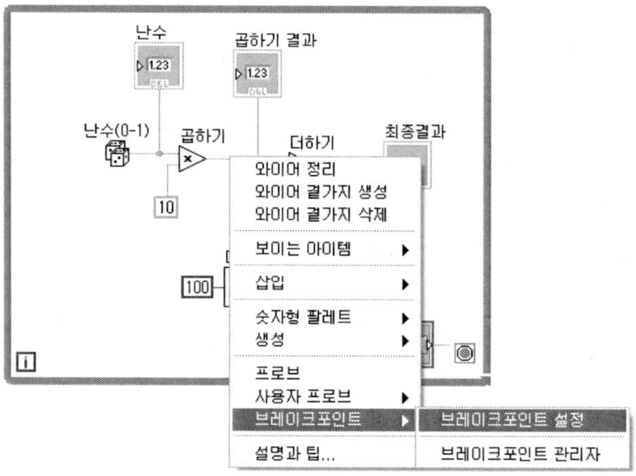

브레이크포인트 관리자는 VI에 있는 모든 브레이크포인트를 활성화, 비활성화, 삭제를 수행할 수 있는 유틸리티이다.

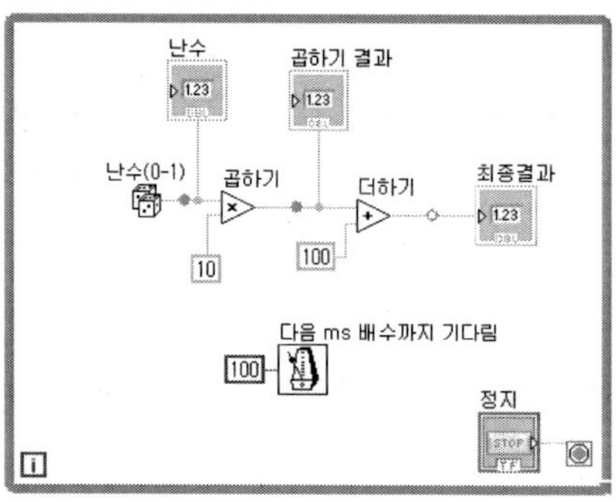

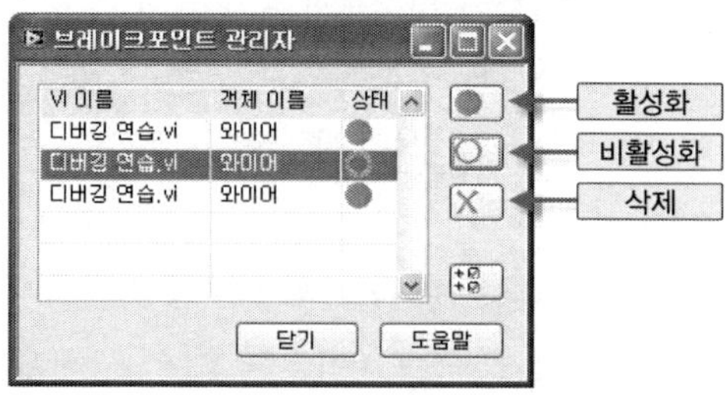

2.6.3 실행 하이라이트(Execution Highlighting)

때로는 데이터가 어떻게 진행되는지를 관찰할 필요가 있다. LabVIEW는 VI 블록다이어그램의 데이터를 볼 수 있으며 이를 동적으로 관찰할 수 있다. 이러한 모드는 툴바의 **실행 하일라이트**() 버튼을 클릭하면 된다.

다음 예는 **실행 하일라이트** 모드에서 실행되는 VI를 표시해 놓은 것이다. 하나의 노드에서 다음으로 데이터가 전달될 때 데이터의 이동이 와이어 위에 표시된다. 버튼을 선택하면 VI의 속도가 감소하게 되며, 일반적인 실행을 재개하려면 버튼을 다시 클릭하면 된다.

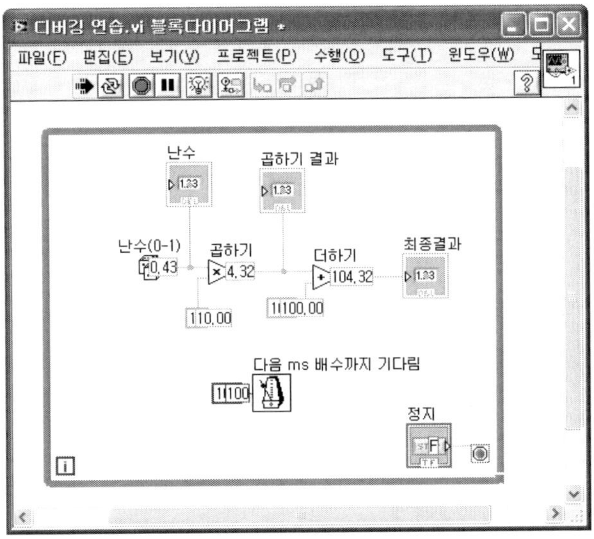

2.6.4 프로브(Probe)의 사용

의심이 가거나 기대하지 않는 값을 출력하는 곳의 데이터를 순간적으로 보려면 프로브를 사용한다. 데이터를 모니터링 하고자 하는 곳의 와이어에서 **데이터 프로브**()를 클릭하고 실행하면 다음과 같은 **프로브 관찰 윈도우**가 표시된다. 프로브 관찰 윈도우에서는 여러 VI에서 생성한 모든 프로브를 디스플레이 해 준다. 또한 관찰 윈도우에서 더블 클릭하면 해당 프로브를 찾아준다.

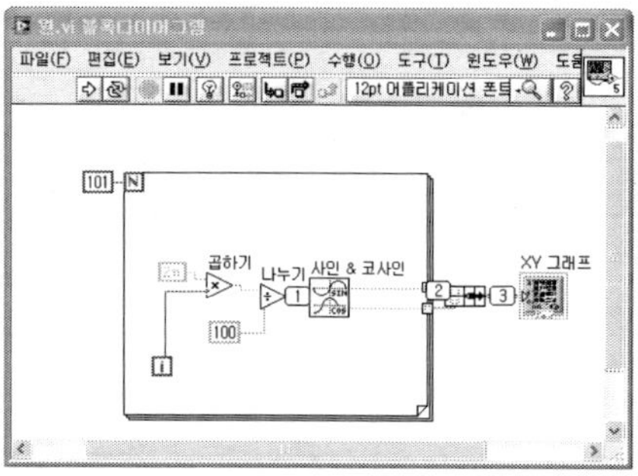

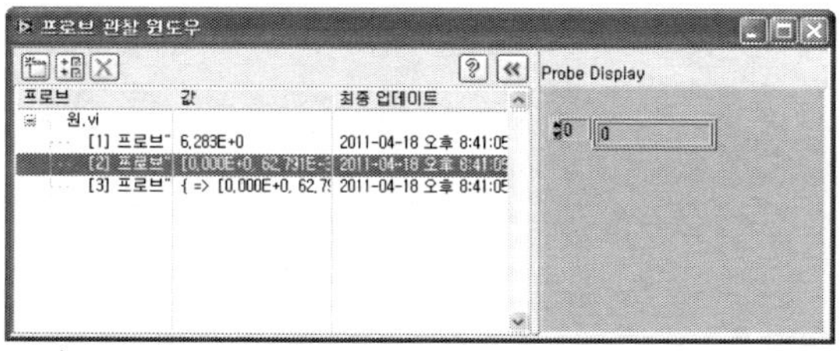

버튼은 **새 윈도우에서 열기**이다. 이 버튼을 클릭하면 선택한 프로브만 별도의 창에서 띄울 수 있다.

사용자 프로브를 만들면 좀 더 구체적으로 출력 데이터를 볼 수 있다. 예를 들어 **For 루프**에서 출력되는 와이어를 선택하고, 팝업 메뉴에서 **사용자 프로브 → 컨트롤 → 웨이브폼 그래프**를 선택한다. **프로브 관찰 윈도우**가 표시될 것이다.

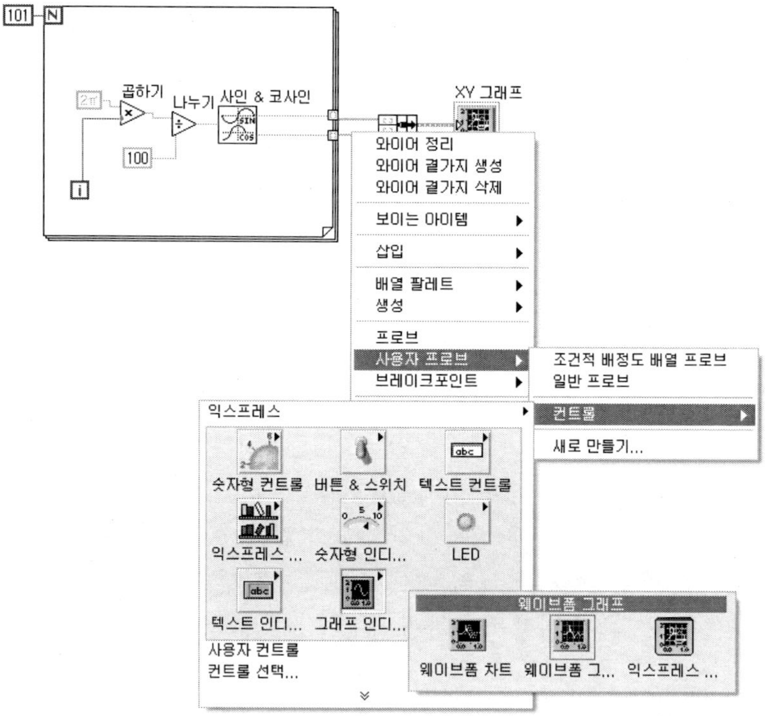

VI를 실행하면 프로브 관찰 윈도우는 다음과 같은 웨이브폼 그래프를 표시한다. 즉 좀 더 구체적인 데이터를 관찰할 수 있다.

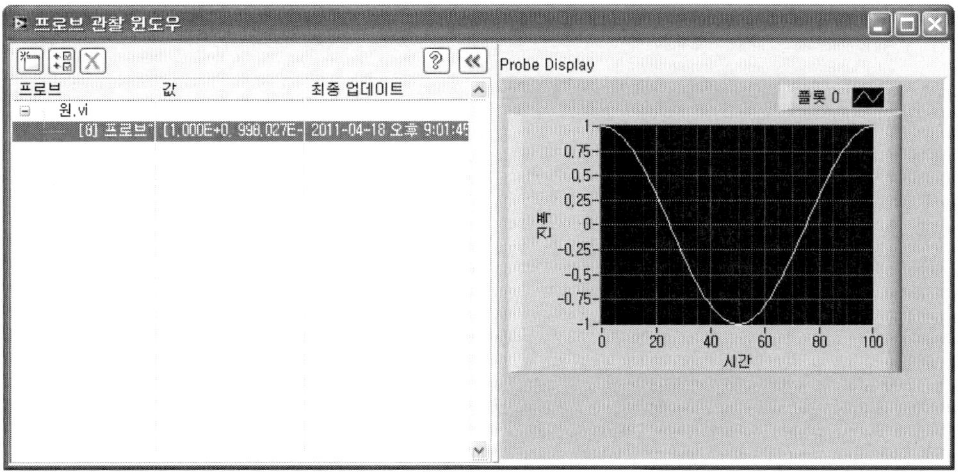
프로브 관찰 윈도우
프로브
값
최종 업데이트
원.vi
[8] 프로브
[1.000E+0, 998.027E-
2011-04-18 오후 9:01:4
Probe Display
플롯 0
진폭
시간

CHAPTER 03

LabVIEW의 데이터 타입

LabVIEW에는 숫자형(컨트롤, 인디케이터, 상수), 불리언(컨트롤, 인디케이터, 상수), 문자열(컨트롤, 인디케이터, 상수) 등의 데이터 타입이 있다. 각 와이어를 지나는 데이터 타입에 따라 와이어는 다른 스타일 또는 다양한 색상으로 표시된다. 다음은 블록다이어그램에 표시될 수 있는 LabVIEW의 데이터 타입 및 색상을 나타낸 그림이다.

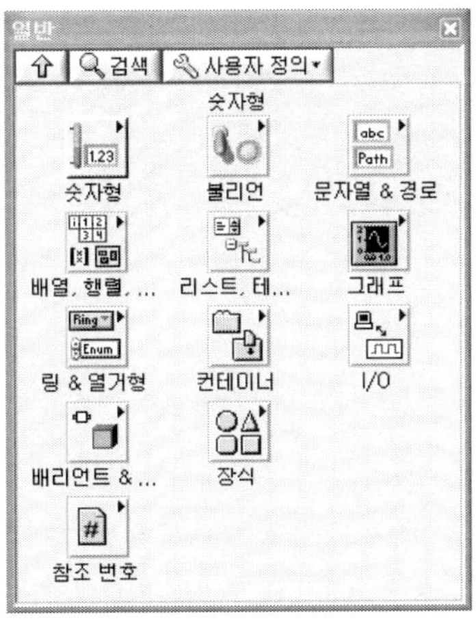

컨트롤→ 일반 팔레트에 차례로 숫자형, 불리언, 문자열 & 경로 항목이 있음을 확인할 수 있다.

3.1 숫자형(Numeric) 컨트롤/인디케이터

숫자형 컨트롤은 사용자가 수치 값을 VI에 입력하는 곳이며, **숫자형 인디케이터**는 계산된 또는 분석 수치 값을 표시하는 곳이다. 프런트패널에서 숫자형은 다양한 형태의 아이콘으로 표현이 가능하다. 사용자의 목적에 맞는 사용자 인터페이스를 구성하기 위해 슬라이드, 다이얼, 게이지 등을 이용할 수 있다.

다음은 프런트패널의 **컨트롤→일반→숫자형** 팔레트의 모습이다. 여기에 표시되는 모든 숫자형은 컨트롤 또는 인디케이터로 구성되어 있다. 예를 들어 노브는 일반적인 입력 디바이스로 사용되므로 노브의 기본 값은 컨트롤로 설정되어 있으며, 온도계는 인디케이터로 설정되어 있다.

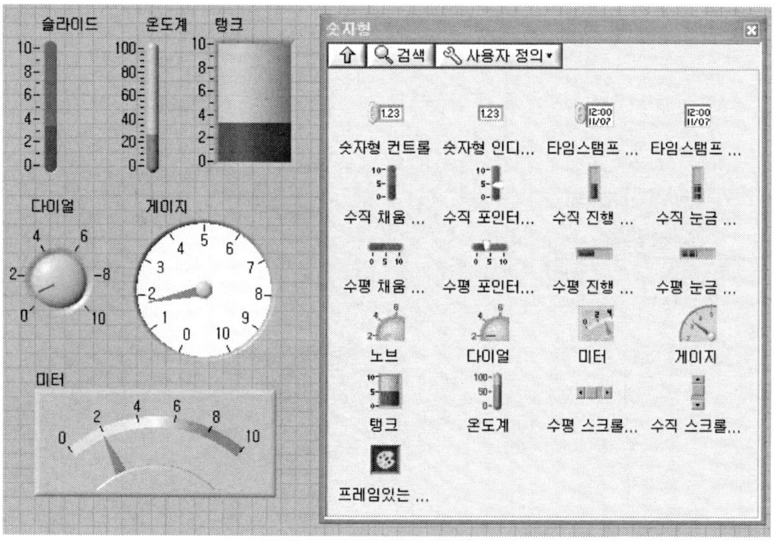

숫자형 컨트롤을 프런트패널에 놓으면 숫자형 터미널(, )은 블록다이어그램에서 오렌지색 또는 청색으로 표시된다. 숫자형은 다시 실수, 정수, 자연수 등으로 구분된다. 이것은 숫자형의 단축 메뉴에서 형(Representation)을 선택하면 채택할 수 있다. 이러한 분류는 메모리의 크기와 용도에 따른 것이다.

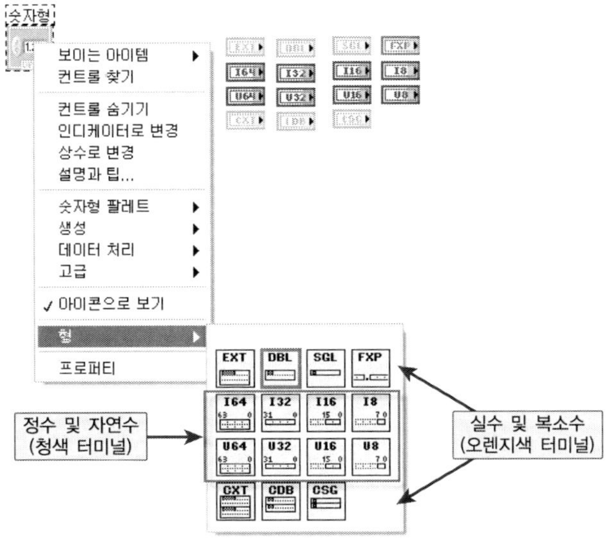

터미널 내부에는 **EXT, DBL, SGL, FXP, I32, I16, I8, U32, U16, U8, CTX, CDB, CSG** 등 데이터의 크기를 표시하는 문자가 입력되어 있다. 또한 터미널의 테두리가 진하면 컨트롤(DBL)을 의미하고, 테두리가 흐리면 인디케이터(DBL)를 의미한다.

숫자형은 와이어를 연결할 때 숫자형끼리 연결해야 한다. 같은 숫자형이지만 실수와 정수를 연결하면 자동으로 형이 변경된다. 예를 들어 배정도 DBL을 정수 I32와 연결할 경우 자동적으로 반올림 처리가 되어 DBL이 I32가 된다. 이것을 강제 형변환이라 부르며, 빨간색의 **강제 형변환점(Coercion dot)**이 표시된다. 이때 강제 형변환을 위하여 **Coercion dot**에 새로운 메모리가 추가로 생성된다.

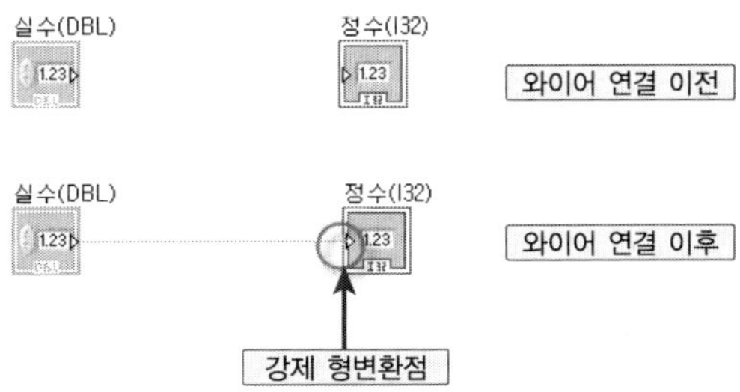

블록다이어그램의 **함수 → 프로그래밍 → 숫자형** 팔레트를 참조하기 바란다. 여기에는 숫자형 컨트롤과 인디케이터와 함께 사용할 수 있는 함수들이 있다. 또한 숫자형 상수도 이곳에 포함되어 있다.

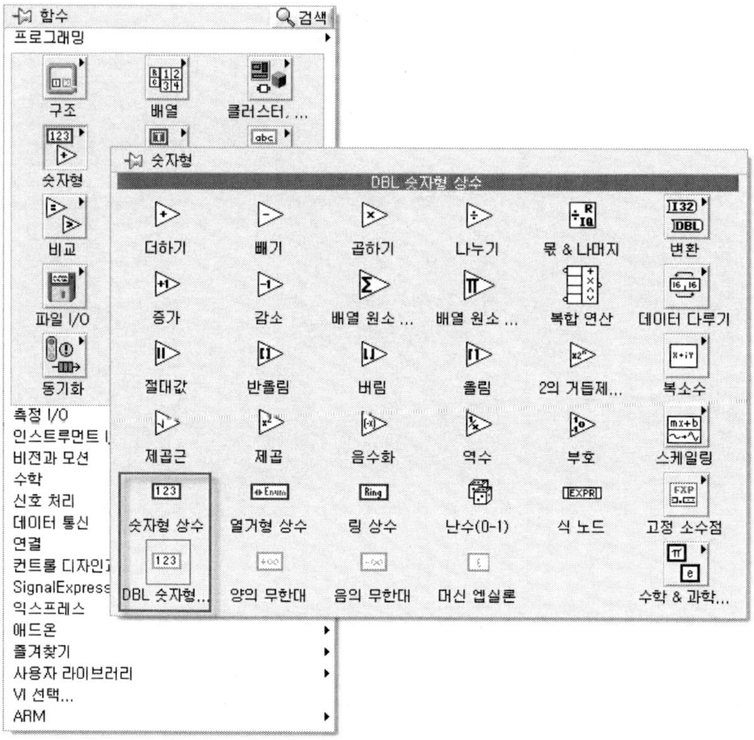

3.1.1 숫자형의 팝업 메뉴

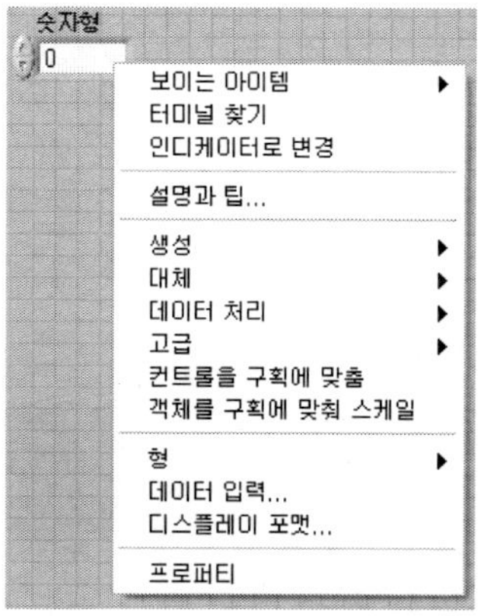

일반적인 숫자형 컨트롤의 팝업 메뉴이다. 동일한 오브젝트의 팝업 메뉴는 프런트패널 또는 블록다이어그램에서 다르게 표시되고, 실행 모드 또는 수정 모드에서 다르게 표시된다. 현재 선택된 옵션은 체크 표시(✓)를 통해 알 수 있다. 일부 메뉴는 설정할 옵션을 내장한 다이아로그 박스로 이동한다. 일반적으로 명령어는 **인디케이터로 변경/컨트롤로 변경**과 같이 동사로 표시된다.

1 보이는 아이템

많은 아이템은 **보이는 아이템** 메뉴를 갖고 있으며 이를 이용해 라벨, 스크롤바, 터미널 등을 표시하거나 숨길 수 있다. 만약 **보이는 아이템**를 선택하면 표시할 모든 옵션(오브젝트의 종류에 따라 다름)이 표시된다. 옵션에 체크 표시(✓)가 된 것은 현재 선택된 내용들이며 체크 표시가 없는 것은 숨겨진 것들이다. 선택된 옵션을 마우스로 다시 선택하면 원래 상태로 변경된다.

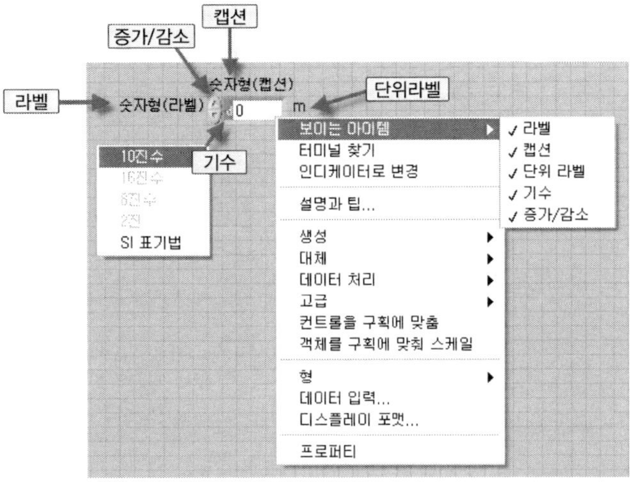

2 터미널 찾기 및 컨트롤/인디케이터 찾기

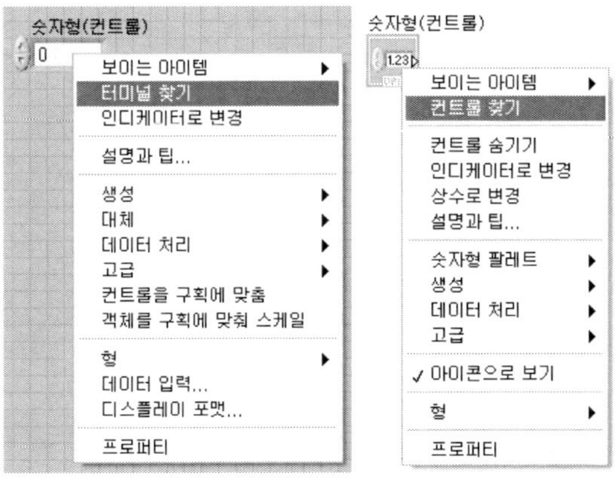

프런트패널에서 오브젝트를 선택하고 팝업 메뉴에서 **터미널 찾기**를 선택하면 LabVIEW는 여기에 대응하는 터미널을 블록다이어그램에서 찾아준다. 블록다이어그램 터미널의 팝업 메뉴에서 **컨트롤/인디케이터 찾기**를 선택하면 LabVIEW는 여기에 대응하는 오브젝트를 프런트패널에서 찾아준다.

3 컨트롤/인디케이터 숨기기/보이기

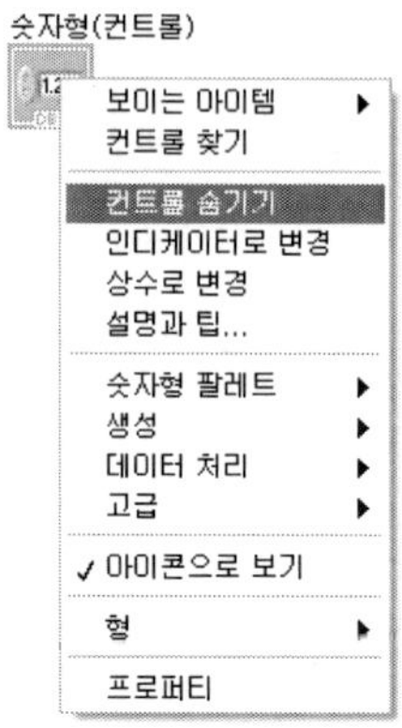

이 옵션은 블록다이어그램에서만 표시된다. 블록다이어그램에 대응하는 프런트패널의 오브젝트를 표시하거나 숨길 때 이 옵션을 사용한다. 이 옵션은 프런트패널에 오브젝트를 표시하지 않고 블록다이어그램에서만 사용할 때 매우 유용하다. 만약 오브젝트가 컨트롤이면 블록다이어그램에서 **컨트롤 보이기/숨기기**를 사용할 수 있고, 오브젝트가 인디케이터이면 **인디케이터 보이기/숨기기**를 사용할 수 있다.

4 컨트롤로 변경과 인디케이터로 변경

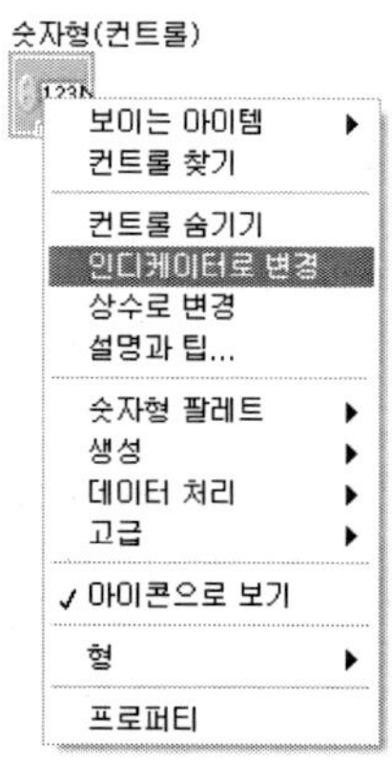

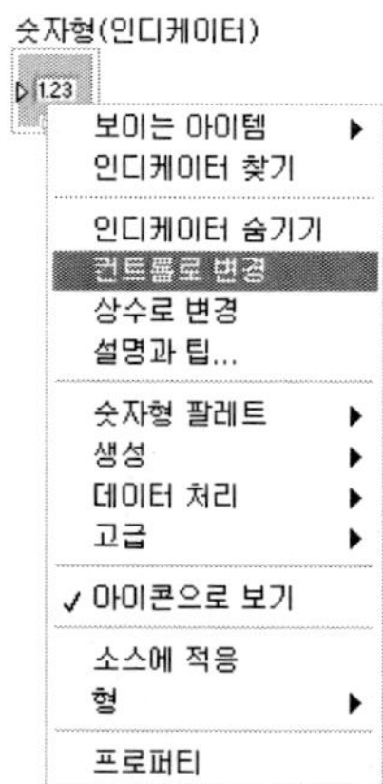

"숫자형(컨트롤)"은 기본 값이 컨트롤이기 때문에 마우스 오른쪽 버튼을 클릭하면 팝업 메뉴에서 **인디케이터로 변경**이 표시된다. 반대로 "숫자형(인디케이터)"는 기본값이 인디케이터이기 때문에 마우스 오른쪽 버튼을 클릭하면 팝업 메뉴에서 **컨트롤로 변경**이 표시된다. 컨트롤 터미널은 인디케이터의 터미널 보다 테두리가 두껍게 표시된다. 오브젝트가 컨트롤인지 인디케이터인지 항상 확실하게 구분해야 한다.

5 상수로 변경

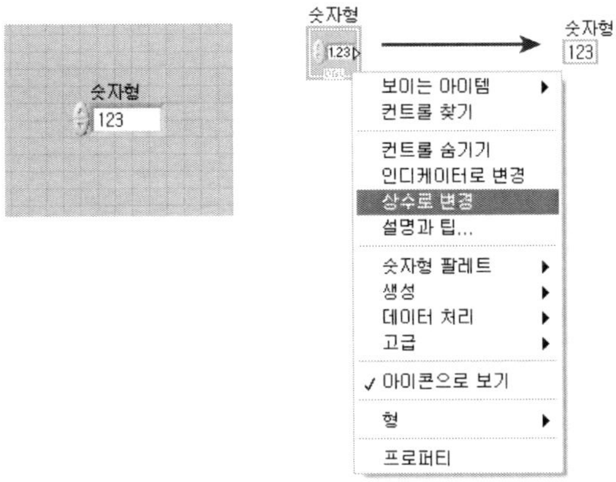

이 옵션은 블록다이어그램에서만 사용된다. **상수로 변경**을 선택하면 프런트패널의 값이 상수로 변환되어서 블록다이어그램에 표시된다.

6 생성

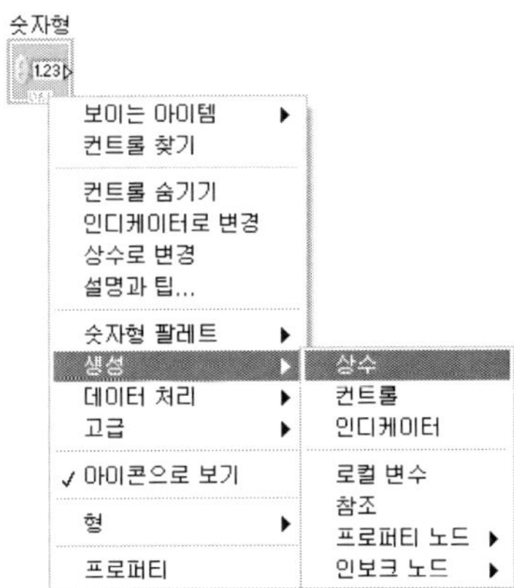

생성 옵션은 주어진 오브젝트의 상수, 컨트롤, 인디케이터를 생성하는데 사용한다. 또한 추후에 설명할 로컬 변수, VI서버 참조(VI Server Reference), 프로퍼티 노드, 인보크 노드를 생성한다.

7 설명과 팁...

설명과 팁...을 선택하면 **설명과 팁** 대화 상자가 표시된다.

설명에는 도움말 → 기본 도움말 보이기 메뉴에 표시되는 내용이다. **팁**에는 VI가 실행되는 동안 프런트패널 객체 위에서 커서를 움직일 때 디스플레이되는 간략한 설명이다. 다음과 같이 **설명** 및 **팁**에 정보를 입력한다.

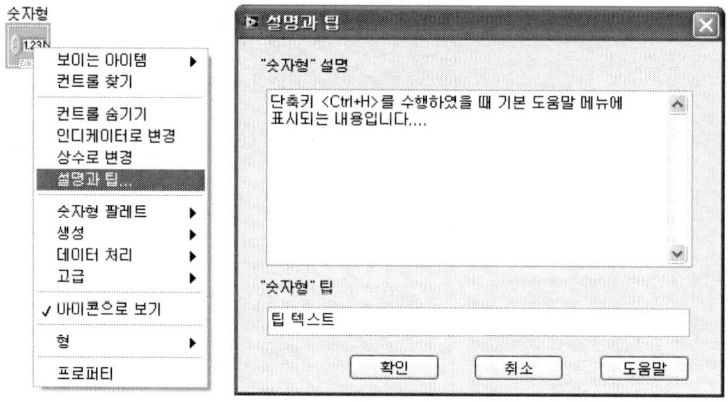

설명과 팁에 작성한 결과는 다음과 같이 표시된다. **설명** 및 **팁**에 입력한 정보가 어디에 표시되는지를 숙지한다.

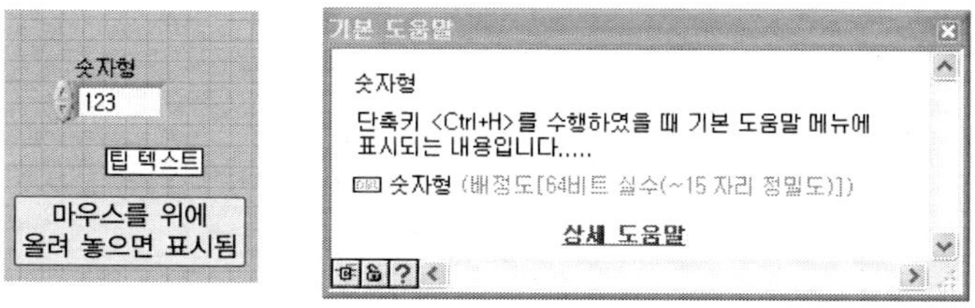

8 데이터 처리

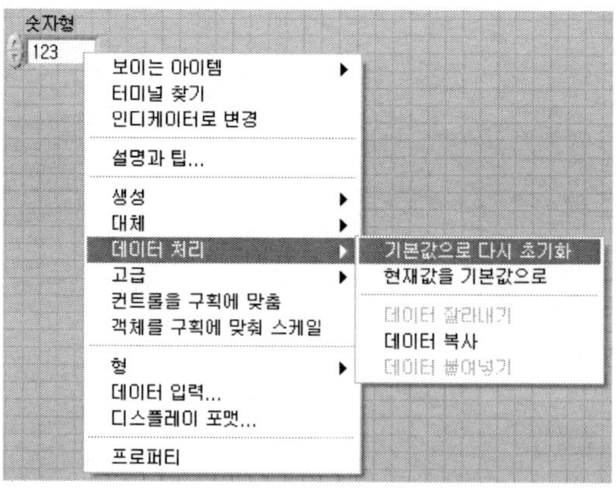

데이터 처리 팝업 메뉴는 컨트롤 또는 인디케이터의 데이터를 처리하는 여러 가지 옵션들로 구성된다.

- **기본값으로 다시 초기화:** 오브젝트의 값을 기본값으로 변경한다. 즉 숫자형 컨트롤의 기본값인 0.0, 불리언의 기본값인 FALSE 상태로 만든다.
- **현재값을 기본값으로:** 현재의 데이터를 기본값으로 설정한다. 예를 들어 숫자형 컨트롤에 값 "123"을 입력하고 VI를 저장한 경우를 고려한다. 작성한 VI를 닫고 다시 불러오면 값은 기본값 "0.00"으로 환원되어 있음을 발견할 것이다. 이러한 불편을 해소하려면 원하는 값 "123"을 입력하고 **현재값을 기본값으로**를 선택하고 저장한다.
- **데이터 잘라내기, 데이터 복사, 데이터 붙여넣기:** 컨트롤 또는 인디케이터의 데이터를 사용할 수 있다.

9 고급

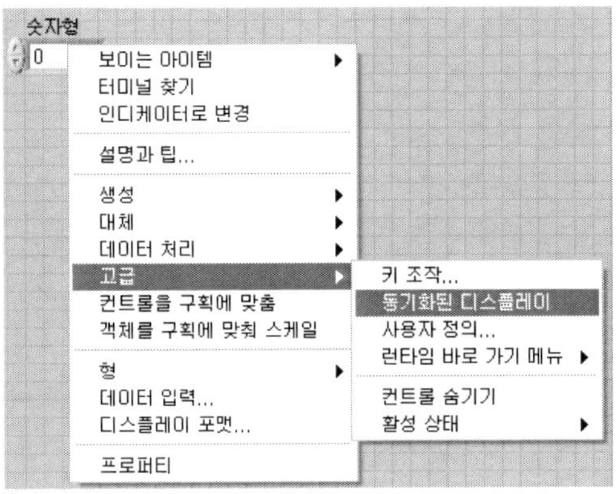

이 함수는 주로 프런트패널에 사용한다. 블록다이어그램에는 **동기화된 디스플레이**만 존재한다.

- **키 조작...:** 키보드 키의 조합을 프런트패널 오브젝트와 연관시킬 때 사용한다. LabVIEW의 프로퍼티의 대화 상자를 사용하여 키보드 바로 가기 키를 설정한다. 사용자가 마우스 없이 프런트패널 윈도우를 탐색할 수 있도록 컨트롤에 키보드 바로 가기 키를 지정할 수 있다. 〈Shift〉나 〈Ctrl〉키와 같은 조합 키를 일부 바로 가기 키로 할당할 수 있다. 하나 이상의 컨트롤에 같은 키 조합을 할당할 수 없다.

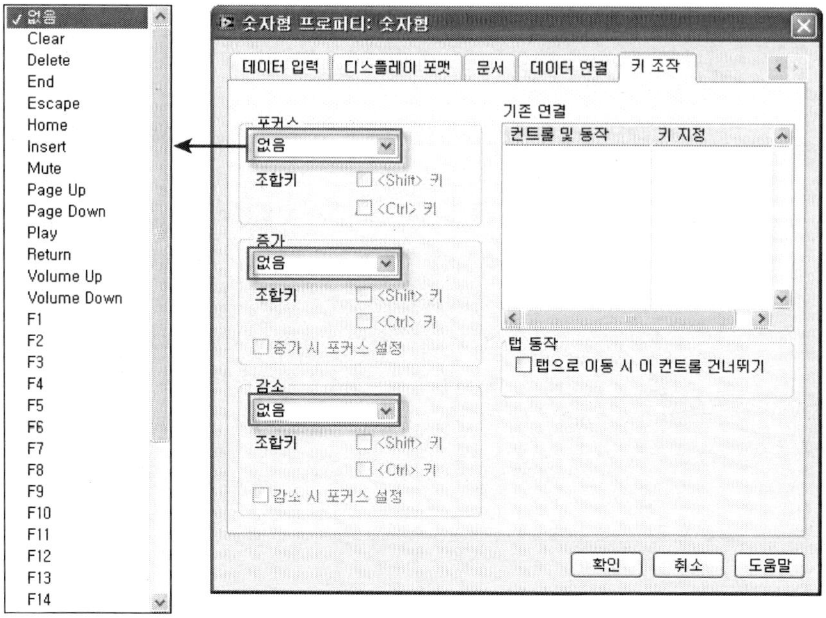

- **동기화된 디스플레이:** 모든 업데이트를 디스플레이한다. 애니메이션을 디스플레이할 때 이 특징을 사용한다. 또한 동기화된 디스플레이 프로퍼티를 사용하여 이 옵션을 프로그램적으로 설정할 수 있다.
- **사용자 정의:** 프런트패널 객체를 사용자 정의하는데 사용하는 컨트롤 편집기 윈도우를 디스플레이한다.
- **런타임 바로 가기 메뉴:** 이 컨트롤에 대한 런타임 바로 가기 메뉴를 비활성화하거나 사용자 정의할 수 있는 서브 메뉴를 포함한다.
- **컨트롤 숨기기** 또는 **인디케이터 숨기기:** 보기에서 프런트패널 객체를 숨긴다. 숨겨진 객체에 접근하려면 블록다이어그램 터미널에서 마우스 오른쪽 버튼을 클릭한 후 바로 가기 메뉴에서 컨트롤 보이기 또는 인디케이터 보이기를 선택한다.
- **활성 상태:** 객체가 활성화, 비활성화, 비활성화 & 회색화인지를 결정한다.

10 아이콘으로 보기

블록다이어그램에서 터미널은 아이콘으로 보기를 기본으로 사용한다. 하지만 블록다이어그램의 공간적인 이유로 **아이콘으로 보기**를 체크하지 않으면 DBL 형태로 표시된다.

11 형(Representation)

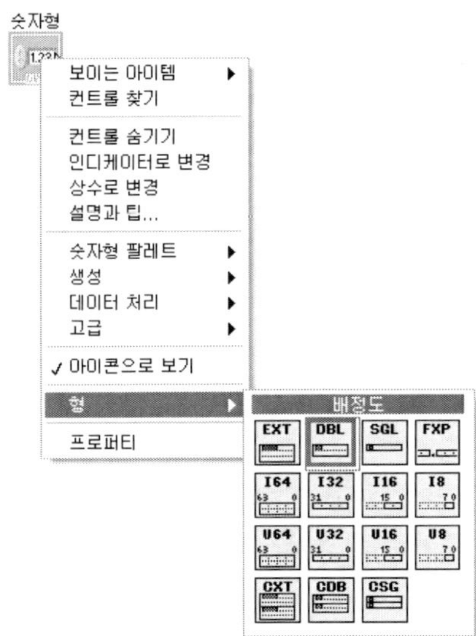

블록다이어그램의 숫자형 터미널의 모양은 데이터의 **형**에 의존한다. 다양한 **형**은 데이터를 메모리에 저장하는 방법을 표시하며, 메모리를 효율적으로 사용하기 위해 사

용한다. 숫자형 **형**이 다르면 데이터를 저장할 때 차지하는 메모리 크기도 다르며 데이터를 *signed*(음수의 사용)와 *unsigned*(0 또는 양수만 가짐)데이터로 구분한다. 정수의 터미널은 청색이며 실수는 오렌지색으로 표시된다. 터미널에 표시되는 문자로부터 데이터의 구조를 알 수 있다. 예를 들어 DBL은 double-precision floating-point 데이터를 의미한다.

12 디스플레이 포맷

LabVIEW에는 디지털로 표시되는 숫자형 타입을 변경할 수 있다. 이 옵션은 프런트 패널에서만 사용할 수 있으며, 블록다이어그램에서는 설정할 수 없다. 사용자는 부동소수, 과학적 표기, 자동 포맷팅, SI 표기법 등 사용자의 목적에 맞는 타입의 데이터를 선택할 수 있다. 자릿수는 값의 표시에만 영향을 주며 내부적인 정밀도는 형(Representation)에 의존한다.

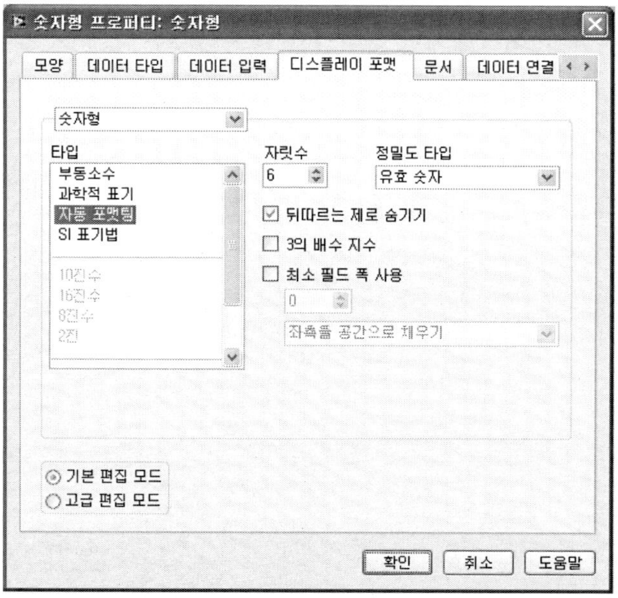

13 숫자형 데이터 범위 설정

LabVIEW는 특정한 범위의 데이터를 유효하게 만드는 기능과 데이터의 증가를 설정하는 옵션을 갖고 있다. 예를 들어 입력 범위가 0~100이며, 2씩 증가하는 입력이 필요한 경우를 고려한다. 이 경우 적절한 숫자형 컨트롤의 팝업 메뉴에서 **데이터 입력**을 선택한다. 표시된 창에서 최소값 0, 최대값 100, 증가 2를 선택하고 '확인' 버튼을 선택한다. 프런트패널의 숫자형(0)에서 증·감 화살표를 **값 수행**( ) 툴로 클릭하면 0~100 까지 2씩 증가함을 확인할 수 있다.

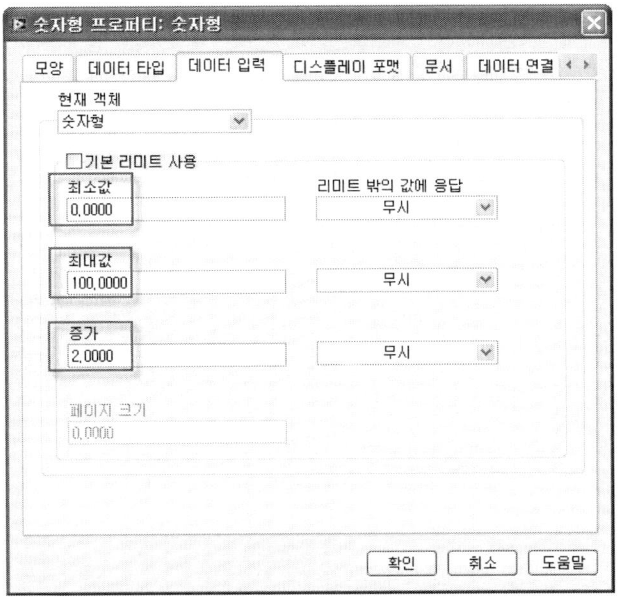

이 옵션은 프런트패널에서만 사용할 수 있으며, 블록다이어그램에서는 설정할 수 없다. 또한 리미트 밖의 숫자가 입력되었을 때 어떻게 할지 설정할 수 있다.

3.1.2 링(Ring) 컨트롤과 인디케이터

다음은 프런트패널의 **컨트롤→일반→링&열거형** 팔레트의 모습이다. 링은 특별한 숫자형 오브젝트로 **부호 없는 워드**( )를 사용한다. 이들은 작업 모드, 계산기 함수와 같이 특정 옵션을 마우스로 선택할 때 매우 유용하다. 터미널의 테두리가 진하면 컨트롤(U16)을 의미하고, 테두리가 흐리면 인디케이터(U16)를 의미한다.

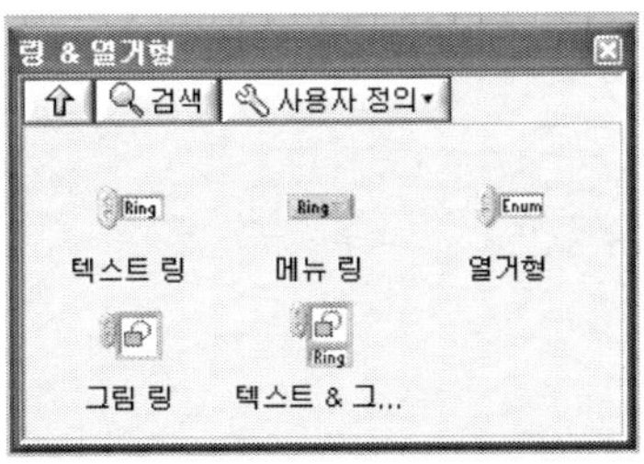

3.2 불리언(Boolean) 컨트롤/인디케이터

다음은 **컨트롤→일반→불리언** 팔레트를 선택할 때 표시되는 오브젝트 들의 모습이다. 불리언 터미널( )은 블록다이어그램에서 녹색으로 표시되며, 내부에는 **TF** 문자가 입력되어 있다. 터미널의 테두리가 진하면 컨트롤(TF)을 의미하고, 테두리가 흐리면 인디케이터(TF)를 의미한다.

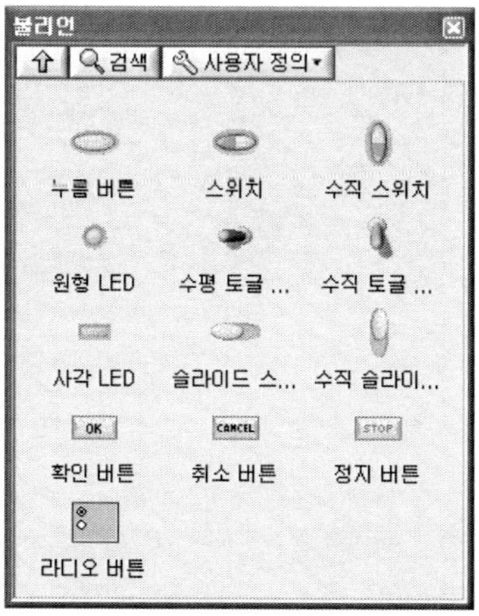

불리언은 "on 또는 off"으로 생각할 수 있으므로 TRUE 또는 FALSE 상태 중 한 가지만 가질 수 있다. LabVIEW는 많은 종류의 스위치, LED, 버튼 컨트롤과 인디케이터를 제공하며, 이들 모두는 **불리언 팔레트**에 있다. 불리언은 **값 수행**( ) 툴로 클릭하면 상태를 변경할 수 있다. 숫자형 컨트롤과 유사하게, 불리언의 타입은 일반적인 사용법에 따라 기본값이 설정되어 있다. 예를 들어 스위치는 컨트롤로 설정되어 있고, LED는 기본값이 인디케이터이다. 만약 이들의 특성을 변경하려면 팝업 메뉴에서 **컨트롤로 변경** 또는 **인디케이터로 변경**을 선택한다.

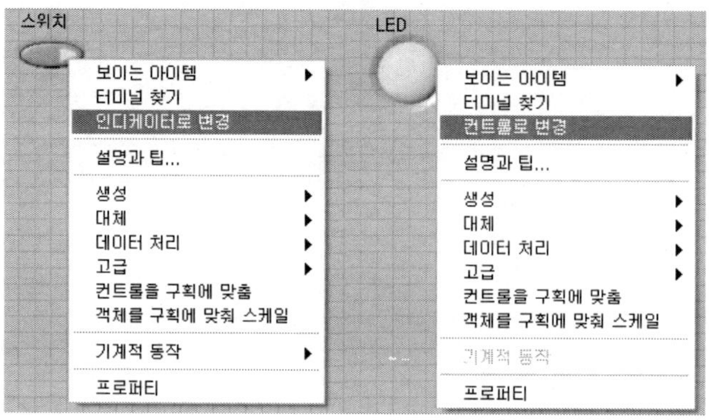

블록다이어그램의 **함수→프로그래밍→불리언** 팔레트를 참조하기 바란다. 여기에는 불리언 컨트롤과 인디케이터와 함께 사용할 수 있는 함수들이 있다. 불리언 함수에는 AND, OR, XOR, NOT, NAND, NOR, NXOR 등이 있다. 또한 불리언 상수도 이곳에 포함되어 있다.

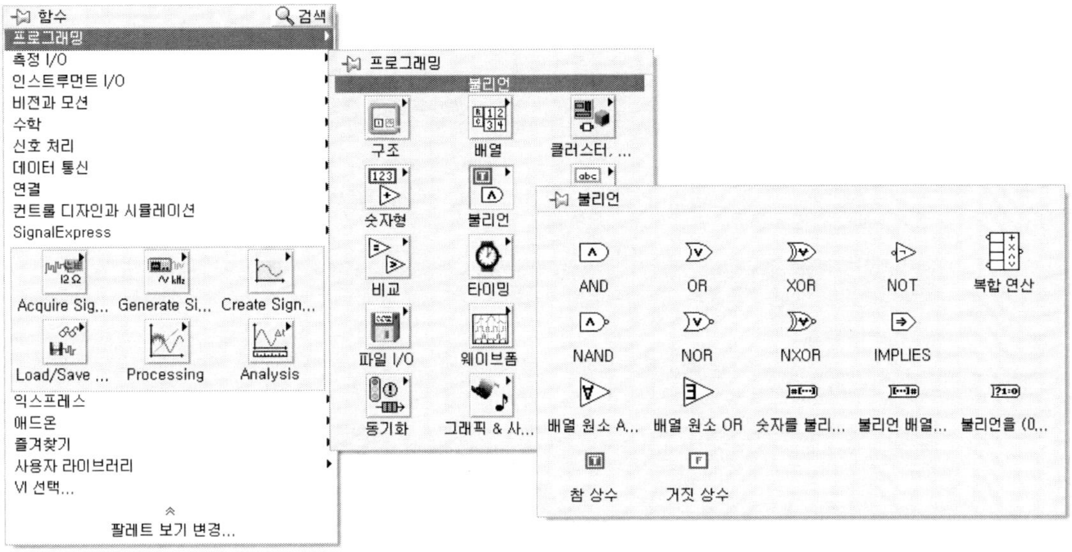

3.2.1 불리언의 팝업 메뉴

불리언의 팝업 메뉴는 숫자형과 거의 유사하지만 **기계적 동작** 기능이 추가되어 있다. 여기서는 숫자형과 동일한 내용에 대해서는 설명을 하지 않을 것이다.

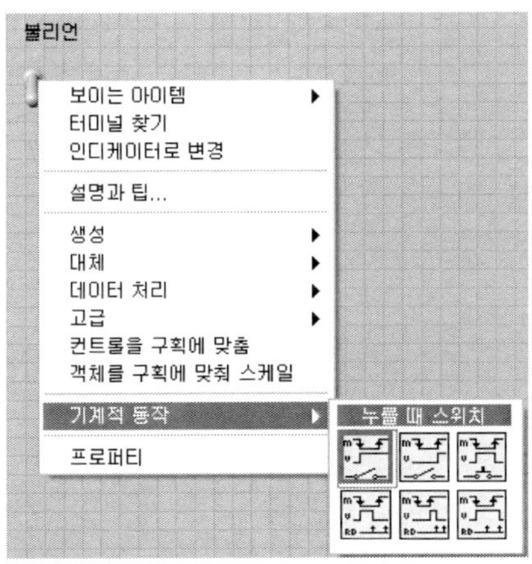

1 불리언의 기계적 동작(Mechanical Action)

불리언 컨트롤은 기계적 동작이라는 난해한 옵션을 갖고 있다. 이것은 불리언을 클릭했을 때 불리언이 행동하는 방법을 결정하며, 다음의 그림을 참조한다.

스위치를 누를 때(Switch When Pressed)

Switch When Pressed

값 수행 툴( )로 클릭할 때마다 컨트롤의 값을 변경한다. 이 상태는 불리언의 기본 값이며 반적인 전원 스위치와 유사하다.

놓을 때 스위치(Switch When Released)

Switch When Released

마우스 버튼을 놓을 때에만 컨트롤의 값이 변경된다. 이 모드는 다이아로그 박스의 체크 표시를 클릭한 경우와 유사하며, 이것은 마우스를 놓기 전에는 값이 변경되지 않는다.

놓을 때까지 스위치(Switch Until Released)

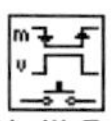

Switch Until Released

컨트롤을 클릭할 때 컨트롤의 값을 변경한다. 이것은 마우스 버튼을 놓을 때까지 새로운 값을 유지하지만, 그 순간 컨트롤 값은 원래의 값으로 반전된다. 기능은 도어 벨의 기능과 유사하다.

누를 때 래치(Latch When Pressed)

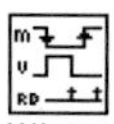

Latch When Pressed

컨트롤을 클릭할 때 값을 변경하며 VI가 값을 읽을 때까지 새로운 값을 유지한다. 기능적인 면에서 차단기와 유사하며, While 루프의 종료 또는 VI가 컨트롤을 설정할 때 무언가를 단 한번만 값을 필요로 할 때 유용하다.

놓을 때 래치(Latch When Released)

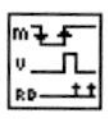

Latch When Released

마우스 버튼을 놓은 후에 컨트롤의 값을 변경한다. VI가 스위치 값을 한번 읽으면 컨트롤은 예전 값으로 환원된다. 이 모드는 Switch When Released처럼 다이아로그 박스의 버튼 기능과 유사하다. 즉 버튼을 클릭하면 선택되고 마우스 버튼을 놓으면 값을 기억한다.

놓을 때까지 래치(Latch Until Released)

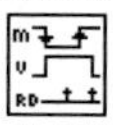

Latch Until Released

컨트롤을 클릭하면 스위치의 값이 변경되며, VI가 값을 1회 읽을 때까지 또는 마우스 버튼을 놓을 때까지 설정 값을 유지한다.

예제 3.1 불리언 함수 연산

간단한 AND, OR 등의 논리 연산을 연습한다.

프런트패널

1. 새 VI를 열고 **불리언 연습.vi**로 저장한다.
2. 다음과 같이 프런트패널에 **수직 토글 스위치** 6개를 만들고 라벨을 입력한다. 스위치는 **컨트롤 → 불리언** 팔레트에 있다.

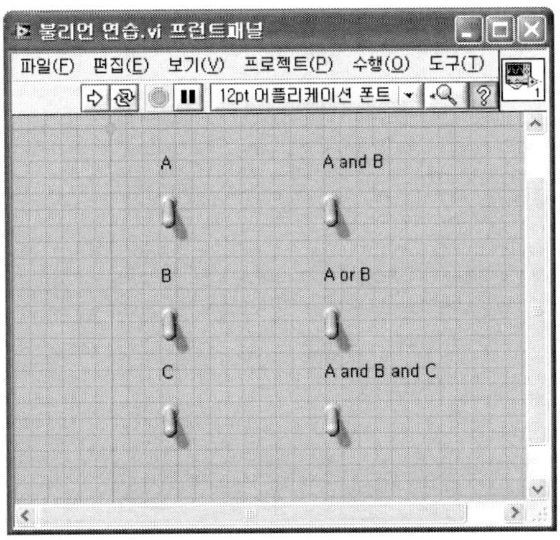

3. 오른쪽에 있는 수직 토글 스위치 3개를 모두 인디케이터로 변경한다. 결과적으로 A, B, C는 불리언 컨트롤이고 A and B, A or B, A and B and C는 인디케이터가 된다.

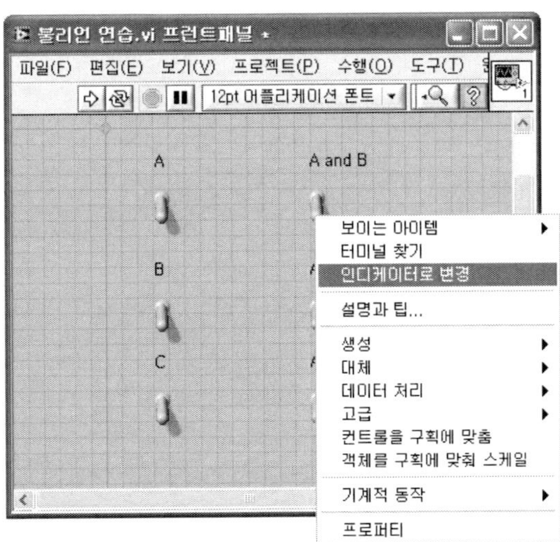

블록다이어그램

4. **함수→프로그래밍→불리언** 팔레트에서 AND( ), OR( ), 복합 연산( )을 블록다이어그램에 놓는다. 복합 연산( )은 먼저 크기를 늘려주고 팝업 메뉴에서 **모드 변경→AND**를 선택하면 A and B and C의 연산을 수행한다.

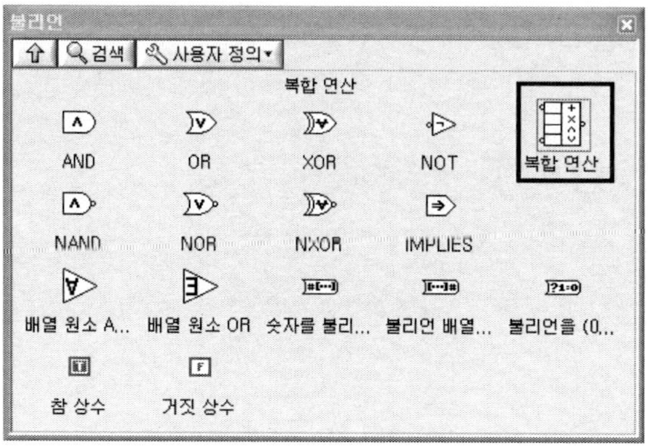

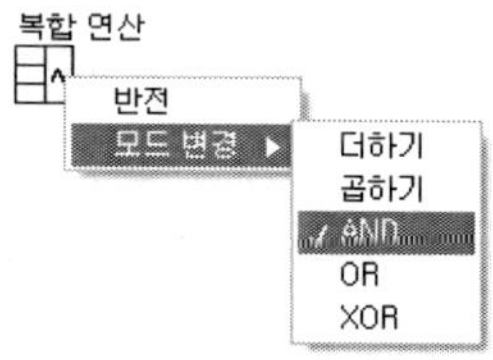

다음과 같이 블록다이어그램을 완성한다.

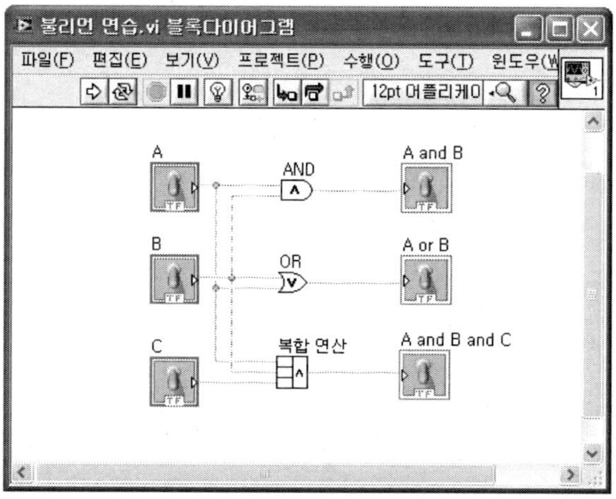

5. VI를 저장하고 실행한다. A, B, C 스위치의 조건에 따라 논리회로가 동작되는지 확인한다.

3.3 문자열(String) 컨트롤/인디케이터

일반→문자열&경로 팔레트에는 문자열을 입·출력 할 수 있는 오브젝트들이 있다. 대부분의 문자열 데이터는 ASCII 형태이며 알파벳 문자를 전달하는 표준 방법으로 사용한다. 문자열 컨트롤( ) 및 문자열 인디케이터( )는 블록다이어그램에서 핑크색으로 표시되며 터미널 내부에는 문자 "abc"가 입력되어 있다. 터미널의 테두리가 진하면 컨트롤( )을 의미하고, 테두리가 흐리면 인디케이터( )를 의미 한다.

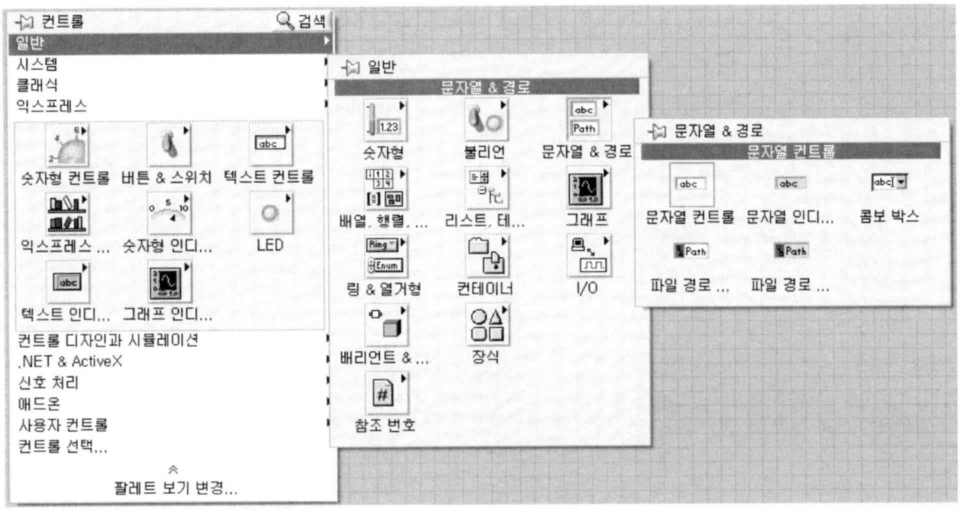

참고로 테이블은 문자열로 된 2차원 테이블 컨트롤( )로 구성되어 있다.

문자열 함수와 상수는 **함수→프로그래밍→문자열** 팔레트에 있다. 문자열 컨트롤과 인디케이터에 숫자를 입력하면 이 데이터는 숫자가 아니다. 즉 문자열 데이터를 사용해서는 수치 처리 작업을 할 수 없다. ASCII문자 "A"가 숫자가 아니듯이 ASCII "9"도 숫자가 아니다. 문자열로 사용된 ASCII문자 "9"를 숫자로 사용하려면 이 데이터를 숫자로 변환해야 한다. 변환 과정은 함수와 상수는 **함수→프로그래밍→문자열→문자열/숫자 변환** 함수 팔레트를 이용한다.

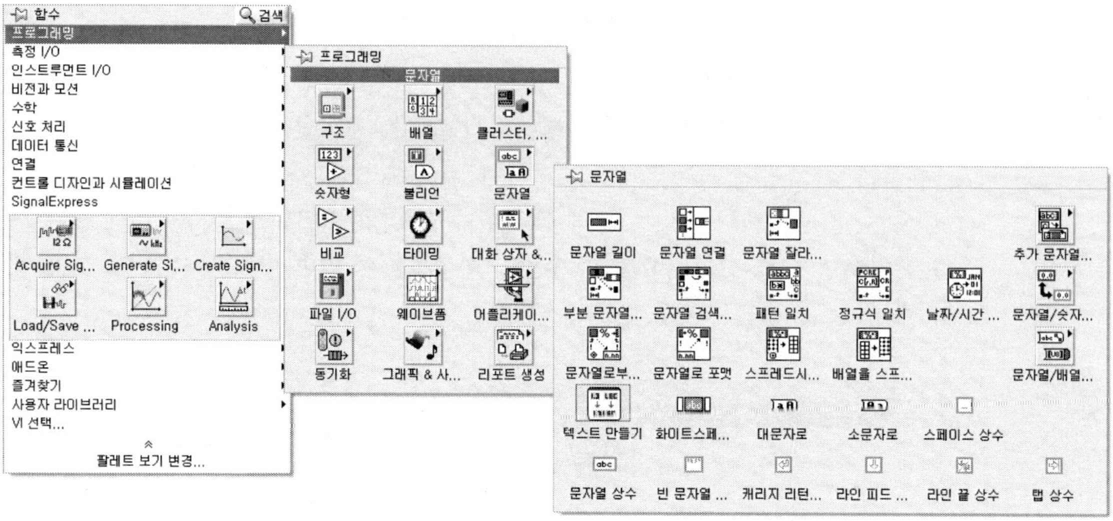

3.3.1 문자열의 팝업 메뉴

문자열 컨트롤 또는 문자열 인디케이터를 바로 가기하면 매우 다양한 옵션을 가지고 있다. 여기서는 대부분의 컨트롤 또는 인디케이터가 공통적으로 가지고 있는 내용을 제외하고 몇 가지 대표적인 기능을 설명하고자 한다.

1 디스플레이 모드 및 문자열 입력 옵션

문자열의 팝업 메뉴에는 4가지 디스플레이 모드인 **일반 디스플레이** 모드, **'₩' 코드 디스플레이** 모드, **암호 디스플레이** 모드, **16진수 디스플레이** 모드가 있다.

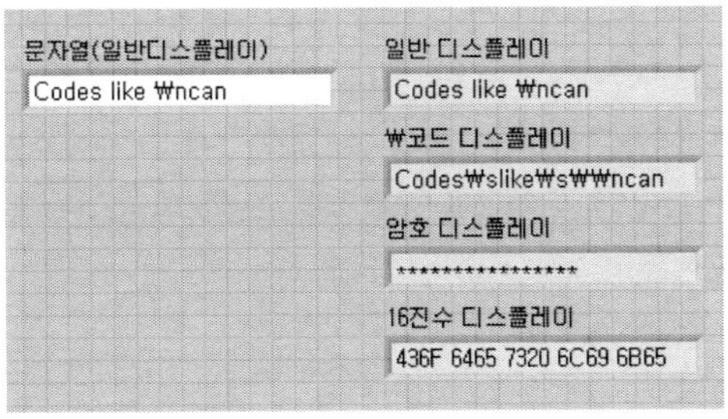

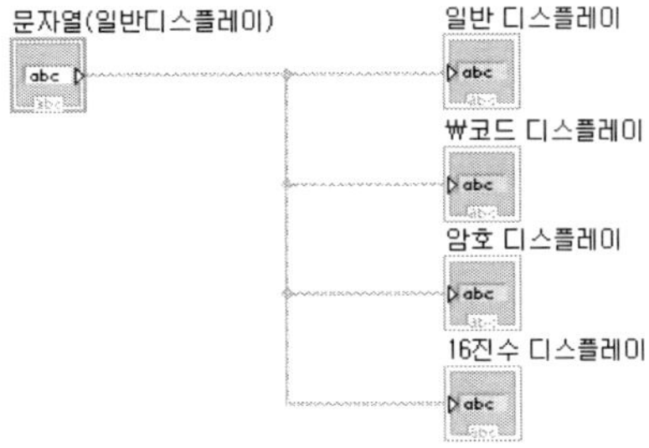

- **일반 디스플레이:** 이 모드는 일반적인 문자열을 표시할 때 사용하는 모드로, 입력한 문자열을 그대로 화면에 표시한다.
- **₩ 코드 디스플레이:** 이 모드는 일반적으로 표시할 수 없는 문자인 backspace, carriage return, tab 등을 입·출력 할 수 있다. 문자열을 바로 가기하고 **'₩' 코드 디스플레이**를 선택하면 backlash(₩) 뒤에 특수 문자를 입력할 수 있다. 다음의 테이블에 대표적인 '₩' 코드를 표시해 놓았다.

표 3-1 ▫ LabVIEW의 '₩' 코드

Code	LabVIEW Interpretation
₩00 - ₩FF	8비트 문자의 16진수 값, 대문자만 가능하다.
₩b	Backspace(ASCII BS, ₩08과 동일하다.)
₩f	Form feed(ASCII FF, ₩0C와 동일하다.)
₩n	Linefeed(ASCII LF, ₩0A와 동일하다.)
₩r	Carriage return(ASCII CR, ₩0D와 동일하다.)
₩t	Tab(ASCII HT, ₩09와 동일하다.)
₩s	Space(equivalent, ₩20과 동일하다.)
₩₩	Backslash(ASCII ₩, ₩5C와 동일하다.)

- **암호 디스플레이:** 이 옵션을 사용하면 문자열 컨트롤과 인디케이터에 표시되는 문자를 "*"으로 표시하므로 입력된 문자를 볼 수 없다. 프런트패널에 "****"으로 표시되어도 블록다이어그램은 실제 입력된 데이터를 읽는다. 이 옵션은 프로그램적으로 패스워드를 입력하고자 할 때 매우 유용하다.
- **16진수 디스플레이:** 이 옵션은 문자열을 알파벳 문자 대신 16진수 문자로 입·출력 할 때 이 옵션을 사용한다. 만약 〈control - T〉와 같은 특수 코드를 입력하려면 이 옵션을 사용해야 한다. 참고로 문자열 "1"은 ASCII 코드로 Hex 31, 문자열 "2"는 ASCII 코드로 Hex 32이며, "space"는 ASCII 코드 Hex 20, 소문자 x는 ASCII 코드 Hex 78 등으로 해석된다.
- **한 줄로 제한:** 이 옵션은 1줄 이상의 텍스트를 입력할 수 없기 때문에 carriage return 등을 문자열에 사용할 수 없다. 만약 〈enter〉 또는 〈return〉키를 치면 텍스트 입력은 자동적

으로 종료된다. 문자열을 단일 줄로 제한하지 않은 경우 〈return〉키를 치면 커서가 새로운 줄로 이동한다.

- 입력할 때 값 업데이트 옵션은 문자열 컨트롤에 입력하는 데이터가 실시간으로 전달된다. 만약 이 옵션을 선택하지 않았다면, 문자열을 입력하고 프런트패널의 왼쪽 상단의 ✓ 버튼을 클릭해야만 문자열이 입력된다.

2 스크롤바(Scrollbar)의 사용

문자열 컨트롤 또는 인디케이터의 팝업 메뉴의 **보이는 아이템 → 스크롤 막대**를 선택하면, 수평·수직 스크롤바를 문자열 컨트롤과 인디케이터에 표시할 수 있다. 이 옵션은 많은 양의 텍스트를 화면에 표시해야 하지만, 표시되는 공간을 최소화할 때 사용한다. 이 옵션은 문자열의 크기가 스크롤바를 초과하기 전까지 스크롤바는 뿌연 상태로 표시된다.

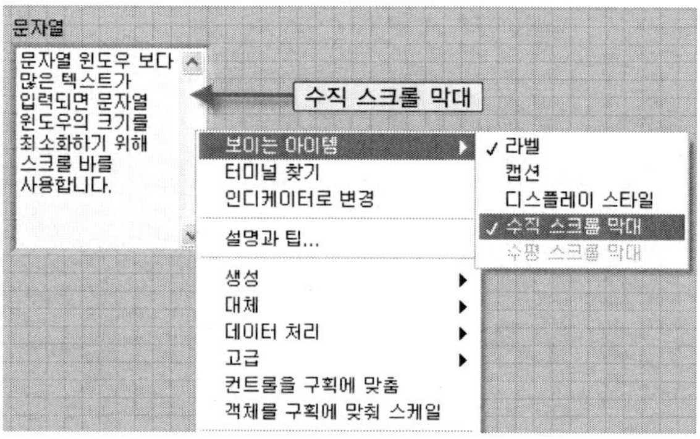

예제 3.2 문자열과 문자열 함수

수치를 문자열로 변환하고 이것을 다른 문자열과 연결해서 단일 문자열을 출력하는 VI를 작성해 본다. 또한 시간에 관계된 문자열 함수와 문자열의 크기를 측정하는 VI를 작성한다.

블록다이어그램

1. 새 VI를 만들고 **숫자형 문자열.vi**로 저장한다.
2. 다음과 같이 블록다이어그램을 작성한다. 모든 함수는 **함수 → 프로그래밍 → 문자열** 팔레트에 있다.

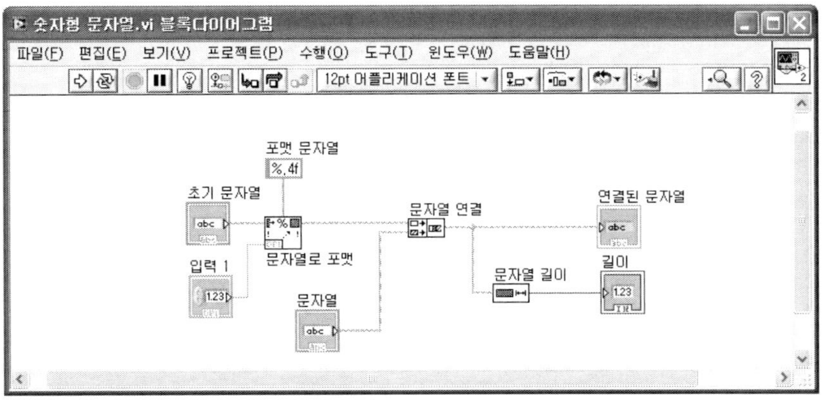

문자열로 포맷( ) 함수는 입력( )에 입력된 실수를 포맷 문자열(%.4f) 형태로 출력한다.

입력( )의 생성은 단축 메뉴에서 **생성 → 컨트롤**을 선택한다. 포맷 문자열(%.4f)은 단축 메뉴에서 **생성 → 상수**를 선택하고, 키보드로 "%.4f"를 입력한다.

문자열 연결( ) 함수는 모든 입력 문자열을 단일 문자열로 출력한다. 입력 문자열을 늘리려면 **위치/크기/선택**( ) 툴로 함수의 상 · 하를 늘린다.

문자열 길이( ) 함수는 문자열 길이를 I32 값으로 출력한다.

프런트패널

3. 다음과 같이 프런트패널을 완성하고 값을 입력한다.

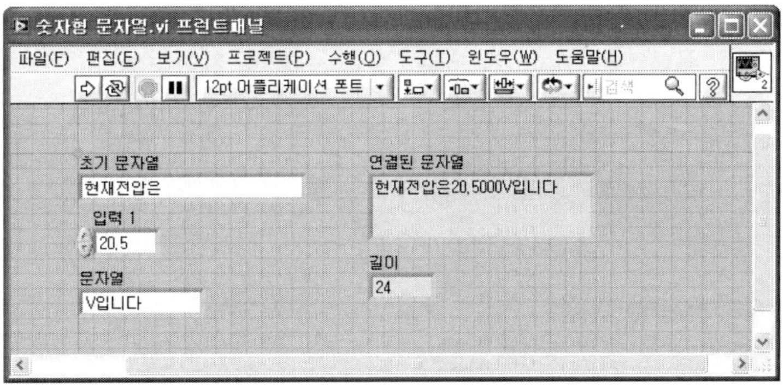

4. LabVIEW 상단 메뉴의 **편집(E) → 현재값을 기본값으로(M)**을 선택하고 저장한다. **현재값을 기본값으로(M)**을 설정하지 않으면 VI를 닫은 후 다시 열었을 때 입력했던 값들이 모두 초기화 상태가 된다.

5. VI를 실행해 본다. 문자의 길이가 24인 이유를 생각해 본다. 참고로 한글은 2바이트, 영문은 1바이트이다.

3.3.2 테이블

LabVIEW에서 **테이블**은 2차원 문자열 배열을 표시하는 특수한 구조의 데이터이다. **테이블**은 **컨트롤 → 일반 → 리스트, 테이블 & 트리** 팔레트에 있다. **테이블**의 초기 상태는 컨트롤 타입으로 되어 있으며, 인디케이터로 사용하려면 **테이블**을 팝업하고 **인디케이터로 변경**을 선택한다.

다음의 그림은 **테이블**을 팝업할 때 표시되는 메뉴이다. 팝업 메뉴의 **보이는 아이템**을 이용하면 테이블에 부수적으로 포함되어 부가 옵션을 표시할 수 있다.

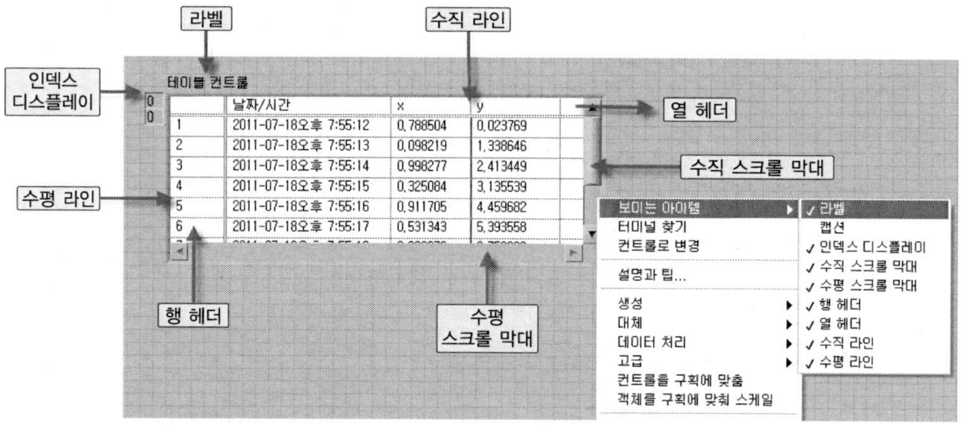

3.3.3 기본적인 문자열 함수

LabVIEW에 내장된 기본 문자열 함수를 이해하는 것은 배열 못지않게 중요하다. 여기서는 문자열 팔레트의 대표적인 기본 함수를 설명할 것이다. 여기서 설명하지 않은 문자열 함수는 LabVIEW 매뉴얼을 참조하기 바란다.

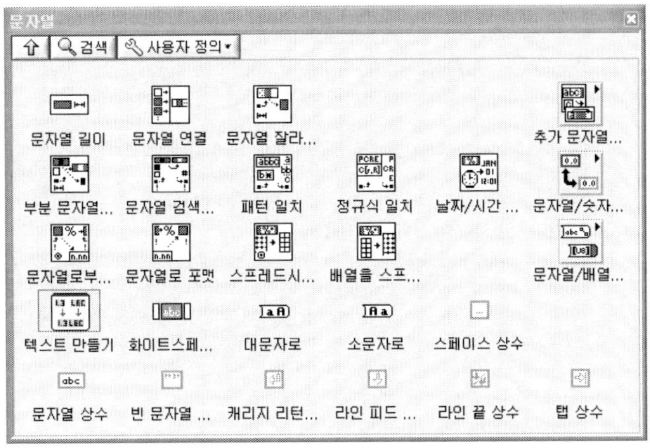

문자열 길이
[String Length]

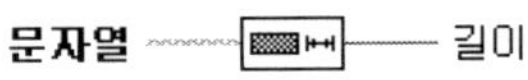

문자열 길이(String Length) 함수는 주어진 문자열을 바이트 단위로 출력한다. 한글은 2바이트가 하나의 문자를 형성하므로 입력한 한글의 2배가 문자열 크기이다.

다음 예에서 space도 하나의 스트링으로 간주함에 유념한다.

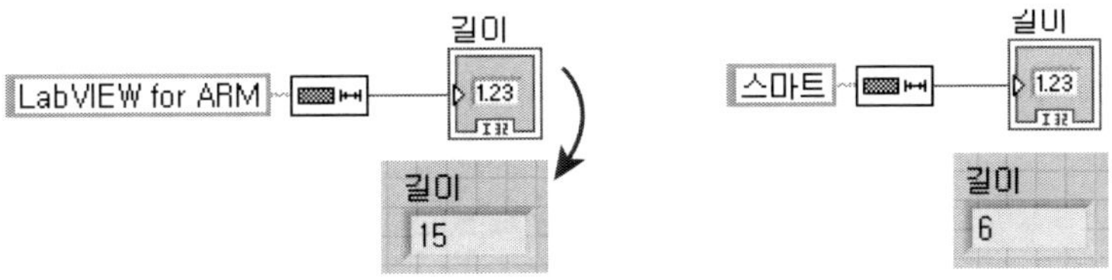

문자열 연결
[Concatenate Strings]

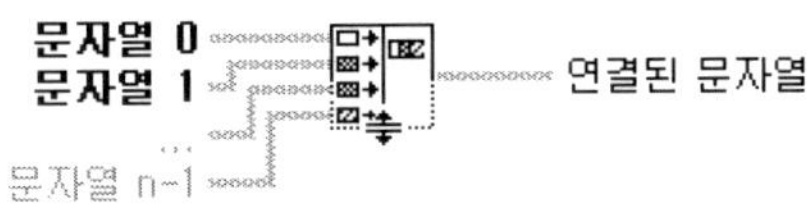

문자열 연결(Concatenate String) 함수는 모든 입력 문자열을 묶어서 단일 문자열로 출력한다. 문자열 연결 함수를 블록다이어그램에 최초로 놓을 때 과 같이 표시된다. 입력수를 증가 시키려면 위치/크기/선택( ) 툴로 코너를 선택하고 크기를 늘린다. 출력되는 문자열은 모든 문자열을 순차적으로 나열한 **문자열0 + 문자열1 + 문자열2 + ...**으로 표시된다.

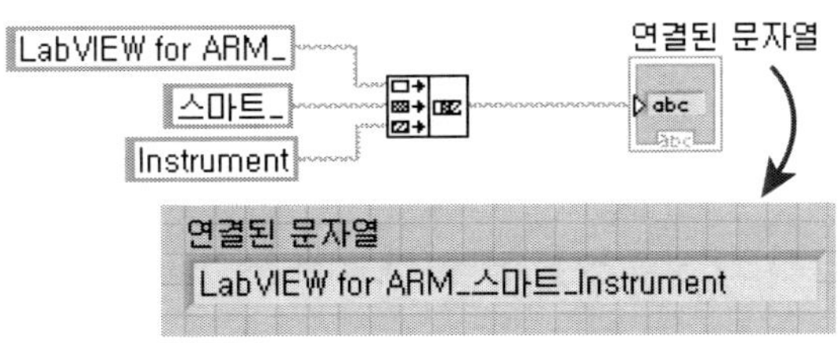

문자열 연결 함수는 단순한 문자열 외에 1차원(1D) 문자열 배열을 입력으로 사용할 수 있다. 다음 그림과 같이 1차원 배열을 단순 스트링으로 표시할 수 있다.

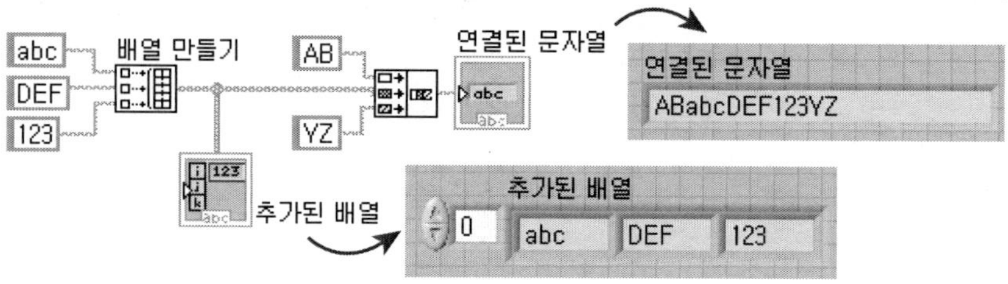

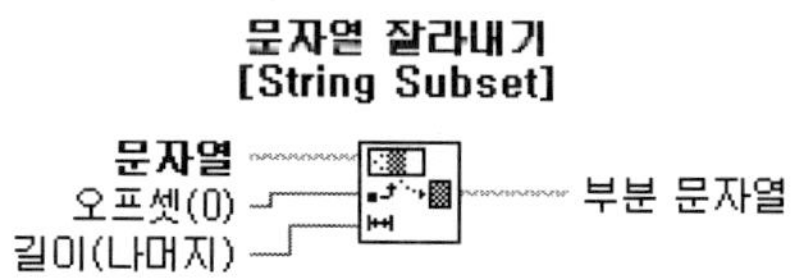

문자열 잘라내기(String Subset) 함수는 문자열의 특정 부분을 선택해서 출력한다. 이 함수는 입력 **문자열**을 **오프셋**으로부터 **길이**만큼 선택해 **부분 문자열**로 출력한다. 최초 문자의 오프셋은 0이다.

다음은 입력 문자열 "VOLT DC +1.234"의 특정 부분을 선택해 출력하는 예이다. 입력 문자열 길이는 14이며, space도 하나의 데이터로 간주한다.

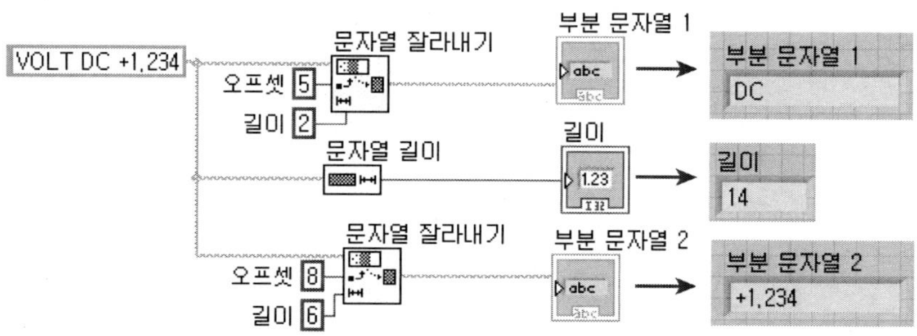

패턴 일치(Match Pattern) 함수는 입력 스트링에 주어진 문자 패턴이 있는지를 검사한다. 이 함수는 찾은 문자열을 **일치 부분 문자열**에 출력한다. **패턴 일치** 함수는 입력 **문자열**에서 **정규식**을 **오프셋**으로부터 찾는다. 만약 동일한 문자열이 있으면 이 함수는 스트링을 3개의 서브 문자열로 분할한다. 만약 동일한 문자열이 없으면 **일치 부분 문자열**은 공란으로 표시되며 **일치 구분 뒤의 오프셋**은 −1을 출력한다.

다음은 입력 문자열 'LabVIEW for ARM'에서 'for'라는 문자를 오프셋 0부터 찾는 예이다.

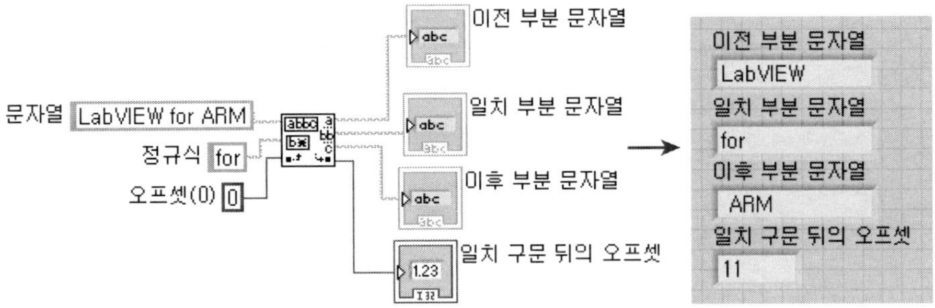

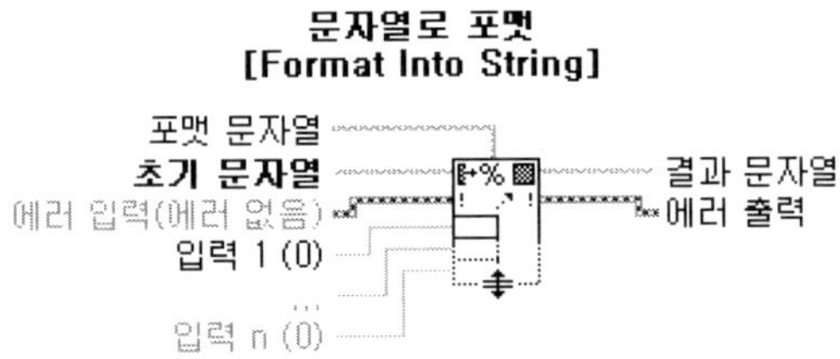

문자열로 포맷(Format Into String) 함수는 **초기 문자열**과 **입력**을 **포맷 문자열**에 입력된 형태의 문자열로 변환한다. 만약 **에러 입력**에 연결된 와이어로 에러가 입력되면 변환 과정을 수행하지 않는다. 다음 예는 'Temperature is' 뒤의 숫자 '24.5'를 포맷 문자열 '%, 4f' 문법에 따라 소수점 이하 4바이트 문자열 "24.5000"을 추가해서 출력한다.

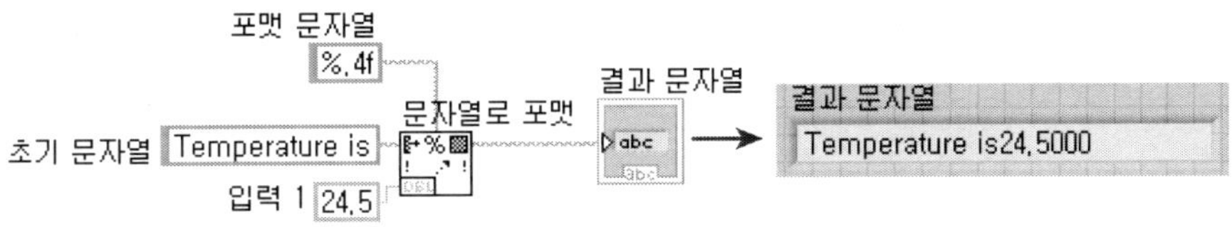

다음의 블록다이어그램과 같이 입력을 3개로 증가 시키면 실행 버튼이 깨진() 모양으로 표시된다. 에러를 수정하려면 함수를 팝업하고 **포맷 문자열 편집**을 선택한다.

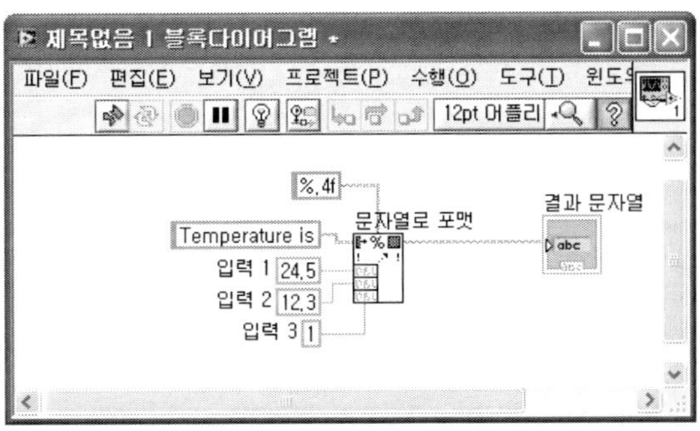

포맷 문자열 편집을 선택하면 각각의 입력1, 2, 3을 적절한 데이터 타입으로 변환할 수 있는 새로운 메뉴가 표시된다.

현재 포맷 시퀀스에서 적절한 타입을 선택하고 '새 작업 추가' 버튼을 선택하면 대응하는 포맷 문자열이 생성된다.

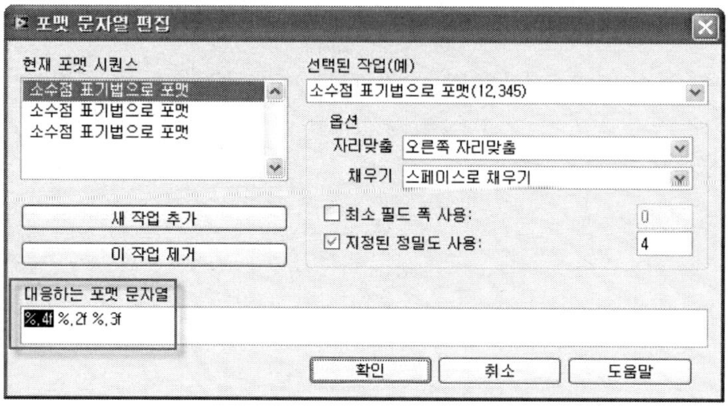

또는 포맷 문자열 "%, 4f %, 2f %, 3f"을 입력1, 2, 3과 각각 1:1로 대응되게 직접 입력할 수 있다.

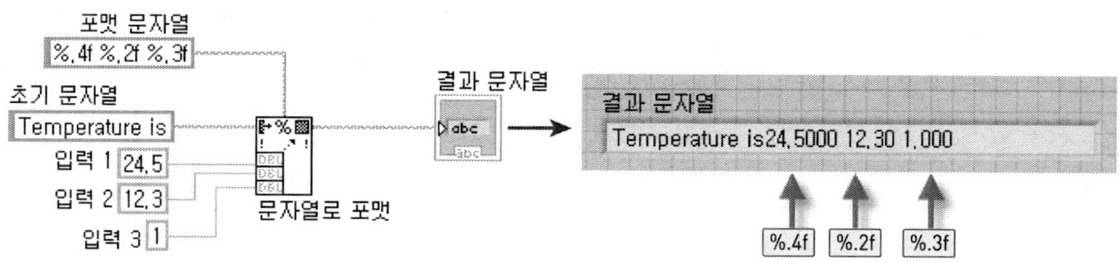

문자열로부터 스캔(Scan From String) 함수는 **문자열로 포맷** 함수와 반대 개념이며, 숫자 문자(0 ~ 9, +, −, e, E, period)를 포함한 문자열을 수치로 변환한다. 이 함수는 **입력 문자열**을 **초기 스캔 위치**부터 찾고 **포맷 문자열**에 표시된 규약에 따라 데이터를 변환한다. **문자열로부터 스캔** 함수의 입력 단자를 확대하면 여러 값을 동시에 변환할 수 있다.

다음은 **문자열로 스캔** 함수로 **입력 문자열**을 숫자 -31.2로 변환하는 예이다. 숫자를 찾는 작업은 **초기 스캔 위치**에 입력된 15번째 스트링 " – "부터 시작한다.

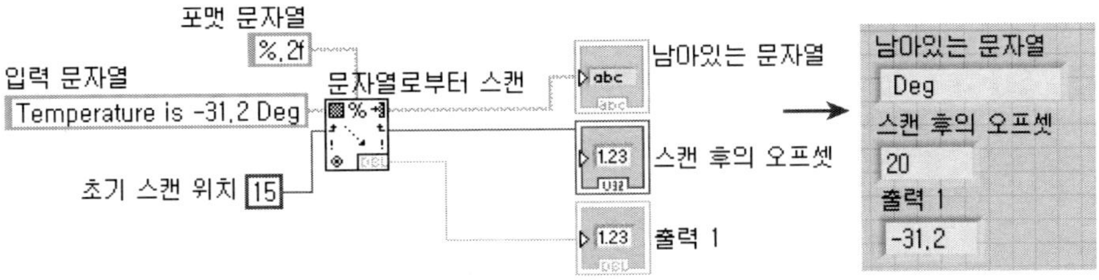

문자열로부터 스캔 함수를 팝업하고 **스캔 문자열 편집**을 선택하면 출력 터미널을 증가시킬 수 있다.

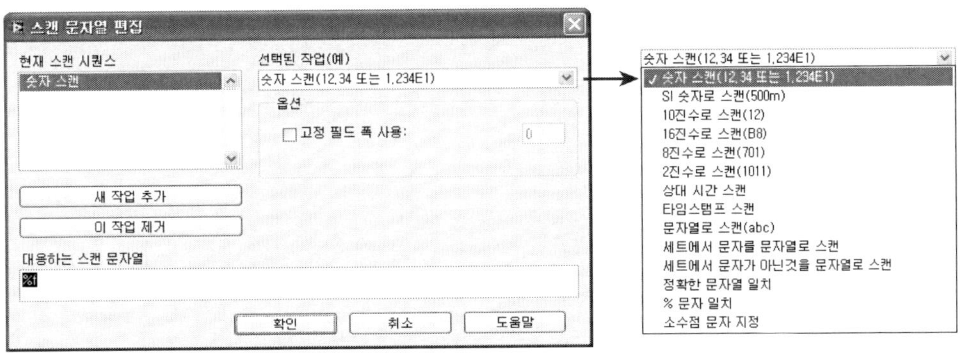

'새 작업 추가' 버튼 및 선택된 작업을 이용하면 스캔 문자열을 생성할 수 있다.
다음의 VI는 **문자열로부터 스캔** 함수가 입력 문자열을 **DBL**과 문자열로 분리해서 출력하는 예제이다.

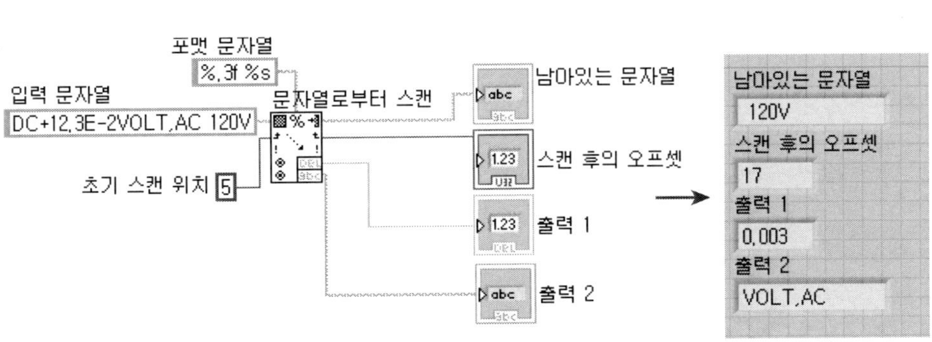

스프레드시트 문자열을 배열로
[Spreadsheet String To Array]

스프레트시트 문자열을 배열로(Spreadsheet String To Array) 함수는 입력 **스프레트시트 문자열** 데이터를 숫자형 **배열**로 변환해서 출력한다. 또한 **포맷 문자열**에 입력된 데이터 타입에 의해 **배열**로 출력되는 데이터 표현도 다르다. **배열 타입**에는 1차원 또는 2차원 배열 상수를 입력할 수 있으며 입력 데이터 타입에 따라 출력 **배열**의 데이터 타입이 변한다.

배열을 스프레드시트 문자열로
[Array To Spreadsheet String]

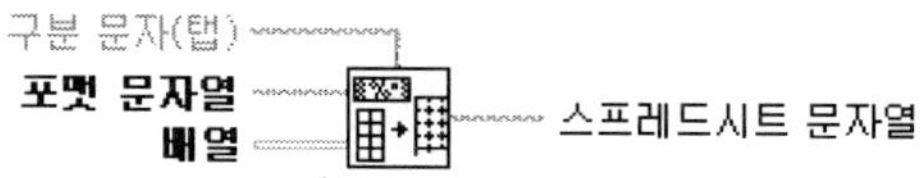

배열을 스프레스시트 문자열로(Array To Spreadsheet String) 함수는 **스프레트시트 문자열을 배열로** 함수와 반대의 개념으로 입력 배열을 스트링으로 변환한다.

다음의 예는 **스프레트시트 문자열을 배열로** 함수가 스프레트시트 문자열에 1 ~ 10의 문자가 입력될 때 이를 배열로 출력한 결과이다. 이 함수의 기본 구분 문자는 TAB이지만 여기서는 ‘,’를 기준으로 문자를 구별하고 있다.

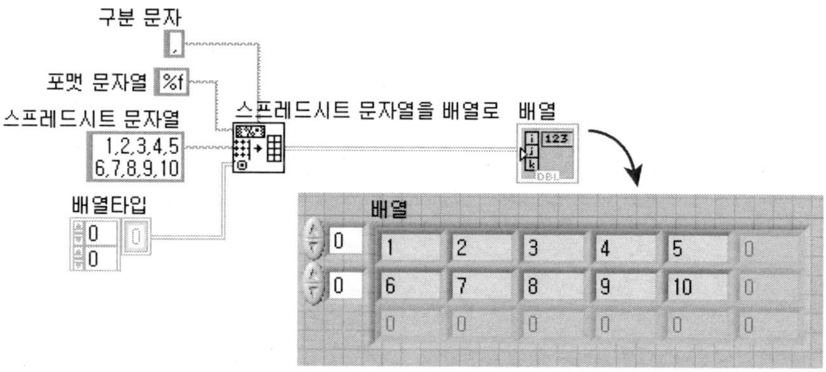

날짜/시간 문자열로 포맷
[Format Date/Time String]

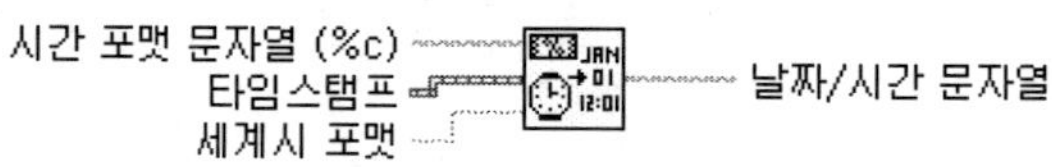

날짜/시간 문자열로 포맷(Format Date/Time String) 함수는 **시간 포맷 문자열**에 입력된 타입에 따라 날짜 및 시간을 사용자가 지정한 형태로 **날짜/시간 문자열**에 출력한다. **타임 스탬프**에 값을 입력하지 않으면 현재의 시간을 **날짜/시간 문자열**로 출력한다. **시간 포맷 문자열**에 값을 연결하지 않으면 기본값은 %c로 각 국가에 맞는 날짜 및 시간에 대응되게 표시한다.

3.3.4 타입 변환 함수

실제 프로그램을 작성할 때는 문자열 변수를 숫자형으로 변환하거나, 숫자형을 문자형으로 변환하는 경우가 상당히 많다. 또한 숫자형 변수인 0, 1 등을 불리언 TRUE, FALSE로 변환이 필요한 경우도 있다. 이러한 경우에 사용되는 함수가 타입 변환 함수이다.

함수 → 프로그래밍 → 문자열 → 문자열/숫자변환 팔레트에는 10진수, 16진수, 8진수, 공학, 소숫점, 지수형 등의 문자열들과 숫자열을 서로 변환하는 함수들이 있다.

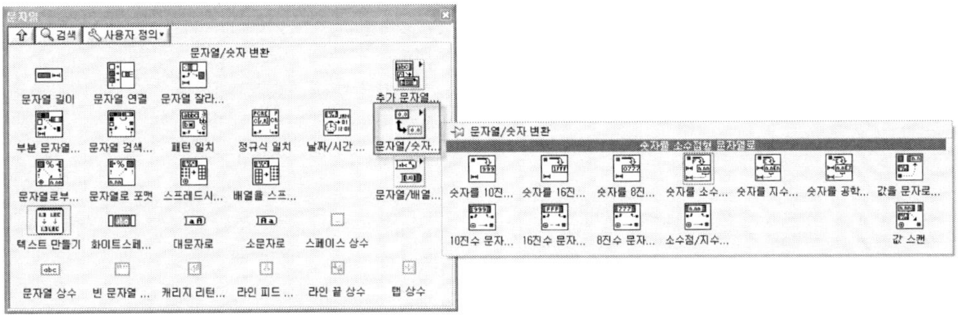

함수 → 프로그래밍 → 불리언 팔레트에는 불리언과 숫자열을 서로 변환하는 함수들이 있다.

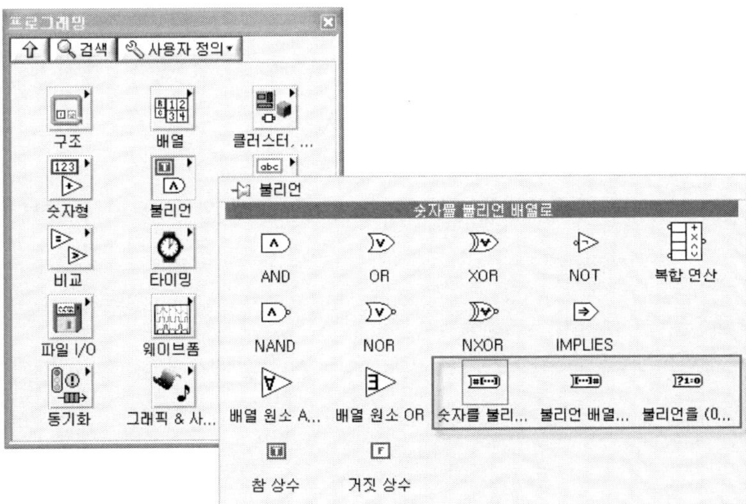

예제 3.3 숫자형 데이터를 문자열로 변환하기

소수점 아래 자리수를 가진 숫자형 실수를 문자열로 변환하는 연습을 한다.

블록다이어그램

1. 새 VI를 만들고 **형변환.vi**로 저장한다.

2. 블록다이어그램을 다음과 같이 작성한다.

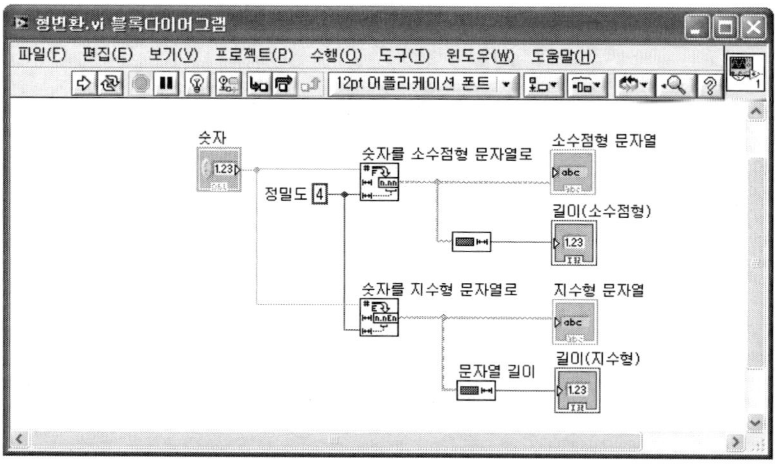

숫자를 소수점형 문자열로() 함수 및 **숫자를 지수형 문자열로**() 함수는 **프로그램 → 문자열 → 문자열/숫자 변환** 팔레트에 있다.

함수의 팝업 메뉴에서 **생성 → 컨트롤**을 선택하면 숫자()가 표시되며, **생성 → 상수**를 선택하면 상수 '4'를 생성할 수 있다.

문자열 길이() 함수는 문자열 길이를 I32 값으로 출력한다.

오른쪽의 4개의 인디케이터는 함수의 팝업 메뉴에서 **생성 → 인디케이터**를 이용해서 작성하고 텍스트를 수정한다.

프런트패널

3. 프런트패널을 다음과 같이 수정한다. 숫자 "1.23"을 입력하고, VI를 실행해 본다.

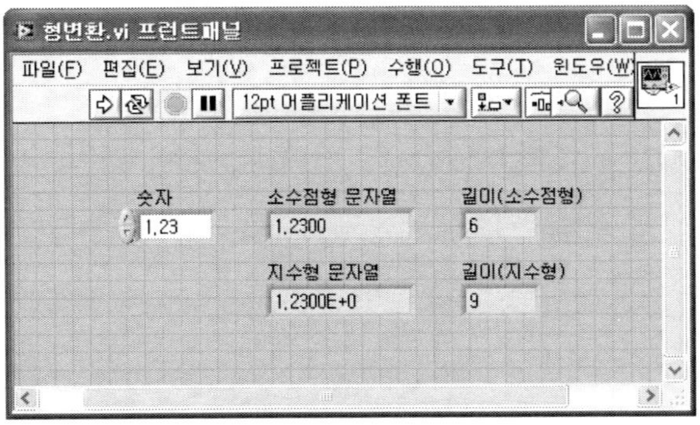

소수점형 함수와 지수형 함수는 숫자 1.23을 각각 6바이트 문자열 "1.2300"과 9바이트 문자열 "1.2300E+0"로 변환한다. 사용하는 함수의 종류에 따라 출력 문자열의 크기도 다르며 출력 데이터의 형태도 다름을 이해한다.

4. VI를 저장한다.

예제 3.4 문자형 데이터를 숫자형으로 변환하기

문자형 데이터를 숫자형으로 변환시키는 과정을 연습한다.

블록다이어그램

1. 새 VI를 만들고, 문자열을 숫자형으로.vi로 저장한다.
2. 다음과 같이 블록다이어그램을 작성한다.

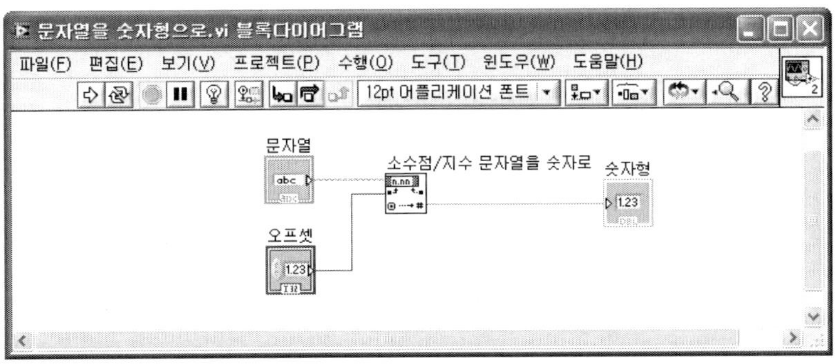

소수점/지수 문자열을 숫자로( ) 함수는 **프로그램 → 문자열 → 문자열/숫자 변환** 팔레트에 있다. 이 함수는 오프셋( )에서 시작하는 문자열( )의 0~9까지의 문자, 더하기, 빼기, e, E와 소수점(일반적으로 마침표)을 공학적 표기법, 지수 또는 소수 포맷의 부동소수로 해석하고 그것을 **숫자**로 반환한다.

프런트패널

3. 다음과 같은 프런트패널에 문자열 값 및 오프셋을 입력한다.
4. 메뉴의 **편집(E) → 현재값을 기본값으로(M)**을 선택해주고 저장한다.
5. VI를 실행한다.

   오프셋이 14이후의 숫자형 데이터를 출력함을 알 수 있다.

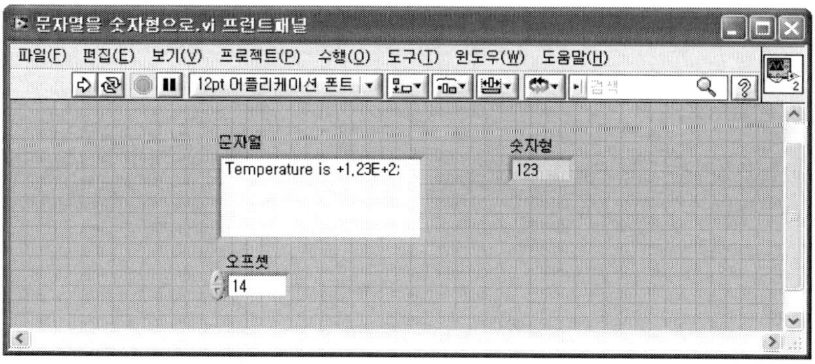

3.4 배열(Array)

이 장에서는 좀 더 복잡한 데이터 구조인 배열(Array)과 클러스터를 배울 것이다. 배열이란 동일한 타입의 데이터가 여러 개 있는 것을 말하며, 클러스터는 여러 종류의 데이터가 특정한 순서를 갖고 혼합되어 있는 것을 의미한다. 데이터가 합성된 배열과 클러스터의 사용하여 데이터 저장 및 조작을 유연하게 할 수 있다. 또한 배열과 클러스터의 사용 방법과 기본적인 함수의 사용법을 설명할 것이다. 배열 및 클러스터는 **컨트롤 → 일반 → 배열, 행렬, 클러스터** 팔레트에 있다.

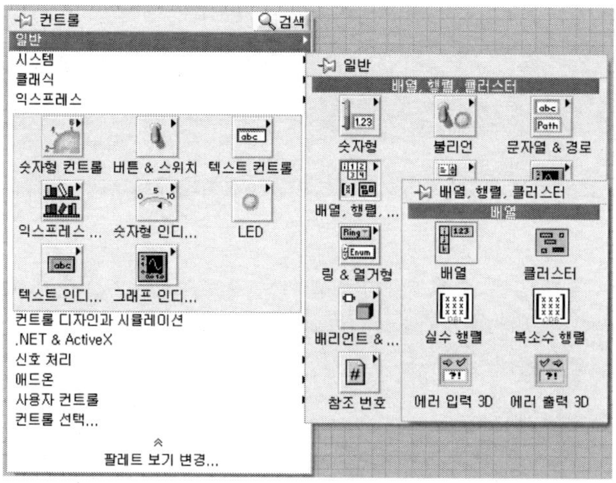

지금까지는 숫자형(숫자형은 간단한 데이터로 단일 값 또는 "비 배열"을 의미한다.) 숫자에 관해서만 취급을 하였다. 이후로는 좀 더 강력하고 복합적인 데이터를 취급해 보기로 한다. LabVIEW의 배열은 고전적 프로그램 언어와 같이 동일한 종류의 데이터 원소들의 집합이다. 배열은 1차원 또는 그 이상의 차원을 가질 수 있으며, 각 차원은 2^{31}원소까지 가능하다. 배열의 원소는 또 다른 배열, 차트, 그래프를 제외하고 어떤 종류의 데이터도 사용할 수 있다.

배열 원소는 인덱스로 접근할 수 있으며 각 원소의 인덱스는 0 ~ N−1이 가능하다. 여기서 N은 배열의 총 원소 수이다. 다음의 1차원(1D) 배열은 이러한 구조를 설명하고 있다. 최초 원소의 인덱스는 0이고, 다음의 인덱스는 1의 순서로 진행된다.

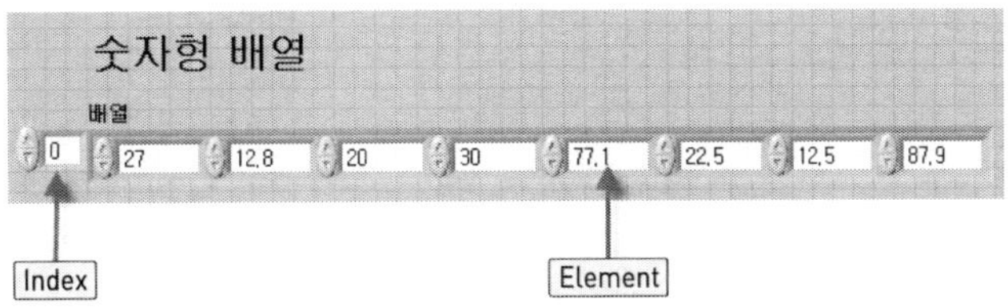

3.4.1 배열 컨트롤과 인디케이터의 작성

배열과 클러스터를 컨트롤과 인디케이터로 작성할 때는 2가지 단계를 거친다. 초기 **컨트롤 → 일반 → 배열, 행렬, 클러스터 → 배열**을 선택해서 프런트패널에 놓으면 Array Shell 상태로 표시된다. 이때 블록다이어그램을 보면 색상은 흑색으로 표시되는데, 이는 데이터의 특성이 정의되지 않았음을 의미한다. 모든 배열의 터미널은 괄호로 표시되며 이는 LabVIEW가 배열 구조를 표시하는 방식이다. 오브젝트를 **Array Shell**에 넣으면 배열의 블록다이어그램 터미널은 오브젝트의 특성에 맞는 색상으로 변한다. 즉 숫자형이 입력되면 오렌지색 또는 청색, 불리언이 입력되면 녹색, 문자열이 입력되면 분홍색으로 변한다.

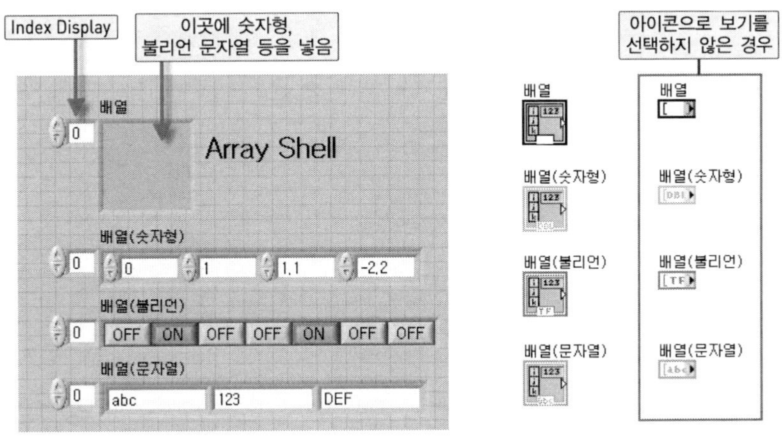

다음의 그림처럼 오브젝트를 배열 창에 넣으면 크기가 적절하게 변한다. 그러나 데이터가 이곳에 입력되기 전에는 뿌연 상태로 표시된다. 배열의 모든 원소는 컨트롤 또는 인디케이터 이어야 하며 이들을 조합해서 사용하지 않는다.

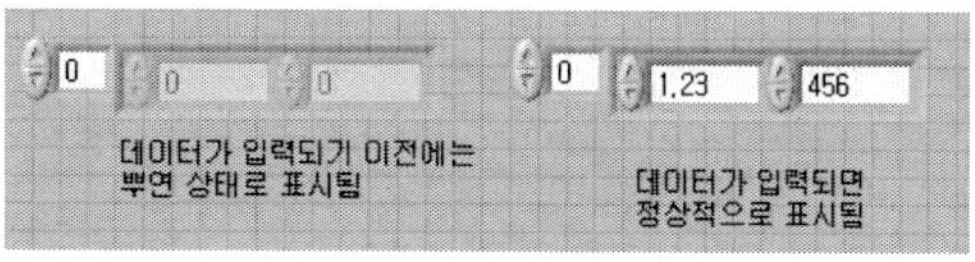

배열에서 보이는 원소의 개수를 늘리기 위해서는 **위치/크기/선택**() 툴을 이용해 수평 또는 수직으로 늘리면 된다. 인덱스 옆의 숫자는 가장 근접한 원소의 인덱스를 의미한다.

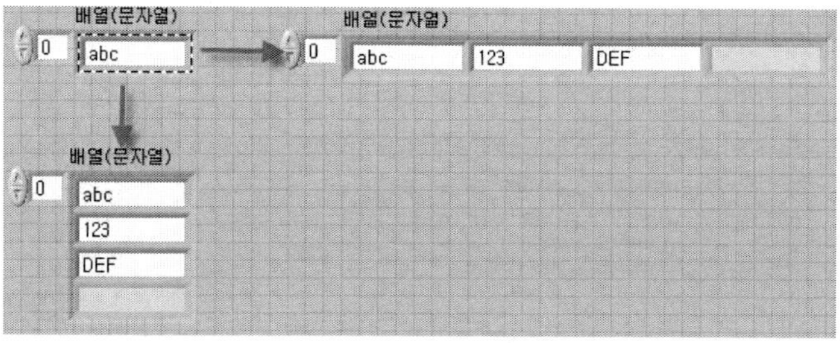

예제 3.5 For 루프를 이용한 배열 만들기

For 루프를 이용하여 100개의 원소를 가지는 배열을 작성해 본다.

블록다이어그램

1. 새 VI를 만들고 **배열만들기.vi**로 저장한다.
2. 다음과 같이 블록다이어그램을 작성한다.

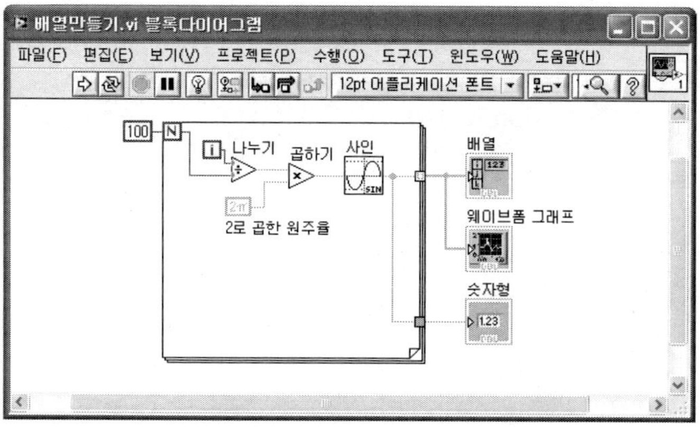

For 루프( )는 **함수 → 프로그래밍 → 구조** 팔레트에 있다.

사인( ) 함수는 **함수 → 수학 → 기본&특수함수 → 삼각함수** 팔레트에 있다.

나누기( ), 곱하기( )는 **함수 → 프로그래밍 → 숫자형** 팔레트에 있다.

'2π'는 **함수 → 프로그래밍 → 숫자형 → 수학 & 과학상수** 팔레트에 있다.

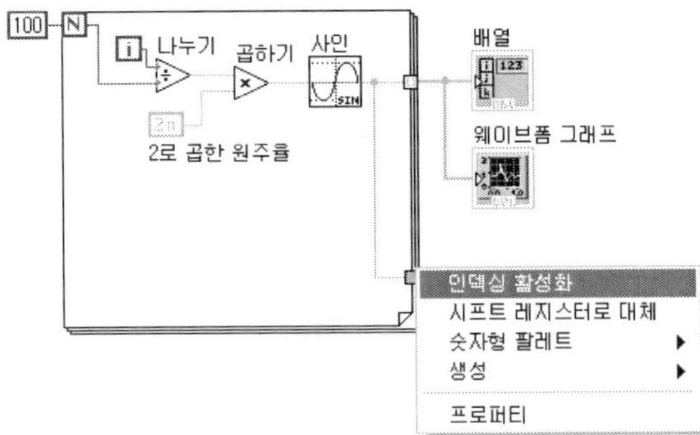

배열( )은 For 루프의 경계면 ( )을 마우스로 선택하고 **생성 → 인디케이터**를 선택한다. 루프 면의 경계가 [ ]괄호 형태( )이면 배열임을 의미한다.

숫자형( )은 For 루프의 경계에서 **인덱싱 비활성화**를 선택한다. 인덱싱을 비활성화하였기 때문에, For 루프의 마지막 값이 숫자형 인디케이터로 출력된다. 출력되는 값은 루프 면의 경계가 채워진 형태로, 이는 숫자형임을 의미한다.

웨이브폼 그래프( )는 프런트패널의 **컨트롤 → 일반 → 그래프**에 있다.

프런트패널

3. 프런트패널을 다음과 같이 작성하고 VI를 실행한다.

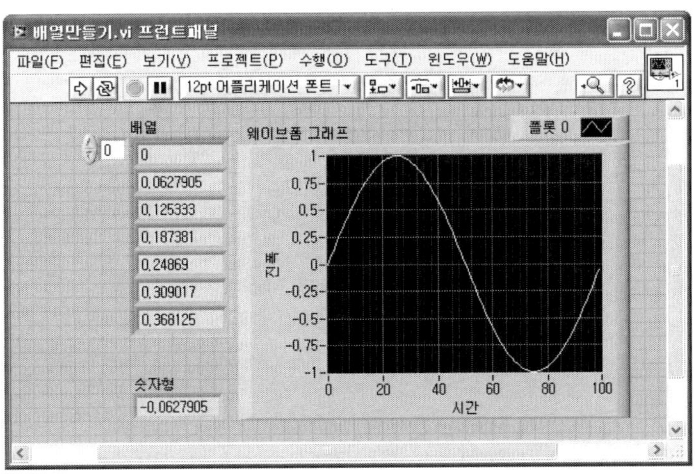

4. 배열의 인덱스 값을 95로 변경해 본다.

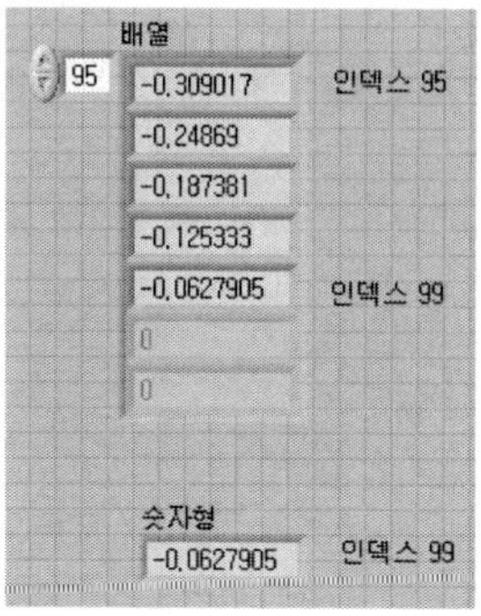

한번에 100개의 데이터를 보려면 많은 공간을 차지하므로, 최소한의 공간에서 필요한 값을 볼 때 인덱스는 유용하게 사용된다. 배열에서 인덱스 95를 입력하면 95번째 원소를 바로 보여준다. 마지막 값은 인덱스 99의 값이며, 이 원소를 숫자형 인디케이터에 표시하고 있다. For 루프에서 배열의 총 원소 수인 'N'은 1부터 시작하지만 인덱스 'i'는 0부터 시작한다. 이러한 이유로 For 루프 100번째 데이터는 인덱스는 99이다.

5. VI를 저장하고 종료한다.

3.4.2 2차원 배열이란?

2차원 또는 2D 배열은 원소를 바둑판처럼 저장한다. 2D 데이터는 하나의 원소를 표시하는데 2개의 인덱스가 필요하다. 즉 열 인덱스와 행 인덱스가 필요하고 인덱스는 0부터 시작한다. 다음 프런트패널은 6-열 × 4-행 배열이며 24개의 원소로 구성되어 있음을 알 수 있다.

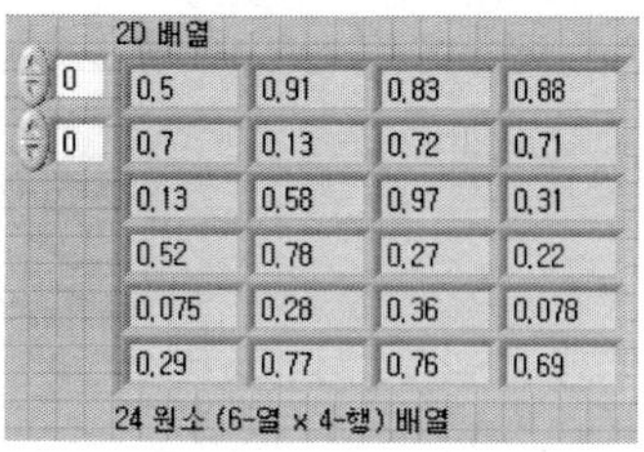

2차원 배열을 작성하기 위해서는 먼저 1차원 배열을 만들고 인덱스를 마우스를 이용해 아래로 당기면 2차원 배열이 생성된다. 또는 배열의 팝업 메뉴에서 차원 추가를 선택하면 1차원 배열을 2차원 배열로 만들 수 있다. 블록다이어그램에서 1차원 배열과 2차원 배열의 터미널을 자세히 관찰하면 [ ]의 두께가 다르게 표시됨을 알 수 있다. 같은 방법으로 3차원 배열을 만들 수 있다.

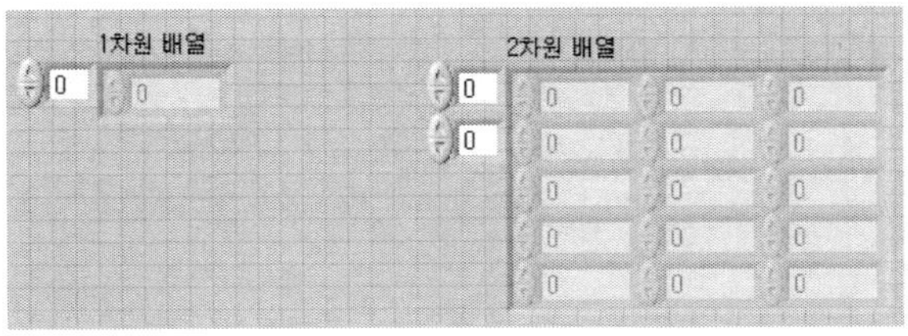

예제 3.6 불리언 함수 연산

2개의 For 루프를 사용하여 쉽게 2D 배열을 작성하는 연습을 한다.

프런트패널

1. 새 VI를 만들고 **2D배열.vi**로 파일을 저장한다.

   숫자형( )을 만들기 위해 **컨트롤 → 일반 → 숫자형** 팔레트에서 **숫자형 인디케이터**를 프런트패널에 놓는다.

   1D 배열( )을 만들기 위해 **컨트롤 → 일반 → 배열, 행렬, 클러스터** 팔레트에서 **배열**을 프런트패널에 놓는다. 라벨을 1D 배열로 수정한다.

   Array Shell 내부에 다음과 같이 숫자형 인디케이터 1D 배열( )을 삽입한다.

   2D 배열( )을 만들기 위해 동일한 방법으로 1차원 배열을 만들고 이를 2차원 배열로 만든다. 라벨은 2D 배열로 수정한다.

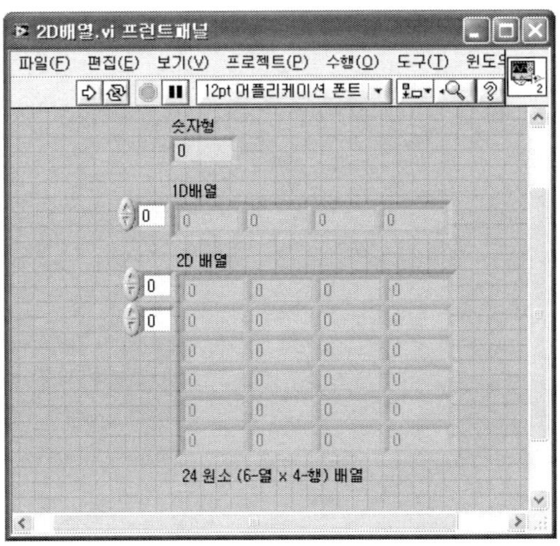

블록다이어그램

2. 다음과 같이 블록다이어그램을 작성한다.

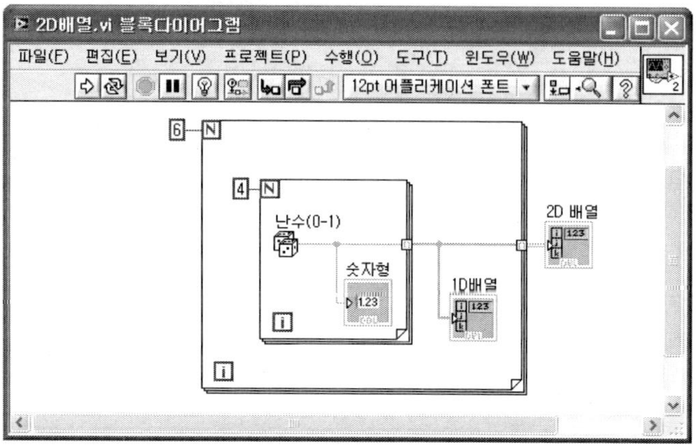

블록다이어그램에서 알 수 있듯이 2개의 For 루프가 자동 인덱싱을 사용해 난수(0-1,)를 2D 배열로 생성하는 방법을 유심히 관찰하기 바란다. 2D 배열의 와이어는 1D 배열 보다 굵게 표시됨에 주목하기 바란다.

For 루프( )는 **함수 → 프로그래밍 → 구조** 팔레트에 있다.

'N' 의 팝업 메뉴에서 상수생성을 선택하면 '6', '4'를 만들 수 있다.

난수( )는 **함수 → 프로그래밍 → 숫자형** 팔레트에 있다.

3. 프로그래밍을 실행한다.

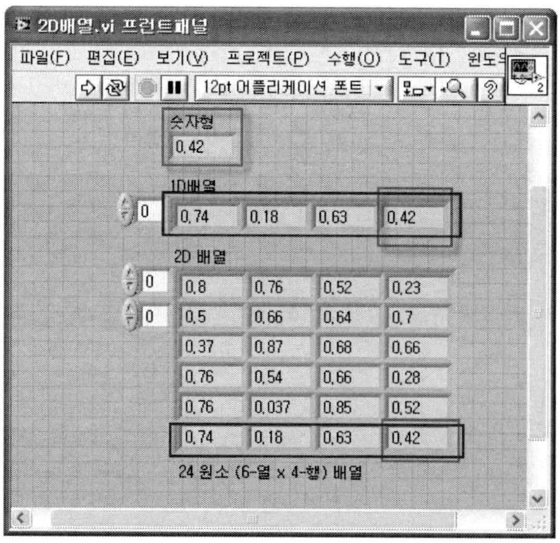

프런트패널은 난수(0-1,)가 숫자형 값, 1차원 배열, 2차원 배열을 출력한 결과이다. 루프가 진행되는 순서를 유심히 관찰하기 바란다. 숫자형 값은 루프를 실행한 마지막 값이 최종적으로 표시된다.

3.4.3 기본적인 배열 함수

LabVIEW에는 배열을 처리하기 위한 많은 함수가 **함수 → 프로그래밍 → 배열** 팔레트에 있다. 배열의 최초 원소의 인덱스는 0, 다음 원소의 인덱스는 1의 순서로 항상 진행됨을 기억하길 바라며, 여기에서는 대표적인 배열 함수만 설명할 것이다.

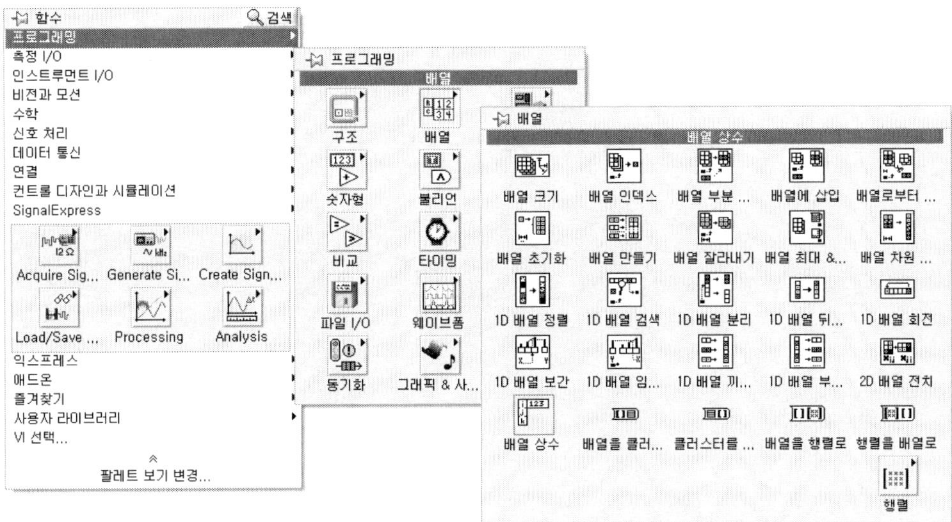

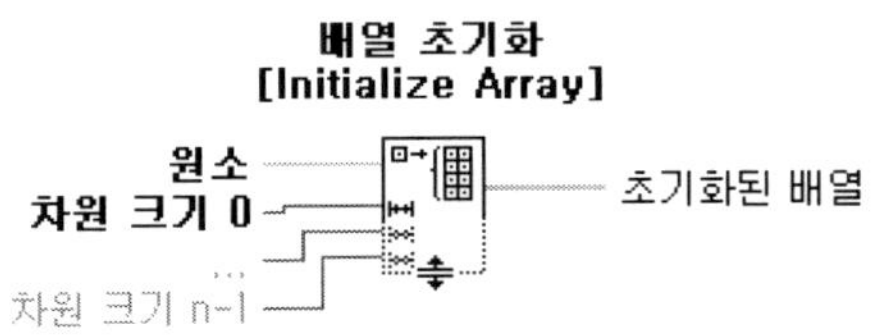

배열 초기화(Initialize Array) 함수는 n-차원의 배열을 선택된 값으로 초기화한다. 이 함수는 배열의 메모리를 특정 크기로 할당할 때 또는 시프트 레지스터를 배열 타입으로 초기화할 때 유용하다.

다음의 예는, **배열 초기화** 함수가 1차원 배열의 3개 원소를 '1.1'로 초기화한다. 또한 2차원 배열을 원소 '2.2'로 초기화한다.

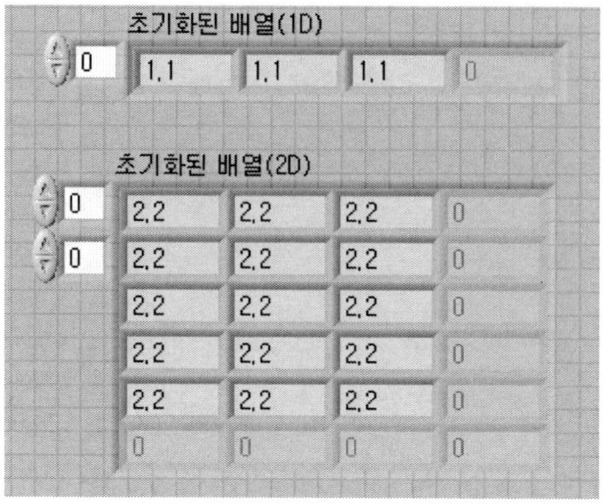

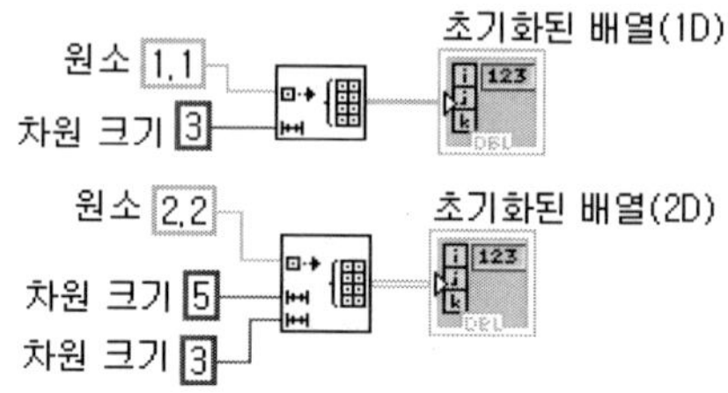

배열 크기
[Array Size]

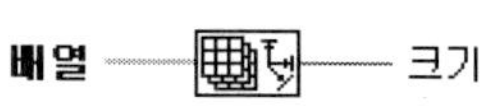

배열 크기(**Array Size**) 함수는 입력 배열의 크기를 출력한다. 만약 입력이 n차원이면 **배열 크기** 함수는 n−1개의 원소를 가진 1차원 배열을 출력한다.

다음은 1D 배열에 원소가 3개일 때이며, 배열 크기는 3이다.

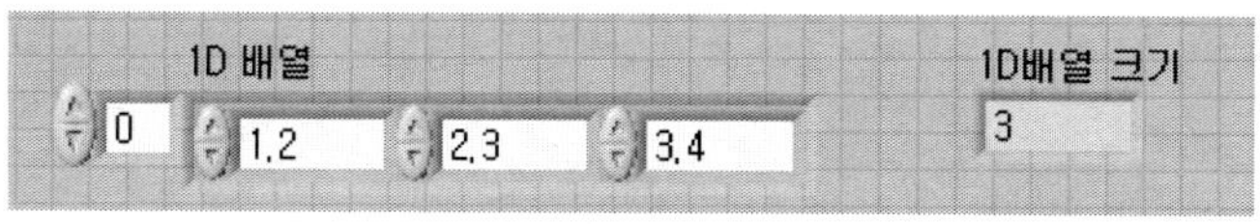

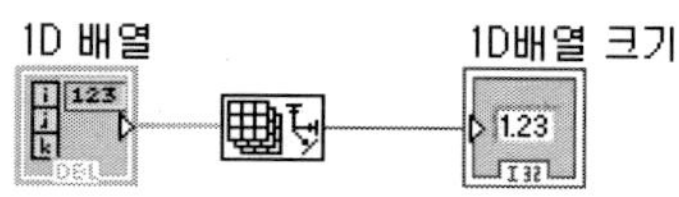

다음은 2D 배열의 배열 크기를 출력하는 예이다. 2D 배열의 배열 크기는 행과 열이 혼합된 1D 배열로 구성된다.

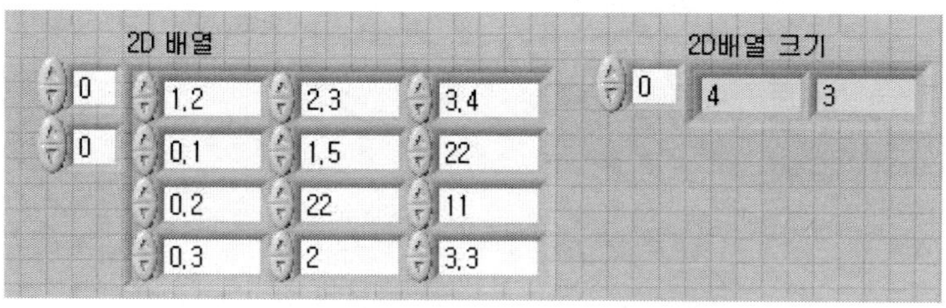

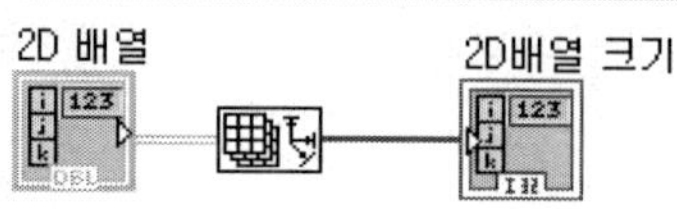

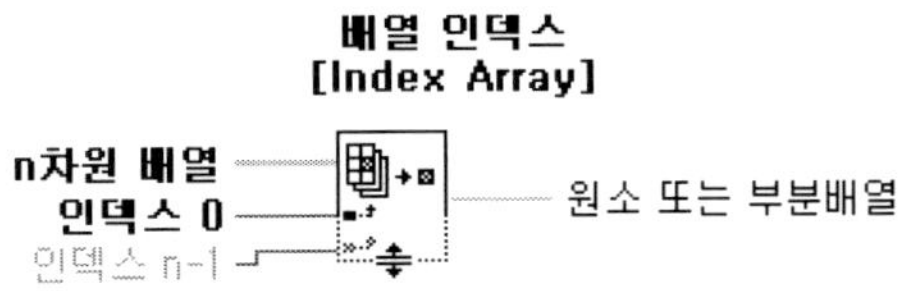

배열 인덱스(**Index Array**) 함수는 배열의 특정 원소를 선택한다. 만약 배열이 1차원 이상이면 추가적인 인덱스 터미널을 작성해야 된다. 2차원 이상의 배열은 하나의 원소만 출력할 수 있고 또는 배열로 구성된 부분 배열로의 출력이 가능하다. 다음 예의 **배열 인덱스** 함수는 인덱스 '1'의 원소 "2.2"를 선택해서 출력한다.

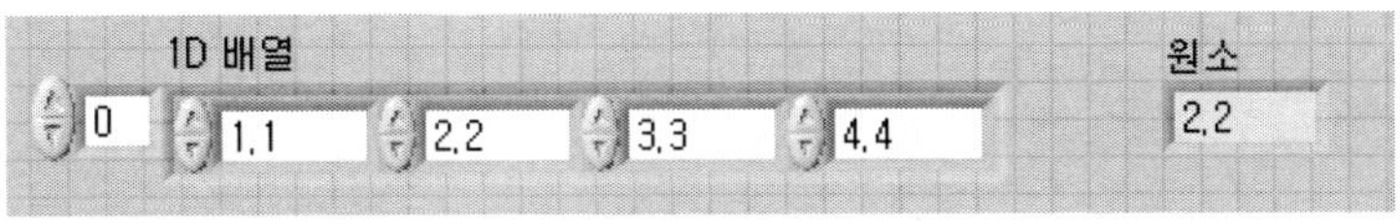

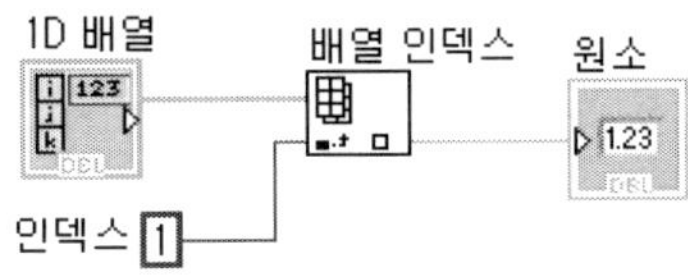

2차원 배열(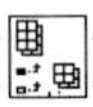)을 에 연결하면 2개의 인덱스를 입력할 수 있다. 위에 있는 인덱스에 입력한 값 '3'은 인덱스(행)을 출력한다. 다음에 있는 인덱스에 '1'을 입력하면 열에 대한 값을 출력한다. 만약 2개의 인덱스에 모두 값을 입력하면 단일 원소 상태로 표시된다.

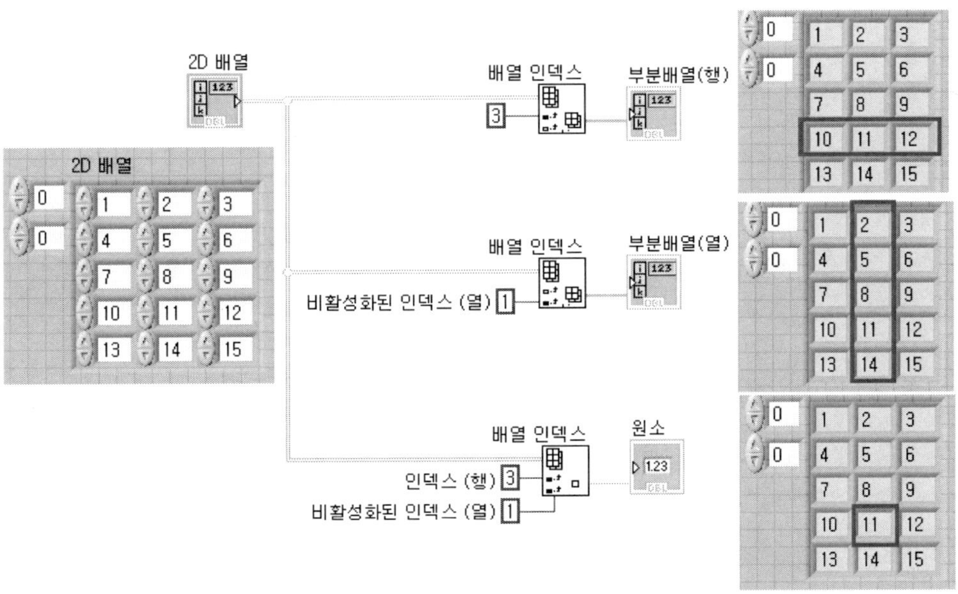

배열 상수
[Array Constant]

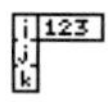

배열 상수(Array Constant) 함수는 블록다이어그램에서 숫자형, 불리언, 문자열 상수를 작성하는 방법과 동일하며 블록다이어그램에만 표시된다.

배열 상수( )를 최초 블록다이어그램에 놓을 때에는 흑색으로 표시되며, 이는 데이터의 타입이 정의되지 않았음을 의미한다. 다음 단계로 적절한 데이터 상수를 프런트패널에서와 동일하게 삽입한다. 다음은 **배열 상수**를 이용해서 숫자형, 불리언, 문자열 **배열 상수**를 작성한 예이다. 프런트패널에서 배열을 작성하는 방법이 동일함을 발견할 것이다.

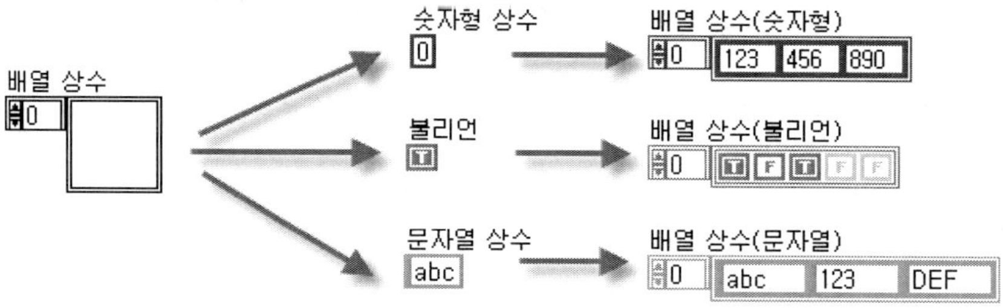

배열 만들기
[Build Array]

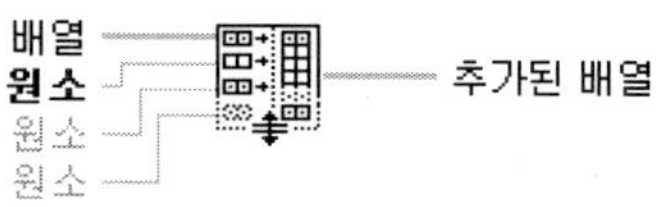

배열 만들기(Build Array) 함수는 사용 방법에 따라 여러 개의 배열을 1개로 만들 수 있고, 원소를 배열에 추가할 수 있다. 이 아이콘을 최초 블록다이어그램에 놓으면 과 같이 표시된다. 배열 만들기 함수의 크기를 변경하려면 마우스로 아래로 입력 수를 늘리면 형태가 되며, 입력 배열 또는 원소의 수를 증가시킬 수 있다. 이 함수는 2가지 타입의 입력, 배열과 원소를 사용할 수 있으므로 독립적인 2개의 배열을 단일 배열로 만들 수 있다.

예를 들어 다음과 같은 **배열 만들기** 함수는 2개의 배열과 2개의 원소를 단일 배열로 만들고 있다. 이처럼 **배열 만들기** 함수는 원소를 배열로 만들 수 있으며, 동일한 차원의 두 배열을 연속해서 확장 표시할 수 있다.

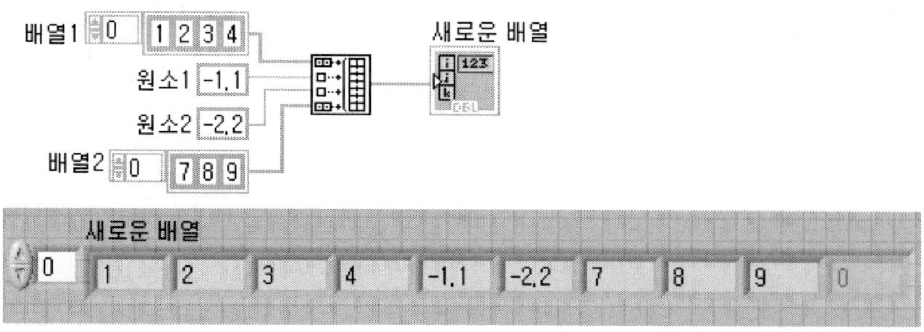

배열 잘라내기
[Array Subset]

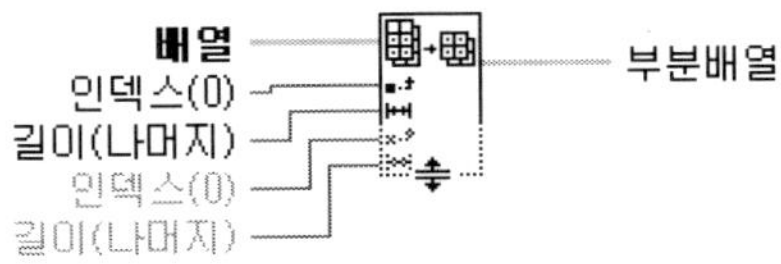

배열 잘라내기(Array Subset) 함수는 인덱스로부터 길이에 입력된 크기의 배열을 선택해서 부분 배열로 출력한다. 이 함수의 크기를 확대하려면 배열의 차원을 n-차원까지 증대할 수 있다. 최초 원소는 인덱스 값이 0임을 상기한다.

다음의 예는 1차원 입력 배열을 인덱스 '2'로부터 길이 '4'의 원소를 부분배열로 출력한 결과이다.

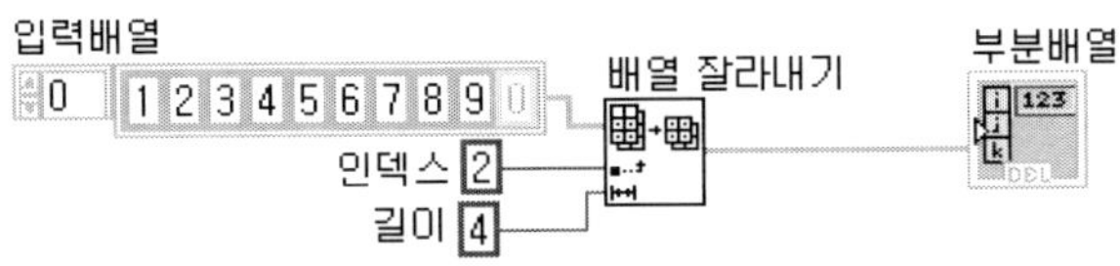

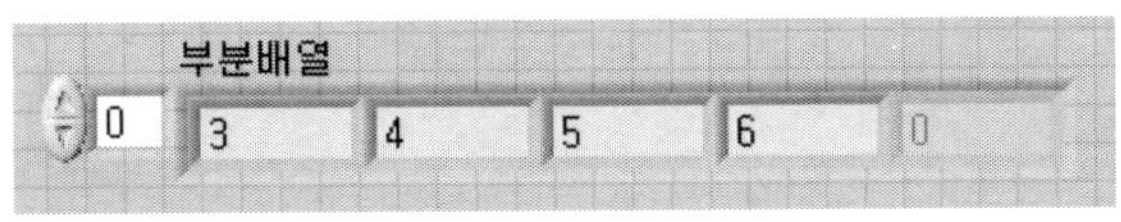

만약 입력 배열이 2차원이면, **배열 잘라내기** 함수의 입력 변수 **인덱스**와 **길이**를 추가하면 된다. 다음의 예는 2차원 배열의 특정 영역을 선택해서 표시한 결과이다. 입력 배열(2D)와 출력되는 부분 배열(2D)의 결과를 유심히 관찰하기 바란다.

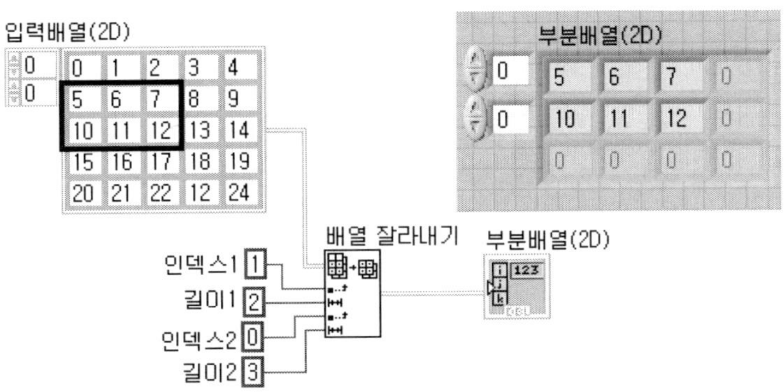

2D 배열 전치
[Transpose 2D Array]

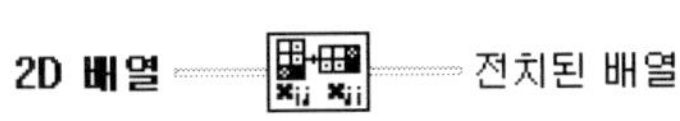

2D 배열 전치(Tanspose 2D Array) 함수는 2D 배열의 행과 열을 교환해서 출력한다. 즉 2D 배열 [i,j]는 2D 배열 [j,i]로 변환된다.

다음은 2차원 배열에서 **2D 배열 전치** 함수를 이용한 예이다. 행과 열의 데이터가 이동한 것을 유심히 관찰한다.

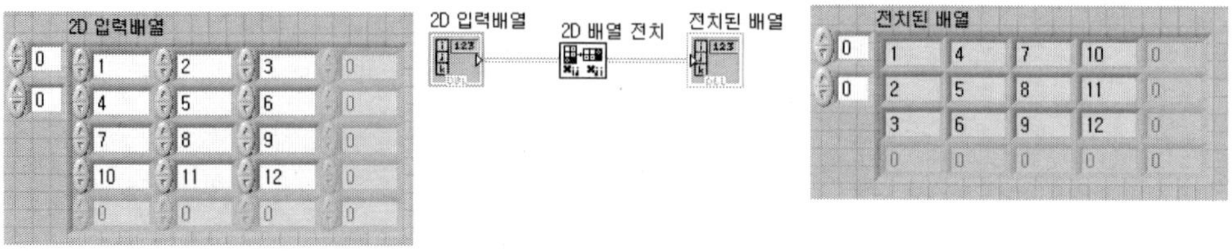

3.4.4 배열의 연산(Polymorphism)에 관하여

LabVIEW의 수학적 계산 함수 **더하기**, **곱하기**, **나누기** 등의 배열 연산을 고려해 본다. 예를 들어 숫자형을 배열에 더하는 경우 또는 2개의 배열을 더하는 경우를 생각할 수 있다. 다음은 **더하기** 함수를 이용한 배열 연산 예이다.

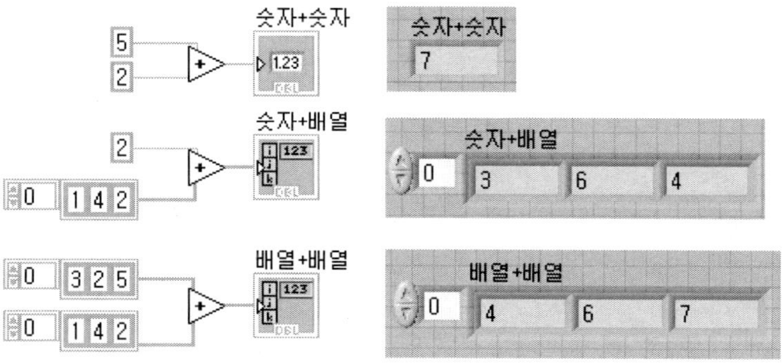

첫째 조합은 결과가 숫자형이다. 둘째 조합은 숫자형 값이 배열의 각 원소에 더해진다. 셋째 조합은 배열의 각 원소가 대응하는 배열의 각 원소에 더해진다. 모든 예는 더하기(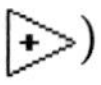) 함수를 사용했지만 서로 다른 작업이 연산 된다.

예제 3.7 배열 함수를 이용한 기본 예제

다음의 예제를 연습하면 배열에 대한 개념이 명확해질 것이다. 이 예는 2차원 배열을 1차원으로 만드는 과정 및 1차원 배열을 합성하는 과정을 설명할 것이다.

프런트패널

1. 새 VI를 만들고 **배열함수와 연산.vi**로 파일을 저장한다.
2. 다음과 같이 프런트패널을 작성한다.

먼저 프런트패널에 2차원 배열을 작성하고 라벨을 "2D배열"로 입력한다. 프런트패널과 같이 "2D배열"에 수치를 입력한다. 인디케이터는 LabVIEW의 팝업 메뉴를 이용해서 자동으로 작성할 것이다.

블록다이어그램

3. 블록다이어그램을 다음과 같이 작성한다.

함수의 터미널에 와이어를 정확히 연결하려면 **도움말(H) → 기본 도움말 보이기(H)**를 선택하거나 단축키 <Ctrl + H>를 선택한다. 블록다이어그램의 공간을 줄이기 위해 아이콘보기를 선택하지 않았다.

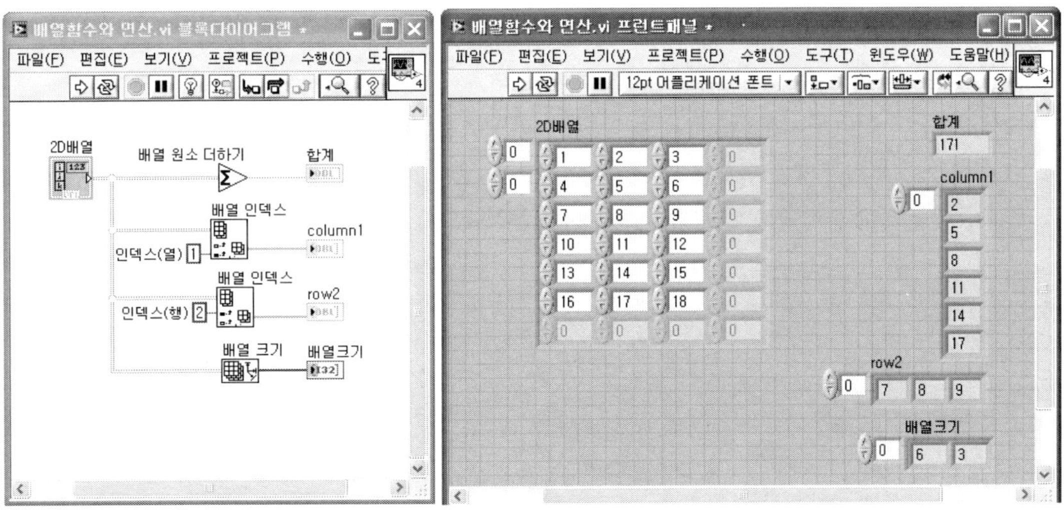

배열 원소 더하기( )는 **함수 → 프로그래밍 → 숫자형** 팔레트에 있다. 이 함수는 입력 배열의 모든 원소를 합해서 출력한다. 합계( )는 배열 원소 더하기의 팝업 메뉴에서 생성 → 인디케이터를 선택한다. 텍스트 라벨을 "합계"로 한다.

배열 인덱스( )는 **함수 → 프로그래밍 → 배열** 팔레트에 있다. 2D 배열을 1D 배열로 만들기 위해서는 1개의 인덱스에 만 값을 입력하면 된다. 만약 2개의 인덱스에 값을 입력하면 숫자형 원소가 된다. 여기서는 '1' 인덱스 열 데이터를 column1( ) 배열로 출력하며, '2' 인덱스 행 데이터를 row2( ) 배열로 출력한다. column1( ), row2( )의 생성은 배열인덱스 함수의 팝업 메뉴에서 **생성 → 인디케이터**를 선택하고 텍스트를 수정한다.

배열 크기( )는 **함수 → 프로그래밍 → 배열** 팔레트에 있다. 입력 배열이 2차원이면 출력 데이터는 1차원 배열에 행과 열을 출력한다. 만약 입력 배열이 1차원이면 배열의 원소 수만 출력한다. **배열 크기** 함수의 팝업 메뉴에서 **생성 → 인디케이터**를 선택하고 텍스트를 입력한다.

4. 블록다이어그램에 **배열 만들기** 함수를 추가한다.

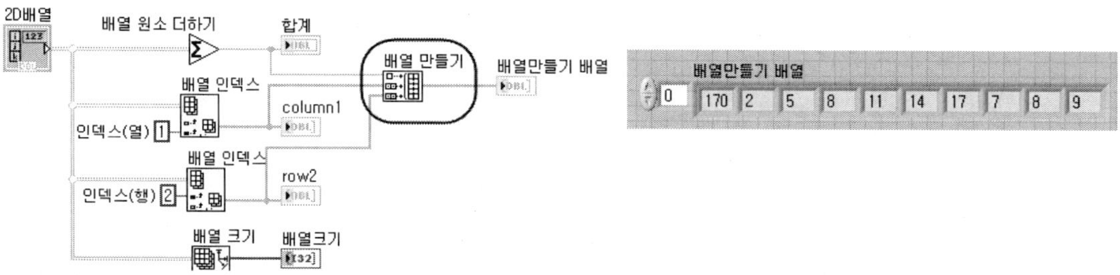

배열 만들기( )는 **함수 → 프로그래밍 → 배열** 팔레트에 있다. 이 함수는 "합계 + column1 + row2"의 순서로 1차원 배열을 만든다. 이 아이콘을 최초 블록다이어그램에 놓으면 과 같이 표시된다. **배열 만들기** 함수의 크기를 변경하기 위해 마우스를 사용하여 아래로 입력 수를 늘리면 형태가 되며, 입력 배열 또는 원소의 수를 증가시킬 수 있다.

배열 만들기 배열( )생성은 배열 만들기 함수의 오른쪽 팝업 메뉴에서 **생성 → 인디케이터**를 선택하고 텍스트를 수정한다.

5. 블록다이어그램에 **배열 잘라내기, 배열 부분 대체** 함수를 추가한다.

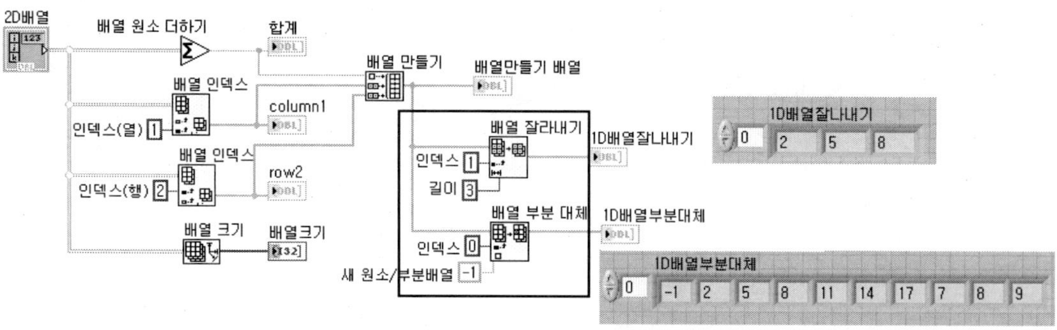

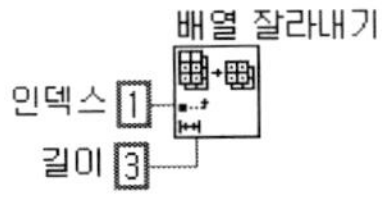

배열 잘라내기(Array Subset) 함수는 함수 → 프로그래밍 → 배열 팔레트에 있다. 이 함수는 입력 배열을 인덱스 1로부터 3개의 배열을 선택해서 출력한다. **배열 잘라내기** 함수의 오른쪽 팝업 메뉴에서 생성 → 인디케이터를 선택하면 1D 배열 잘라내기(DBL)인디케이터가 생성된다. 또한 텍스트 라벨을 수정한다.

배열 부분 대체(Replace Array Element) 함수는 함수 → 프로그래밍 → 배열 팔레트에 있다. 이 함수는 입력 배열의 인덱스 0값을 −1로 변경한다. **배열 부분 대체** 함수의 오른쪽 팝업 메뉴에서 생성 → 인디케이터를 선택하려면 1D 배열부분 대체(DBL)인디케이터가 생성된다. 또한 텍스트 라벨을 수정한다.

6. 완성된 프런트패널과 블록다이어그램은 다음과 같다.

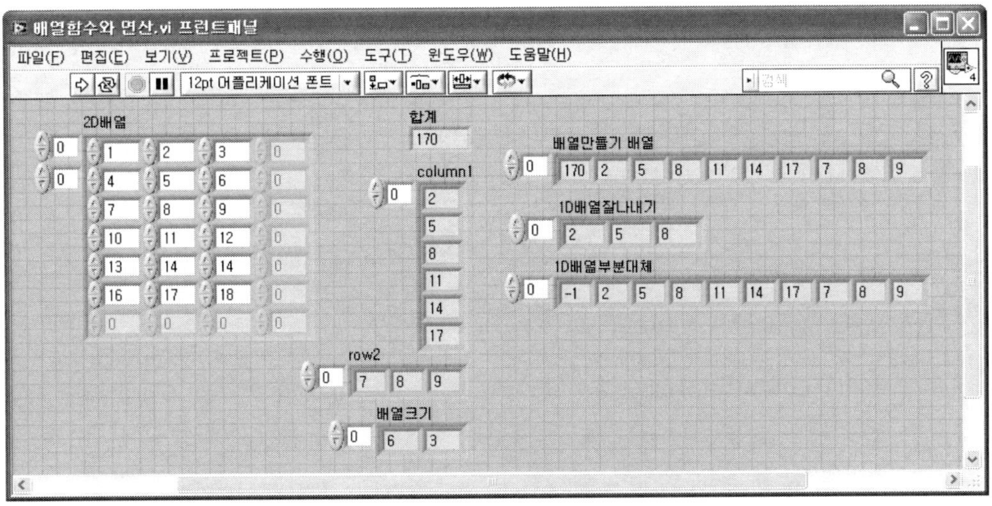

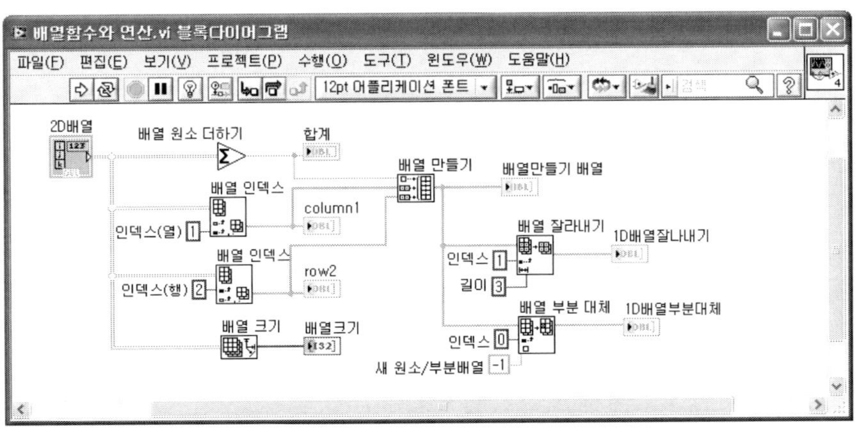

7. 프런트패널에서 VI를 실행한다. 실행한 결과를 유심히 관찰한다.

8. LabVIEW의 **편집(E) → 현재 값을 기본값으로(M)**를 선택하고 저장한다. 추후 VI를 열 때 현재의 상태를 표시해준다.

3.5 클러스터(Cluster)

클러스터는 배열과 유사하며 데이터의 그룹으로 된 구조이다. 배열에는 동일한 종류의 데이터만 사용했지만 클러스터는 다양한 종류의 데이터를 혼합해서(예를 들어 숫자형, 불리언, 문자열 등) 하나의 그룹으로 만들 수 있다. 이 함수는 C의 구조 또는 Pascal의 레코드와 유사하다. 클러스터는 전화선과 유사하게 와이어의 묶음으로 생각할 수 있다. 케이블 내부의 각 와이어는 클러스터의 원소를 의미한다. 클러스터 내부에 여러 종류의 데이터를 포함하고 있어도 클러스터는 블록다이어그램에 단일 "와이어"로 표시되므로, 연결할 커넥터의 수 및 SubVI의 터미널 수를 줄일 수 있다. 이러한 이유로 그래프 또는 차트에 데이터를 표시할 때 클러스터데이터가 자주 사용된다.

묶기(Bundling)는 클러스터를 작성하는 과정을 의미한다. 즉 특성이 다른 각종 데이터를 단일 터미널로 묶으면 클러스터가 생성된다. 클러스터는 **묶기**를 할 때 각종 데이터를 입력한 **순서**가 매우 중요하다.

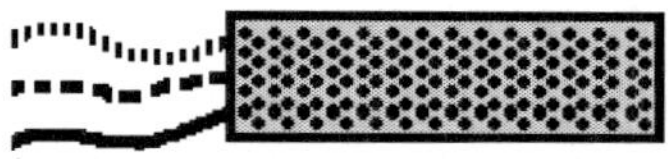

Bundling Data

풀기(Unbundling) 함수를 사용하면 클러스터 원소를 모두 또는 필요한 것만을 뽑아서 사용할 수 있다. **풀기**는 전화선을 푸는 과정과 유사하며 풀린 전화선은 숫자형, 불리언, 문자열, 배열 등의 색상을 가진 와이어로 구성되어 있다. 배열은 크기를 동적으로 변경할 수 있지만, 클러스터는 고정된 크기로 구성되므로 일정한 수의 와이어가 클러스터 내부에 있다.

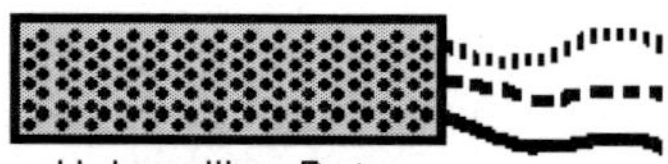

Unbundling Data

클러스터는 동일한 타입의 터미널 간에만 와이어로 연결할 수 있다. 즉 두 클러스터는 동일한 수의 원소로 구성 되어야 하며, 여기에 대응하는 원소는 데이터 타입과 순서가 모두 일치해야 한다.

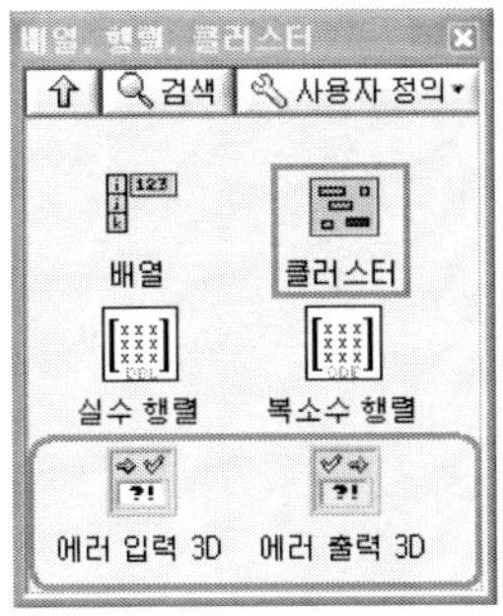

클러스터는 **컨트롤 → 일반 → 배열, 행렬, 클러스터** 팔레트에 있다. 일반적으로 에러처리 루틴도 클러스터이므로 동일한 팔레트에 있다.

다음은 **에러 입력**과 **에러 출력**을 사용해서 LabVIEW VI를 사용한 예이다. 만약 파일 I/O 함수의 일종인 **파일 열기/생성/대체.vi**가 에러를 발생하면 에러 코드가 "error out"에 출력된다.

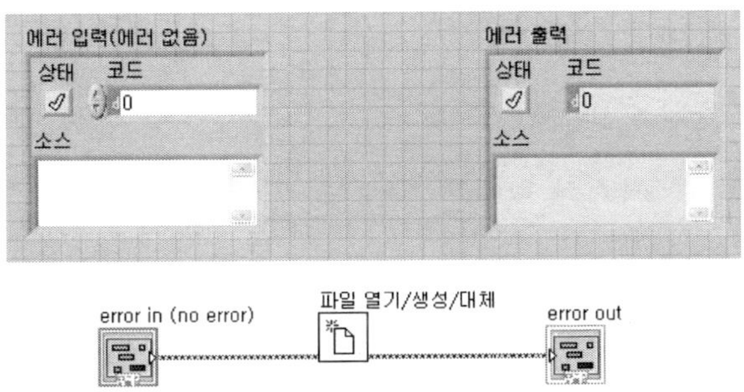

3.5.1 클러스터 컨트롤과 인디케이터의 작성

프런트패널의 **컨트롤 → 일반 → 배열, 행렬, 클러스터** 팔레트에서 **클러스터**( )를 선택해서 프런트패널에 놓으면 클러스터를 작성할 수 있다. 블록다이어그램은 최초로 빈 클러스터를 의미하는 흑색의 아이콘이 생성된다. 다음 단계로 임의의 프런트패널 오브젝트를 클러스터 내부에 놓는다. 클러스터는 최초로 입력되는 오브젝트에 따라 컨트롤 또는 인디케이터 상태가 된다.

오브젝트는 모두 컨트롤 또는 인디케이터로 구성되어야 하며, 위치/크기/선택( ) 툴로 클러스터의 크기를 변경할 수 있다. 클러스터의 터미널은 내부에 포함된 오브젝트의 특성에 따라 색상이 변경된다.

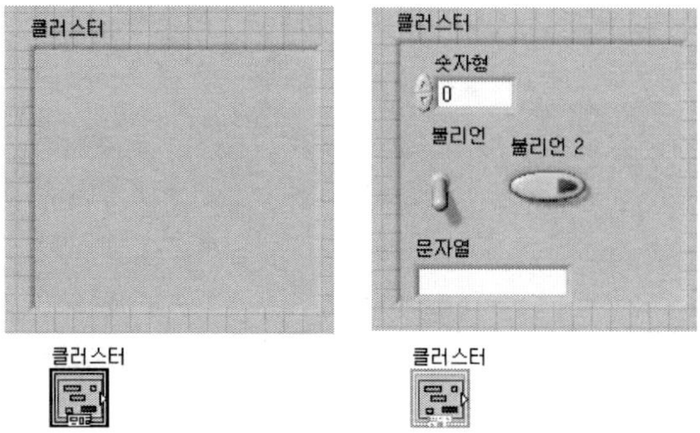

1 클러스터의 순서

클러스터의 원소는 내부 위치에 관계없는 논리적 순서를 갖고 있다. 최초 클러스터에 놓여지는 오브젝트의 클러스터 순위는 0이며, 다음은 1로 순위씩 증가한다. 클러스터 원소를 삭제하면 클러스터 순위는 자동적으로 재배열된다. 하나의 클러스터를 다른 클러스터에 연결하려면 클러스터 순서를 확실히 알고 있어야 하며, 클러스터 순서와 데이터 타입이 같아야 한다. 이러한 내용을 확실히 이해하지 못하면 LabVIEW에서 제공되는 모양과 동일하게 클러스터를 작성해도 와이어를 연결했을 때 와이어가 깨지는 경우가 발생할 수 있다.

다음은 클러스터 내부에 숫자형, 불리언, 불리언 2, 문자열을 순차적으로 넣은 경우를 가정한다.

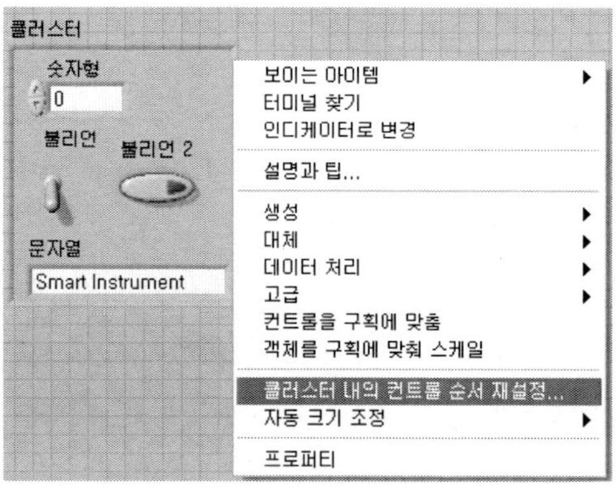

클러스터의 팝업 메뉴에서 **클러스터 내의 컨트롤 순서 재설정**...을 선택하면 순서를 확인할 수 있다.

다음은 클러스터 내부 원소들의 순서를 보이는 화면이다. 만약 순서를 변경하고 싶다면 이곳에서 하면 된다. 원소 오른쪽의 흰색 박스는 현재 클러스터의 순서를 표시하며,

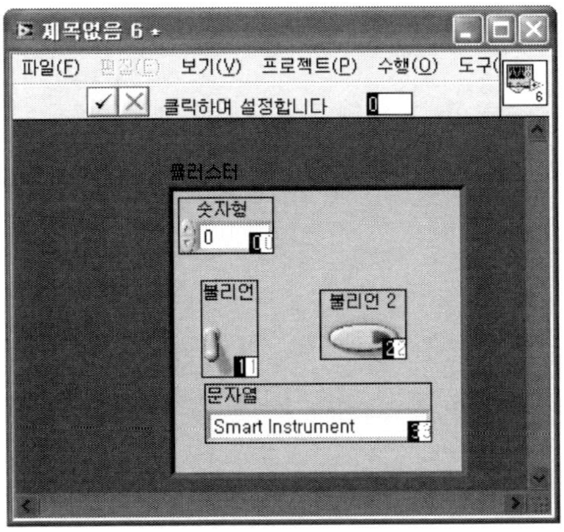

흑색 박스는 새로운 위치를 표시한다. 원소를 **클러스터 순서** 커서로 클릭하면 툴바에 새로운 순서가 표시된다. 또한 오브젝트를 클릭하여 새로운 숫자를 필드에 입력할 수 있다. 변경된 사항을 저장하지 않으려면 **취소**(☒) 버튼을 클릭한다. 원하는 순서를 설정한 후, 일반적인 프런트패널로 가려면 **확인**(☑) 버튼을 클릭한다.

3.5.2 기본적인 클러스터 함수

LabVIEW에는 클러스터를 처리하기 위한 함수가 **함수 → 프로그래밍 → 클러스터, 클래스 & 배리언트** 팔레트에 있다. 여기에서는 클러스터의 대표적인 함수를 기준으로 설명하고자 한다.

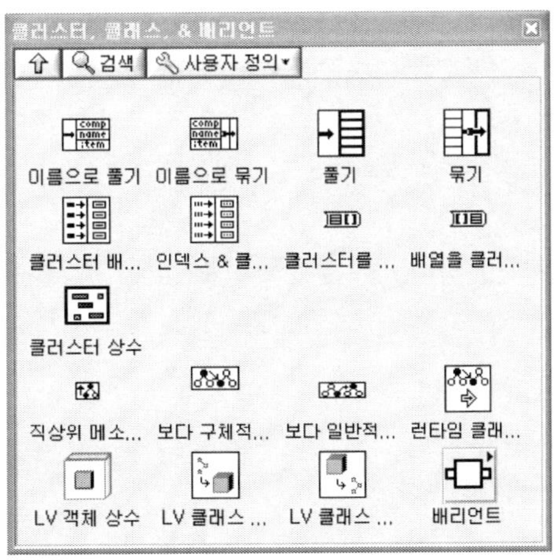

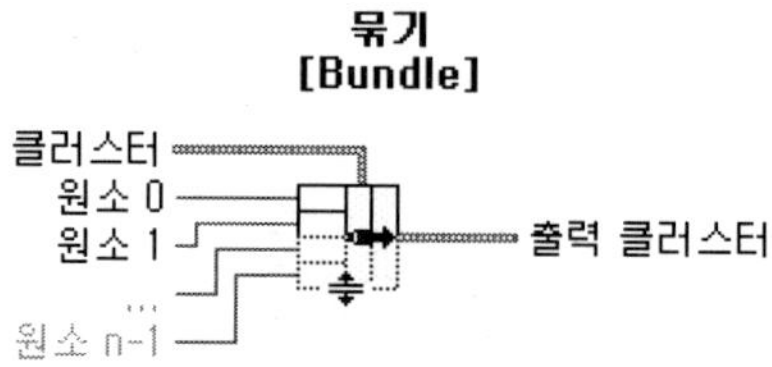

묶기(Bundle) 함수는 여러 원소를 단일 클러스터로 만들 때 또는 기존의 원소를 변경할 때 클러스터를 사용한다. 블록다이어그램에 묶기 아이콘을 놓으면 초기에는 과 같이 표시된다. 입력 원소를 증가시키려면 위치/크기/선택( ) 툴을 이용해 상하로 늘린다. 각각의 입력 터미널에 와이어를 연결하면 입력된 데이터 타입이 빈 터미널에 표시된다. **묶기** 함수에 입력된 원소의 순서에 의해 클러스터의 순서가 할당된다.

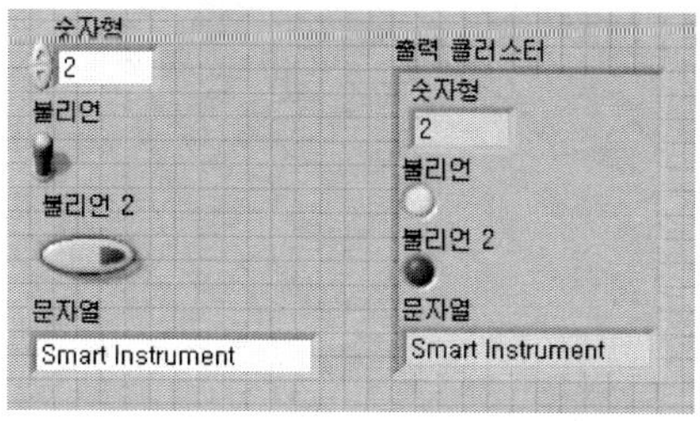

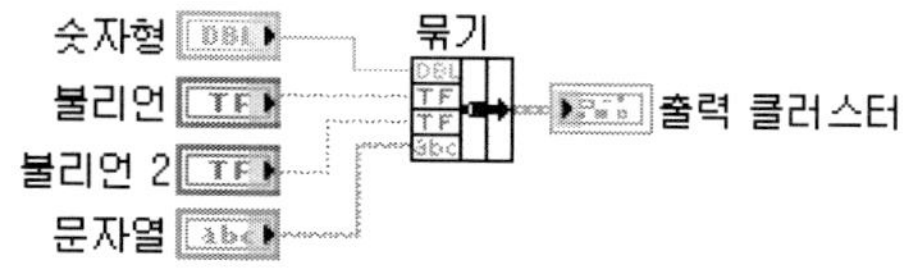

새로운 클러스터를 작성할 때에는 **묶기** 함수 중간의 **클러스터** 입력에 와이어를 연결할 필요가 없지만, 클러스터의 원소를 변경하려면 **클러스터** 입력에 와이어를 연결한다. 다음과 같이 클러스터의 한 원소를 변경하려면 **묶기** 함수를 사용한다. 다음은 클러스터를 **묶기** 함수의 중간 부분에 연결한 예이다. 새로운 원소 값을 변경하려는 위치에 연결하면 출력 터미널의 값이 변경된다.

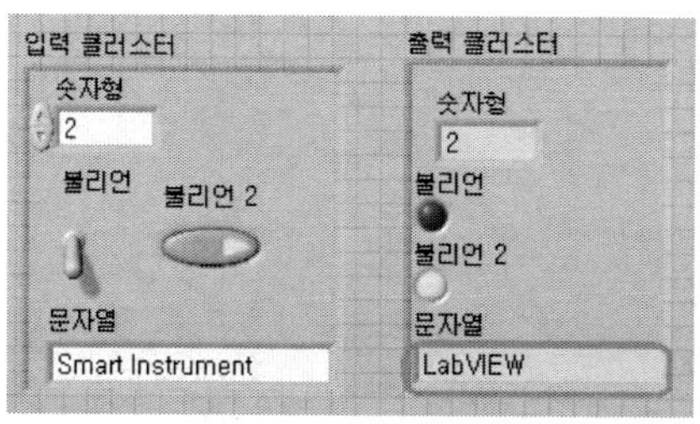

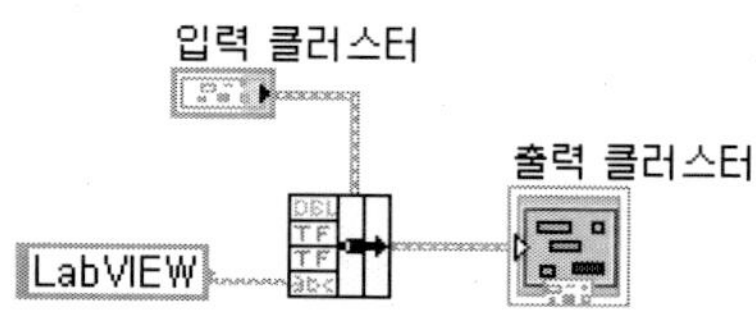

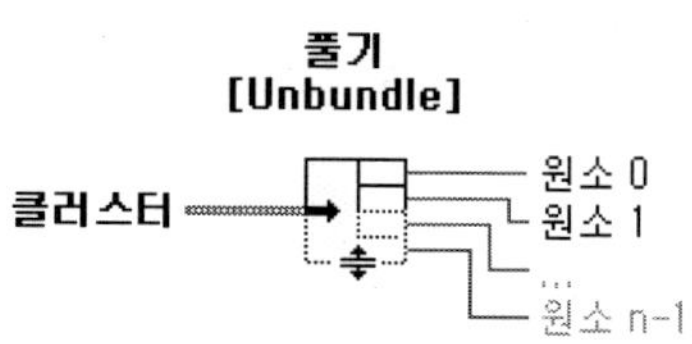

풀기(Unbundle) 함수는 클러스터의 구성원소를 각각의 원소로 분리한다. 출력되는 원소는 클러스터 내부의 순서대로 위에서 아래로 배치된다. 만약 동일한 데이터 타입이 클러스터에 있으면 클러스터 내부의 원소 순서로 이들을 분리할 수 있다.

다음 예는 클러스터에 4개의 원소 숫자형, 불리언, 불리언2, 문자열이 순차적으로 포함된 경우이다.

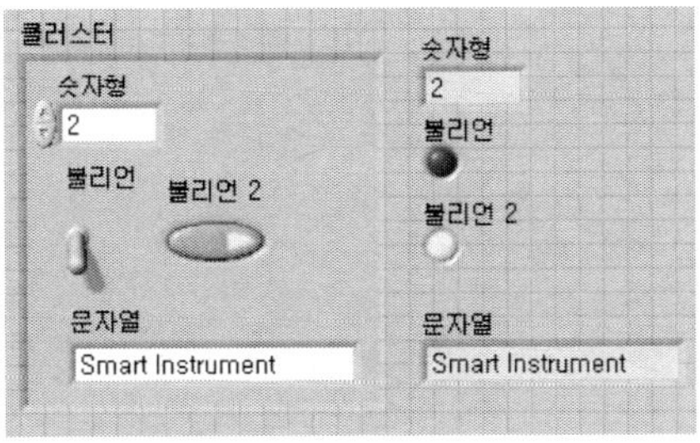

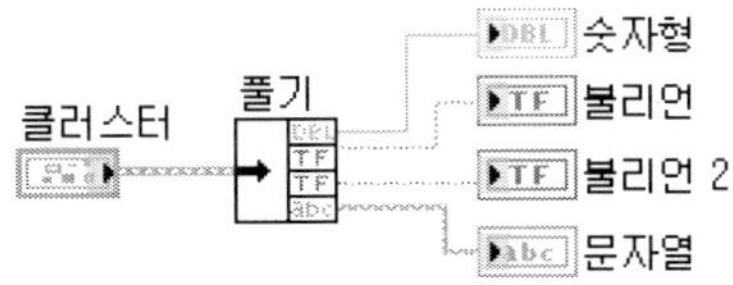

풀기 함수를 블록다이어그램에 놓으면 초기에는 과 같이 표시된다. 여기에 클러스터를 연결하면 풀기 함수는 4개 원소에 대한 특성이 포함된 형태로 변경된다. 풀기의 출력 부분을 마우스로 선택하고 팝업 메뉴에서 **생성 → 인디케이터**를 선택하면 자동적으로 인디케이터를 생성할 수 있다. 클러스터를 입력한 순서대로 위에서부터 순차적으로 숫자형, 불리언, 불리언2, 문자열이 된다.

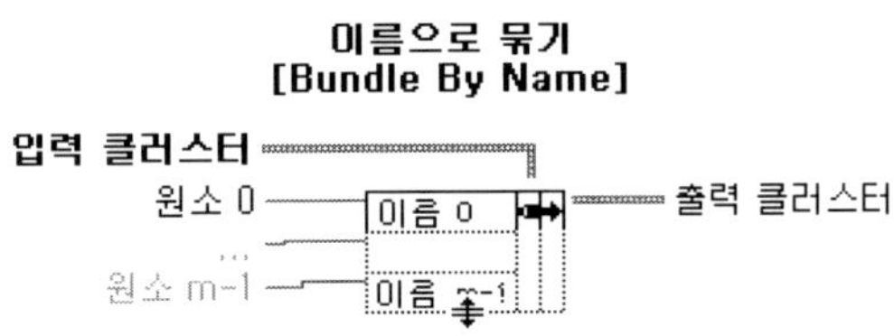

클러스터를 이름으로 묶기(Bundle By Name) 함수는 때로는 필요한 원소만 선택해서 합성할 수 있다.

묶기 함수는 원소의 위치를 기준으로 하지만, 클러스터를 **이름으로 묶기** 함수는 각 원소를 명칭으로 구별한다. 그러나 이 함수는 새로운 클러스터를 생성할 수 없고 기존 클러스터의 원소만 변경할 수 있다. 클러스터의 원소를 변경하려면 **묶기** 함수와는 달리 클러스터를 **이름으로 묶기** 함수의 중간 입력 터미널에 입력해야 한다. 클러스터를 **이름으로 묶기** 함수를 이용하면 클러스터의 모든 원소는 고유한 명칭을 갖게 된다. 각 원소에 명칭을 부여하지 않으면 이름으로 클러스터를 접근할 수 없다.

예를 들어 입력 클러스터 내부의 문자열 값만 변경하려면 클러스터를 **이름으로 묶기** 함수를 클러스터 순서 또는 크기를 고려할 필요 없이 직접 사용한다.

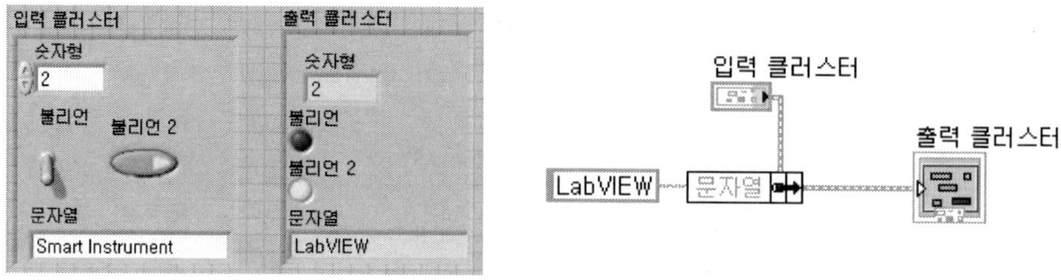

이름으로 풀기
[Unbundle By Name]

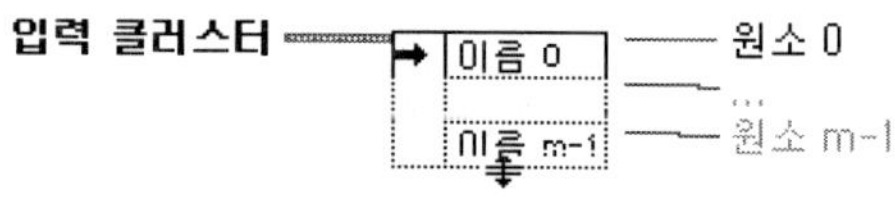

이름으로 풀기(Unbundle By Name) 함수는 하나의 클러스터에서 필요한 원소만 선택해서 분해할 수 있다. 이 함수는 클러스터의 순서 또는 정확한 풀기의 크기를 격정할 필요가 없다.

예를 들어 입력 클러스터 내부의 문자열 값만 사용하려면 **이름으로 풀기** 함수를 사용한다. 만약 다른 값을 사용하려면 **이름으로 풀기** 함수를 늘리고 사용하려는 클러스터 원소를 선택한다.

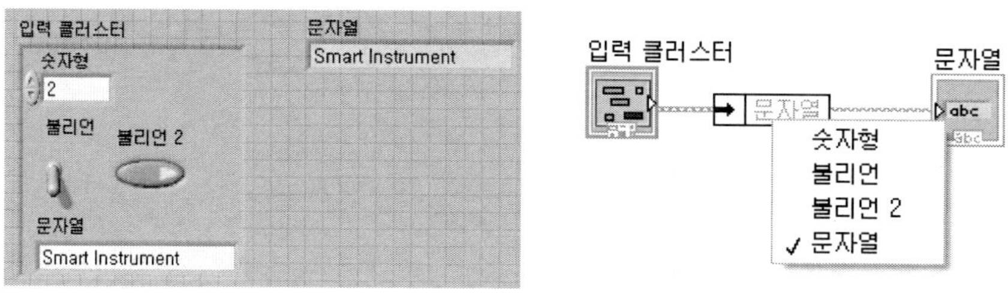

이름으로 묶기 함수 또는 **이름으로 풀기** 함수를 **클러스터**에 연결하면 클러스터의 최초 원소가 함수의 입력 또는 출력에 표시된다. 다른 클러스터 원소로 변경하려면 명칭 입력 또는 출력을 값 수행( ) 툴로 클릭한다. 표시된 클러스터 원소에서 원하는 것을 선택하면 이름 터미널에 선택된 원소가 표시된다. 많은 수의 원소를 표시하려면 **이름으로 풀기** 또는 **이름으로 묶기** 함수의 크기를 확대한 후 원하는 원소들을 선택한다.

초를 날짜/시간으로
[Seconds To Date/Time]

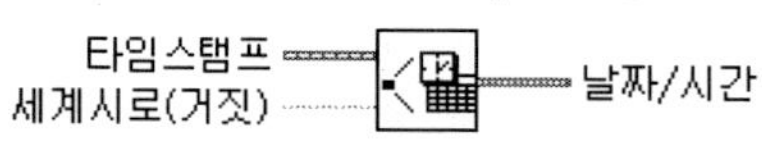

초를 날짜/시간으로(Second To Date/Time) 함수는 **함수 → 프로그래밍 → 타이밍** 팔레트에 있으며, 1904년 이후의 시간을 클러스터로 출력한다. 클러스터 내부에는 초, 분, 시간, 일, 월, 년, 주초부터 경과한 일자, 올해 시작일로부터 경과 일자, 오전 또는 오후에 관한 정보를 출력한다. 만약 입력에 값을 입력하지 않으면 현재 일을 기준으로 한다.

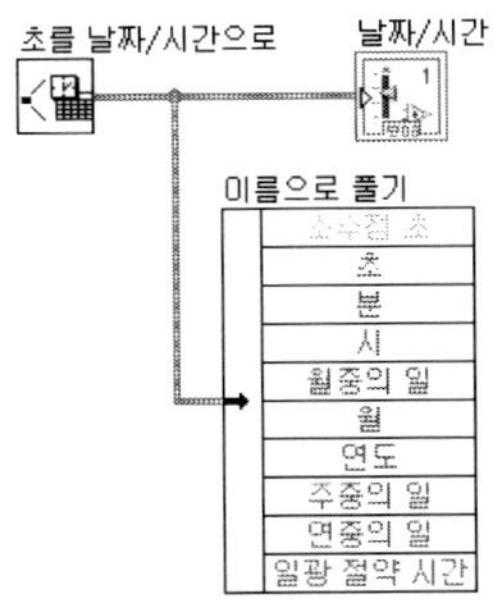

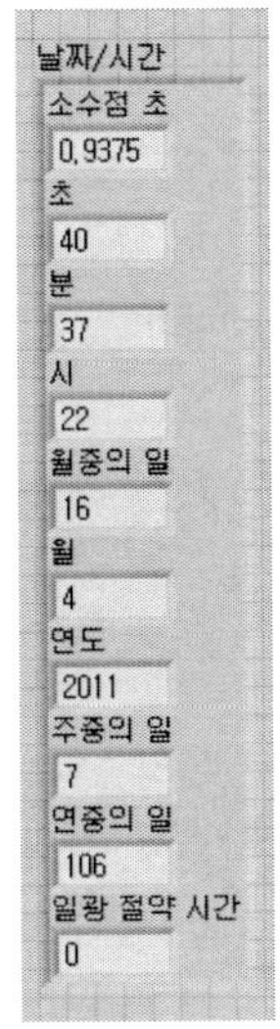

예제 3.8 클러스터의 연산 이해 및 클러스터의 기본 함수 연습

여기서는 클러스터의 연산 및 여러 클러스터 함수의 의미를 이해하는 방법을 연습할 것이다. 먼저 프런트패널을 다음과 같이 작성한다. 클러스터 내부에 입력하는 원소의 순서에 따라 클러스터의 순위가 변하므로 주의가 필요하다.

프런트패널

1. 새 VI를 만들고 **클러스터.vi**로 저장한다.
2. 입력 클러스터를 만든다. 내부에는 숫자형, 숫자형 배열, 불리언, 불리언2, 슬라이드를 순차적으로 넣어준다. 반드시 순서에 주의하기 바라며, 순서가 틀렸을 때에는 **클러스터 내의 컨트롤 순서 재 설정**...을 이용하여 순서를 바꿔준다.

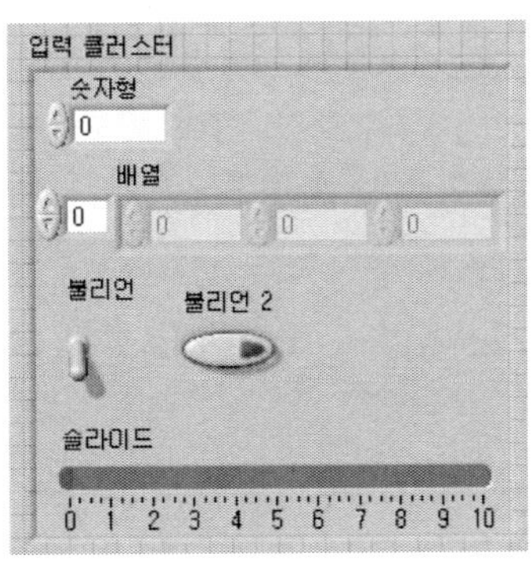

블록다이어그램

3. **풀기**와 **이름으로 풀기**를 이용해서 이 클러스터를 풀어준다. 또한 **묶기**와 **이름으로 묶기**를 이용해서 다시 묶어준다.

다음과 같이 블록다이어그램을 완성한다.

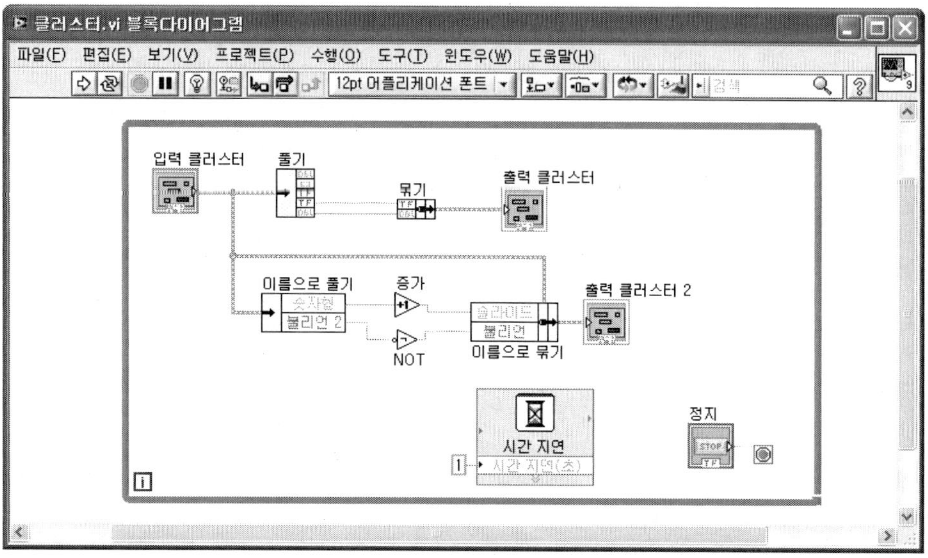

증가(▷) 함수는 입력 값에 +1을 하는 기능이며, **함수 → 프로그래밍 → 숫자형** 팔레트에 있다.

NOT(▷) 함수는 불리언 값에 NOT 연산하며, **함수 → 프로그래밍 → 불리언** 팔레트에 있다.

정지( )컨트롤은 **While 루프 조건**( )에서 팝업 메뉴의 **생성 → 컨트롤**을 이용한다.

출력 클러스터( )인디케이터에는 불리언2 및 슬라이드 값이 출력된다.

인디케이터에는 입력 클러스터의 값을 출력한다. 변경된 내용은 입력 클러스터의 숫자형은 +1 된 후, 출력클러스터2의 슬라이드로 보내진다. 또한, 입력 클러스터의 불리언 2의 로직은 NOT 게이트를 통해, 출력 클러스터 2의 불리언으로 보내진다.

시간지연( ) 함수는 초 단위의 시간 지연을 주는 함수이며, **함수 → 프로그래밍 → 타이밍** 팔레트에 있다. VI를 실행시 필요 이상의 리소스를 사용하지 않기 위해 While 루프 내부에 시간지연 함수를 넣었다.

프런트패널

4. 프런트패널을 정리하고 실행한다. While 루프에 의하여 반복 실행됨을 알 수 있다. 정지 버튼을 누르고 VI를 종료한다. 또한 프로그램을 저장한다.

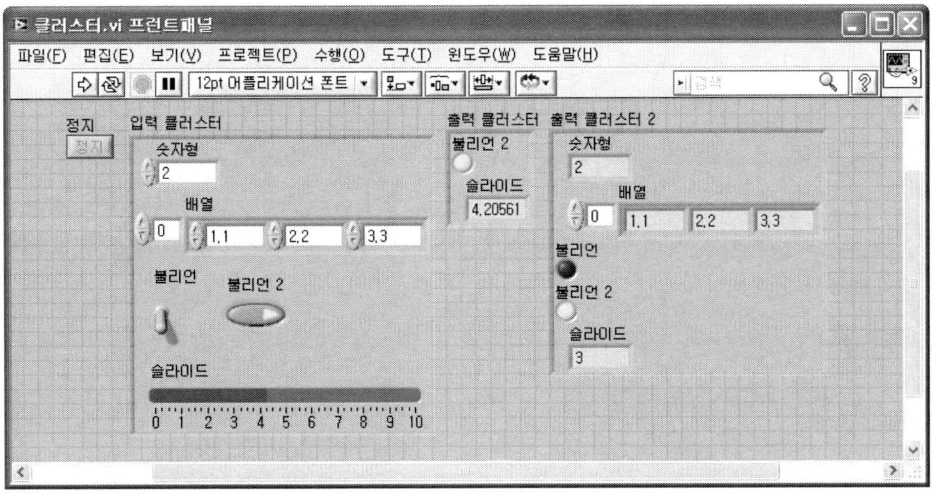

3.6 배열과 클러스터 데이터의 교환

때로는 배열을 클러스터로 또는 클러스터를 배열로 변경할 필요가 있다. 이 경우 클러스터의 모든 원소는 동일한 데이터 타입(모두 불리언, 모두 숫자형)이어야 한다. LabVIEW에는 배열과 클러스터를 서로 변환하는 2개의 함수가 **함수 → 프로그래밍 → 클러스터, 클래스 & 배리언트** 팔레트에 있다.

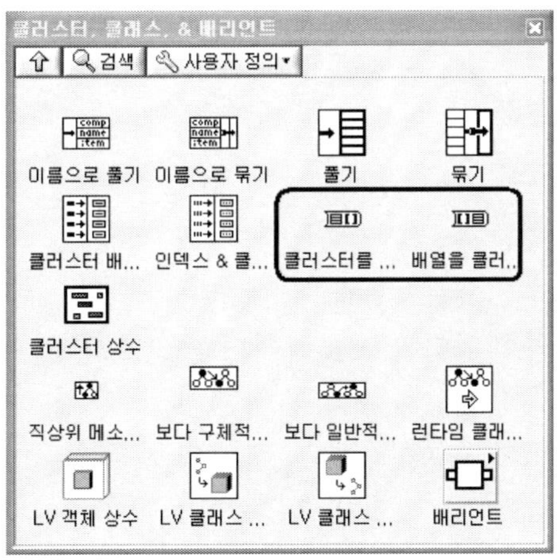

배열을 클러스터로(Array To Cluster) 함수는 1D 배열을 클러스터로 만든다.

배열과 달리 클러스터는 자동적으로 크기를 설정하지 못하므로 출력 클러스터의 크기를 지정하려면 **배열을 클러스터로** 함수의 **클러스터** 터미널을 팝업하고 **클러스터 크기...**를 선택한다. 클러스터의 기본 크기는 9이므로 클러스터에 지정된 값보다 배열의 원소 수가 작다면 LabVIEW는 자동적으로 나머지 클러스터 값을 데이터 타입의 기본값 0으로 채운다. 그러나 입력 배열이 클러스터에 지정된 크기보다 많은 원소를 가졌다면, 블록다이어그램에서 출력 클러스터의 크기를 변경하기 전에는 연결된 와이어가 깨지게 된다.

예를 들어 다음의 VI를 고려해 본다. 이 프로그램은 3개의 **난수**()를 크기 3인 배열로 표시하고 이를 배열() 및 클러스터()에 표시하는 간단한 프로그램이다. 클러스터는 기본 크기가 9개의 데이터인 클러스터로 표시된다.

배열을 클러스터로 함수의 **클러스터** 터미널을 팝업하고 **클러스터 크기...**를 살펴보면 클러스터의 기본 크기가 9로 설정되어 있기 때문이다.

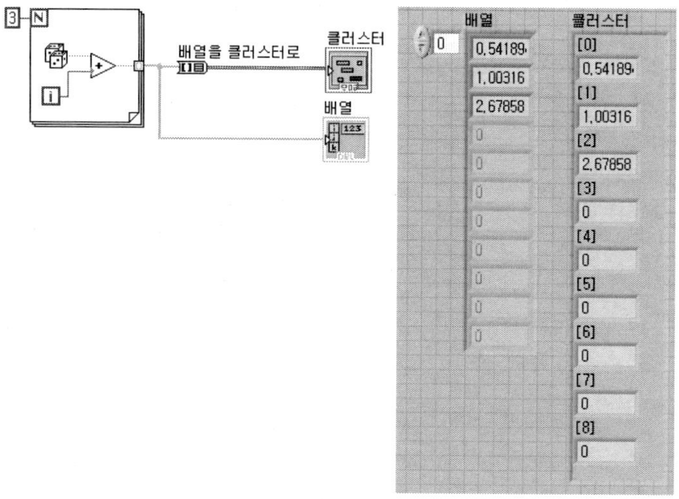

만약 3개의 데이터만 표시하려면 **클러스터 Size**를 3으로 변경한다.

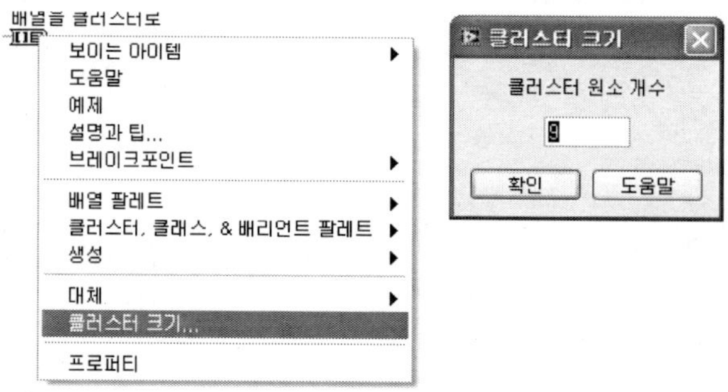

클러스터를 배열로
[Cluster To Array]

클러스터를 배열로(Cluster To Array) 함수는 N개 동일한 원소로 구성된 클러스터를 N개 원소의 배열로 변경한다. 다음 그림은 클러스터에 순차적으로 불리언 SETUP, TEST1, TEST2를 넣은 경우이다. 이때 클러스터에 입력한 순서는 마치 배열의 불리언 인덱스와 동일하다.

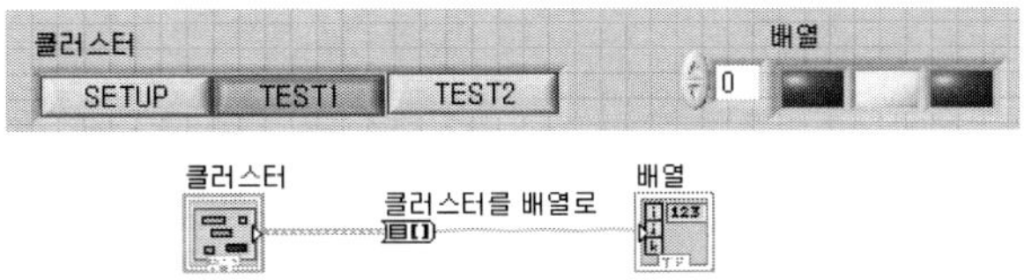

CHAPTER 04

SubVI 만들기

LabVIEW는 VI의 계층적 성격을 잘 이해하고 사용해야 한다. 특히 SubVI의 사용법에 대한 확실한 이해가 필요하다. 이 장에서는 아이콘/커넥터의 작성 방법에 대한 전반적인 사항을 설명할 것이다.

4.1 SubVI의 기본 아이디어

다음의 가상적인 코드와 블록다이어그램을 통해 SubVI와 고전적 프로그램 서브 루틴의 유사점을 설명해 놓았다.

Function Code

```
function average (in1, in2, out)
{
 out = (in1 + in2) / 2.0
}
```

Calling Program Code

```
main
{
 average(point1, point2, point_avg)
}
```

SubVI 블록다이어그램

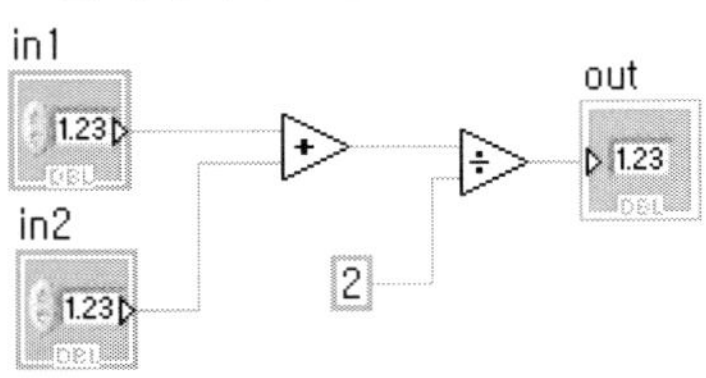

VI 블록다이어그램의 불러오기

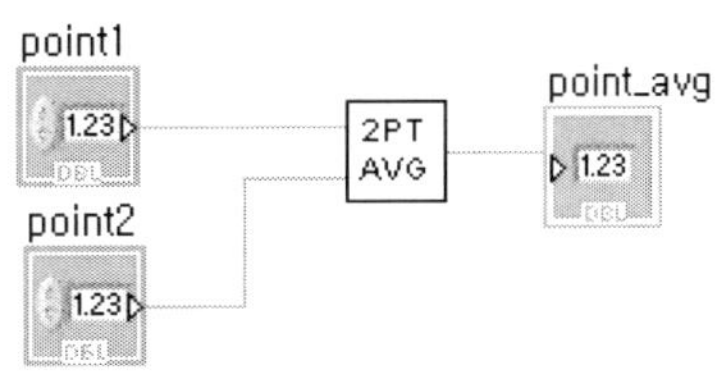

SubVI란 다른 프로그램 즉, 다른 VI에서 독립적으로 사용되는 프로그램이다. VI를 작성한 후 아이콘에 커넥터를 정의하면 이 VI를 상위 VI의 블록다이어그램에서 SubVI로 사용할 수 있다. LabVIEW의 SubVI는 C 또는 텍스트를 사용한 프로그램의 서브 루틴과 유사하다. C 프로그램에서 사용하는 서브 루틴의 제약이 없듯이 메모리 한계 범위 내에서 LabVIEW 프로그램이 사용하는 SubVI 수의 제약은 없다.

블록다이어그램에 많은 수의 아이콘이 있다면 블록다이어그램을 간소화하기 위해 여러 아이콘 및 함수의 그룹을 SubVI로 만들 수 있다. 또한 상위 레벨 VI들에서 사용할 공통적 기능을 갖는 SubVI를 작성할 수 있다. 이처럼 모듈화를 이용한 프로그램 기법은 어플리케이션을 디버깅, 이해, 수정하기 쉽게 한다.

예를 들어 3개의 숫자를 더하고 그 결과를 출력하는 VI를 고려해 본다. VI의 프런트 패널과 블록다이어그램은 다음과 같을 것이다. VI를 SubVI로 사용하려면 SubVI에 아이콘과 커넥터를 작성해야 한다.

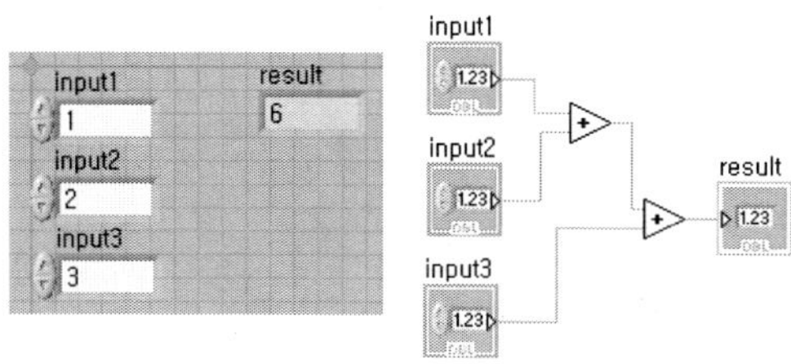

4.1.1 SubVI의 선택

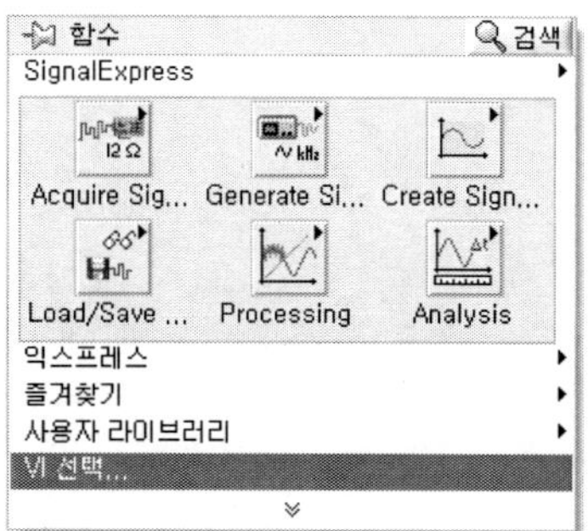

LabVIEW의 강력한 파워와 편리성은 프로그램의 모듈성에 있다. SubVI을 작성하면 사용자는 프로그램의 일부를 하나의 모듈로 사용할 수 있다. SubVI는 다른 VI에서 사용되거나 불려지는 VI이다. SubVI 노드는 메인 프로그램에서 서브 루틴 콜과 유사하므로 하나의 블록다이어그램은 동일한 SubVI 노드를 여러 번 부를 수 있다.

기존의 VI를 SubVI로 사용하려면 **함수** 팔레트에서 **VI 선택...**을 선택한 후 원하는 VI를 블록다이어그램에 놓는다. 이 함수를 실행하면 파일 다이아로그 박스가 표시되며 사용자는 원하는 VI를 선택하고 블록다이어그램 위에 놓는다.

SubVI는 2가지 방법으로 생성할 수 있다. 수동으로 SubVI의 커넥터를 할당하는 방법과 블록다이어그램에서 선택한 영역을 SubVI로 만드는 방법이 있다. 이들 방법에 대해서는 연속적인 예제를 통해 이해하도록 한다.

예제 4.1 SubVI의 커넥터 할당 및 아이콘 창을 이용한 SubVI 작성 연습

다음의 과정은 터미널에 컨트롤 또는 인디케이터를 할당하는 예이다. VI를 SubVI로 사용하기 이전에 커넥터 터미널을 할당해야 한다. 커넥터는 LabVIEW가 데이터를 SubVI로 입·출력하는 곳으로 일반적인 언어에서 서브 루틴의 변수를 설정해야 되는 것과 유사하다. VI의 컨트롤과 인디케이터는 VI의 입·출력을 커넥터에 부여하게 된다. 커넥터를 정의하려면 **아이콘 창**을 팝업하고 **커넥터 보이기**를 선택한다. LabVIEW는 프런트패널의 컨트롤과 인디케이터의 수에 의해 자동적으로 커넥터를 만든다. 자동적으로 설정된 것과 다른 커넥터를 이용하려면 커넥터를 팝업하고 **패턴** 메뉴를 선택한다. 이들 커넥터를 회전해서 사용자의 취향에 맞는 타입을 선택할 수 있다.

1. 새 VI를 만들고 VI를 **입력3개 더하기.vi**로 저장한다.
2. 다음과 같이 프런트패널과 블록다이어그램을 작성한다.

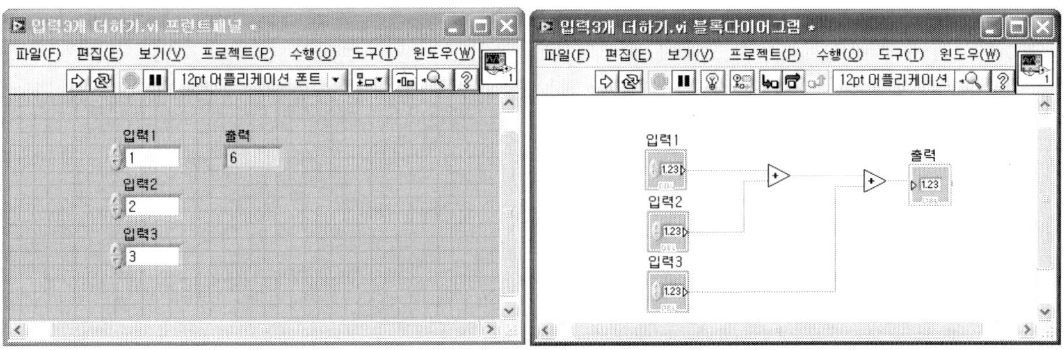

입력1, 입력2, 입력3은 **컨트롤→일반→숫자형** 팔레트에 있는 숫자형 컨트롤( )을 사용한다.

출력은 **컨트롤→일반→숫자형** 팔레트에 있는 숫자형 인디케이터( )를 사용한다.

더하기( )는 **함수→프로그래밍→숫자형** 팔레트에 있다.

3. 프런트패널의 **아이콘 창**을 팝업하고 **커넥터 보이기**를 선택한다. LabVIEW는 자동적으로 현재 프런트패널의 컨트롤과 인디케이터의 수에 맞는 터미널을 표시할 것이다. 즉 프런트패널에는 3개의 컨트롤과 1개의 인디케이터가 있으므로 4개의 터미널이 생성된다.

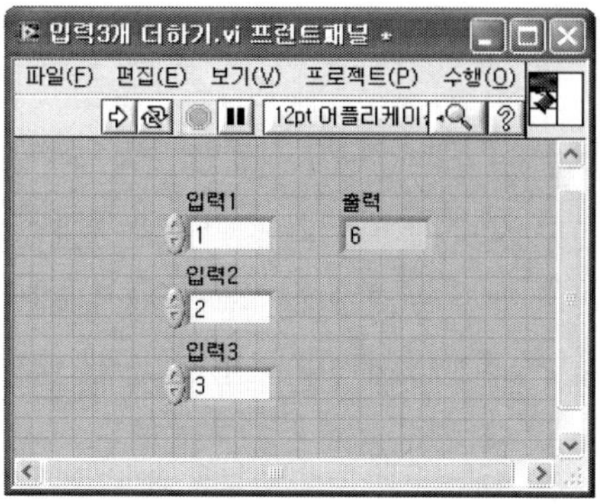

먼저 입력 3개를 연결한다.

와이어 연결() 툴로 "입력1"을 선택하고 아이콘 창의 왼쪽 상단을 클릭하면 선택된 터미널은 흑색으로 변한다. 일반적으로 터미널의 왼쪽은 컨트롤로 사용하고 오른쪽은 인디케이터로 사용한다.

와이어 연결() 툴로 "입력2"를 선택하고 아이콘의 좌중간을 클릭한다.

와이어 연결() 툴로 "입력3"를 선택하고 아이콘의 좌하단을 클릭한다.

"출력 1"을 연결한다. 즉 **와이어 연결**() 툴로 출력을 선택하고 아이콘의 오른쪽을 클릭한다. 만약 실수로 와이어를 잘못 연결했으면 커넥터를 팝업하고 적절한 옵션을 선택하면 터미널 연결 끊기를 할 수 있다. 하나의 VI는 28개의 터미널까지 사용할 수 있지만 터미널이 복잡하면 연결할 때 주의를 해야 한다. 다음은 가능한 아이콘 패턴이다.

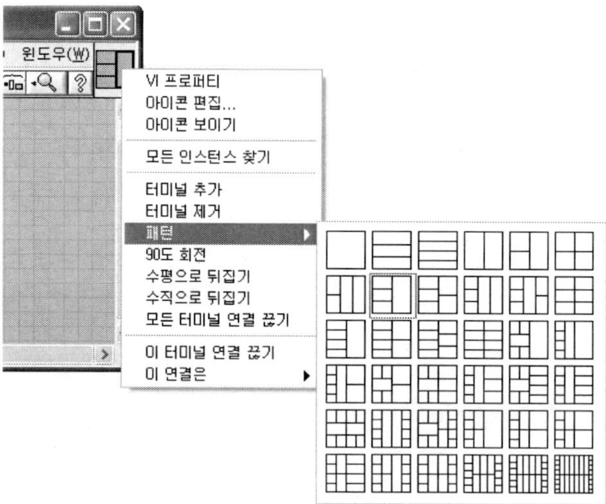

4. 모든 터미널이 정상적으로 연결되었으면 다음과 같은 상태로 터미널이 표시된다.

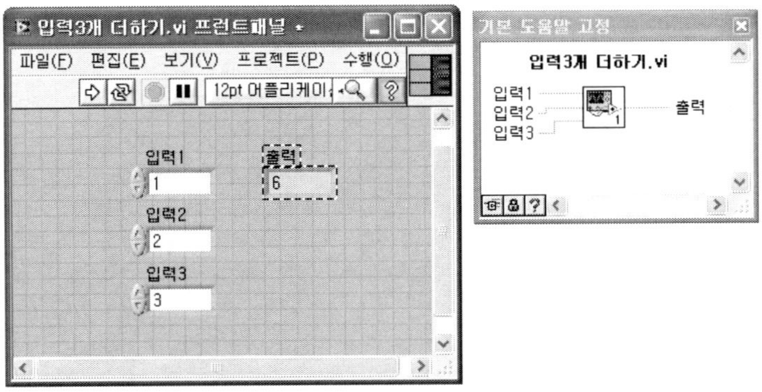

5. 아이콘 창을 팝업하고 아이콘 보이기를 선택하면 다음과 같은 아이콘이 표시된다.

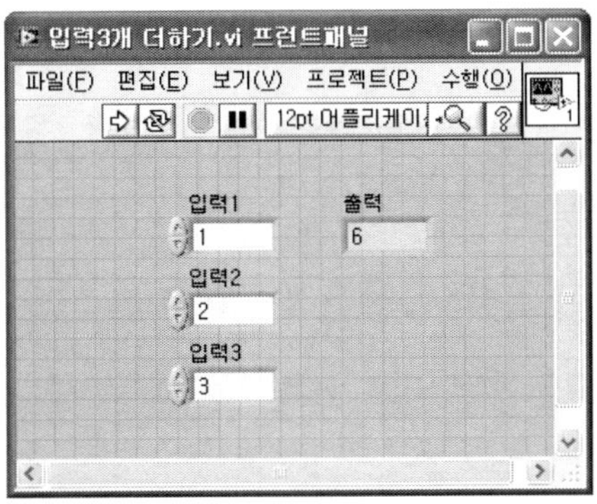

6. VI를 저장하고 종료한다.

예제 4.2 선택한 영역을 SubVI로 만들기

여기서는 이전 예제를 기반으로 **편집(E)** 메뉴의 **SubVI 생성** 옵션을 사용한 SubVI 작성을 연습할 것이다. 때로는 메인 프로그램을 완성할 때까지 SubVI를 작성할 필요가 없다. LabVIEW에는 기존 VI일부의 코드를 SubVI로 작성하는 막강한 기능을 갖고 있다. 위치/크기/선택( ) 툴로 SubVI를 만들려는 영역을 선택한 후 **편집** 메뉴의 **SubVI 생성**을 선택하면 LabVIEW는 선택된 영역이 SubVI로 작성되며, 적절한 와이어와 아이콘으로 연결됨을 발견하게 될 것이다. 새로 작성된 SubVI을 더블 클릭하면 **SubVI 생성**에서 자동적으로 작성된 프런트패널이 표시된다. SubVI의 아이콘 모양을 수정하고 커넥터를 관찰한 후 이를 새로운 이름으로 저장한다.

1. 앞 예에서 사용한 **입력3개 더하기.vi**를 그대로 사용해서 연습을 하도록 한다.

2. 블록다이어그램에서 위치/크기/선택( ) 툴로 SubVI를 작성하려는 영역을 선택한다.

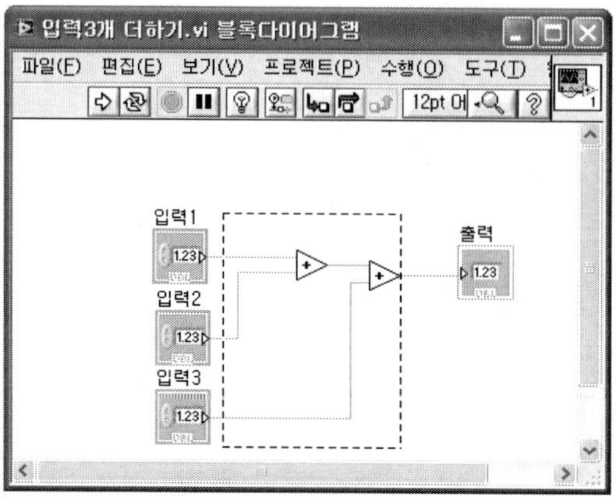

3. **편집(E)** 메뉴의 **SubVI생성**을 선택하면 LabVIEW는 선택된 영역이 자동적으로 SubVI로 작성된다. 자동 생성된 SubVI는 아직 제목없음 상태의 VI이다.

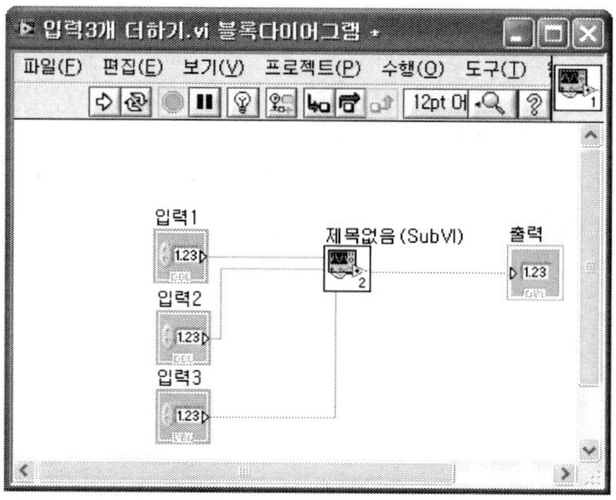

4. 작성된 제목없음(SubVI)를 더블 클릭하면 커넥터와 패턴이 자동적으로 설정되었음을 발견할 것이다. **아이콘 편집기**를 이용해서 다음과 같이 아이콘을 수정해 본다.

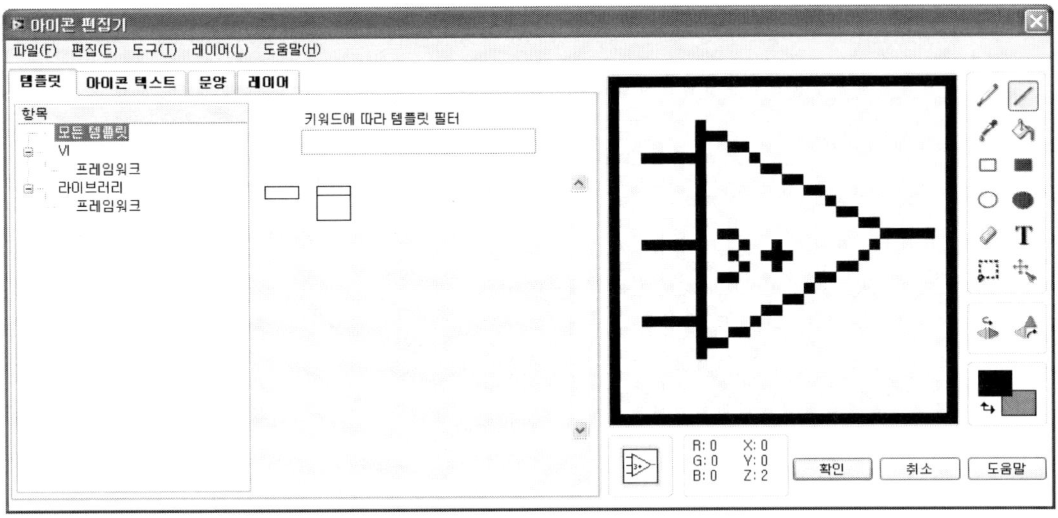

'확인' 버튼을 클릭하면 SubVI의 아이콘 및 터미널이 다음과 같은 형태로 변경된 것을 확인할 수 있다.

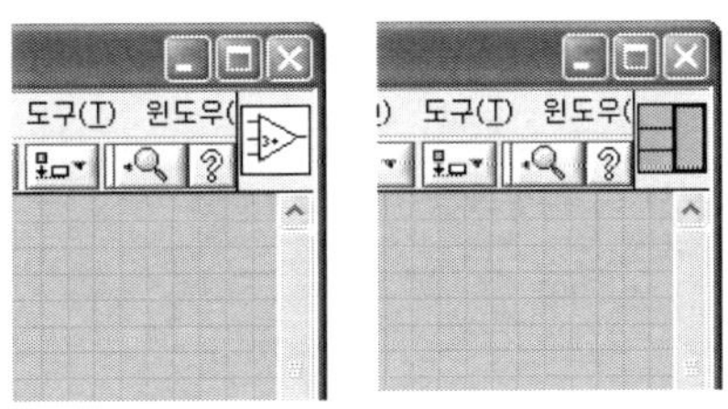

5. SubVI을 **입력3개 더하기_자동생성.vi**로 저장하고 SubVI를 닫는다.

6. 변경된 SubVI의 그림은 다음과 같이 표시된다.

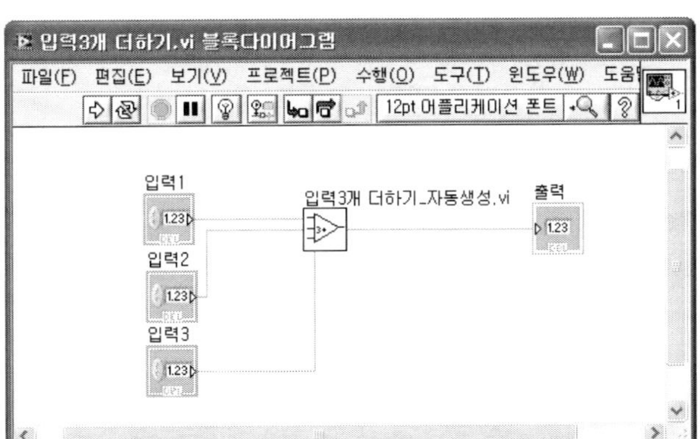

7. SubVI의 도움말인 **필수, 권장, 선택** 입력하는 방법을 연습한다.

먼저 <Ctrl + H>를 실행하여 도움말 창을 표시한다. 작성한 **입력3개 더하기_자동생성.vi**를 열고 아이콘 창에 마우스를 놓으면 VI의 내용과 연결 패턴이 표시될 것이다. 입력 라벨은 왼쪽에 표시되며 출력은 오른쪽에 표시된다. 또한 현재 VI의 아이콘 창에 변수의 기능을 설명하는 내용을 기본 도움말 창에 표시된다.

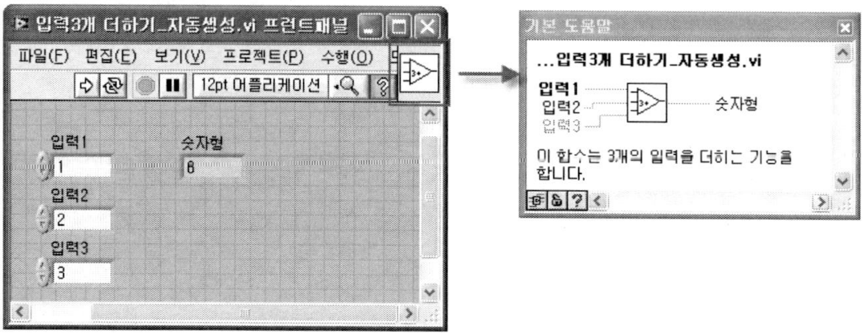

다음과 같이 아이콘 창에 터미널 보이기를 선택한다. 마우스 오른쪽 버튼을 클릭한 후 바로 가기 메뉴의 **이 연결은** 메뉴에서 "입력1"에 **필수**, "입력2"에 **권장**, "입력3"에 **옵션**을 입력한다. 입력이 필수(required)적일 때 적절한 입력의 데이터를 와이어로 연결하지 않으면 VI를 SubVI로 실행할 수 없다. 입력 또는 출력이 권장(recommended) 사항일 때 VI를 실행할 수 있지만, 권장하는 입력과 출력이 연결되지 않았음이 에러 리스트 윈도우에 경고로 표시된다(단, 경고 표시에 체크를 한 경우에 한정한다). 입력이 선택(optional) 사항인 경우 특정한 제약 사항이 없다.

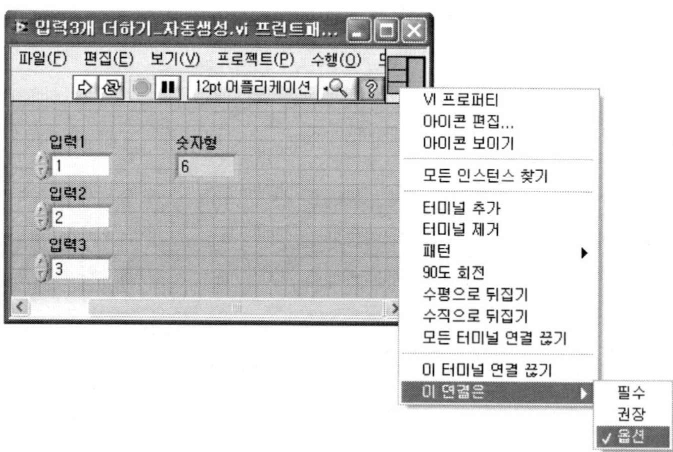

LabVIEW의 내장 함수는 자동적으로 필요한 입력이 연결되었는지를 체크하며 필요한 모든 입력을 연결하기 이전에는 VI가 깨진 상태로 표시된다. 필수, 권장, 선택 사항의 기능을 갖는 SubVI을 구축할 수 있다.

기본 도움말 창에서 필수적인 연결은 두꺼운 글씨로 표시되며, 권장 사항은 일반적인 글씨로 선택 사항은 뿌연 글씨로 표시된다. 기본 도움말 윈도우를 간략하게 표시한 경우에는 아이콘이 형태로 보이며, 상세하게 표시한 경우는 형태로 표시된다. 간략한 보기인 경우에는 **옵션** 연결 사항은 표시되지 않는다. 다음은 필수, 권장, 옵션 사항을 선택할 때 도움말 창에 표시되는 차이점을 보이고 있다.

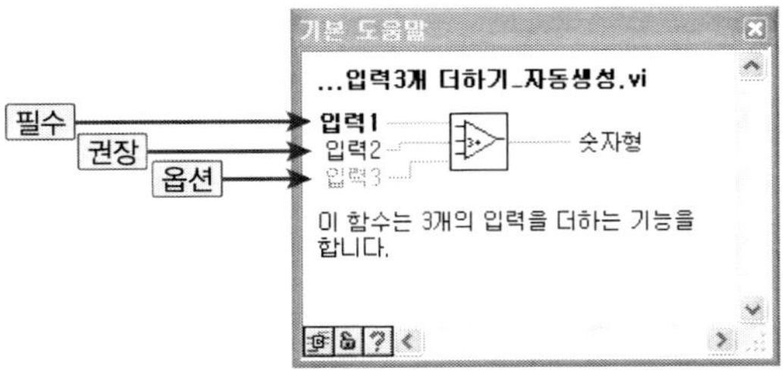

8. 마우스 오른쪽 버튼을 클릭한 후 바로 가기 메뉴의 **VI 프로퍼티...**를 선택한다.

VI 프로터티 창에서 문서를 선택하고 VI설명을 다음과 같이 입력하고 '확인' 버튼을 선택 한다.

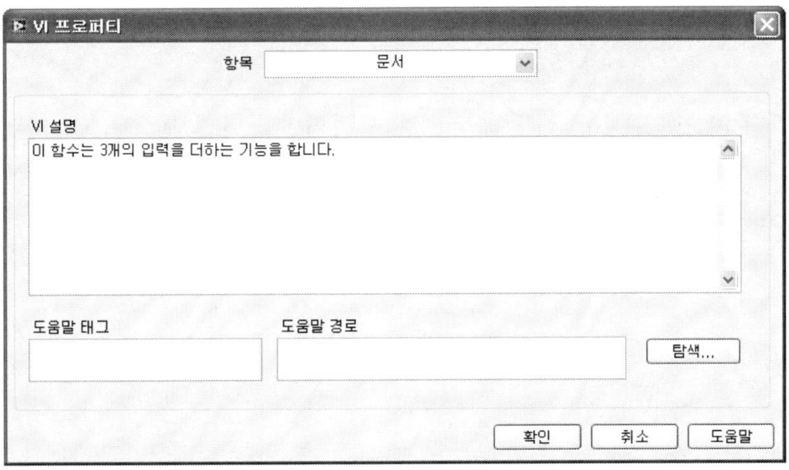

방금 입력한 VI 설명 내용이 기본 도움말 창에 표시됨을 확인할 수 있다.

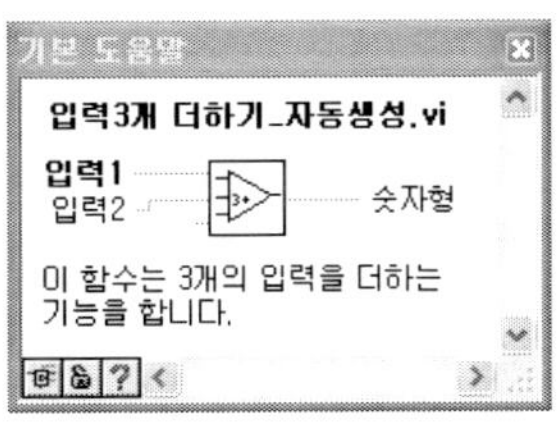

4.2 VI 스니핏

VI 스니핏(snippet)은 블록다이어그램의 일부를 선택하여 그림 파일인 png 파일로 저장할 때 VI 정보까지 저장하는 기능이다. 스니핏한 그림 파일의 특징은 다른 블록다이어그램에서 이 그림 파일을 드래그 앤 드롭하면 다시 블록다이어그램과 프런트 패널 정보가 살아나는데 있다. 이 기능은 LabVIEW의 **편집(E)** 메뉴의 **선택사항에서 VI 스니핏 생성**을 이용한다.

다음과 같은 블록다이어그램에서 스니핏을 작성할 영역을 선정하고, **편집(E)** 메뉴의 **선택 사항에서 VI 스니핏 생성**을 선택한다.

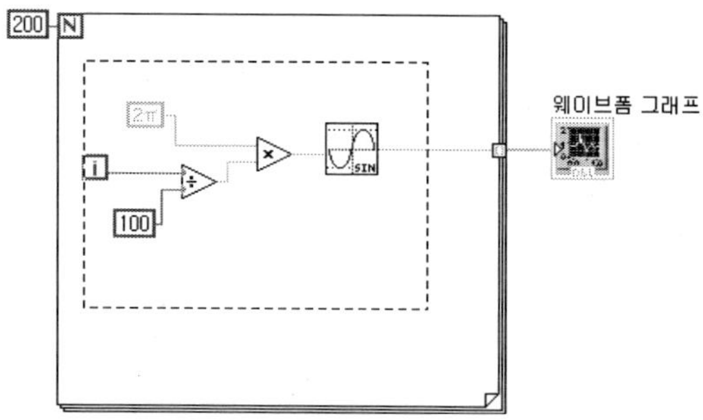

다른 이름으로 VI 스니핏 저장 창이 표시되면 **스니핏 테스트.png** 파일로 저장한다.

저장한 png 그림 파일은 다음과 같은 상태로 표시된다. 스니핏한 그림 파일에는 아이콘()이 추가되어 있다.

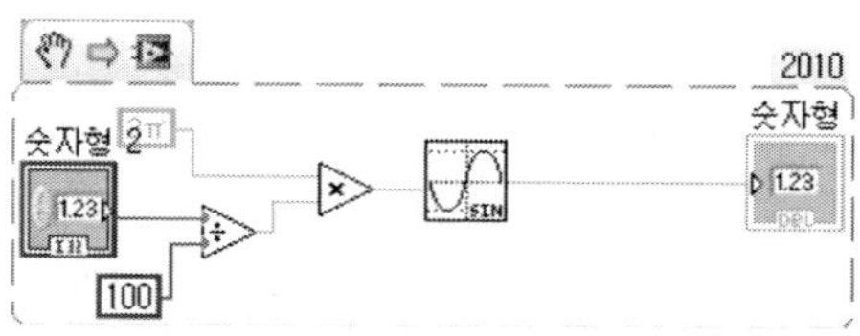

새로운 VI를 열고 블록다이어그램을 표시한다. 저장한 png 파일을 블록다이어그램으로 드래그 & 드롭하면 자동적으로 표시된다.

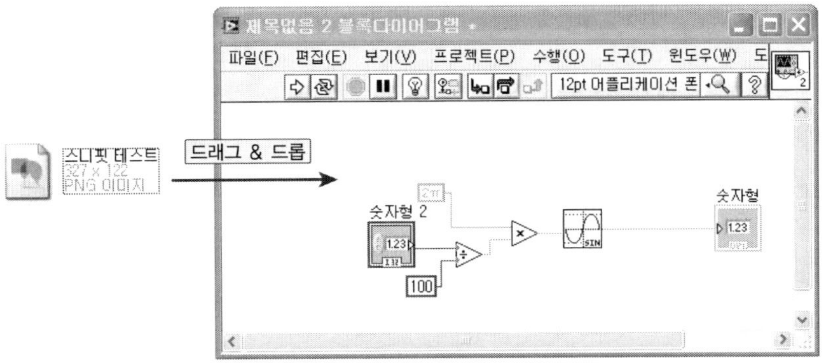

VI Snippet의 특징은 다음과 같다.

- 그림 파일로 저장하였으므로 VI의 정보가 png 파일에 추가되었다. 파일의 크기는 약간 커진다.
- 포토샵, 그림판 등에서 그림 파일을 수정하면 VI Snippet의 기능이 사라진다.
- 블록다이어그램에 SubVI가 포함된 경우, SubVI에 대한 정보까지 갖고 가지는 못한다.

VI Snippet는 다음과 같은 경우 매우 유용하게 사용할 수 있다.

- 메일로 자료를 전송하는 경우
- Knowledge Base와 같은 웹 환경에서 VI를 공유할 때
- 마이랩뷰 같은 커뮤니티에서 VI를 공유할 때

이상과 같이 블록다이어그램을 그림 파일로 공유하고 필요한 경우에는 VI로 복원할 수 있다는 것이 VI 스니핏의 특징이다.

4.3 VI 프로퍼티

VI 프로퍼티는 개별 VI의 전반적인 특성을 조정하고 설정하기 위하여 사용한다. 메모리 사용량을 확인할 때, VI에 대한 설명을 작성할 때, 블록다이어그램에 암호를 설정할 때 등은 VI 프로퍼티에서 설정한다. VI 프로퍼티는 상단 메뉴에서 **파일(F) → VI프로퍼티(I)**로 선택할 수 있다. 또는 오른쪽 상단의 아이콘에 마우스를 놓고 마우스 오른쪽 버튼을 클릭한 후 바로 가기 메뉴에서 VI 프로퍼티를 설정할 수 있다.

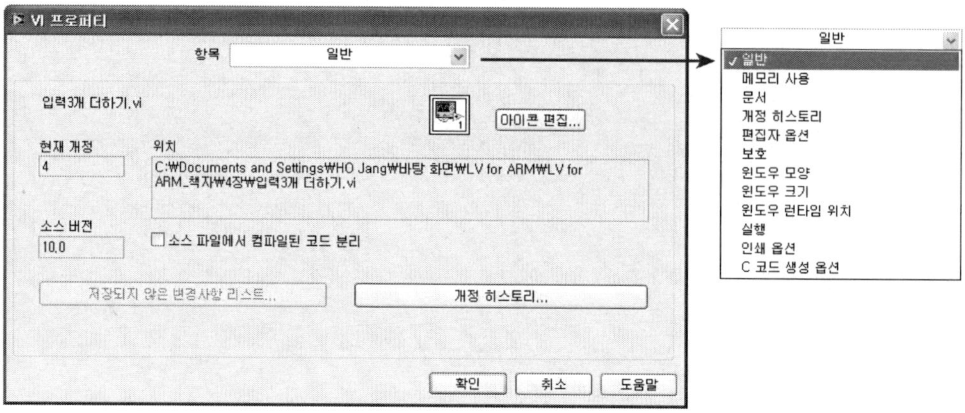

- **일반:** VI의 위치를 확인하고 아이콘 편집이 가능하다. 또한 개정 히스토리를 수정할 수 있다.
- **메모리 사용:** VI의 메모리 사용량을 상세하게 표시해 준다. VI의 실행 속도가 현저하게 늦거나 컴퓨터의 리소스를 많이 차지하는 경우, 가장 먼저 VI의 메모리 사용량을 확인한다. VI의 프로그램 양보다 메모리 사용량이 지나치게 많다면, 글로벌 변수 사용량이나 클러스터 사용에서 오류나 남용이 있을 수 있다.
- **문서:** VI에 대한 설명을 입력할 수 있다. VI 설명은 개발자가 사용자가 VI를 이용할 때의 사용법이나 주의사항을 입력한다. 입력한 설명 내용은 〈Ctrl + H〉를 실행하였을 때의 기본 도움말 창에 표시된다.

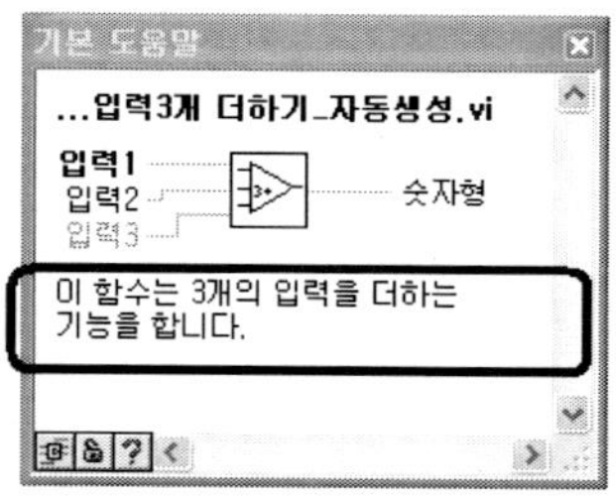

- **보호:** 암호를 설정하고 변경할 수 있다. "암호로 보호됨"을 선택하면 블록다이어그램을 암호로 보호할 수 있다. 암호 설정은 LabVIEW를 한번 종료하고 재실행해야 한다.

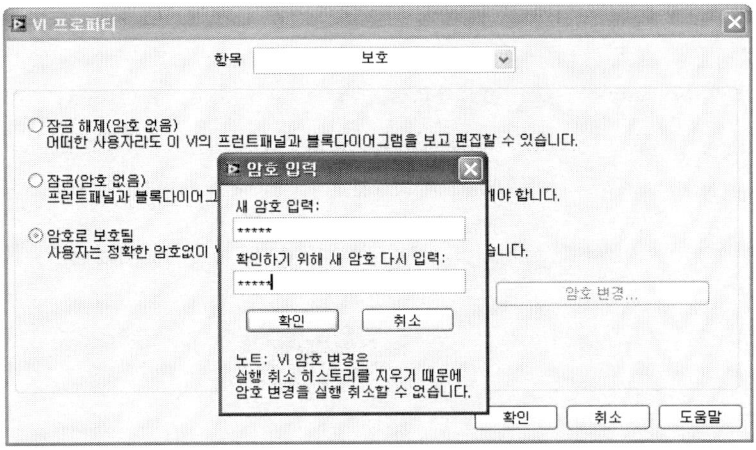

- **윈도우 모양:** VI를 실행하였을 때 윈도우 제목이나 모양을 설정한다. 윈도우에 보이는 제목을 바꾸어주거나 보이는 항목을 선택해 줄 수 있다.

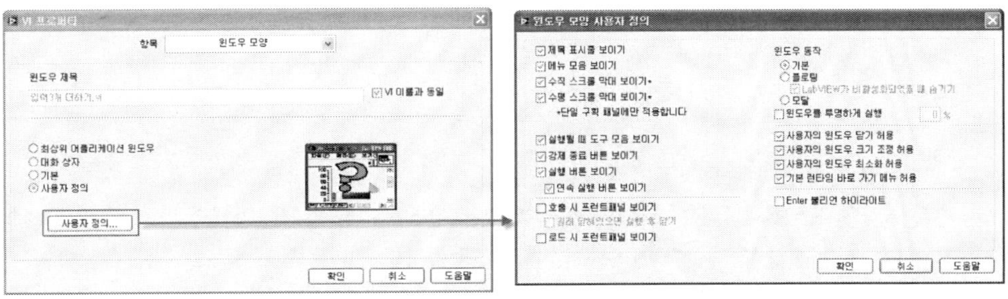

- **윈도우 크기:** VI를 실행할 때 어떤 윈도우 크기로 실행할지를 결정한다. 예를 들어 실행 파일을 다른 파일로 배포할 때 모니터 해상도가 서로 다르면 해상도에 따른 VI의 윈도우 크기가 변경된다.

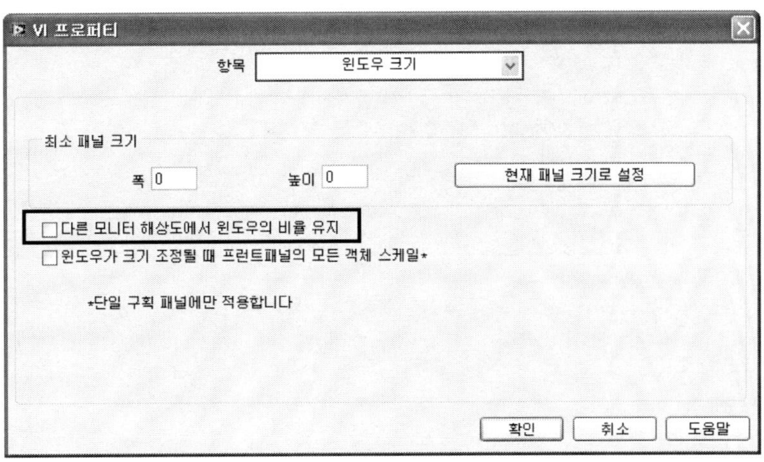

다른 모니터 해상도에서 윈도우의 비율 유지를 선택하면 모니터의 해상도에 관계없이 윈도우의 비율을 유지할 수 있다.

- **윈도우 런타임 위치:** 실행될 때의 윈도우 위치의 크기를 설정할 수 있다. "중심"을 선택하였을 때는 항상 모니터 화면의 중심에 VI가 위치하여 실행된다.
- **실행:** 고급 실행 옵션을 설정할 수 있다. "우선순위" 항목에서 상위로 설정하면 다른 프로그램보다 우선 순위로 VI가 실행되게 만들 수 있다. 서브 루틴은 OS 수준이고 일반적으로 최상위 순위로 실행할 필요가 있을 때는 "시간에 결정적인 우선순위(최고)"를 선택한다.

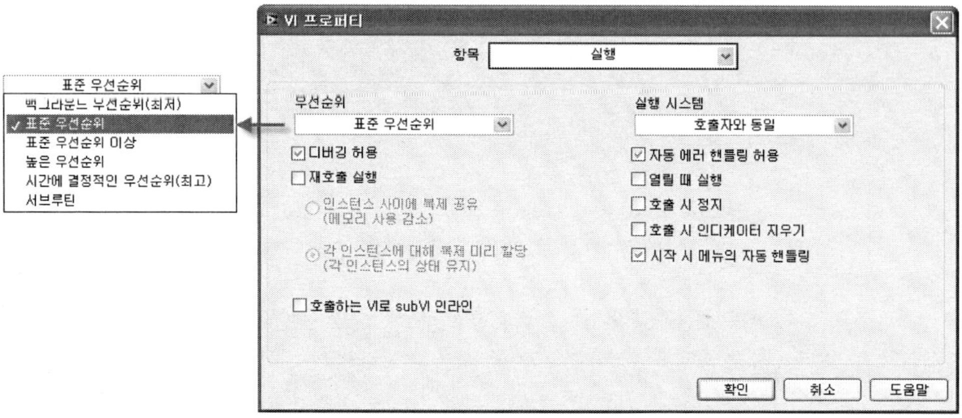

- **인쇄 옵션:** VI의 블록다이어그램이나 프런트패널을 인쇄할 때의 옵션을 선택해 줄 수 있다. 사용자가 여백을 주거나 용지에 맞도록 자동으로 스케일 되게 설정할 수 있다.

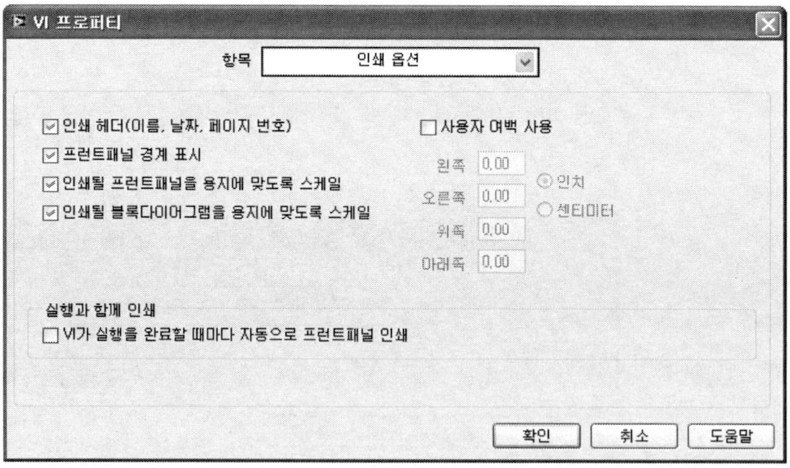

4.4 VI 재귀(Recursion)

자기 블록다이어그램이나 SubVI의 블록다이어그램에서 스스로를 호출하는 것을 VI 재귀(Recursion)이라고 한다. VI의 출력을 재사용하여 여러 번 실행하는 경우 유용하게 사용할 수 있다. 어떤 VI든 재귀 VI로 만들 수 있으며, 한 VI의 계층구조에서 여러 재귀 VI를 사용할 수 있다. 32비트 플랫폼에서 LabVIEW는 최대 15,000개의 재귀 호출을 지원하며 64비트 플랫폼에서는 35,000개의 재귀 호출을 지원한다. VI 재귀를 사용하기 위해서는 VI 프로퍼티의 실행에서 **"재호출 실행"**을 활성화해주어야 한다. 그리고 **"인스턴스 사이에 복제 공유"**를 선택해 준다.

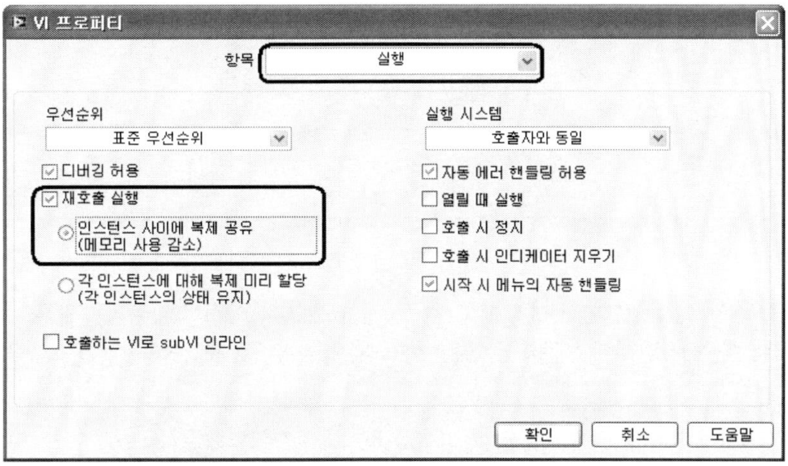

예제 4.3 VI 프로퍼티 및 VI 재귀(Recursion)연습

VI 프로퍼티 수정 및 VI 재귀 기능을 이용해서 n!를 구하는 VI를 작성하여 본다. n!는 1*2*3*…*n이다.

프런트패널

1. 새 VI를 만들고, **VI프로퍼티 연습.vi**로 파일을 저장한다.
2. 프런트패널에 숫자형 컨트롤과 숫자형 인디케이터를 1개씩 놓고, 라벨은 각각 "n"과 "n!"를 입력한다.

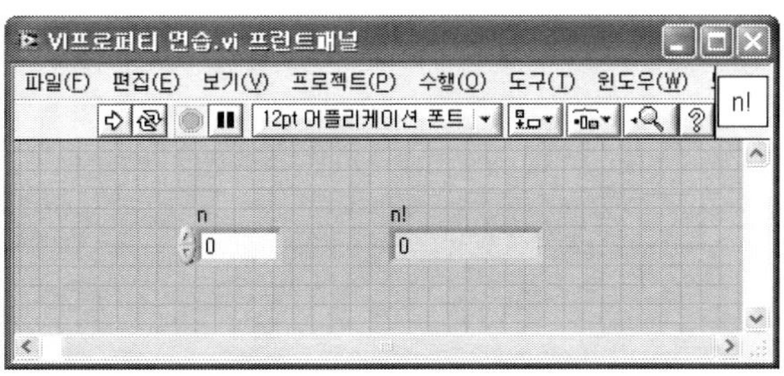

3. 프런트패널의 오른쪽 상당의 아이콘 창을 마우스 오른쪽 버튼을 클릭한 후 바로 가기 메뉴에서 **아이콘 편집**...을 선택한다. 아이콘 모양을 다음과 같이 편집한다.

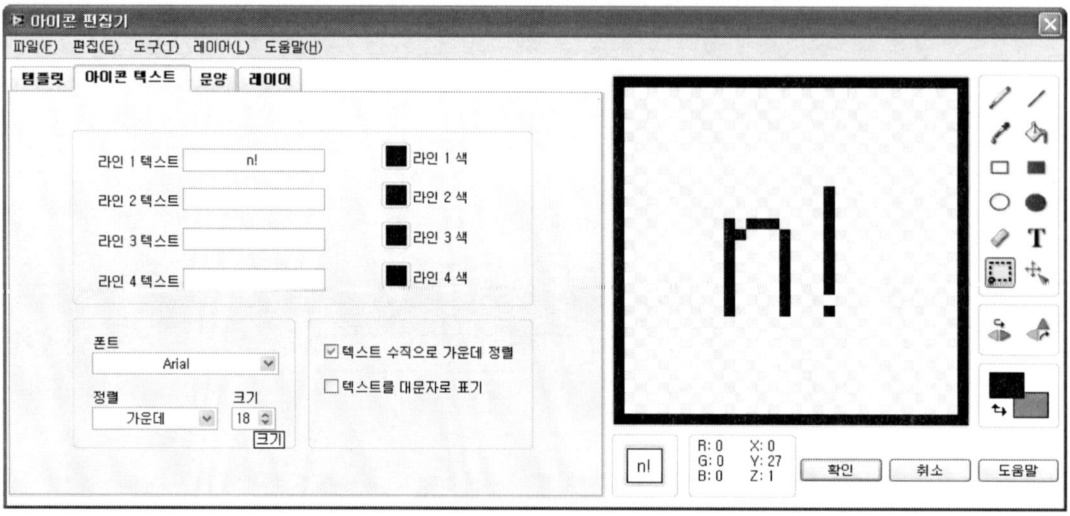

4. 오른쪽 상단의 아이콘 창의 바로 가기 메뉴에서 **커넥터 보이기**를 선택한다. 왼쪽 커넥터에는 "n", 오른쪽 커넥터에는 "n!"를 할당해서 와이어 연결() 툴로 연결한다.

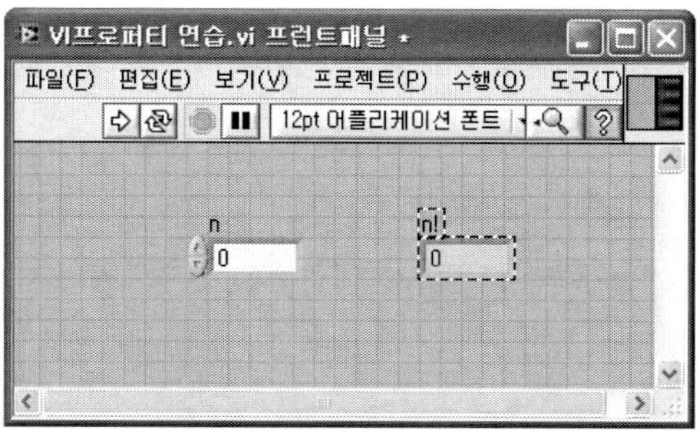

5. 오른쪽 상단의 아이콘 창의 바로 가기 메뉴에서 **VI프로퍼티**...를 선택한다. 문서에서 VI의 설명을 입력한다.

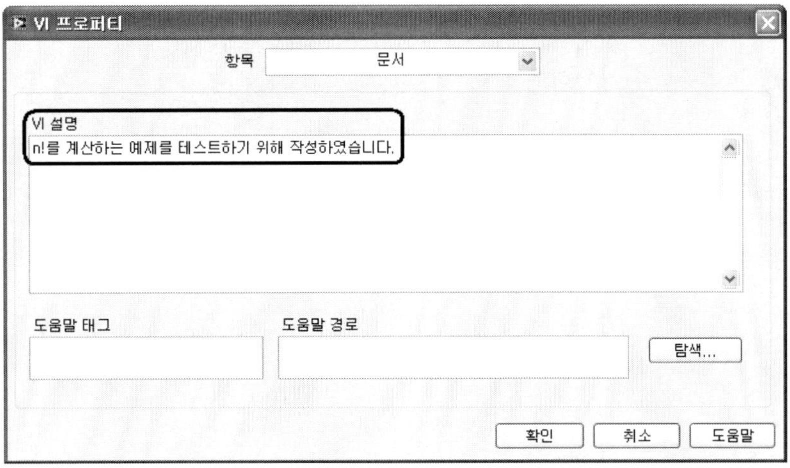

6. 오른쪽 상단의 아이콘 창에 마우스를 놓으면 방금 입력한 도움말이 표시된다. 도움말 창을 보이게 하려면 <Ctrl + H>를 입력한다.

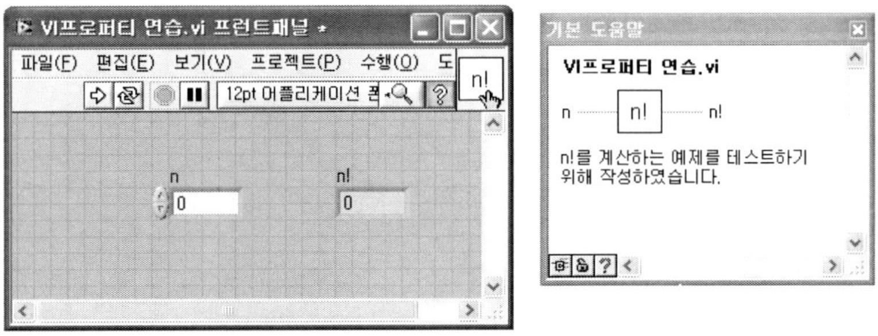

7. **VI 프로퍼티 → 실행**에서 **"재호출 실행"**을 활성화 시켜준다.

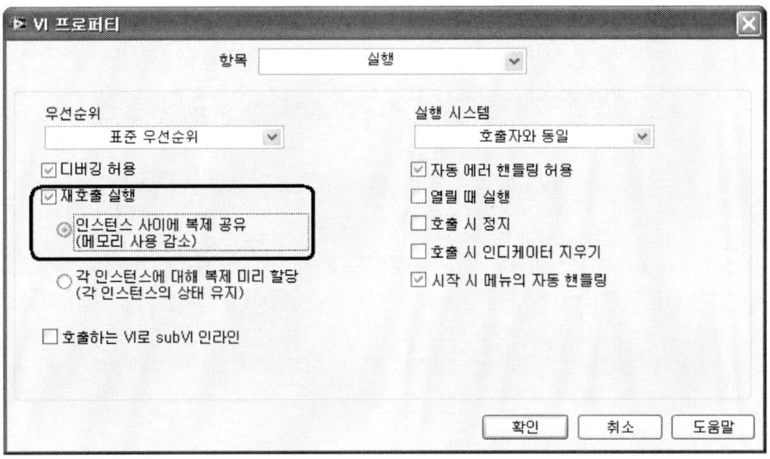

블록다이어그램

8. 다음과 같은 **Case구조**를 이용하여 블록다이어그램을 작성한다.

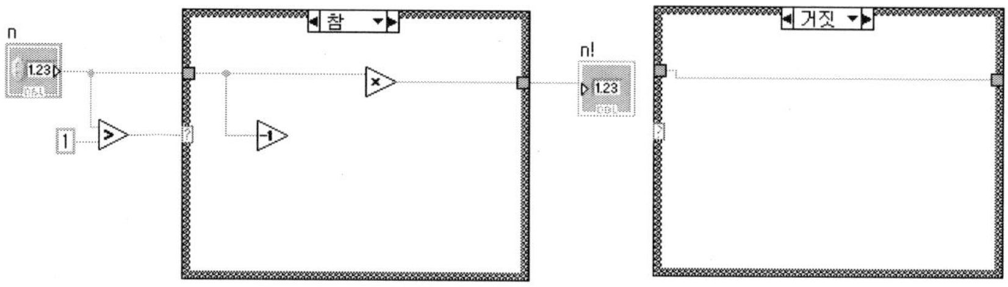

9. 마우스로 VI의 아이콘을 선택하여 블록다이어그램에 드래그 앤 드롭 한다. 그리고 빼기(-1)의 출력을 n에 입력하고 n!의 출력을 곱하기(×) 연산과 연결한다.

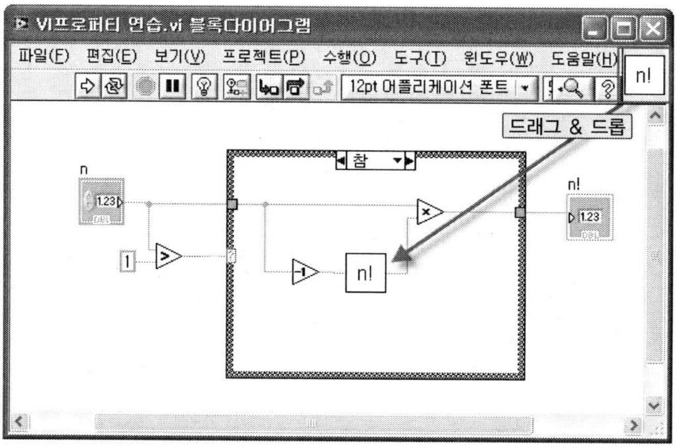

10. 프런트패널을 정리하고 n = 10을 입력하고 프로그램을 실행해 본다. 다음과 같은 결과가 표시된다.

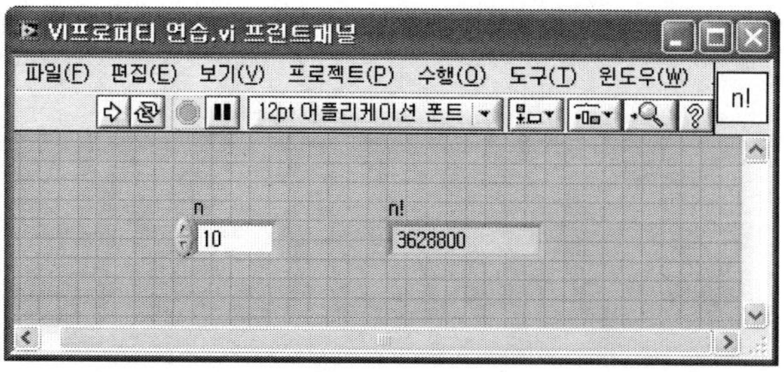

CHAPTER 05

LabVIEW의 구조

LabVIEW의 구조는 프로그램의 실행 순서를 VI에서 제어하는 중요한 노드로서, 일반적인 C 또는 BASIC 프로그램 언어에서 구조를 제어하는 것과 동일하다. 이 장에서는 LabVIEW의 대표적 구조인 For 루프, While 루프, Timed 구조, 케이스 구조, 이벤트 구조, 시퀀스 구조, 복잡한 수식연산을 소개하고자 한다.

5.1 For 루프

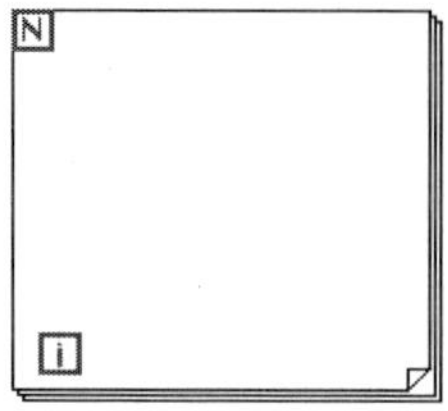

For 루프는 서브 다이어그램이라 부르는 루프의 경계 내부를 카운트 터미널 'N'에 입력된 숫자만큼 실행한다. 참고로 While 루프는 정지 버튼을 누를 때까지 무한루프로 실행된다.

루프 반복횟수 'i'는 루프가 실행한 횟수를 의미한다. 최초 실행 값은 0, 다음 실행 값은 1이며, N회 실행하면 그 값은 N−1이 된다.

For 루프는 블록다이어그램의 **프로그램→구조**에 있으며 커서는 으로 표시된다. 참고로, While 루프 커서는 으로 표시된다. 커서를 한쪽 모서리에서 클릭하고 선택 영역을 확대해 마우스를 놓으면 For 루프의 크기가 확대된다.

다음의 For 루프는 난수(0−1)를 매번 발생할 때마다 그 결과를 웨이브폼 차트에 표시한다. 이러한 과정은 100회 반복되므로 웨이브폼 차트에는 100개의 난수가 표시된다.

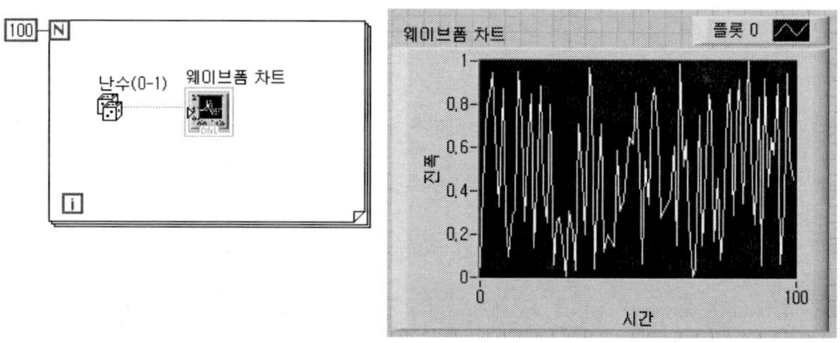

5.1.1 For 루프의 자동인덱싱에 관하여

자동인덱싱은 For 루프와 While 루프의 경계면에서 배열 데이터를 자동적으로 저장하는 것을 의미한다. 각 루프 반복횟수 'i'를 반복할 때마다 배열 원소는 자동적으로 데이터를 추가하며, 자동인덱싱 상태는 경계가 과 같은 형태로 표시된다.

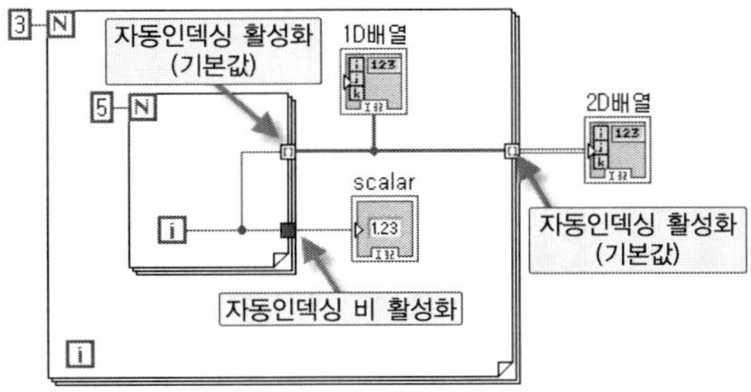

For 루프에서 자동인덱싱은 기본 값이기 때문에 루프를 빠져나올 때에는 출력 데이터의 차원을 1단계씩 높이는 역할(1D 배열이 루프를 나올 때는 2D가 됨)을 한다. 만약 배열을 생성하지 않고 터널을 빠져 나오려면 숫자형과 연결되어 있는 와이어는 깨진다. 와이어가 깨지면 For 루프 경계면의 팝업 메뉴에서 **인덱싱 비활성화**를 선택하면 자동인덱싱을 하지 않는다. 자동인덱싱을 하지 않으면 For 루프의 마지막 값만 루프 밖으로 출력된다.

참고로 While 루프는 기본값으로 자동인덱싱을 사용하지 않는다. 만약 자동인덱싱을 사용하려면 While 루프의 팝업 메뉴에서 **인덱싱 활성화**를 선택해야 한다.

LabVIEW는 왜 자동인덱싱을 선택적으로 사용할까? For 루프는 루프를 시작할 때 생성할 배열의 크기를 예측할 수 있으므로 컴퓨터 메모리의 크기를 설정할 수 있다. 그러나 While 루프는 언제 루프를 종료할지 알 수 없으므로 루프가 반복될수록 컴퓨터 메모리의 크기를 변경해야 될지도 모른다. 즉 While 루프는 'i'를 계속 반복하면서 배열을 계속 변경해야 하므로 컴퓨터의 성능을 감소시킬 수 있다. 이러한 결과를 통하여 100000번의 'i'를 반복한 후 배열을 작성할 때 For 루프가 While 루프보다 빠를 수 있음을 추론할 수 있다.

1 For 루프를 카운트하는 자동인덱싱

For 루프에 입력되는 배열을 자동인덱싱 모드로 사용하면 LabVIEW는 배열 크기를 자동적으로 설정하므로 For 루프의 카운트 터미널 'N'에 값을 연결할 필요가 없다. 만약 다음 VI처럼 'N' 값과 배열을 자동인덱싱으로 사용한 배열의 크기가 다르면 LabVIEW는 작은 값을 취한다. 따라서 다음의 For 루프는 "1D 배열 컨트롤"의 배열 크기가 5이므로 For루프는 5회 만 반복 실행한다.

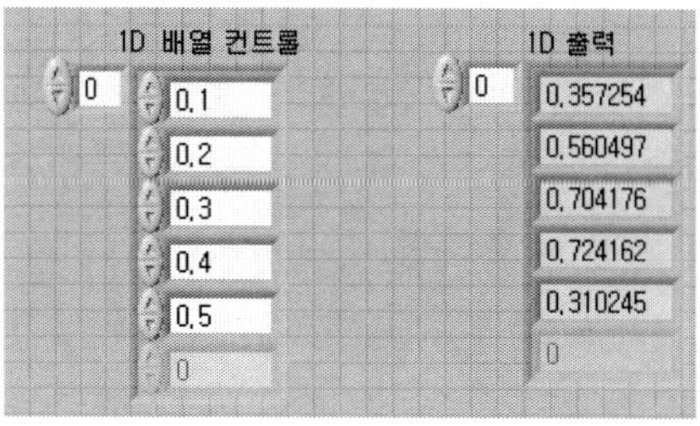

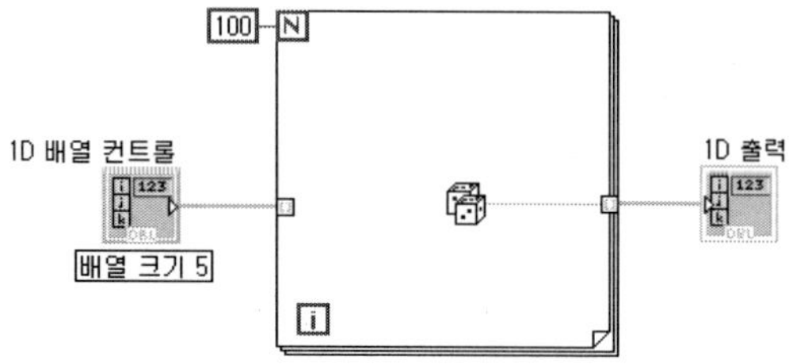

또한 다음과 같이 For 루프는 'N'에 값을 연결하지 않아도 에러를 출력하지 않는다. 이는 "1D 배열 컨트롤"의 배열 크기가 For 루프를 제어함을 의미한다.

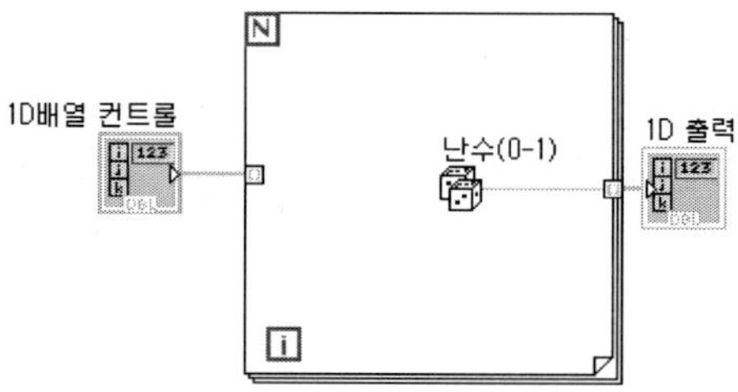

2 For 루프의 정지

For 루프는 'N'에 입력된 값만큼 실행하고 멈추는 구조이기 때문에 중간에 멈출 수가 없다. 실행 도중에 에러가 발생하거나 디버깅을 위해 멈춰야 할 경우에는 다음과 같이 단축 메뉴에서 **조건 터미널**을 선택하고 While 루프와 동일한 조건 터미널을 생성해줘야 한다.

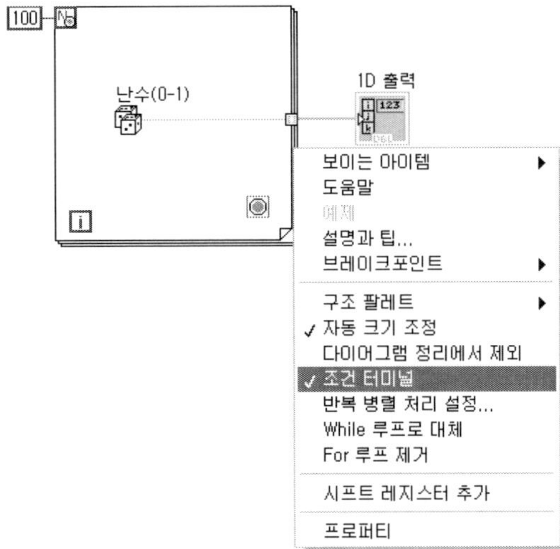

3 For 루프의 반복 병렬 처리 설정

일반적으로 For 루프는 같은 계산을 반복해서 N번 수행하기 위해 사용한다. 이 경우 컴퓨터의 멀티코어 프로세스의 병렬 처리 기능을 이용하면 좀더 효율적일 수 있다. 예를 들어 임의의 수학연산을 1000번 수행해야 되는 경우 다음과 같이 250 루프씩 4개로 나누어서 For 루프를 만들면 병렬 수행이 가능하다.

For 루프의 반복 병렬 처리 설정을 이용한다면 좀 더 프로그램을 단순화 시킬 수 있다. **Auto Power Spectrum.vi**를 1000번 수행하는데 4개의 Worker로 나누어 병렬 처리 하도록 설정한 것이다.

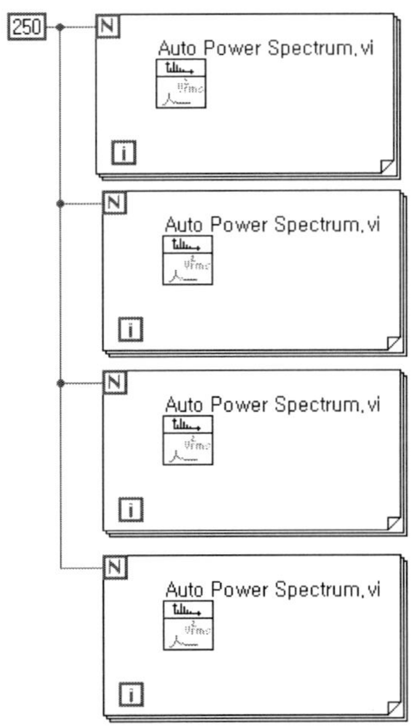

For 루프의 팝업 메뉴에서 **반복 병렬 처리 설정**...을 선택하면 For 루프 반복 병렬 처리 창이 표시된다. 루프 반복 병렬 처리 활성화를 체크하면 For 루프에 작업 개수 'P'가 생성된다. 생성된 병렬 루프 인스턴스 개수는 Worker의 개수를 의미한다. 또는 블록다이어그램에서 상수나 컨트롤로 'P'값을 입력할 수 있다. 디버깅 허용에 체크하면 For 루프를 디버깅할 수 있다. 이 경우 병렬 처리는 비활성화 된다.

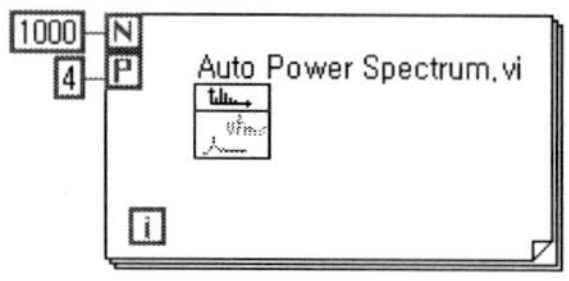

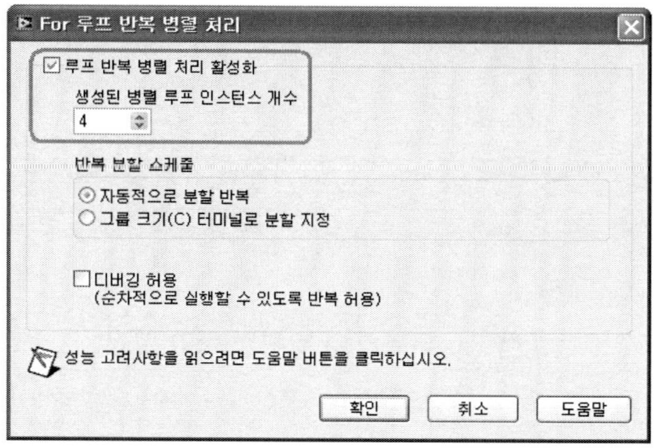

모든 For 루프에서 병렬 처리를 활성화 할 수 있는 것은 아니다. 개별 루프가 독립적이어서 루프를 나누어 실행할 수 있는 경우에만 사용할 수 있다. 예를 들어 시프트 레지스터를 이용하여 다음 루프로 데이터를 전달하는 경우에는 병렬 실행을 할 수 없다. **도구→프로 파일→병렬 가능 루프 찾기**를 실행하여 VI에서 병렬 실행이 가능한 루프를 검색할 수 있다. 병렬 가능은 ✓으로 표시된다.

5.2 While 루프

While 루프는 루프 내부의 조건 터미널에 의해 제어된다.

While 루프는 참인 경우 정지(◉)와, 참인 경우 계속(↻)으로 구분된다.

논리적으로 이해하기 쉬운 것은 참인 경우 정지( )이므로 While 루프의 기본 값으로 사용한다.

'i'는 반복횟수 (Iteration)으로 부르며, 0부터 정수 값을 출력한다.

예제 5.1 While 루프 작성 방법

While 루프는 CPU 성능이 허용하는 범위에서 빠르게 실행된다. 따라서 While 루프 내에는 루프의 실행 속도를 조절하기 위해 시간 지연 함수를 사용한다. 이 연습에서는 다음의 내용을 배운다.

- While 루프를 작성하는 방법
- 루프의 실행 속도를 제어하는 방법

블록다이어그램

1. 새 VI를 만들고 **반복횟수.vi**로 저장한다.
2. 블록다이어그램의 **함수 → 구조** 팔레트의 While 루프를 선택한다. While 루프의 커서는 과 같이 표시된다. 커서를 한쪽 모서리에서 클릭하고 선택 영역을 늘려서 마우스를 놓으면 루프의 크기가 확대된다.

3. 마우스 오른쪽 버튼으로 루프조건( )를 클릭하고 컨트롤 생성을 선택한다.

   While 루프는 정지( ) 버튼이 참인 경우 종료된다.

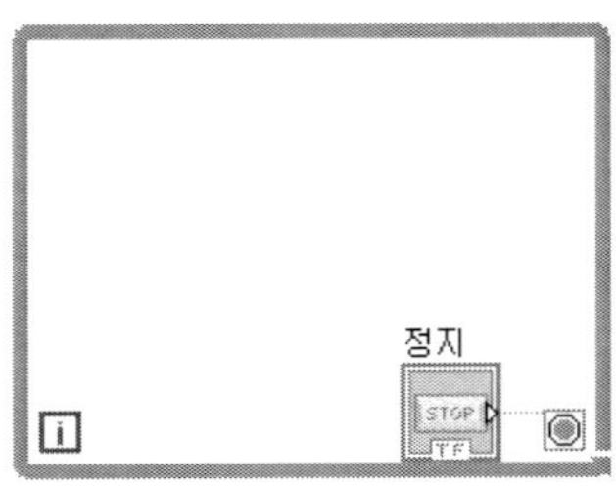

4. 반복횟수 'i'를 마우스 오른쪽 버튼으로 클릭하고 **인디케이터 생성**을 선택한다. 라벨은 "반복횟수"로 변경한다. 'i'는 반복횟수(Iteration)로 부르며, 0부터 정수 값을 출력한다.

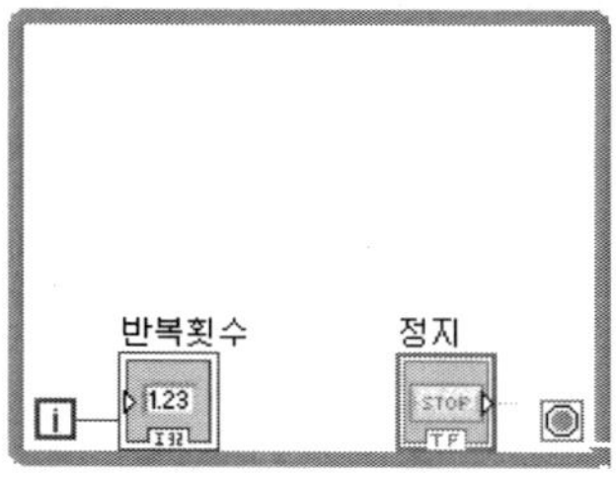

프런트패널에서 실행(⇨) 버튼을 클릭해서 프로그램을 실행해 본다. CPU 성능이 허용하는 범위에서 While 루프가 빠르게 실행되므로 루프의 실행 속도를 조절해 보기로 한다.

5. 루프 지연을 위해 프로그램을 다음과 같이 수정한다.

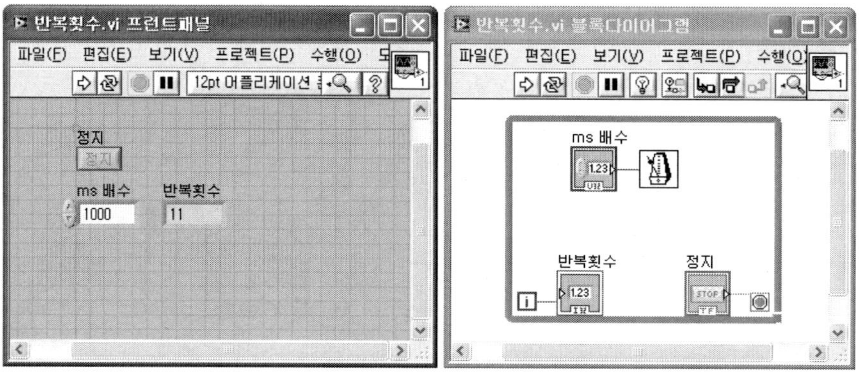

다음 ms 배수까지 기다림( ) 함수를 **함수→프로그램→타이밍**에서 선택하고 While 루프 안에 놓는다. 함수를 와이어 연결( ) 툴로 선택하고 **생성→컨트롤**을 선택하면 ms 배수( )컨트롤이 생성된다.

참고로 대표적인 루프 지연 함수는 **함수→프로그램→타이밍**에 있다.

기다림(ms)
[Wait (ms)]

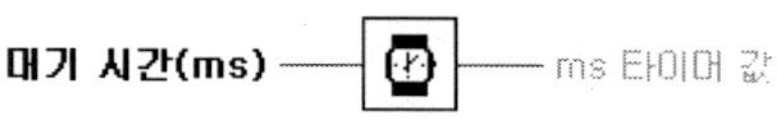

기다림(ms) 함수는 지정된 ms를 기다리고 ms타이머의 값을 반환한다.

다음 ms 배수까지 기다림
[Wait Until Next ms Multiple]

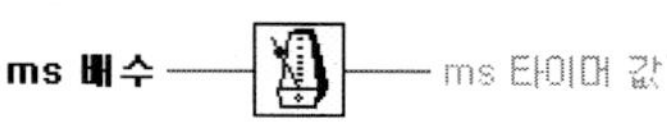

다음 ms 배수까지 기다림 함수는 ms 타이머의 값이 지정된 ms 배수의 배수가 될 때까지 기다린다. 이 함수를 사용하여 여러 작업을 동기화 한다. 루프 안에서 이 함수를 호출하여 루프 실행 속도를 조절할 수 있다. 이 함수는 전체 루프의 지연을 지정하지만 **기다림(ms)** 함수는 루프 내부에서 대기 시간을 무조건 기다린다.

6. 프런트패널의 ms 배수에 1000(ms)를 입력하고 프로그램을 실행해 본다.

   1000ms에 반복횟수 값이 1씩 증가함을 확인할 수 있을 것이다. 루프의 속도를 테스트하기 위해 ms 배수 값을 변경하여 본다.

7. While 루프의 진행과정을 자세히 관찰하거나 디버깅할 때는 **실행 하이라이트**( ) 버튼을 이용한다.

예제 5.2 난수 발생 및 일치되는 실수 값 찾기

While 루프와 난수 발생기를 이용하여 입력한 실수 값과 똑같은 난수가 생성될 때까지 While 루프를 반복하는 프로그램을 작성해 보고자 한다. 또한 몇 번째 루프에서 프로그램이 종료되었는지를 찾는 방법을 연습해 본다.

블록다이어그램

1. 새 VI를 열고 **난수 자동 일치.vi**라는 이름으로 저장한다.
2. While 루프를 블록다이어그램에 위치 시킨다.
3. **함수 → 프로그래밍 → 숫자형** 팔레트에서 **난수**( )를 위치 시킨다.
4. 곱하기( )를 위치시키고 **생성 → 상수**에서 '10000'을 입력한다.
5. **함수 → 프로그래밍 → 숫자형** 팔레트에서 반올림( )을 사용하여 소수점 이하의 값을 버린다. 반올림 출력에서 **생성 → 인디케이터**를 생성한다. DBL 인디케이터의 라벨을 "현재 값"으로 수정한다. 다음과 같은 프로그램이 완성되었을 것이다.

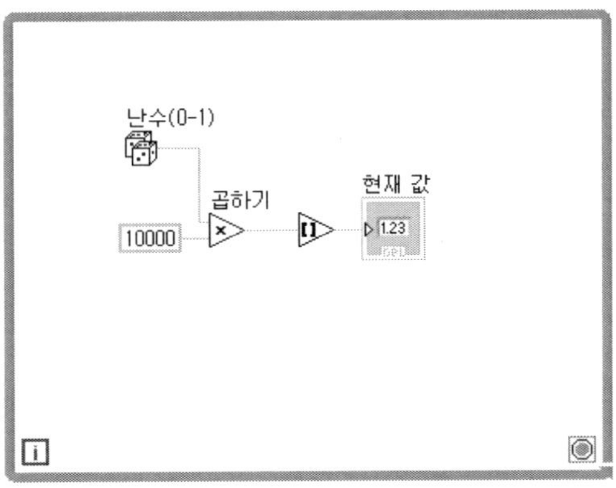

6. **함수 → 프로그래밍 → 비교** 팔레트에서 **같지않음?**( ) 함수를 블록다이어그램에 놓는다. 입력 쪽의 팝업 메뉴에서 **생성 → 컨트롤**을 선택하면 DBL 컨트롤을 만들 수 있다. 라벨을 "입력"으로 수정한다.

7. **참인 경우 정지**(◉)의 팝업 메뉴에서 참이면 계속을 선택하여 **참인 경우 계속**(⟳)으로 변경하고 **같지않음?**(≠)을 연결한다.

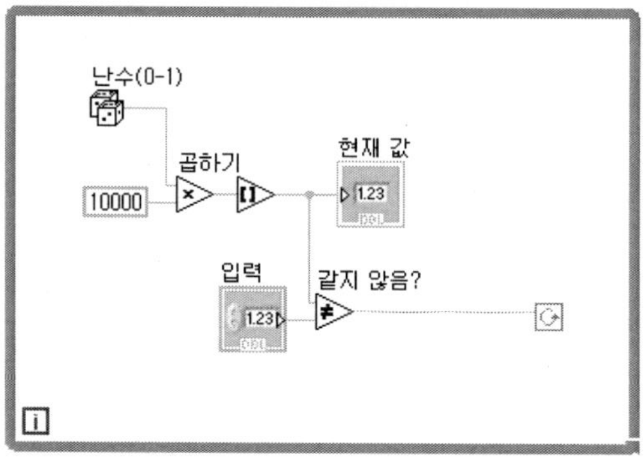

8. 반복횟수 'i'를 오른쪽으로 옮기고 **함수→프로그래밍→숫자형** 팔레트에서 **증가**(+1)를 위치시킨다. 출력에 인디케이터를 생성하고 라벨은 "반복 횟수"로 수정한다. 'i'가 0부터 시작하므로 **증가**(+1)를 사용한다.

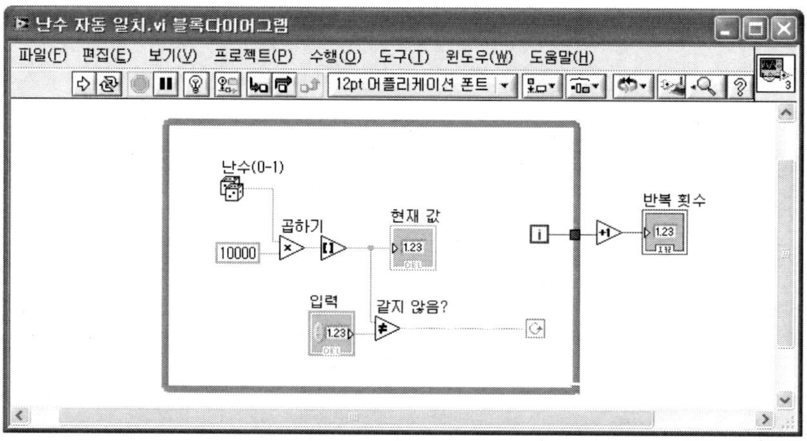

프런트패널

9. 프런트패널을 다음과 같이 정리한다. 입력에 0~10000의 숫자를 입력하고 **실행**(⇨) 버튼을 클릭한다. 다음 예는 While 루프가 41426회 실행 되었을 때 입력 100와 동일한 숫자가 되었다는 것을 보여준다. 난수(0-1, 🎲) 난수를 이용한 방법이기 때문에 매번 실행할 때마다 값은 변경된다.

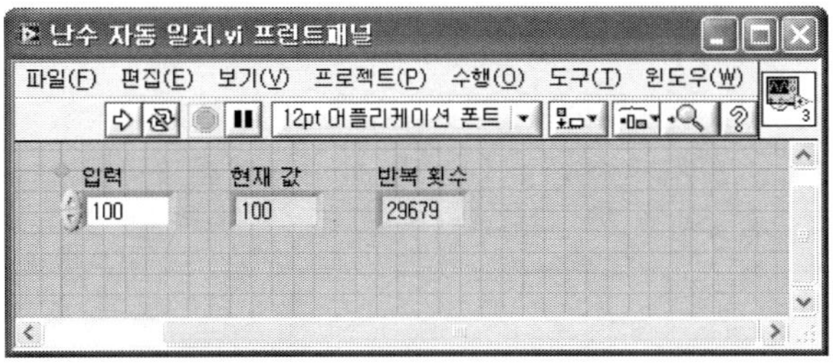

10. 만약 입력 값에 10000보다 큰 숫자를 입력하는 경우를 고려해 본다. 이 경우 프로그램은 무한루프에 빠질 수 있으므로 데이터 입력의 범위를 제한하는 경우를 만들고자 한다. 입력(100)의 팝업 메뉴에서 **데이터 입력**...을 선택한다.

최대값, 최소값, 증가, 리미트 밖의 값에 응답을 다음과 같이 수정하고 '확인' 버튼을 선택한다.

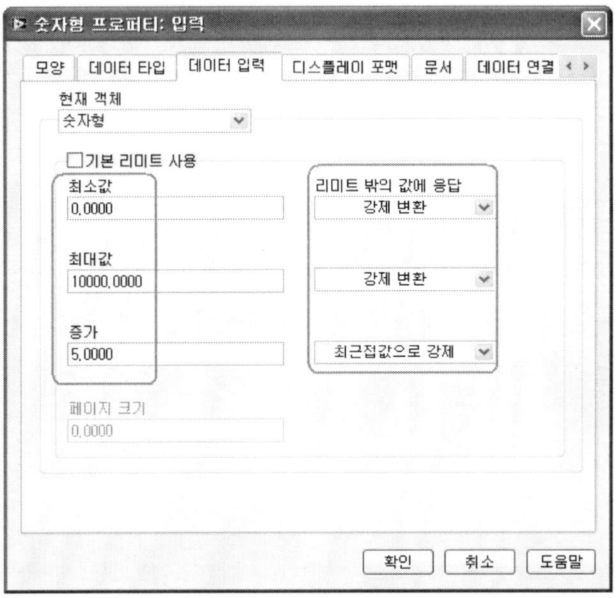

11. 입력(100)에 0~10000 범위를 벗어나는 숫자를 입력할 때 어떻게 되는지 확인해 본다. 입력의 를 마우스로 클릭하면 값이 5씩 증감되는지 확인한다.

12. 적절한 값을 입력하고 프로그램을 실행( )해 본다.

13. 블록다이어그램에서 실행 하이라이트( ) 버튼을 이용해서 관찰해 본다.

5.2.1 While 루프의 삭제

While 루프를 삭제하려고 <Delete>키를 누르면 While 루프 안에 있는 모든 내용들이 사라진다. 그러므로 While 루프만 삭제하려면 팝업 메뉴에서 **While 루프 제거**를 선택한다.

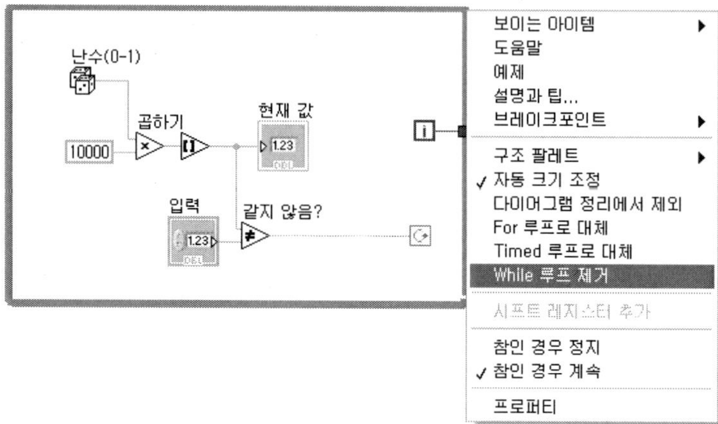

5.2.2 While/For 루프와 시프트 레지스터

For 루프와 While 루프에서 시프트 레지스터를 사용할 수 있다. LabVIEW는 따로 변수를 선언하지 않기 때문에 이전 루프에서 생성된 값을 다음 루프로 넘기기 위하여 시프트 레지스터라는 공간을 만들어서 사용한다. 따라서 텍스트 기반의 프로그래밍 언어들과 마찬가지로 시프트 레지스터 변수는 초기화 시켜주어야 하며 데이터 타입도 미리 정해주어야 한다. While 루프에서 시프트 레지스터의 추가는 다음과 같다. For 루프도 동일한 방법으로 한다.

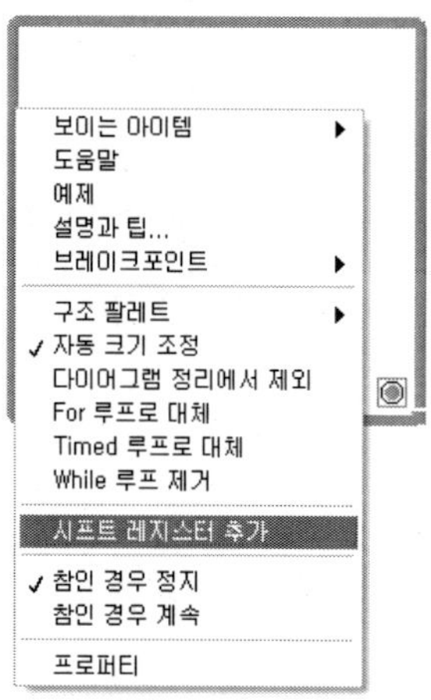

시프트 레지스터를 추가한 경우

5.2.3 시프트 레지스터(Shift Register)의 초기화

예측 못할 결과를 방지하려면 시프트 레지스터를 항상 초기화해야 한다. 특정한 값으로 시프트 레지스터를 초기화하려면 루프의 왼쪽 터미널에 값을 입력하고 와이어로 연결한다. 만약 초기화를 하지 않으면 프로그램을 실행할 때 시프트 레지스터에 입력되어 있는 기본값이 초기값으로 설정된다.

또한 임의 타입의 상수를 이용하여 초기화 시켜주면 그 타입으로 바뀐다. 다음은 시프트 레지스터를 I32 정수, 불리언, 문자열 상수로 초기화 시킨 예이다. 루프가 실행되기 전에 먼저 초기값을 입력 받게 된다.

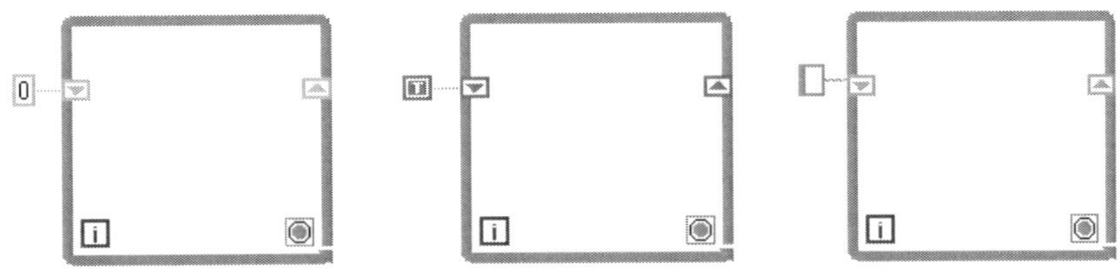

시프트 레지스터의 오른쪽 터미널(▲)로 값을 넣어주면 다음 루프의 왼쪽 터미널(▼)에서 그 값이 표시된다. 다음은 오른쪽 터미널에 루프 반복횟수 'i'를 넣어주고 다음 루프에서 그 값을 출력하는 예이다.

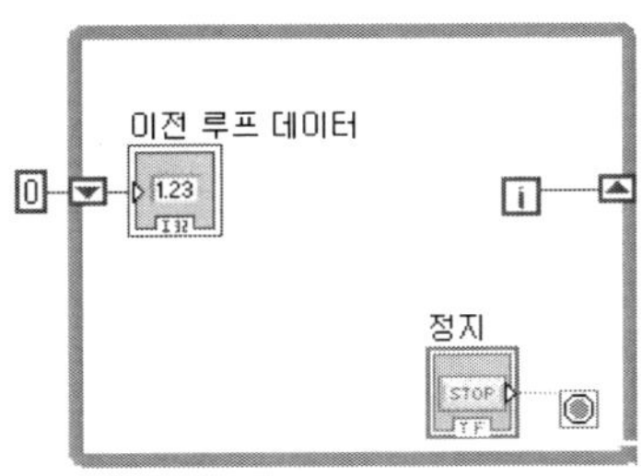

예제 5.3 시프트 레지스터 만들기

시프트 레지스터를 사용하면 여러 데이터를 평균하는데 유용하게 사용할 수 있다. While루프에서 시프트 레지스터를 만들고 그 의미를 이해한다.

블록다이어그램

1. 새로운 VI를 만들고 **시프트 레지스터.vi**로 이름을 저장한다.
2. 블록다이어그램에 While 루프를 위치 시킨다.
3. While 루프의 테두리를 마우스로 클릭하고 팝업 메뉴에서 **시프트 레지스터 추가**를 선택하면 시프트 레지스터 1개가 생성된다.

4. 왼쪽 터미널(▼)의 팝업 메뉴에서 **원소 추가**를 2번 선택하면 추가로 2개의 시프트 레지스터를 생성할 수 있다.

5. **프로그램→숫자형→숫자형** 상수 '0'을 이용해서 3개의 시프트 레지스터를 모두 초기화 한다.

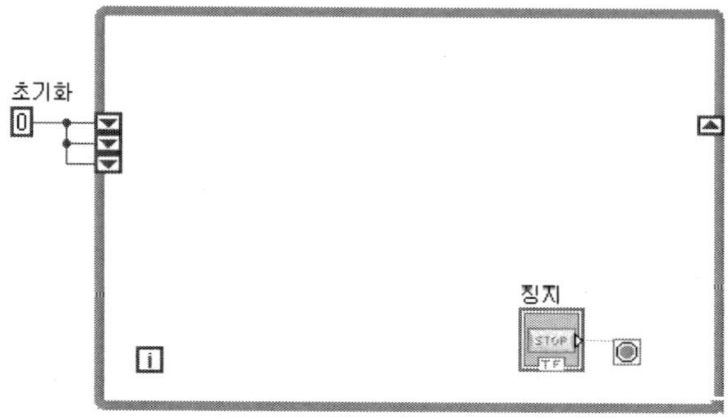

6. 'i' 값을 오른쪽 시프트 레지스터에 연결하고 다음과 같이 단축 메뉴에서 **생성→인디케이터**를 생성한다. 텍스트 값을 i, (i − 1), (i − 2), (i − 3)과 같이 변경한다.

   While 루프가 1초에 1번씩 실행되게 하기 위해 **프로그래밍→타이밍→시간 지연**을 선택하고 1초 지연을 입력한다.

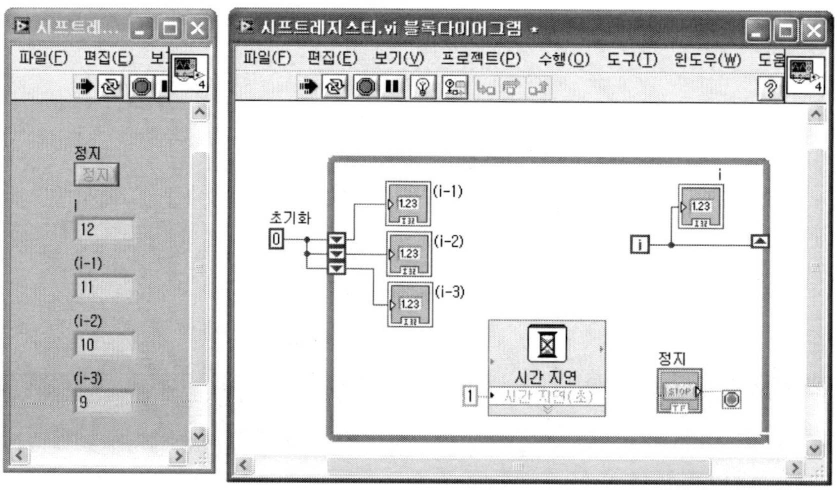

7. 프로그램을 실행하면 시프트 레지스터의 값이 어떻게 변경되는지를 확인할 수 있을 것이다.

5.3 Timed 루프

Timed 루프는 **함수→프로그래밍→구조→Timed 구조** 팔레트에 있다. While 루프의 다른 형태이며 정확한 타이밍으로 루프를 실행한다. 또한 Timed 루프는 실행 우선순위를 지정할 수 있다. 따라서 정확한 타이밍이 필요한 루프에서 더 높은 우선순위를 지정할 수 있으며 클럭(Clock)을 선택할 수도 있다.

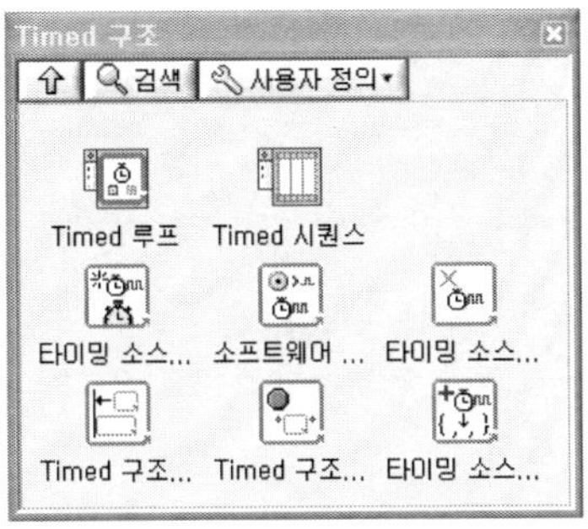

Timed 루프의 사용법은 While 루프와 동일하며 루프를 정밀하게 제어할 수 있는 여러 가지 함수들이 추가되어 있다.

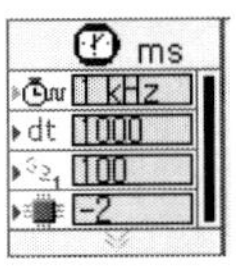

Timed 루프 왼쪽에 위치한 입력 노드를 더블 클릭하면 Timed 루프 설정 창을 열 수 있다. 여기서 루프 타이밍 소스, 루프 타이밍 속성 등을 설정할 수 있다.

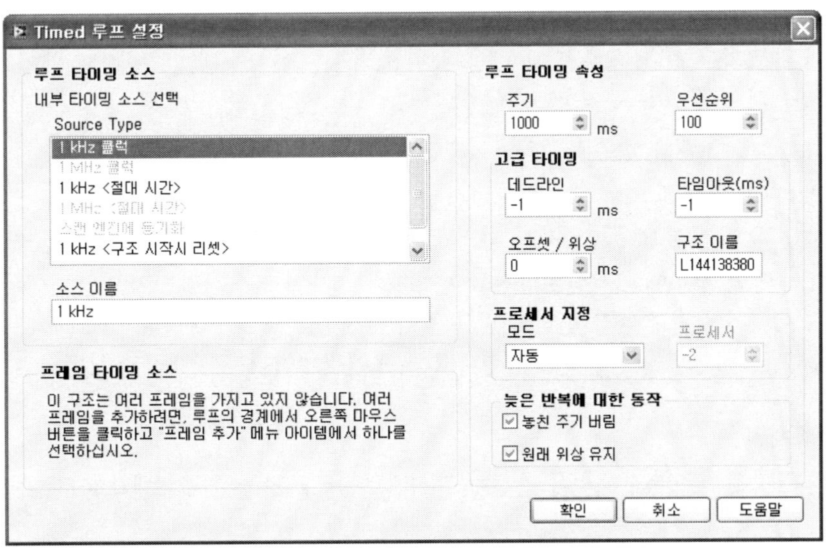

예제 5.4 While 루프와 Timed 루프의 타이밍

다음 연습을 통해 While 루프와 Timed 루프의 타이밍 차이를 알아본다.

블록다이어그램

1. 다음과 같이 While 루프를 이용해서 블록다이어그램을 구성한다.
2. VI를 **While루프와 Timed루프.vi**로 저장한다.

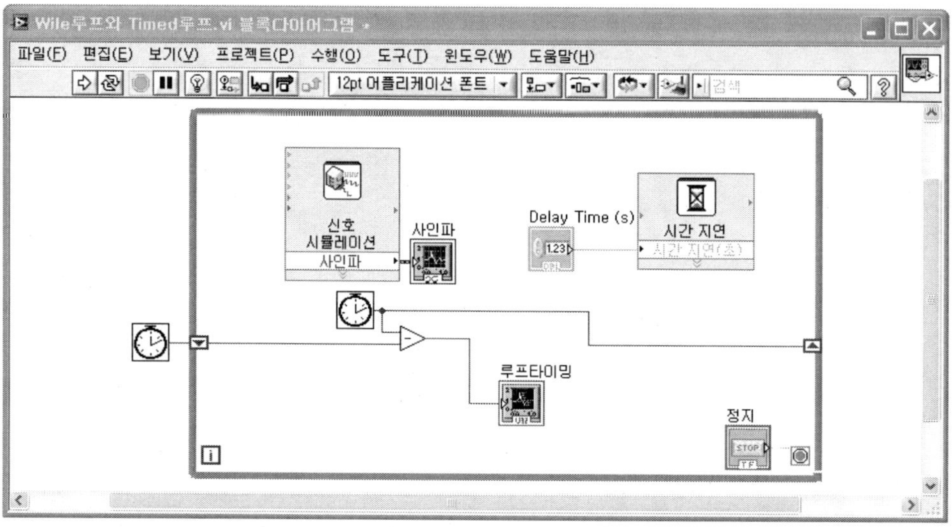

틱 카운터( ) 함수는 **함수 → 프로그래밍 → 타이밍** 팔레트에 있다. 이 함수는 현재 시간을 U32타입의 정수로 출력하며 단위는 ms이다. 시프트 레지스터를 통해 현재 루프의 시간에서 이전 루프의 시간을 빼주고 그 값을 웨이브폼 차트에 표시한다. 여기서 웨이브폼 차트의 라벨을 "루프타이밍"으로 변경하였다.

시간 지연( ) 함수는 **함수 → 프로그래밍 → 타이밍** 팔레트에 있다. 하지만 이 함수는 Window 환경에서 수십 msec 단위까지만 타이밍을 보장할 수 있다.

신호 시뮬레이션( ) 함수는 **함수→ 익스프레스→ 입력** 팔레트에 있으며 임의의 신호를 시뮬레이션 할 경우에 사용할 수 있다. 여기에서는 사인파를 시뮬레이션 하였다. 신호 시뮬레이션 설정 창에서 다른 설정을 변경할 필요 없이 확인 버튼을 클릭하면 10.1Hz 사인파를 시뮬레이션 할 수 있다. 사인파를 선택하고 **생성→ 그래프인디케이터**를 선택하면 사인파 차트를 만들 수 있다.

프런트패널

3. 다음과 같이 프런트패널을 구성하고 시간 지연(초, 0.001)에 0.001을 입력하고 실행한다.

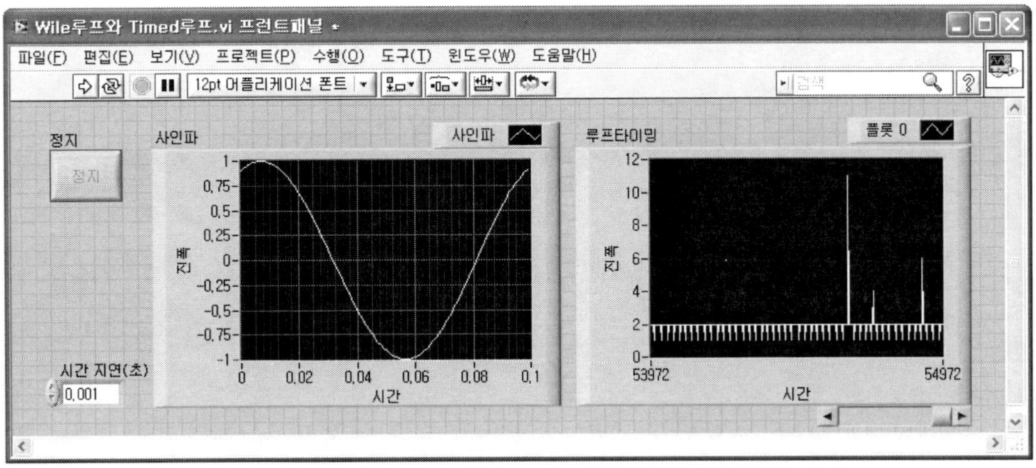

시간 지연을 1msec에 한번씩 While 루프를 실행하도록 명령하였지만, 실제로 While 루프가 실행한 시간은 루프 타이밍에서 볼 수 있듯이 2 ~ 20msec의 에러가 발생한다. 특히 실행 중에 마우스를 움직이면 큰 에러가 발생한다.

Timed 루프

4. 블록다이어그램에서 While 루프를 선택하고 단축 메뉴에서 **Timed 루프로 대체**를 선택한다.
5. **시간 지연 함수**를 삭제한다. Timed 루프에서는 시간 지연 함수를 사용하지 않는다.

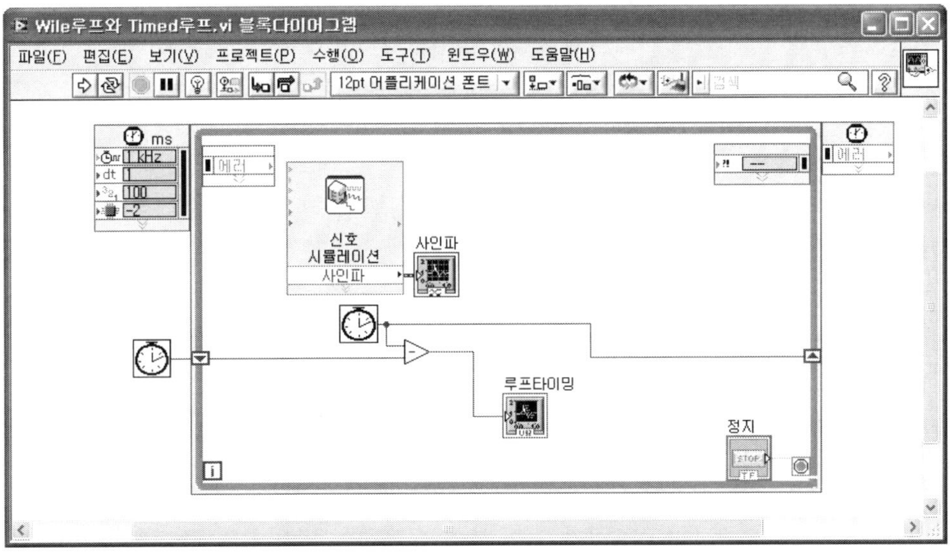

6. Timed 루프 입력 노드를 더블 클릭하여 **Timed 루프 설정**을 실행한다.

7. Timed 루프 설정 대화 상자의 **주기** 항목에 1을 입력한다. msec 단위이므로 1msec 주기로 루프를 실행한다는 의미이다.

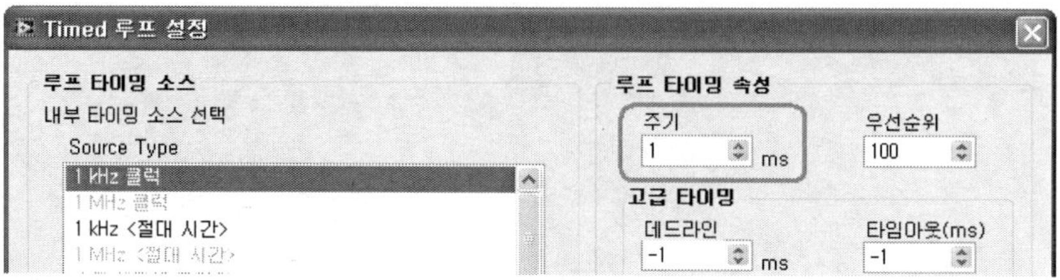

8. 프런트패널에서 VI를 실행하면 루프 타이밍이 1msec로 거의 유지됨을 확인할 수 있다. 그러나 윈도우 시스템 레벨에서 사용되는 리소스가 있기 때문에 가끔 2ms로 표시될 수 있다.

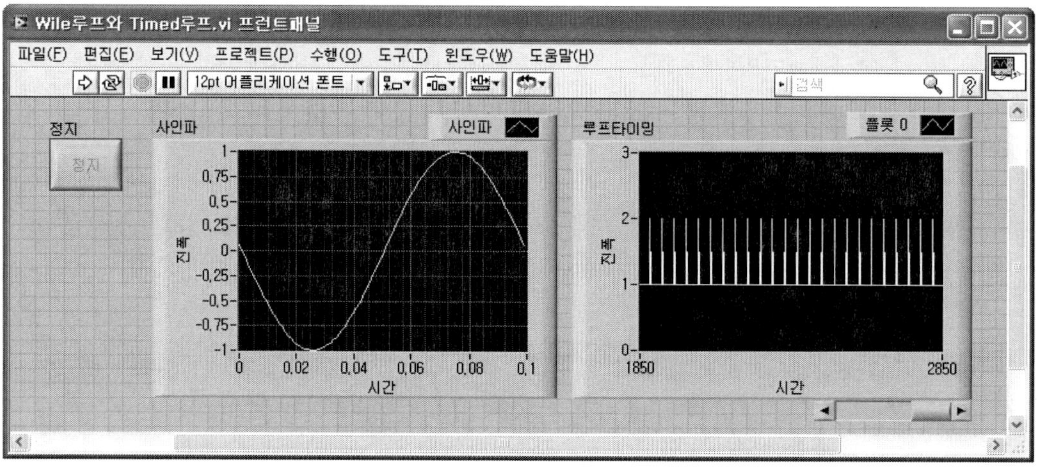

Timed 루프는 While 루프보다 정확한 타이밍을 보장할 수 있지만, 시스템 리소스를 독점하는 것이므로 정확한 타이밍 제어가 필요한 경우에만 사용하는 것이 바람직하다. 일반적인 루프 반복의 경우에는 While 루프를 사용할 것을 권장한다.

5.4 케이스(Case) 구조

케이스 구조는 LabVIEW가 조건 문을 실행하는 방법이며 "if - then - else" 문과 유사하다. 케이스 구조의 위치는 **함수 → 프로그래밍 → 구조** 팔레트에 있다. 케이스 구조는 다음과 같이 2개 또는 그 이상의 케이스 들로 구성된다. **케이스 선택자**(?)에 불리언, 숫자형, 문자형, 에러 등을 입력할 수 있다. 예를 들어 케이스 선택자(?)에 불리언을 연결하면 “참”, “거짓”의 2가지 케이스가 생성되며, 숫자형 0, 1, 2, 3을 연결하면 “0”, “1”, “2”, “3”의 케이스가 생성된다. 일반적으로 케이스는 기본값을 갖고 있으며 필요에 따라 케이스를 특정 순서로 정렬할 수 있다.

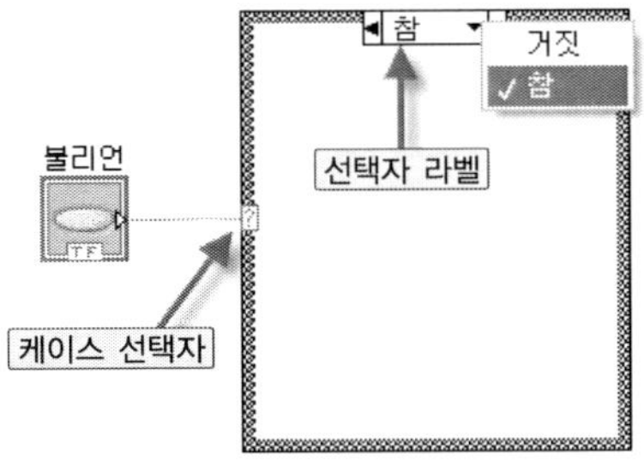

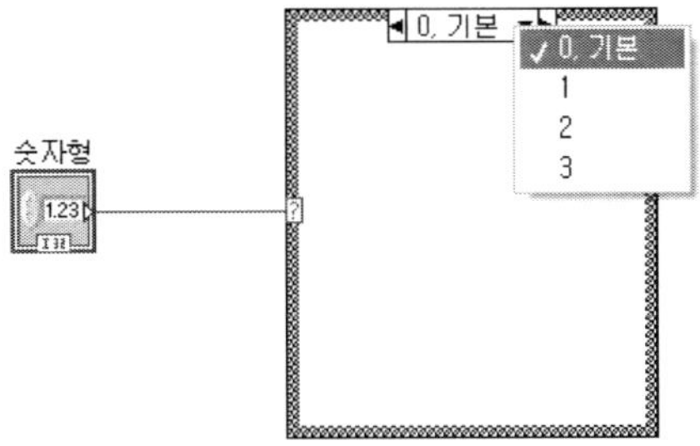

숫자형 케이스는 다음과 같이 불연속적으로 응용해서 사용할 수 있다. 리스트를 표시하려면 9, 11, 15와 같이 값을 컴마로 분리한다. 특정 범위는 3..7과 같이 표시하며 이는 3에서 7까지의 연속적인 수를 의미 한다. 또한 ..−2와 같은 오픈 구조는 −2와 같은 또는 −2보다 작은 수를 의미하며, 20..은 20과 같은 또는 20이상의 수를 의미한다.

또한 리스트 및 범위는 ..5, 6..10, 12, 13, 14와 같이 조합해서 설정할 수 있다. 만약 중복되는 범위를 입력하면 LabVIEW는 자동적으로 간결한 타입으로 표시하므로 앞의 내용은 ..10, 12..14로 표시된다.

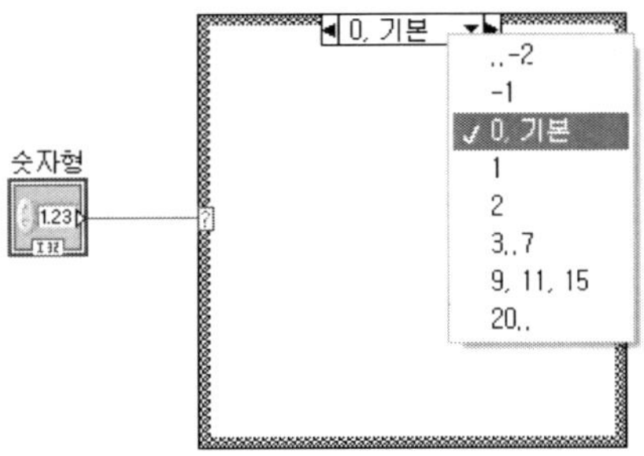

문자열 케이스는 문자열 값을 케이스 선택자(?)에 직접 입력할 수 있다. 이 경우 “A”, “B”, “C”, “D”등과 같이 인용부호 내에 입력한다. 다음은 4개의 배열로 구성된 문자열 데이터를 인덱스에 의해 문자열 케이스를 선택하는 예이다. 다음의 예에서 알 수 있듯이 인덱스에 0이 입력되면 “A”가 선택되며 케이스 [“A”, 기본]을 실행한다. 문자열은 소문자와 대문자를 구분해서 사용한다. 블록다이어그램에 케이스를 위치시킬 때 케이스는 [참], [거짓]과 같이 표시된다. 텍스트 편집(A) 툴을 이용해서 텍스트 “A”, “B”, “C”, “D”를 입력한다. 케이스의 추가 및 삭제는 케이스의 단축 메뉴를 이용한다.

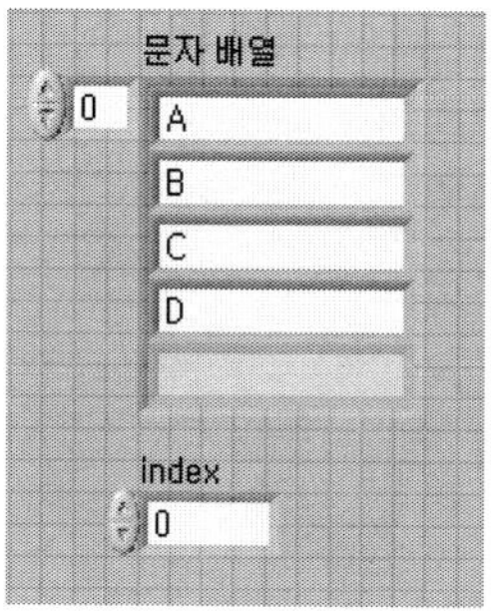

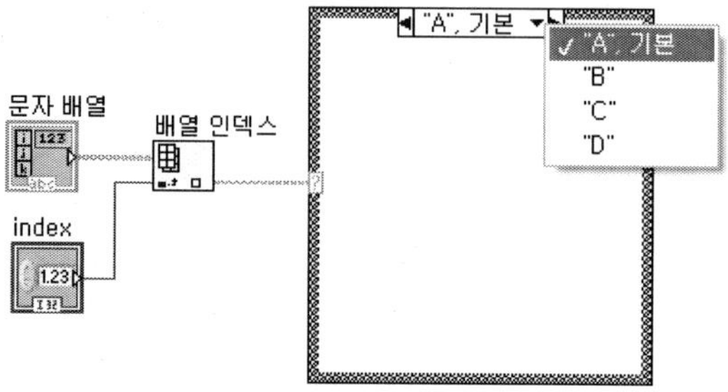

예제 5.5 불리언 조건 입력의 케이스 구조

2개의 입력을 받아서 때는 참일 때에는 더하고, 거짓일 때에는 빼는 케이스 구조를 연습한다.

프런트패널

1. 새로운 VI를 만들고 **케이스-불리언.vi**로 저장한다.
2. 프런트패널의 **컨트롤→ 일반→ 숫자형**에서 숫자형 컨트 2개와 인디케이터 1개를 생성한다.

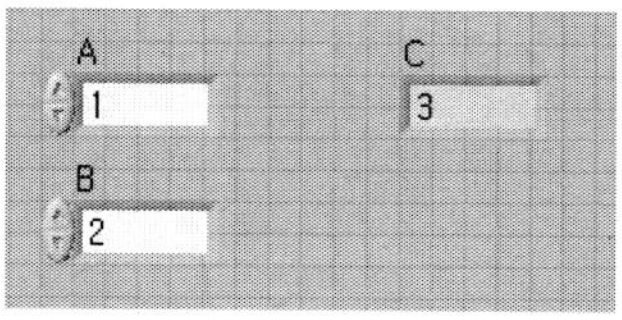

블록다이어그램

3. 구조 팔레트에서 케이스를 블록다이어그램에 놓는다.
4. 케이스 선택자(?)의 단축 메뉴에서 컨트롤 생성을 선택한다.

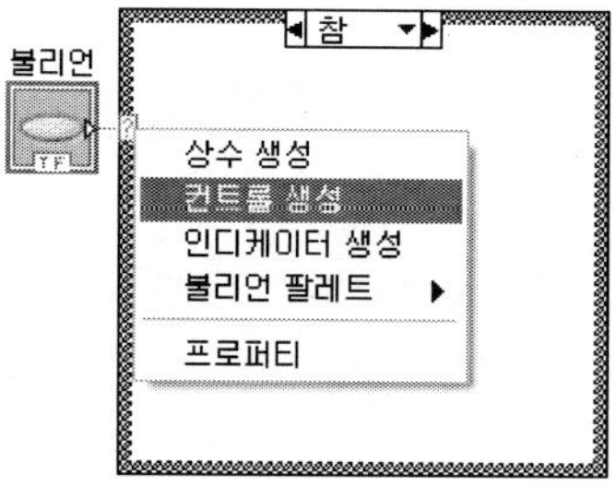

5. 참과 거짓의 경우에 다음과 같이 프로그램을 완성한다.

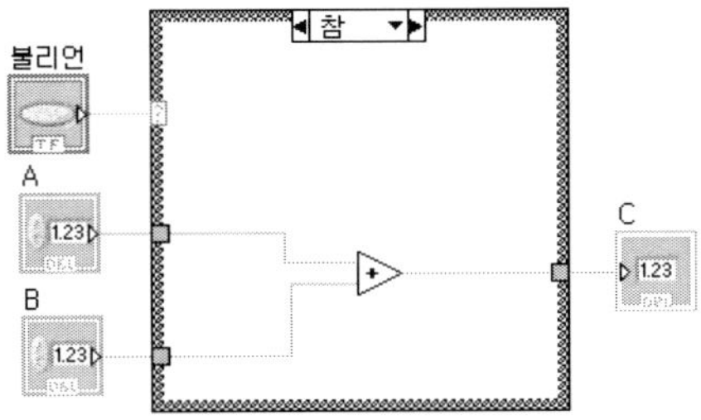

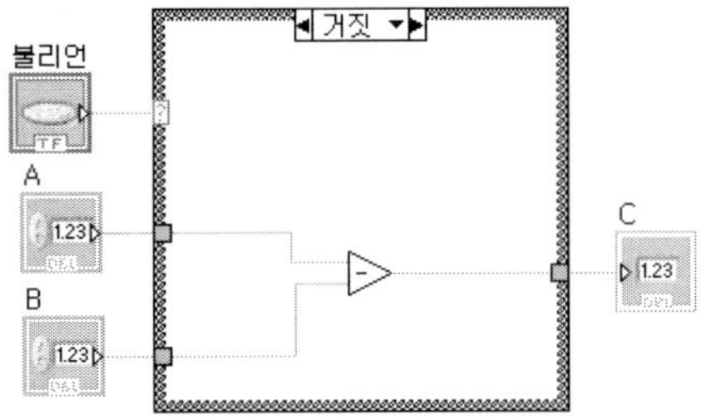

직관적으로 알 수 있듯이 참인 경우 입력 A와 B를 더해서 C로 출력하고, 거짓인 경우 A에서 B를 빼서 C로 출력한다.

6. 케이스를 빠져 나오는 모든 와이어는 출력 “터널”에 연결되어야만 한다. 만약 “터널”에 와이어를 연결을 하지 않으면 터널이 흰색으로 표시되며 프로그램에 에러가 발생한다. 만약 특정 케이스를 사용하지 경우에는 팝업 메뉴에서 **연결되지 않으면 기본값 사용**을 선택한다.

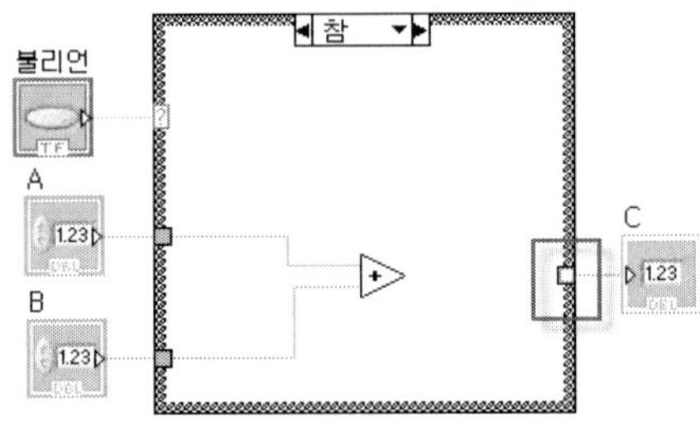

7. 프로그램을 저장하고 정상적으로 동작되는지 VI를 실행하여 본다.

8. 간단한 불리언 케이스는 좀더 직관적으로 표시할 수 있다.

s의 값에 따라 t 입력 또는 f 입력에 연결된 값을 반환한다. s가 참인 경우 이 함수는 t에 연결된 값을 변환하고, s가 거짓인 경우 이 함수는 f에 연결된 값을 반환한다.

즉 **함수→프로그래밍→비교** 팔레트에서 선택( )을 사용하면 불리언 케이스를 간단하게 구성할 수 있다.
다음의 경우와 같이 선택( )을 사용해서 프로그램을 수정하여도 동일한 결과를 얻을 수 있다. 그러나 이 함수는 참과 거짓으로 한정된 간단한 경우에만 사용할 수 있으며, 참과 거짓의 데이터 타입이 동일해야만 사용할 수 있다.

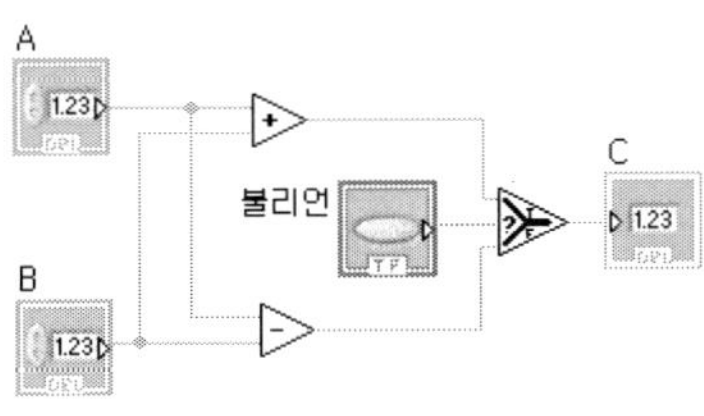

예제 5.6 리스트 박스/링을 이용한 케이스 선택자

이전 예제를 참고하여 사칙연산을 할 수 있는 간단한 계산기를 작성해 본다. **케이스 선택자**()에는 불리언 대신에 리스트 박스를 입력한다.

프런트패널

1. 새로운 VI를 만들고 **케이스-링.vi**로 저장다.
2. 프런트패널에 **컨트롤→ 일반→ 리스트, 테이블 & 트리**에서 리스트 박스를 놓는다. 박스 내부를 텍스트 편집(A) 툴로 클릭하고 문자 "A+B"를 입력하고 <Enter>키를 입력한다. 또한 "A−B", "A*B", "A/B"를 각각 입력하고 <Enter>키를 치면 4개의 케이스가 생성된다. 이들은 각각 케이스 0, 케이스1, 케이스2, 케이스3으로 자동 할당된다.
3. 프런트패널의 **컨트롤→ 일반→ 숫자형**에서 숫자형 컨트롤 A, B와 인디케이터 C를 생성한다.

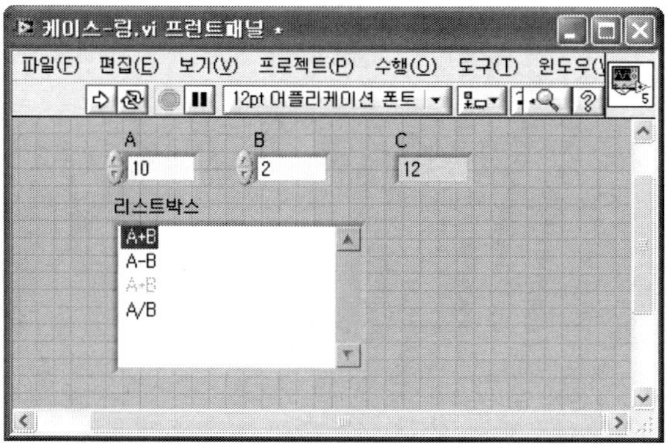

블록다이어그램

4. 구조 팔레트에서 케이스를 블록다이어그램에 놓는다. 리스트 박스를 **케이스 선택자**()에 연결한다. 리스트 박스는 정수이므로 케이스 선택자가 청색으로 변한다.
5. 케이스의 팝업 메뉴에서 **다음 케이스 추가**를 2회 연속 선택하면 4개의 케이스0, 케이스1, 케이스3, 케이스4가 생성된다. 케이스를 변경하려면 케이스 구조 상단의 화살표를 클릭한다.

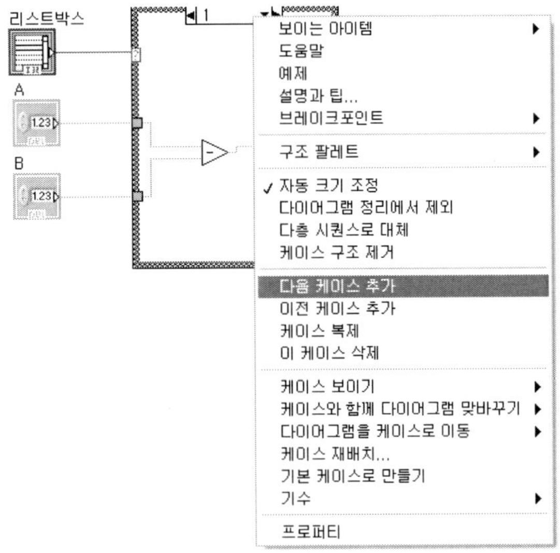

6. 다음과 같이 4개의 케이스를 완성한다. 케이스 출력에 모든 와이어가 연결되지 않으면 에러가 발생됨을 상기한다.

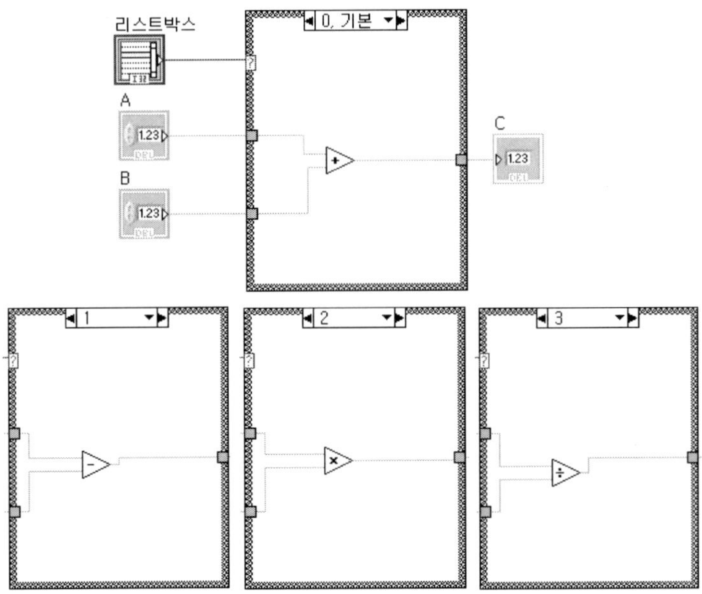

7. 프로그램을 저장하고 정상적으로 동작되는지 VI를 실행하여 본다. 먼저 리스트 박스에서 "A+B"를 선택하고 A는 10, B는 2을 입력하고 VI를 실행한다. C에 12가 출력 될 것이다. 모든 사칙연산이 정상적으로 동작되는지 확인한다.

8. 추가적으로 프런트패널에서 "A*B"를 마우스로 선택하고 팝업해서 **아이템 비활성화**를 선택하면 뿌연 상태로 표시된다. **아이템 비활성화**는 블록다이어그램에 하나의 케이스로 존재하지만 프런트패널에서 선택할 수 없는 경우이다.

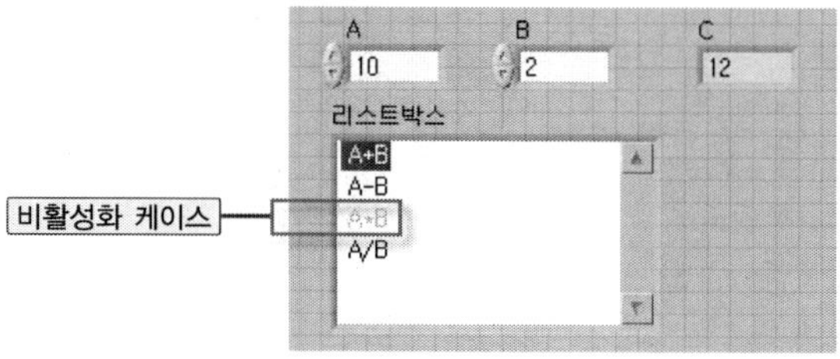

9. 프런트패널의 공간적인 이유로 리스트 박스와 구조가 동일한 링 컨트롤을 자주 이용한다. **컨트롤 → 일반 → 링 & 열거형** 팔레트에서 링( ) 텍문자열을 선택한다. 링의 팝업 메뉴에서 **아이템 편집**...을 선택하여 아이템을 추가하거나 수정할 수 있다.

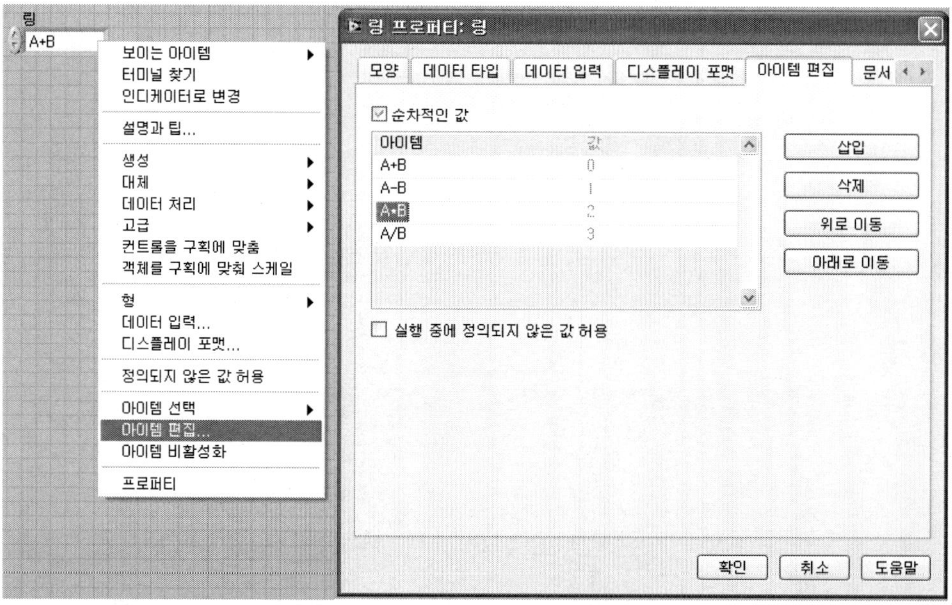

리스트 박스와 동일한 아이템 A+B, A−B, A*B, A/B를 입력하고 각 아이템에 대응하는 값이 0, 1, 2, 3인지를 확인한다. 예를 들어 A+B 값이 0이 아니면 '위로 이동', '아래로 이동' 버튼을 클릭해서 위치를 조정한다. 값 0은 케이스 구조의 0에 해당된다.

링 컨트롤의 팝업 메뉴에서 보이는 **아이템 → 디지털 디스플레이**를 선택하면 디지털 값을 표시할 수 있다. 이 값이 케이스의 값을 의미한다.

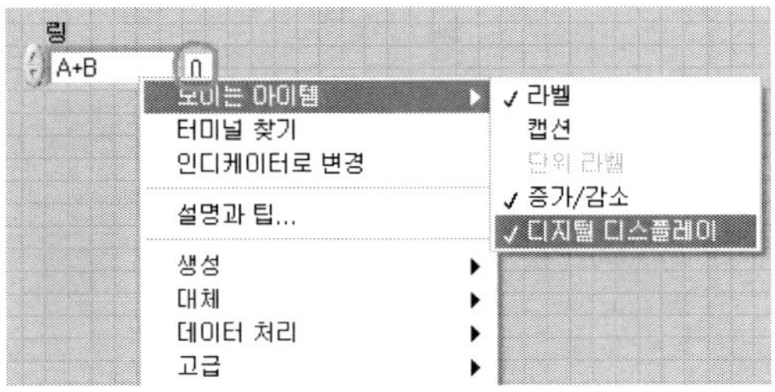

5.4.1 케이스 구조의 출력 연결

케이스 구조에 입력을 연결할 때에는 특별한 제약이 없다. 또한 케이스 구조에 입력된 값은 모든 케이스에서 필요에 따라 사용할 수 있다. 그러나 모든 출력은 모든 케이스에서 값을 연결해 주어야만 한다. 만약 출력이 없다면 임의의 상수 값이라도 연결해 주어야 한다.

다음은 케이스 0이 숫자형, 케이스 1은 불리언, 케이스 2는 문자열을 출력하는 예이다. 여기서 표시된 부분이 채워지지 않았기 때문에 에러가 발생한다.

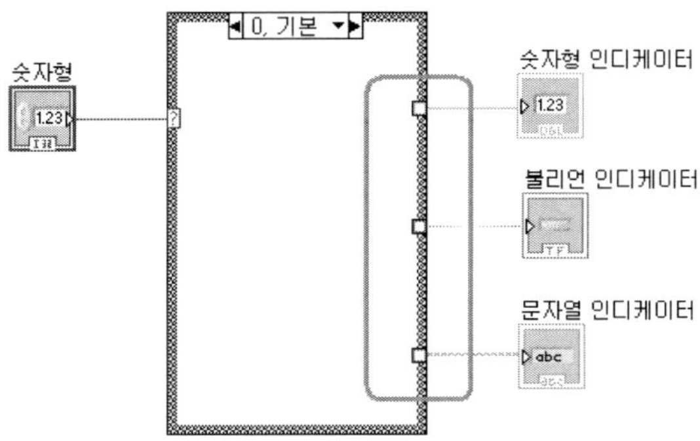

에러를 제거하려면 여러 방법으로 채워지지 않은 부분을 채워야 한다. 다음과 같이 출력 터미널의 단축 메뉴에서 **연결되지 않으면 기본값** 사용을 선택한다. 즉 출력을 연결하지 않았을 경우에는 그 데이터 타입의 기본값을 사용하겠다는 의미이다. 케이스 구조의 이런 출력 특징은 LabVIEW가 데이터 흐름 구조이기 때문에 나타난다. 모든 경우에 대해서 인디케이터에는 데이터가 입력되어야 하는데, 만약 데이터 출력이 없는 케이스가 있다면 이 조건을 만족하지 못하기 때문에 에러가 발생된다.

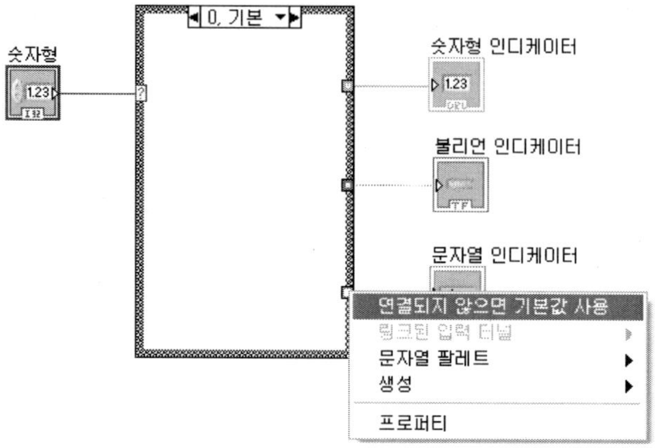

1 로컬(Local)변수 사용하기

와이어를 이용하여 케이스에서 값을 출력하는 경우에는 모든 케이스에서 값을 꼭 출력해 주어야 한다. 그러나 참일 때에는 출력 값을 내주고 거짓일 때는 아무 값도 나오지 않게 해야 하는 경우가 있다. 이러한 경우에 사용하는 방법이 **로컬 변수**이다. 로컬 변수는 LabVIEW에서 변수를 선언하는 방법 중 하나이다. 와이어를 이용한 연결이 아니라 변수를 선언해주고 이 변수를 통해서 데이터를 넘겨주는 방식이다. 로컬 변수는 **함수→프로그래밍→구조** 팔레트에 있고 로컬 변수를 만들고 싶은 객체의 팝업 메뉴에서 **생성→로컬 변수**를 이용한다.

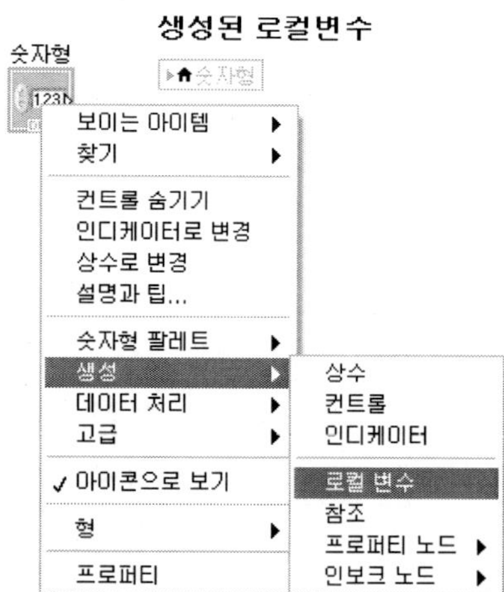

예제 5.7 케이스 구조와 로컬 변수

블록다이어그램

1. 새 VI를 만들고 **로컬 변수.vi**로 저장한다.

2. 프런트패널에 불리언 컨트롤 1개와 숫자형 인디케이터 1개를 위치시키고 다음과 같이 블록다이어그램을 완성한다. [거짓] 케이스는 비어있는 상태로 둔다.

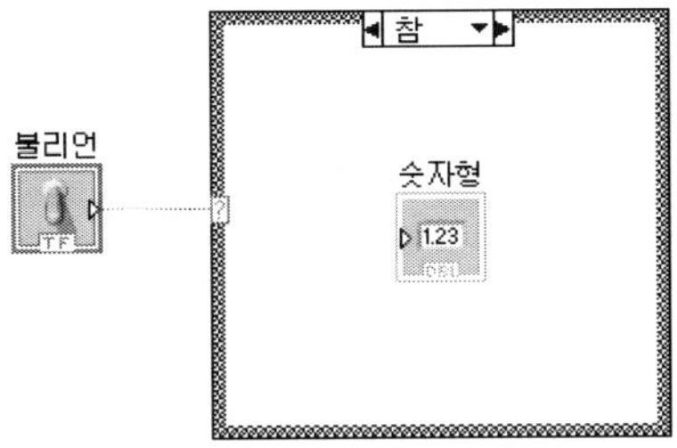

3. 숫자형의 단축 메뉴에서 **생성→로컬 변수**를 선택한다.

4. 생성된 로컬 변수를 케이스 밖으로 이동하고 팝업 메뉴에서 **읽기로 변경**을 선택하여 컨트롤로 한다.

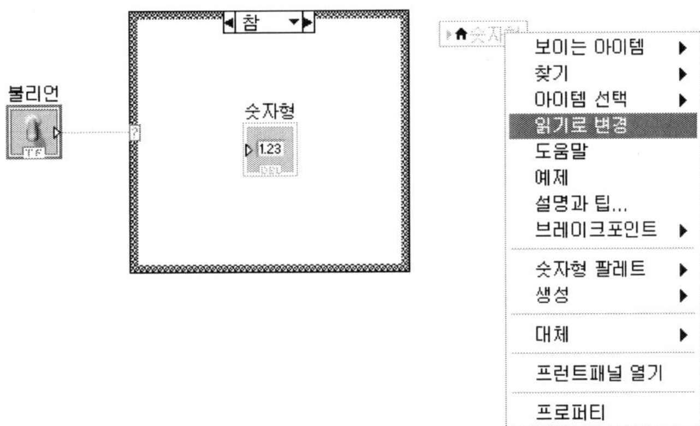

인디케이터

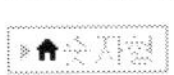

컨트롤

참고로 로컬 변수는 테두리 선의 두께가 가늘면 인디케이터, 두꺼우면 인디케이 컨트롤의 상태를 표시한다.

5. 다음과 같이 블록다이어그램을 완성한다.

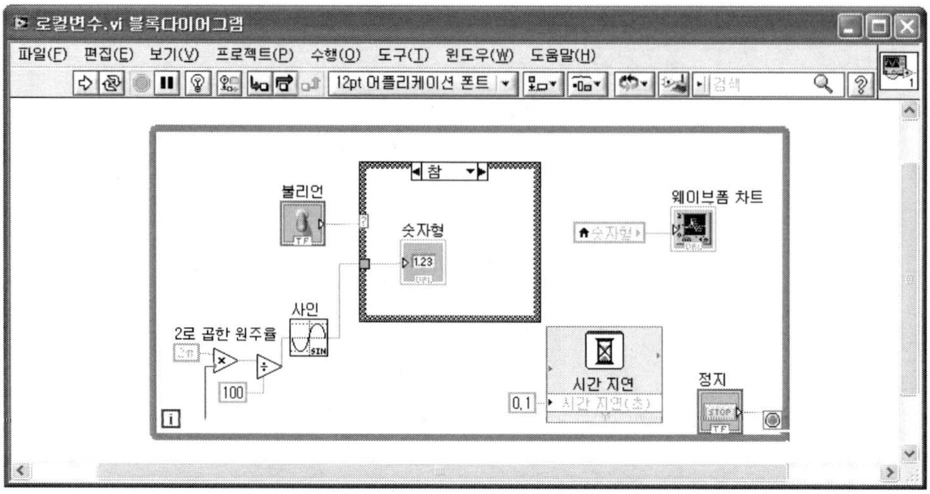

사인( ) 함수는 함수 → 수학 → 기본&특수 함수 → 삼각함수 팔레트에 있다.

2로 곱한 원주율( ) 함수는 함수 → 수학 → 숫자형 → 수학&과학상수 팔레트에 있다.

프런트패널

6. 프로그램을 저장하고 실행해 본다. 불리언 값이 참인 경우에만 사인파가 표시되는 것을 확인할 수 있다.

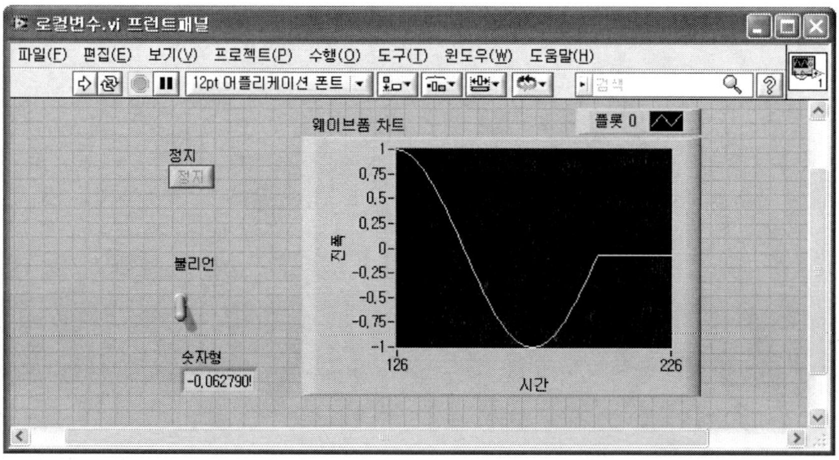

7. **함수 → 프로그래밍 → 구조** 팔레트에서의 피드백 노드( )와 **함수 → 프로그래밍 → 비교** 팔레트에서의 선택( )을 이용하여 동일한 결과를 만들기 위해 다음과 같이 블록다이어그램을 수정할 수 있다.

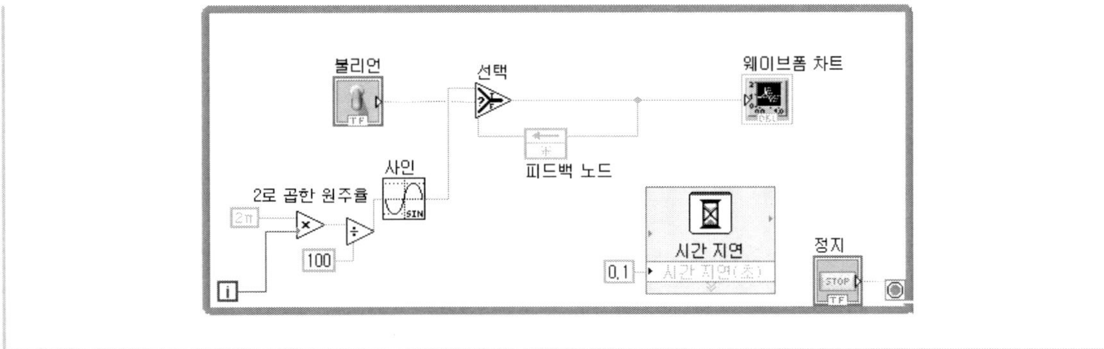

5.5 복잡한 수식 연산

그래픽 프로그램의 단점은 아이콘이나 와이어가 많으면 프로그램이 복잡해지고 이해가 힘들어진다. 다음과 같이 공식 $y = x^3 + x^2 + x + 2$를 고려해 본다. 간단한 공식이지만 LabVIEW의 **함수→프로그래밍→숫자형**의 함수를 사용하면 블록다이어그램이 텍스트로 입력한 것 보다 복잡해질 것이다.

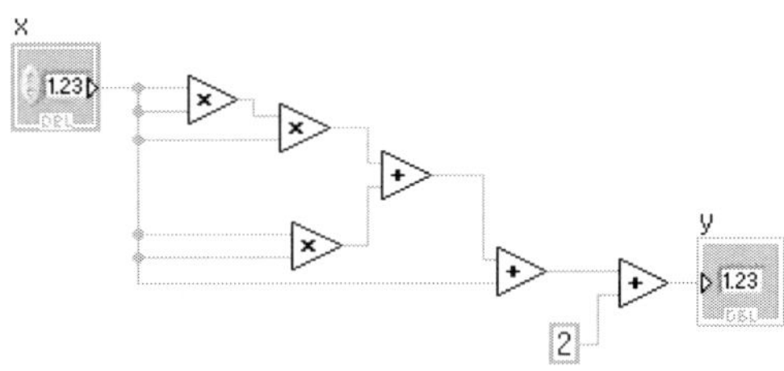

이러한 문제를 해결하기 위해서 LabVIEW에는 수식 노드, 식 노드, 익스프레스 VI, MathScript 노드 등이 있다.

5.5.1 수식 노드(Formular Node)

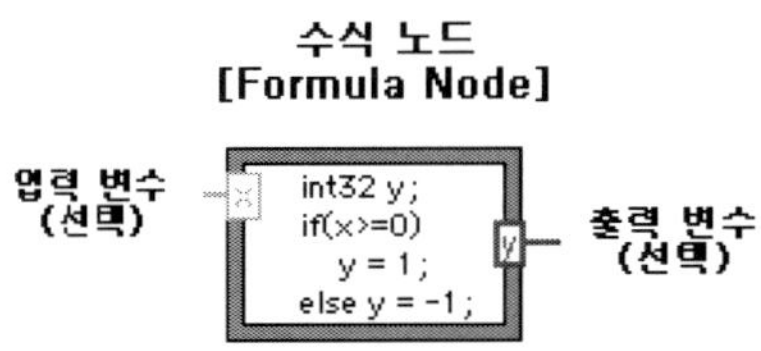

수식 노드는 **함수→프로그래밍→구조** 팔레트에 있으며 스크립트 형식으로 수식을 입력할 수 있는 구조이다.

공식을 박스 내부에 입력하면 **수식 노드**가 완성된다. 입력과 출력 터미널은 수식 노드 경계의 팝업 메뉴에서 **입력 추가** 또는 **출력 추가**를 선택하면 된다. 단일 **수식 노드** 내부에는 여러 공식을 동시에 입력할 수 있다. 다음 단계로 변수명을 입·출력 박스에 입력한다. 각 수식 문은 세미콜론(;)으로 종료해야 한다. **수식 노드**의 입력 단자는 컨트롤에 연결되기 때문에 테두리가 흐리며, 출력 단자는 인디케이터에 연결되기에 테두리가 진하게 표시된다.

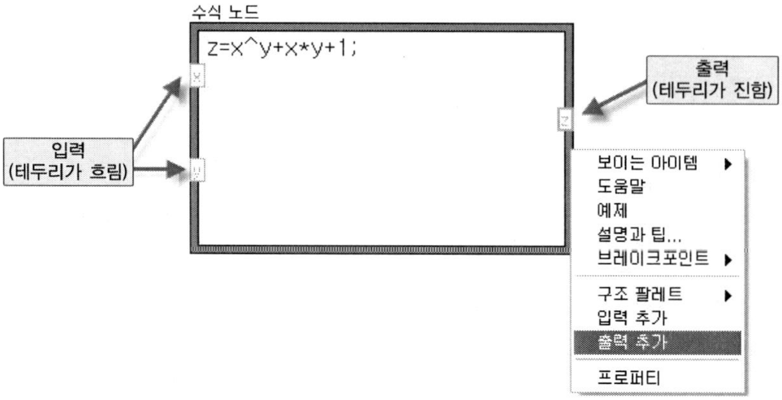

다음의 함수는 수식 노드에 사용할 수 있는 일반적인 연산자들이다. 여기에는 논리자, 삼각함수, 비교 연산자 등을 직접 입력할 수 있다.

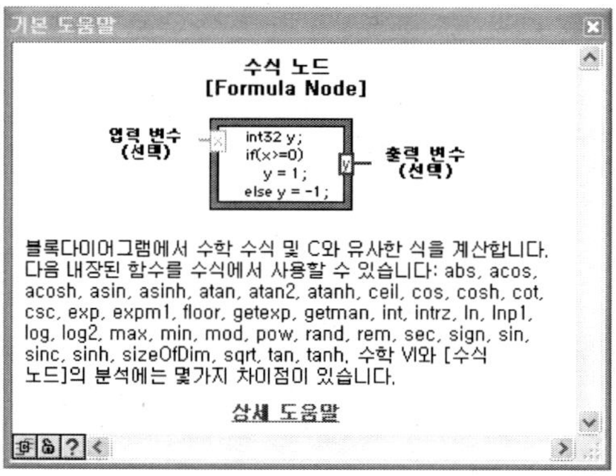

예를 들어 x가 양수이면 x의 square root를 계산하고 그 결과를 y로 출력하며, x가 음수이면 −99를 y에 출력하는 프로그램을 수식 노드에 입력하는 것은 다음과 같다.

```
If ( x >= 0 ) then
   y = sqrt( x )
else
   y = -99
end if
```

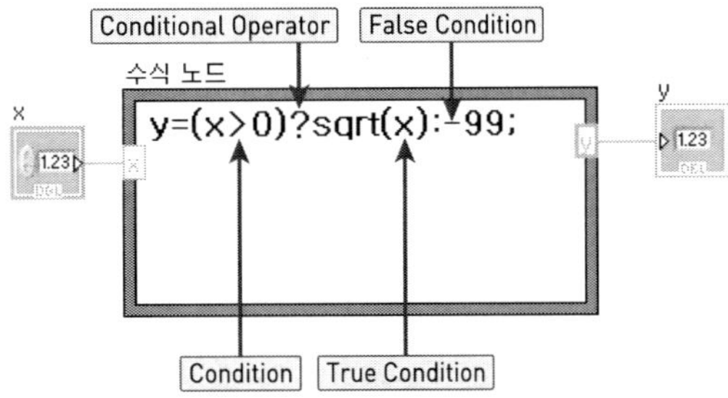

예제 5.8 수식 노드를 이용해 A=tanh(X)+cos(X); Y=A**3+A; 작성

블록다이어그램

1. 새 VI를 만들고 **수식노드.vi**로 저장한다.
2. 프런트패널에 웨이브폼 그래프를 위치시킨다.
3. 다음과 같은 블록다이어그램을 작성한다.

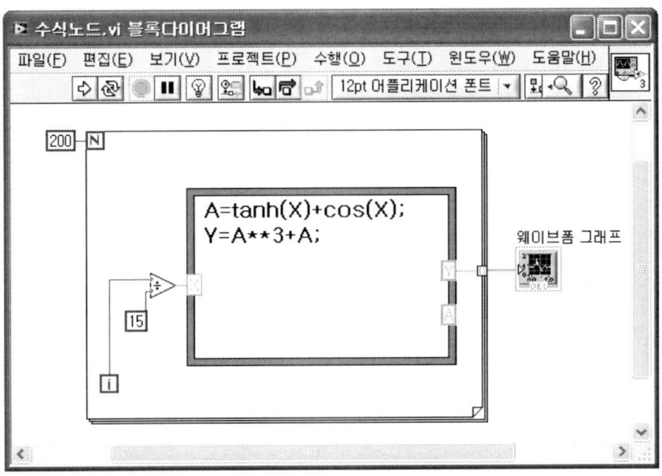

수식을 입력하고 X는 입력 변수로 선언하며 Y와 A는 출력 변수로 선언한다. 각 라인의 끝에는 세미콜론(;)를 붙여주어야 하며 대문자와 소문자를 구별해서 사용해야 한다.

4. VI를 저장하고 실행한다. 다음과 같은 결과가 표시된다.

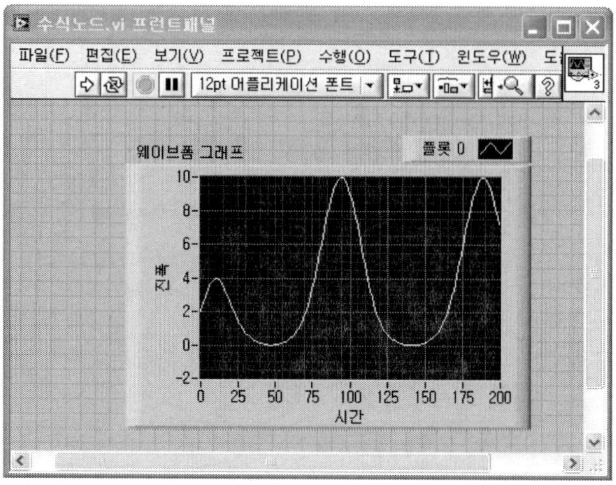

5.5.2 식 노드(Expression Node)

입력 변수가 1개일 때에는 **식 노드**를 이용하여 **수식 노드**를 대체할 수 있다.

식 노드(입력 [2 + x * log(x)] 출력) 함수는 **함수→프로그래밍→숫자형** 팔레트에 있다.

예를 들어 x*1000+x**3+50을 계산하는 식 노드는 다음과 같다.

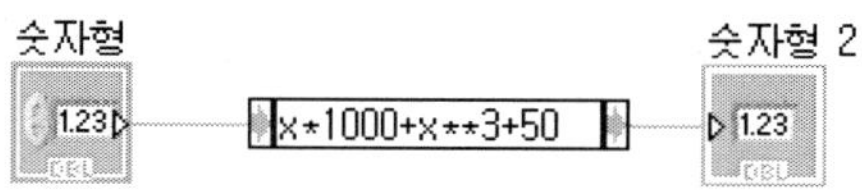

같은 방법으로 앞에서 연습한 것을 식 노드로 변경할 수 있다. 즉 수식 (tanh(x)+cos(x))**3+tanh(x)+cos(x)를 입력하면 된다.

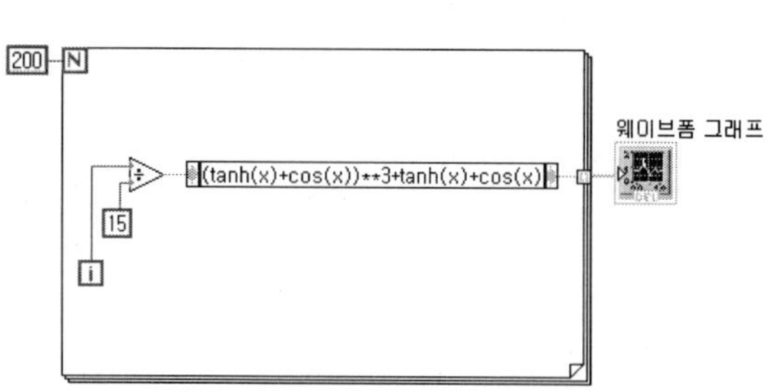

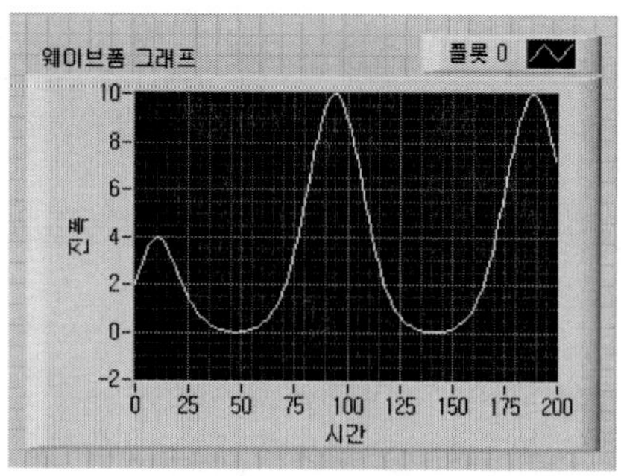

5.5.3 수식 익스프레스 VI

수식 익스프레스 VI는 **함수→수학→스크립트&수식** 팔레트, 또는 **함수→익스프레스→연산&비교** 팔레트에 있다.

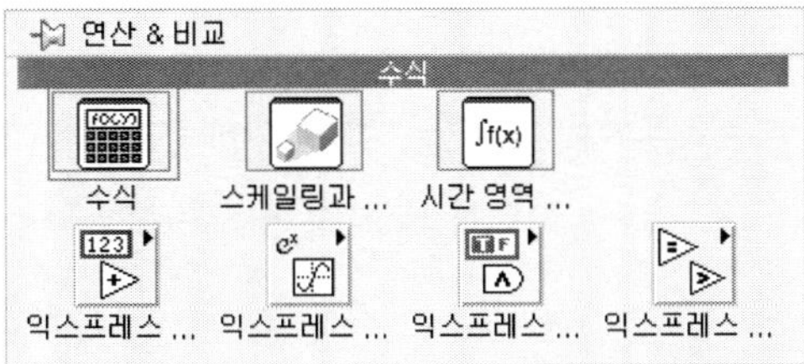

수식()을 블록다이어그램에 놓으면 수식 설정 창이 표시된다. 이 창에서 버튼들을 이용하여 필요한 수식을 만들 수 있다. 다음은 X1+log(X1/X2)-X3를 수행하는 수식을 만든 경우이다.

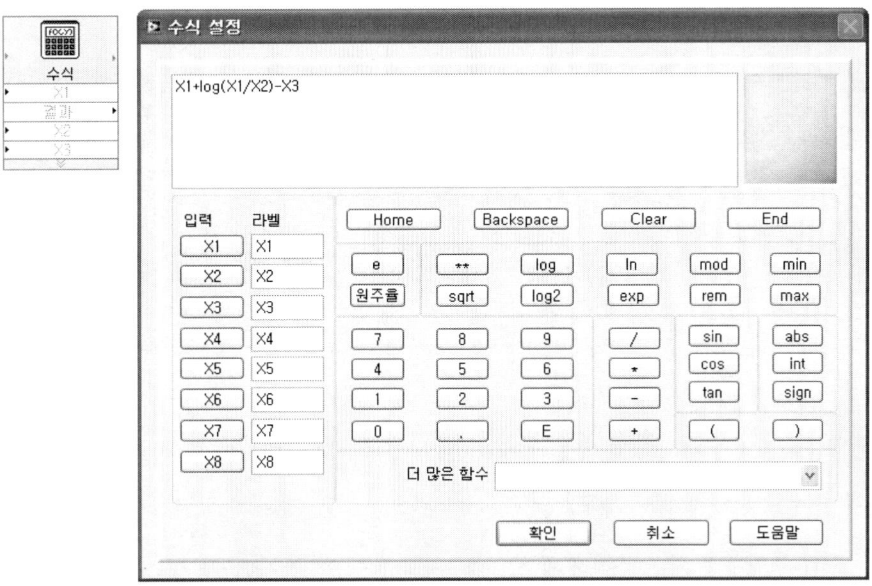

'확인' 버튼을 클릭하면 수식이 익스프레스 VI에 설정된다.

5.6 이벤트(Event) 구조

이벤트 구조
[Event Structure]

이벤트 구조는 사용자와 프런트패널의 직접적인 상호작용으로 블록다이어그램을 실행하는 구조이며, **함수→ 프로그래밍 → 구조** 팔레트에 있다. 프런트패널에서 마우스를 클릭, 키보드 입력, 메뉴 선택, 윈도우 닫기 등의 사용자 조작에 의해서 이벤트가 발생할 수 있다. 이와 같은 사용자 인터페이스 이벤트가 발생하면 해당되는 케이스가 실행된다.

이벤트 구조는 반드시 While 루프와 함께 사용되며 While 루프 기능을 보조한다. While 루프는 기본적으로 일정한 타이밍에 맞추어 반복 실행하는 폴링(Polling) 방식을 사용한다. 하지만 폴링 방식은 필요한 사용자 이벤트가 발생하였을 때 바로 실행할 수 없거나 이벤트를 인식하지 못하는 경우가 있다. 이러한 문제를 보완하기 위해 LabVIEW에서는 **이벤트 구조**를 이용하여 이벤트 프로그램을 사용한다.

다음과 같은 프런트패널을 가진 VI에서 이벤트 구조를 블록다이어그램에 놓은 다음 팝업 메뉴에서 **이벤트 케이스 추가**...를 선택하면 이벤트 편집 창이 표시된다.

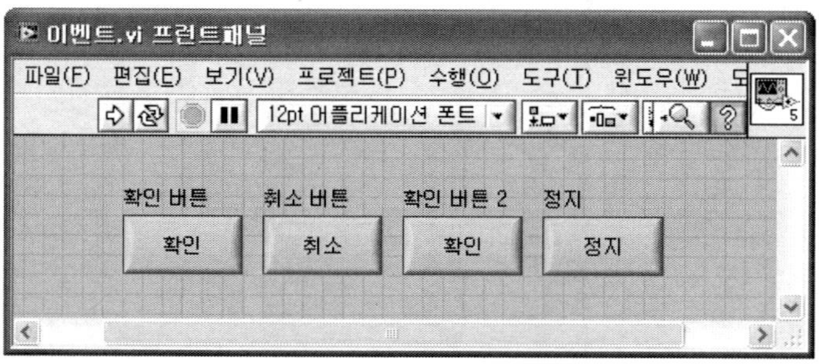

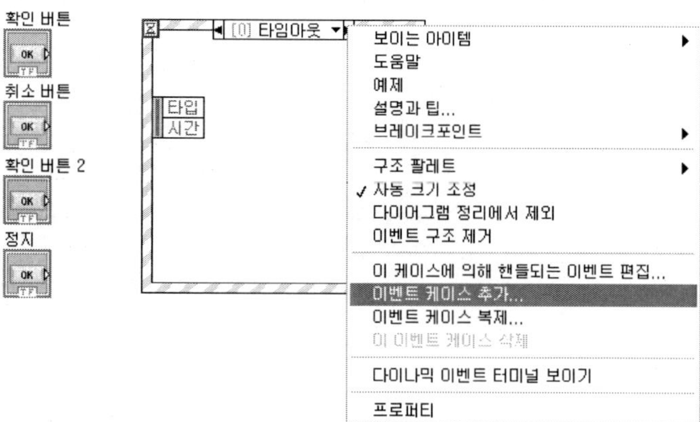

4개의 불리언 버튼에 '확인 버튼', '취소 버튼', '확인 버튼 2', '정지' 라는 라벨을 입력하였다. **이벤트 편집** 창에서는 프런트패널에 있는 객체의 라벨을 이용하여 이벤트 구조를 만들어준다. 이때 프런트패널에 있는 모든 객체들이 **이벤트 소스**가 될 수 있다.

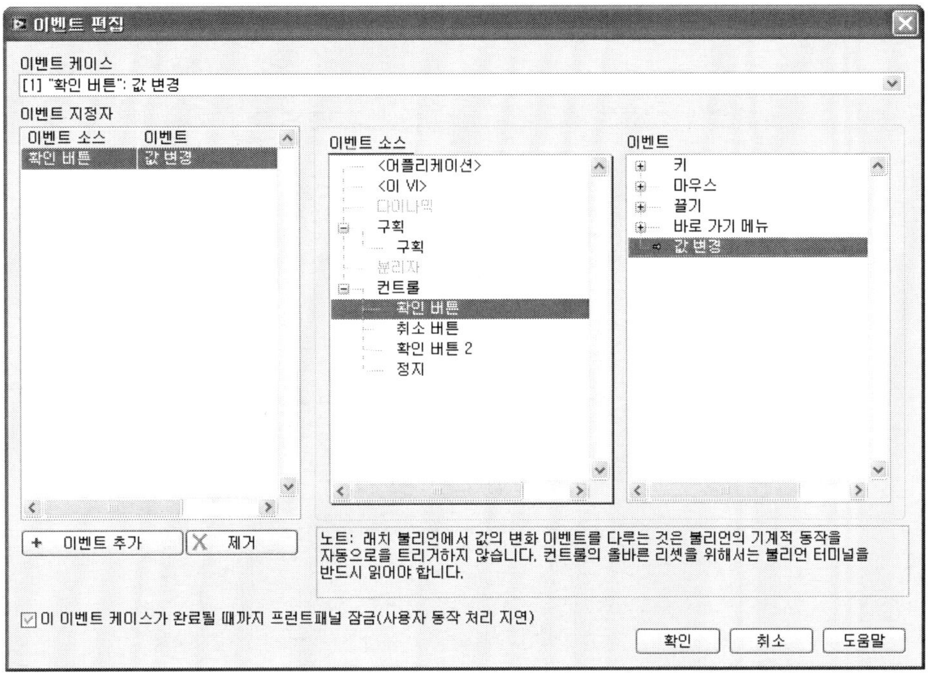

이벤트 편집은 이벤트 지정자, 이벤트 소스, 이벤트로 구성된다. 이벤트 소스에서 객체를 선택하고 그 객체에 대응되는 이벤트를 오른쪽에서 선택한다. 위 예제에서 이벤트 소스로 '확인 버튼' 이라는 라벨을 가진 불리언을 선택하였고, 대응되는 이벤트로 '값 변경' 을 선택하였다. 이는 확인 버튼의 값이 변경되면 이벤트가 발생하도록 설정한 것이다.

예제 5.9 사용자 인터페이스 이벤트

사용자의 마우스나 키보드 조작에 의해 발생되는 이벤트를 받아서 처리하는 VI를 만들어 보자.

프런트패널

1. 새 VI를 열고 다음과 같이 프런트패널을 구성한다. **컨트롤 → 일반 → 불리언 팔레트**를 이용한다.
2. VI를 **이벤트_시프트 레지스터.vi**로 저장한다.

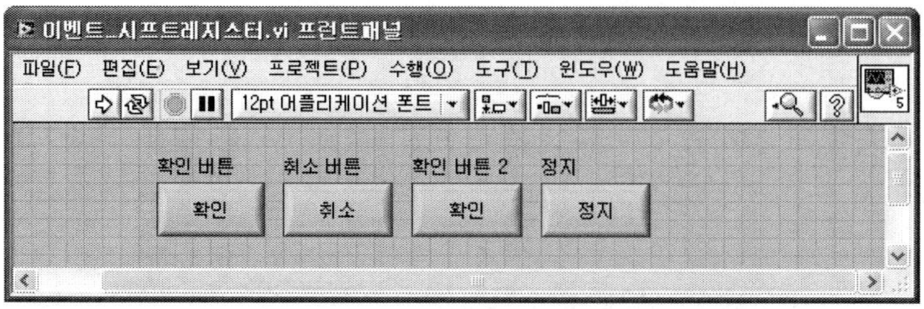

3. 버튼들의 팝업 메뉴에서 기계적 동작을 모두 '놓을 때 래치'로 선택한다.

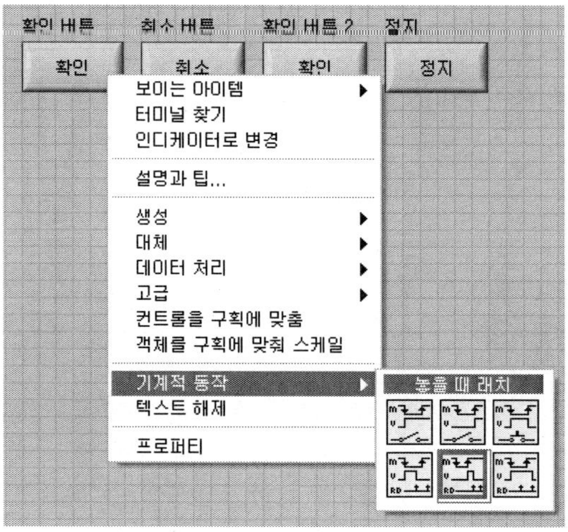

블록다이어그램

4. 블록다이어그램에 While 루프와 이벤트 구조를 놓는다.

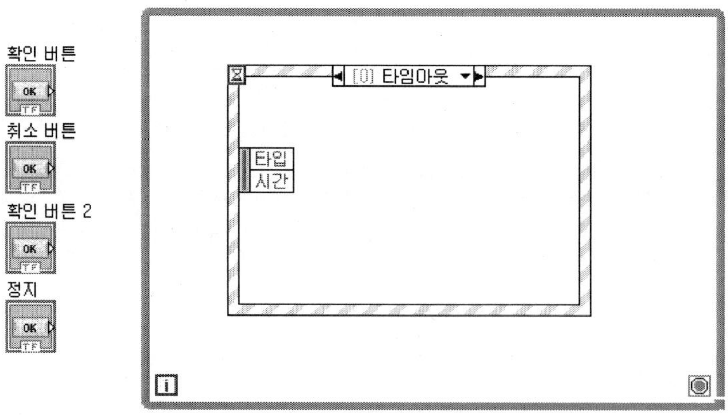

기본으로 지정되어 있는 이벤트는 [0] 타임아웃 이다. **이벤트 타임아웃**()에 msec단위의 시간을 입력한다. 만약 주어진 시간 내에 이벤트가 발생하지 않으면 타임아웃 이벤트를 한번 발생한다.

5. 다음과 같이 블록다이어그램을 구성한다.

❶ 이벤트 구조의 팝업 메뉴에서 **이벤트 케이스 추가**를 선택한다.

❷ 이벤트 편집 창에서 이벤트 소스로 "확인 버튼"을 선택하고 이벤트로 "키 다운"을 선택한다.

❸ '확인' 버튼을 선택해서 이벤트 편집 창을 닫는다.

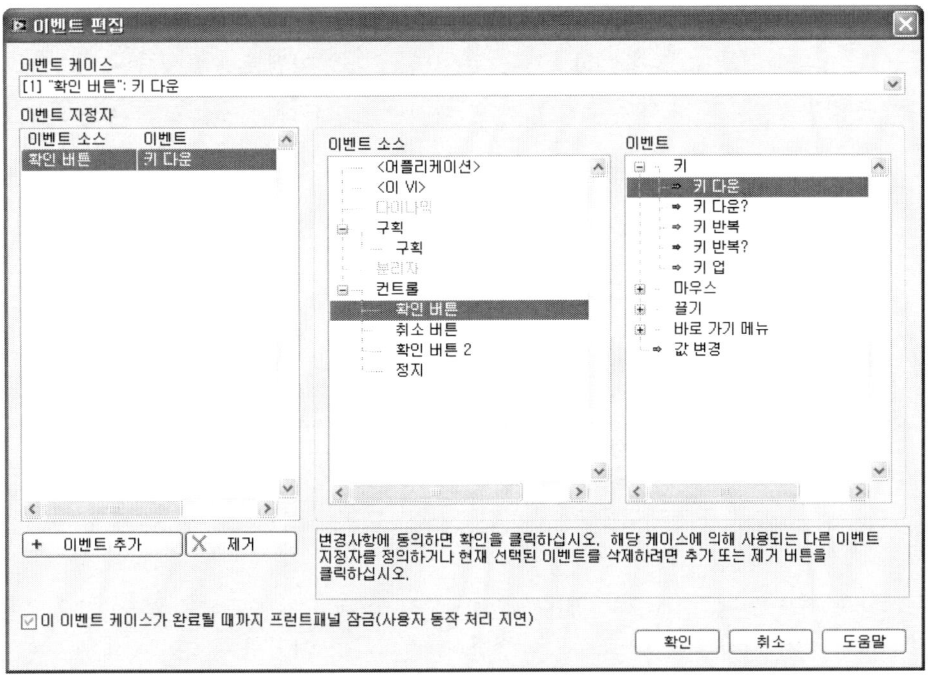

❹ 확인() 버튼의 터미널을 이 이벤트에 넣는다. 버튼을 이벤트 속에 넣어야만 기계적 동작인 놓을 때 래치를 수행할 수 있다.

❺ 단일 버튼 대화 상자()를 놓고 메시지에 '작업1을 수행합니다'를 입력한 다음 버튼 이름에 '완료'를 입력한다. 단일 버튼 대화 상자는 함수 → 프로그래밍 → 대화상자&사용자인터페이스 팔레트에 있다.

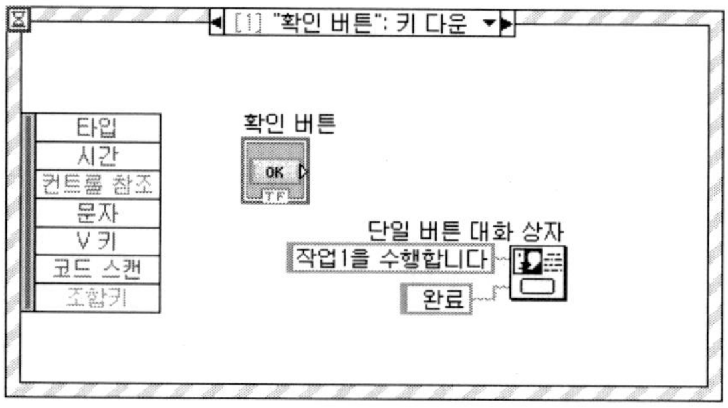

[1] "확인 버튼": 키 다운 은 [1]번 이벤트의 이름은 "확인 버튼"이며, 이벤트의 형태는 "키 다운"이라는 의미다. 키보드의 <Tab>키를 누를 때 키 다운 이벤트가 발생한다.

❻ 동일한 방법으로 [2] "취소 버튼": 마우스 다운 이벤트를 만든다. 이것은 버튼을 누를 때 이벤트가 발생한다.

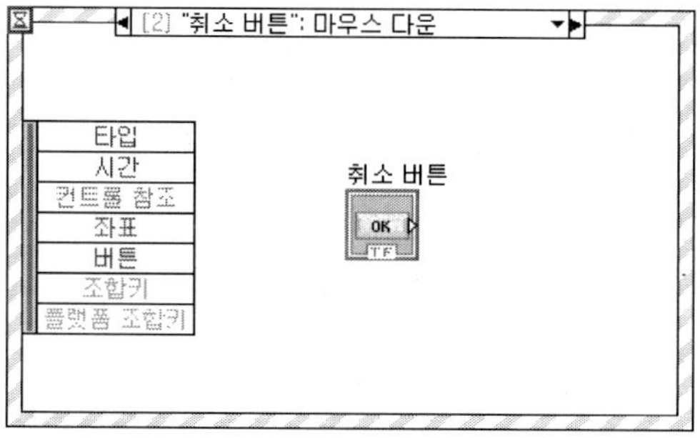

❼ 동일한 방법으로 [3] "확인 버튼 2": 마우스 커서 들어옴 이벤트를 만들어 준다. 이것은 버튼 위로 마우스 커서가 들어갈 때 이벤트가 발생한다. 즉 마우스 커서의 움직임에 의해 이벤트가 발생한다.

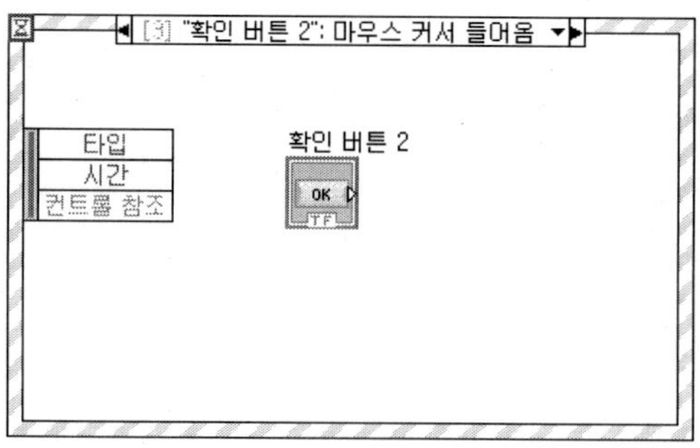

❽ 동일한 방법으로 [4] "정지": 값 변경 이벤트를 만들어 준다. 이 이벤트는 정지(OK) 버튼의

값이 바뀌었을 때 이벤트가 발생한다. 그리고 정지(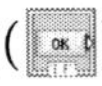) 버튼이 거짓에서 참으로 변경되면 While 루프의 **루프 조건**()에 입력되어 루프가 종료한다.

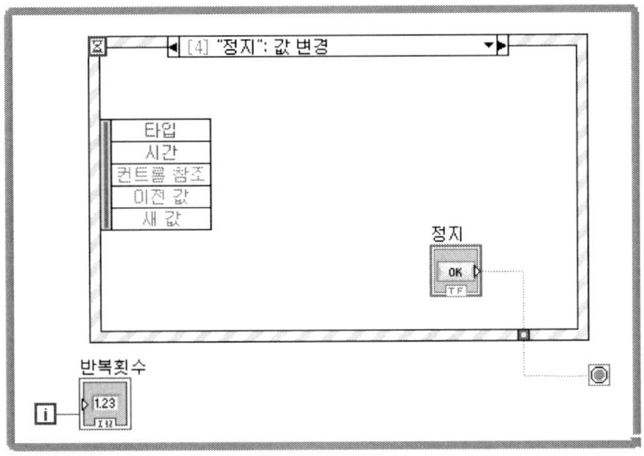

⑨ 반복횟수 'i'의 팝업 메뉴에서 **인디케이터 생성**을 선택하고 라벨을 반복횟수로 수정한다.

⑩ 프로그램을 이벤트.vi로 저장한다.

VI의 실행

6. 프런트패널에서 VI를 실행한다.

   ❶ <Tab>키를 연속적으로 누르면 '작업1을 수행합니다' 대화 상자가 나타난다. '완료' 버튼을 클릭하면 대기 모드로 되며, 반복횟수를 1씩 증가 시킨다.

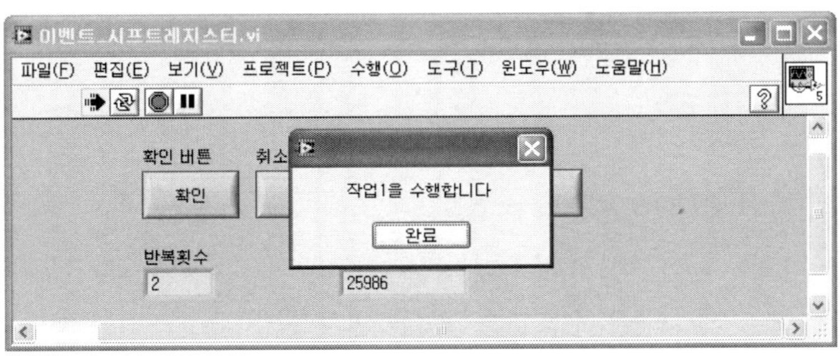

   ❷ 마우스를 '확인 버튼 2' 위에 놓고 마우스가 이 버튼의 위로 이동할 때 반복횟수가 1씩 증가함을 확인할 수 있다.

❸ '취소 버튼' 을 눌렀다 놓아본다. 마우스를 누르는 순간 반복횟수가 1씩 증가함을 확인한다.

❹ '정지' 를 클릭하면 VI가 종료된다.

이벤트로 설정된 While 루프는 이벤트가 생길 때까지 대기하고 있으므로 반복횟수가 증가하지 않는다. 즉 While 루프는 실행되지 않고 있다는 의미이며, 이벤트가 발생하면 While 루프가 1회 실행되고 반복횟수가 1씩 증가한다. 만약 반복횟수의 변화를 확인한다면 이벤트가 발생하였는지를 알 수 있다.

다음과 같이 시프트 레지스터를 이용하여 다음 이벤트가 발생할 때까지의 시간을 측정할 수 있다. 각 이벤트에서 시간을 출력 받아서 이전 **시간**을 차감해주는 방법이다.

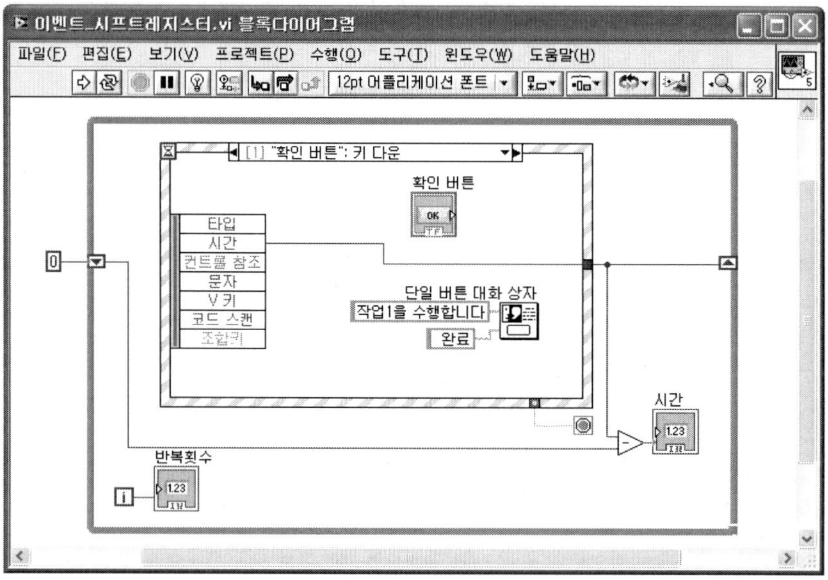

5.7 시퀀스(Sequence) 구조

일반적으로 프로그램의 실행 순서를 결정하는 것을 제어 순서라 한다. BASIC, C, 기타 언어는 작성한 문이 프로그램상에 위치한 순서에 의해 진행되므로 고유한 제어 순서를 갖고 있다. 그러나 LabVIEW는 그래픽으로 프로그램을 실행하므로 특별한 구조 타입의 **시퀀스**를 제어 순서로 사용한다. 시퀀스 구조는 프레임 0을 먼저 실행하고 프레임 1, 프레임 2의 순서로 동작한다. 마지막 프레임을 종료한 후에 데이터는 시퀀스 구조를 빠져나간다.

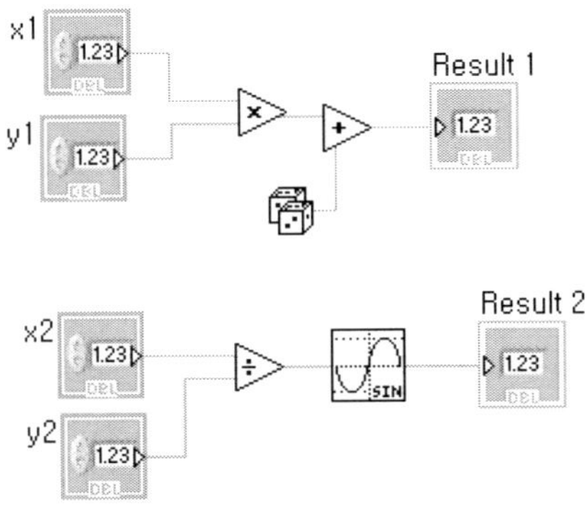

왼쪽의 다이어그램에서 곱하기와 나누기 중 어떤 것을 먼저 실행하는지 알 수 없다. 2개의 입력이 같은 선상에 있기 때문이며, 이 경우 특정한 것을 먼저 실행하고자 하면 시퀀스 함수를 이용한다.

시퀀스 구조에는 다층 시퀀스 구조와 플랫 시퀀스 구조 2가지 형태가 있으며, 형태와 사용법이 다르다.

5.7.1 다층 시퀀스(Stacked Sequence) 구조

다층 시퀀스 구조는 필름의 프레임과 유사하게 생겼다. 팝업 메뉴에서 다음 프레임 추가를 선택하여 프레임을 더 추가할 수 있다. 참고로 2 [0..3] 는 0~3 프레임 중에서 2번 프레임을 의미한다.

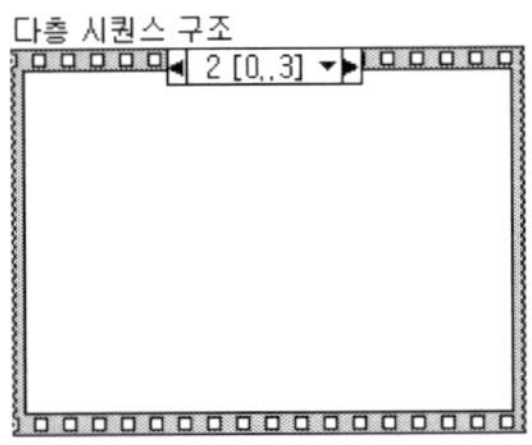

다중 시퀀스 구조는 여러 층으로 쌓을 수 있기 때문에 작은 블록다이어그램 화면에 순차적으로 실행되는 프로그램을 다층으로 쌓을 수 있다. 많은 프로그램을 층층으로 쌓아서 화면의 크기를 최소화 할 수 있지만 프로그램을 해독하기 힘든 단점이 있다.

예제 5.10 **시퀀스를 이용해서 특정 숫자를 찾을 때까지 필요한 시간을 측정**

시퀀스 구조를 이해하기 위해 타이밍 함수를 함께 설명할 것이다. 입력 데이터와 임의로 발생한 데이터가 일치하는 시간을 계산하는 VI를 작성한다.

블록다이어그램

1. 예제 5.2에서 작성한 **난수 자동일치.vi**를 불러온다. 블록다이어그램에서 다중시퀀스 구조를 While 루프로 감싼다.
2. VI를 **실행시간측정.vi**로 저장한다.

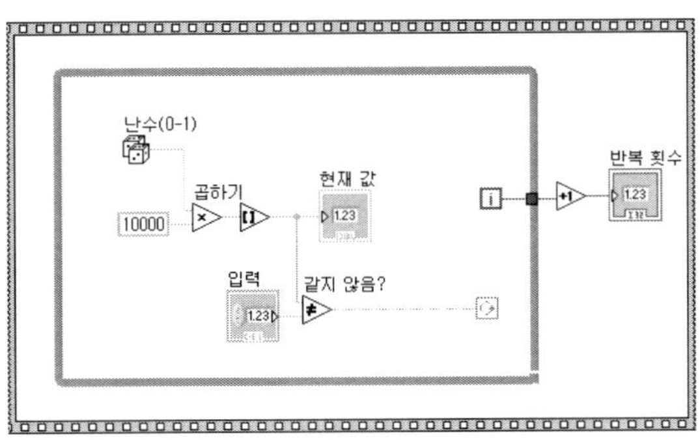

3. 팝업 메뉴의 프레임 추가를 이용하여 다음 시퀀스를 만들어 준다. 1번 시퀀스를 다음과 같이 구성한다.

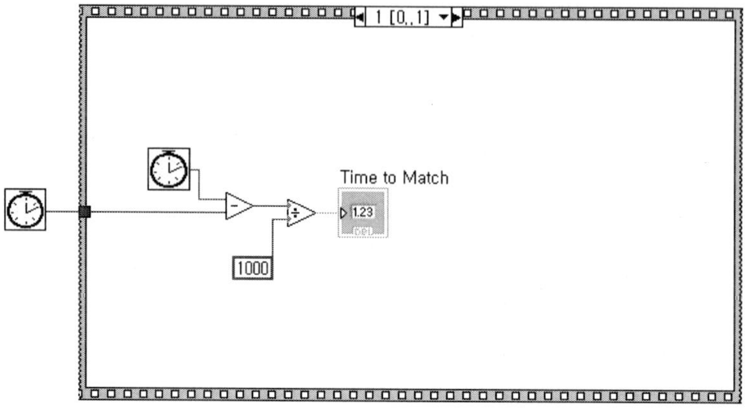

틱 카운드( ) 함수는 **함수→프로그래밍→타이밍** 팔레트에 있다. 현재 시각을 보여주는 함수로 ms 단위이다. 현재 시각에서 처음 시각을 뺀 다음 1000으로 나누어주면 소요된 시간을 초 단위로 구할 수 있다.

4. 0번 시퀀스를 확인해 본다. 케이스 구조처럼 **선택자 라벨**( )을 이용하면 다른 시퀀스로 이동할 수 있다.

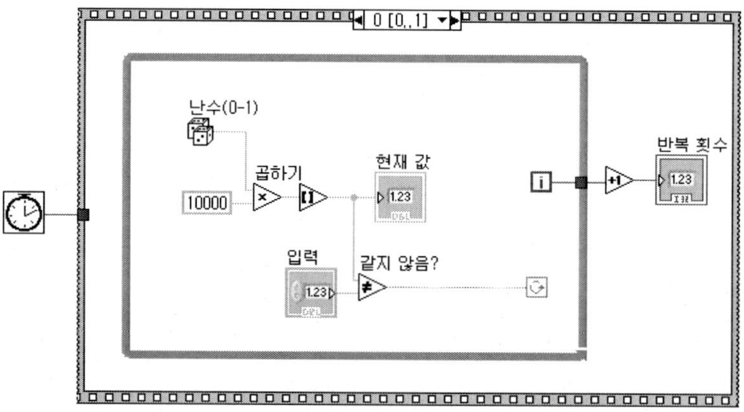

프런트패널

5. 프런트패널을 다음과 같이 정리하고 실행하여 본다.

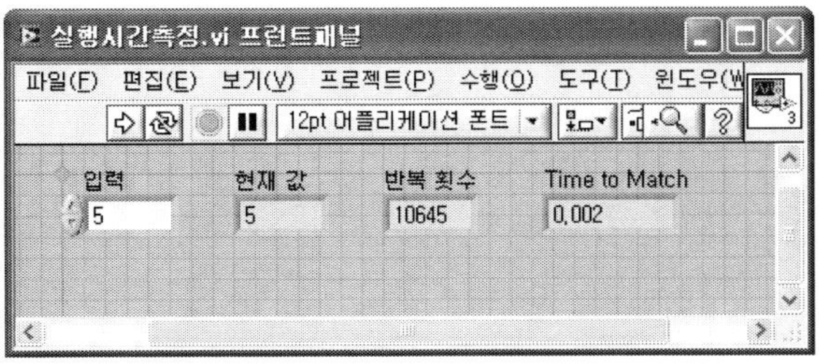

프로그램은 루프 밖의 틱 카운드( )가 실행되어 시작 시각이 출력되고, 시퀀스 0의 While 루프가 실행된다. 시퀀스 0번이 종료하면 시퀀스 1번의 틱 카운드( )가 실행되고 끝나는 시각을 측정하게 된다.

시작 시각에서 종료시각을 뺀 값이 Time to Match( )에 표시된다.

5.7.2 플랫 시퀀스(Flat Sequecne) 구조

플랫 시퀀스는 다층 시퀀스와 기능은 동일하고 형태만 다르다. 팝업 메뉴에서 **다음에 프레임 추가** 또는 **이전에 프레임 추가** 등을 선택하면 다음과 같이 순차적인 시퀀스를 만들 수 있다. 왼쪽에서 오른쪽 프레임으로 순서가 정해진다.

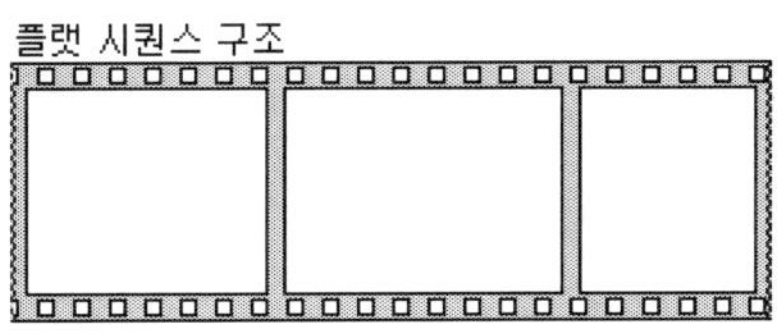

플랫 시퀀스는 다층 시퀀스를 이용하는 것보다 블록다이어그램을 이해하기가 쉽다. 하지만 프레임을 옆으로 나열하기 때문에 공간을 많이 차지하는 단점이 있다.

앞에서 작성한 **실행시간측정.vi**와 동일한 프로그램을 다음과 같이 표현할 수 있다.

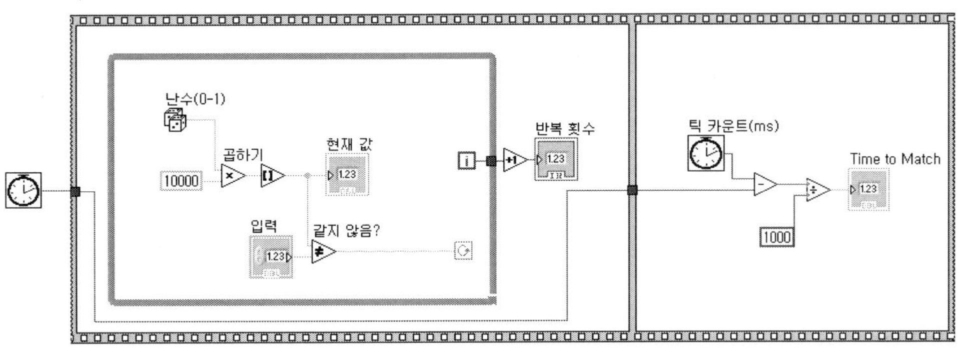

5.7.3 시퀀스 로컬(Sequence Local)이란?

데이터를 한 프레임에서 다음의 프레임으로 전달하려면 "시퀀스 로컬"이라는 터미널을 사용해야 한다. 시퀀스 로컬은 시퀀스의 팝업 메뉴에서 **시퀀스 로컬 추가**를 선택한다.

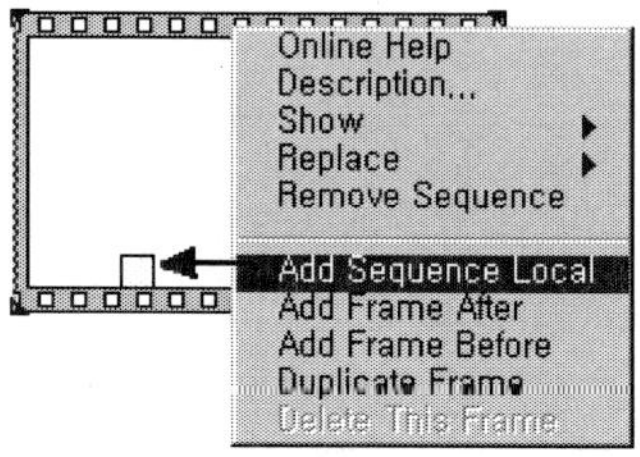

또한 시퀀스 로컬에서 터미널은 경계면의 임의 위치로 이동할 수 있으며, 이 터미널을 제거하려면 선택 후 <Delete>키를 누르거나 또는 생성된 로컬의 팝업 메뉴에서 **Remove** 명령어를 선택한다.

플랫 시퀀스에서는 다른 프레임으로의 데이터 전달은 직접 와이어를 연결하면 된다.

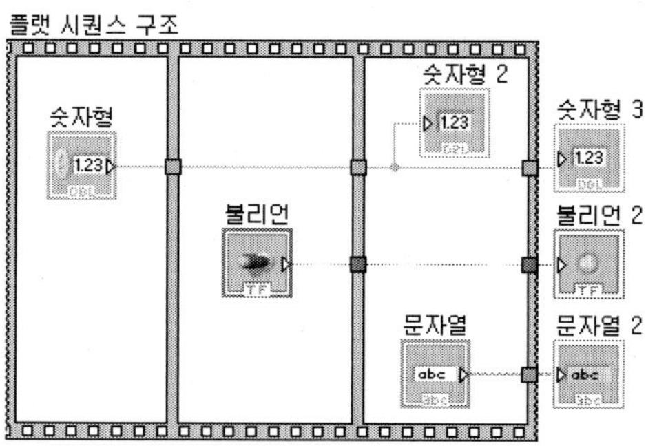

하지만 다층 시퀀스는 위와 동일한 프로그램을 작성하기 위해서는 **시퀀스 로컬**을 사용해야 한다. 시퀀스 로컬은 프레임 테두리에서 팝업 메뉴로 만들 수 있다.

시퀀스 로컬은 와이어가 연결되지 않으면 노란색의 사각형(□)만 표시된다. 만약 출력을 연결하면 색깔이 변경되며 나가는 화살표( )가 생긴다. 0번 프레임에 시퀀스 로컬을 생성하면 1번, 2번 프레임에서 이 데이터를 받아볼 수 있는 들어오는 화살표 모양의 시퀀스 로컬( )이 생성된다.

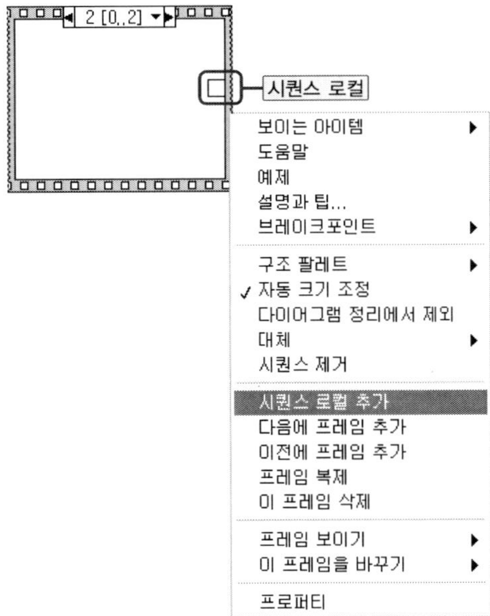

다음은 다층 시퀀스에서 시퀀스 로컬을 이용해서 0번 프레임의 숫자형(1.23)에서 1번 프레임의 숫자형 3(1.23)으로 데이터를 전달하는 경우이다.

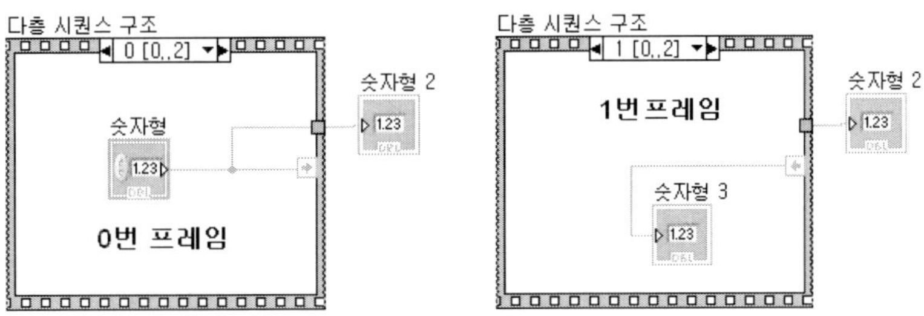

시퀀스 구조에서 데이터는 앞쪽 프레임에서 뒤쪽 프레임으로만 데이터를 전달할 수 있다. 반대로 뒤쪽 프레임에서 앞쪽 프레임으로는 데이터를 전달 할 수 없으며 뿌연 사각형 형태( )로 표시된다.

5.7.4 Timed 시퀀스

Timed 시퀀스 구조는 **함수 → 프로그래밍 → 구조 → Timed 구조** 팔레트에 있으며, 각 프레임을 정확한 타이밍으로 실행하게 해주는 역할을 한다.

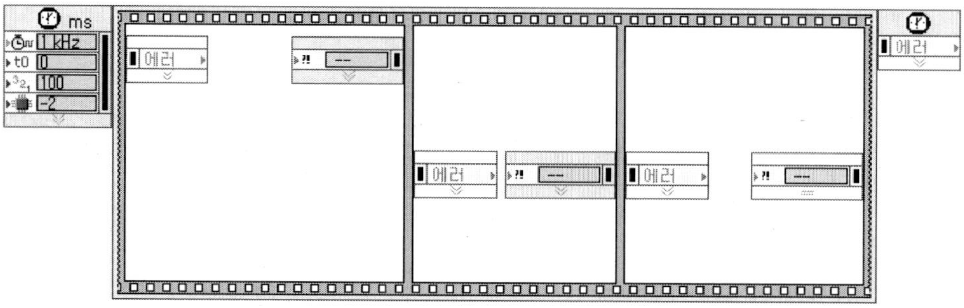

5.8 로컬 변수(Local Variable)와 글로벌 변수(Global Variable)

앞에서 배운 공유 변수와 유사하게 **함수 → 프로그래밍 → 구조** 팔레트는 로컬 변수와 글로벌 변수가 있다.

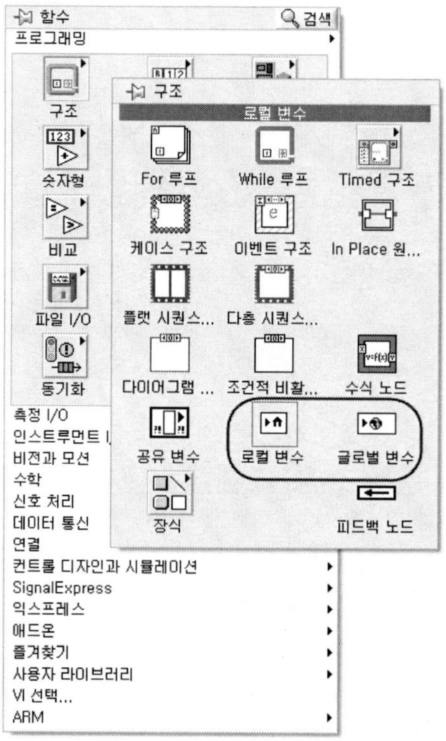

로컬과 글로벌 변수를 전문적 용어로 말하면 LabVIEW의 구조이다. 만약 C 또는 Pascal과 같은 프로그램을 경험한 사람은 로컬 또는 글로벌 변수의 의미를 어느 정도 이해하고 있으리라 본다. 지금까지 우리는 블록다이어그램에 있는 터미널을 경유해 데이터를 프런트패널에 출력하거나 프런트패널로부터 값을 읽었다. 프런트패널 오브젝트는 블록다이어그램에 한 개의 터미널만 존재하지만 때로는 블록다이어그램의 다른 위치 또는 다른 VI에서 오브젝트에 값을 전달하거나 읽을 필요가 있다.

로컬 변수는 동일한 VI 블록다이어그램의 여러 위치에서 와이어를 연결하지 않고서도 프런트패널 오브젝트를 운용할 수 있는 변수를 말한다.

글로벌 변수는 SubVI 노드를 연결할 수 없는 경우, 또는 여러 VI가 동시에 실행될 때 임의 데이터를 여러 VI에서 동시에 사용할 수 있는 변수를 말한다. 로컬 변수는 단일 VI에서만 사용할 수 있지만 글로벌 변수는 여러 VI간에 데이터를 공유할 수 있다.

5.8.1 로컬 변수

로컬 변수를 선언하는 방법에는 2가지가 있다.

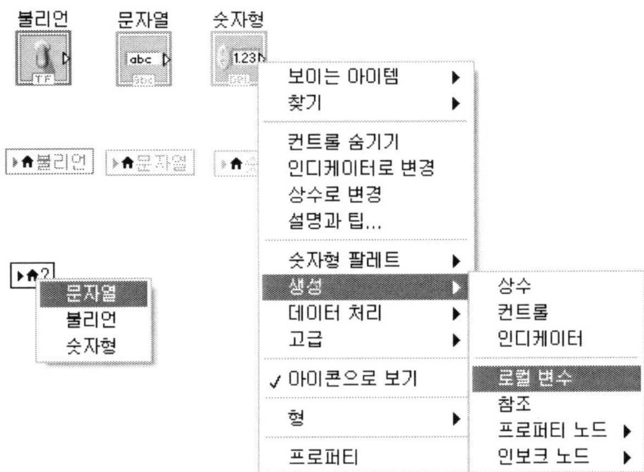

먼저 블록다이어그램에 불리언, 문자열, 숫자형 컨트롤 또는 인디케이터를 생성하고 터미널 블록의 팝업 메뉴에서 **생성→로컬 변수**를 선언한다. 각각의 터미널에 대응되는 로컬 변수가 블록다이어그램에 자동 생성된다. 또는 프런트패널 오브젝트 터미널을 선택하고 **생성→로컬 변수**를 선택하면 프런트패널 오브젝트에 대응하는 로컬 변수를 블록다이어그램에 생성할 수 있다. 만약 작성된 로컬 변수에 와이어가 연결되지 않으면 VI는 에러가 발생된다.

다음은 **함수→프로그래밍→구조** 팔레트에서 로컬 변수(?)를 선택해서 블록 다이어그램에 놓는다. **값 수행**( ) 툴로 값이 정의 되지 않은 로컬(?)을 선택하면 현재 가능한 상태의 컨트롤과 인디케이터 리스트가 표시된다. 이들 중 하나를 선택하는 것이 로컬 변수를 정의하는 것이다. 예를 들어 불리언을 선택하면 불리언(불리언)이 표시되고, 문자열을 선택하면 문자열(문자열), 숫자형을 선택하면 숫자형(숫자형)과 같은 형태로 표시된다.

예제 5.11 1개의 컨트롤로 2개의 루프 제어

로컬 변수를 이용하여 2개의 While 루프 사이로 데이터를 전달하는 VI를 작성해 본다.

블록다이어그램

1. 새로운 VI를 만들고 **로컬 변수 연습.vi**로 저장한다.
2. 다음과 같이 블록다이어그램을 작성한다.

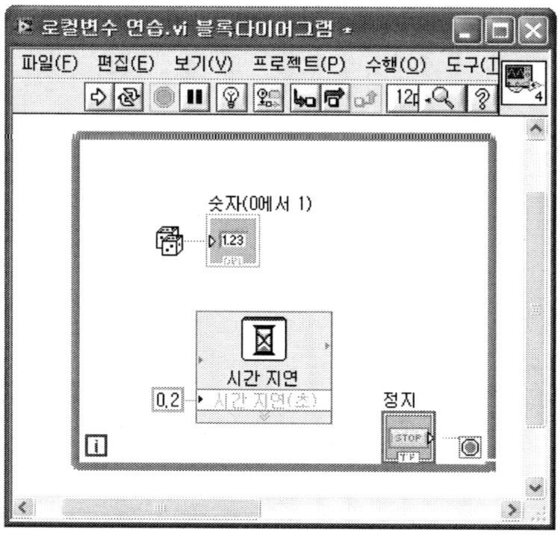

3. 숫자(0에서 1,) 및 정지( )를 마우스로 오른쪽 버튼을 클릭하고 **생성→로컬 변수**를 선택한다. 각각 로컬 변수 숫자(0에서 1,) 및 정지( )가 생성된다. 또한 불리언은 기계적 동작이 래치인 경우에는 로컬 변수를 사용할 수 없기 때문에 기계적 동작을 **놓을 때까지 스위치**로 바꾸어 준다.

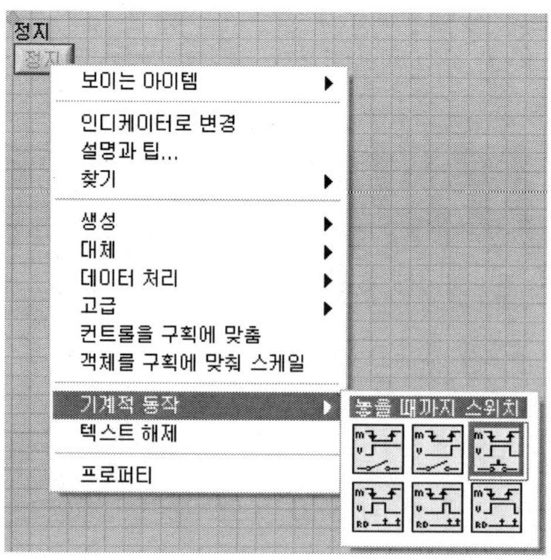

4. 로컬 변수에 마우스를 놓고 오른쪽 버튼을 클릭한 후 바로 가기 메뉴에서 **읽기로 변경**한다. 테두리가 진하게 표시(숫자(0에서 1) 정지)되며 컨트롤이 된다.
5. 다음과 같이 While 루프를 1개 더 추가하고 블록다이어그램을 완성한다.

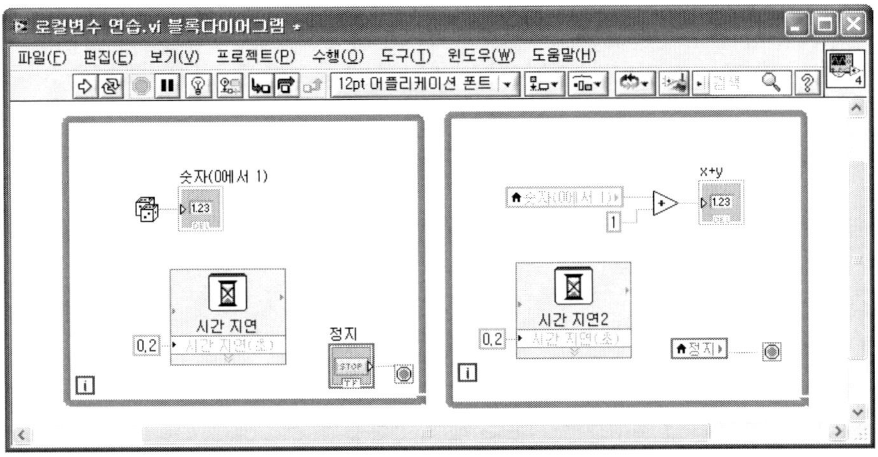

프런트패널

6. 프런트패널을 정리하고 VI를 실행한다. 첫 번째 While 루프에서 발생한 난수( )의 값이 두 번째 While 루프의 로컬 변수를 통해 더하기( )한 값으로 전달됨을 확인할 수 있다.

7. VI를 종료하고 저장한다.

5.8.2 글로벌 변수

글로벌 변수는 단일 VI에서 데이터를 공유하는 로컬 변수와 달리 여러 다른 VI들 사이에서 데이터를 공유하는 목적으로 사용된다. 글로벌 변수는 SubVI의 일종이지만 프런트패널만 있고 블록다이어그램은 없다.

1 글로벌의 생성

로컬과 동일하게 LabVIEW의 **함수 → 프로그래밍 → 구조** 팔레트에서 글로벌을 작성할 수 있다. 또한 로컬과 동일하게 단일 글로벌 터미널은 쓰기 또는 읽기 모드가 가능하다. 하지만 로컬 변수와 다르게 독립적인 VI들이 동일한 글로벌 변수를 불러올 수 있다. 글로벌은 여러 VI간에 와이어를 연결하지 않고 데이터를 공유하는 효과적인 방법이다. 만약 하나의 VI가 데이터를 글로벌에 쓰면 글로벌을 읽는 임의의 VI 또는 subVI는 최근 데이터 값을 갖고 있을 것이다.

최초 글로벌 변수를 블록다이어그램에 놓으면 ▶⊕? 형태로 표시되며, 이는 아이콘은 아직 정의되지 않은 글로벌을 의미한다. 이 아이콘을 더블 클릭하면 VI 프런트패널과 외관상 유사한 다음의 화면이 표시된다.

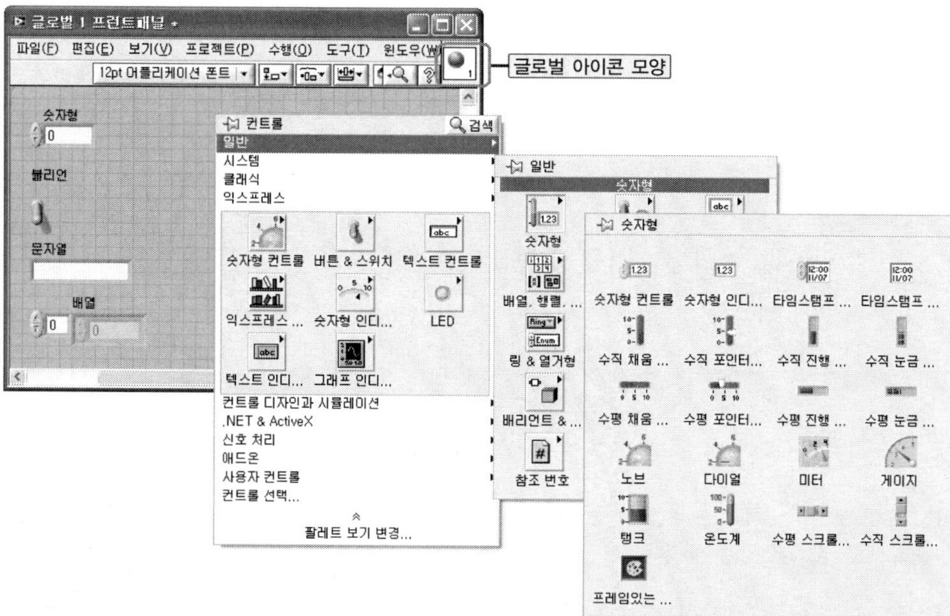

필요한 글로벌 변수를 프런트패널에 만들고 VI를 저장한다. 글로벌의 프런트패널에는 임의의 타입의 데이터를 표시할 수 있지만 블록다이어그램은 존재하지 않는다. 일반적인 VI와 동일하게 컨트롤 또는 인디케이터를 글로벌의 프런트패널에 작성할 수 있다. 또한 각 오브젝트의 글로벌에 라벨을 부여하지 않으면 절대로 글로벌을 사용할 수 없다.

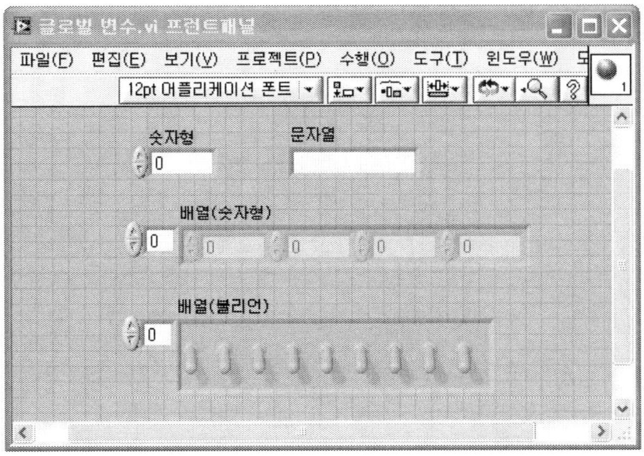

블록다이어그램에서 글로벌 변수를 마우스로 다음과 같이 선택한다.

또한 블록다이어그램에서 저장된 글로벌을 사용하려면 **함수** 팔레트의 **VI 선택**...을 이용한다.

예제 5.12 글로벌 변수를 이용한 데이터 입 · 출력

글로벌 변수로 VI를 직접 작성하고 데이터를 2개의 VI에 전달하는 예제를 작성해 본다. 글로벌 변수는 독립적인 VI간에 데이터를 전송할 때 매우 유용하게 사용된다.

글로벌 변수 만들기

1. 새로운 VI를 만들고 **글로벌 연습.vi**로 저장한다.
2. **함수→프로그래밍→구조** 팔레트에서 글로벌(▶🌐?) 변수를 블록다이어그램에 놓는다.
3. 글로벌(▶🌐?) 변수를 더블 클릭하면 글로벌 프런트패널이 표시된다. 이를 **글로벌_난수.vi**로 저장한다. 프런트패널에는 숫자형 컨트롤을 놓고 다음과 같이 라벨을 "난수"로 한다.

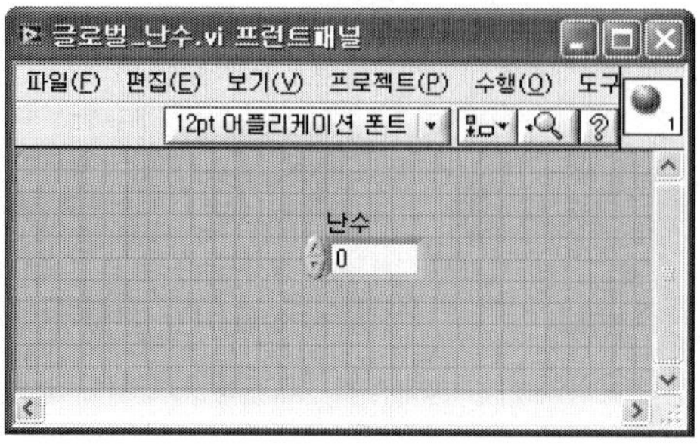

4. **글로벌 연습.vi**를 다음과 같이 구성한다. 값 수행( )으로 글로벌 변수를 선택하고 난수를 선택( )한다. 글로벌( )이 난수( )로 변경된다. 또는 블록다이어그램에서 **함수 → VI 선택**...을 통해 **글로벌_난수.vi**의 난수( )를 불러올 수 있다.

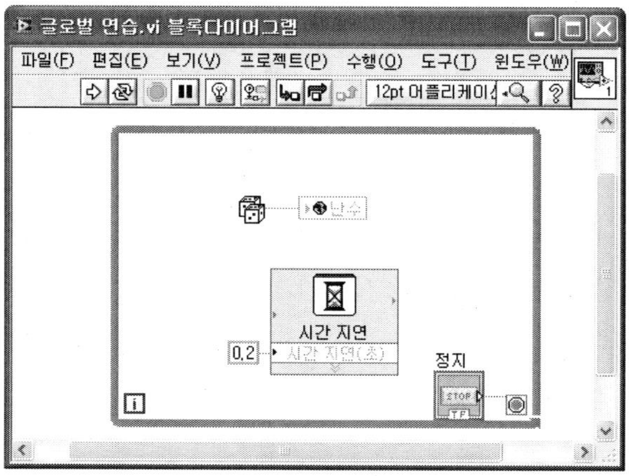

두 번째 VI만들기

5. 새 VI를 만들고 **난수디스플레이.vi**로 저장한다.

6. 블록다이어그램에서 **함수 → VI선택**...을 이용하여 **글로벌_난수.vi**를 읽어온다. 난수( ) 위에 마우스를 놓고 오른쪽 버튼을 클릭한 후 바로 가기 메뉴에서 읽기로 변경을 선택하면 테두리가 두꺼운 컨트롤 난수( )가 된다. 블록다이어그램을 다음과 같이 완성한다.

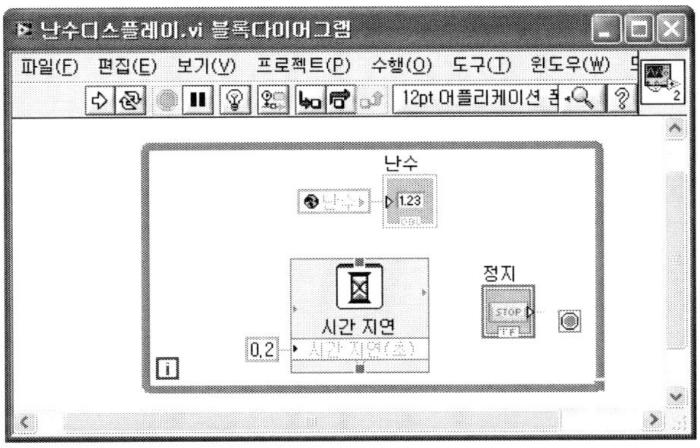

7. 글로벌_연습.vi와 **난수디스플레이.vi**를 실행하여 글로벌 변수를 이용한 데이터 전송을 확인한다.

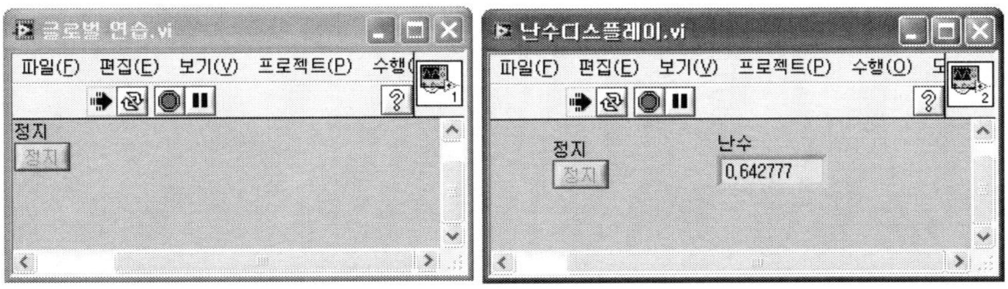

CHAPTER 06

차트와 그래프

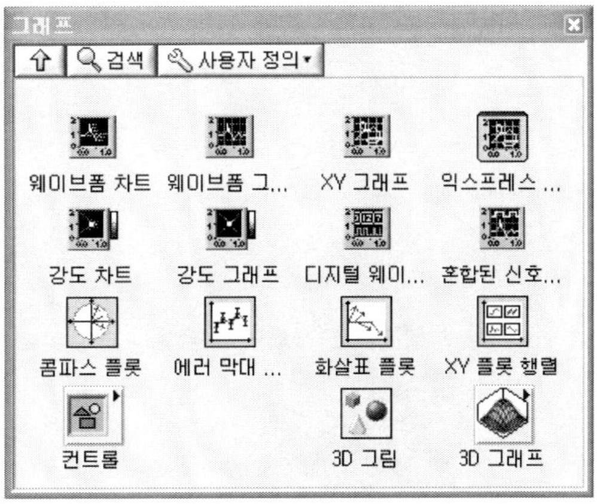

LabVIEW의 차트와 그래프는 데이터를 그래픽으로 표시하는 툴이다. 차트는 새로운 데이터를 과거 데이터와 연속적으로 표시하므로 현재의 값과 과거의 데이터를 동시에 볼 수 있다. 그래프는 배열 형태로 된 값을 과거에 발생한 데이터 없이 표시한다. 이 장에서는 차트와 그래프의 데이터 구조 및 이들을 사용하는 몇가지 방법을 설명한다.

웨이브폼 차트는 연속 용지에 데이터를 출력하는 레코더와 유사하게 디스플레이를 한다.

웨이브폼 그래프는 배열 데이터를 오실로스코프에 표시하는 것과 유사하게 사용된다. 또한 웨이브폼 그래프는 X축의 값이 순차적으로 증가할 때 Y값을 표시하는 곳에 사용된다.

XY 그래프는 1개의 X축에 1개 이상의 Y값을 표시할 때 매우 유용하다. 또한 XY 그래프는 X축의 값이 임의적으로 변할 때 Y값을 표시하는 곳에 사용된다.

6.1 웨이브폼(Waveform) 차트

웨이브폼 차트는 1개 또는 그 이상의 데이터를 그리는 특별한 숫자형 인디케이터의 일종이다. 대부분의 차트는 루프 내부에서 사용되며, 차트는 이전에 수집한 데이터 및 새로운 데이터를 추가해서 연속적으로 표시할 수 있다. 차트에서 Y축 값은 새로운 데이터를 의미하며 X축 값은 시간(루프의 반복과정에 의해 Y값이 표시되므로 X축은 루프의 특정 시간에 관계된다)을 의미한다.

6.1.1 차트의 3가지 모드

웨이브폼 차트는 3가지 디스플레이 모드, 즉 스트립 차트 모드, 스코프 차트 모드, 스윕 차트 모드로 구성된다. 프로그램이 실행시 **업데이트 모드**를 선택하면 원하는 차트를 선택할 수 있다. 또는 팝업 메뉴에서 고급 → 업데이트 모드에서 차트 모드를 선택할 수 있다.

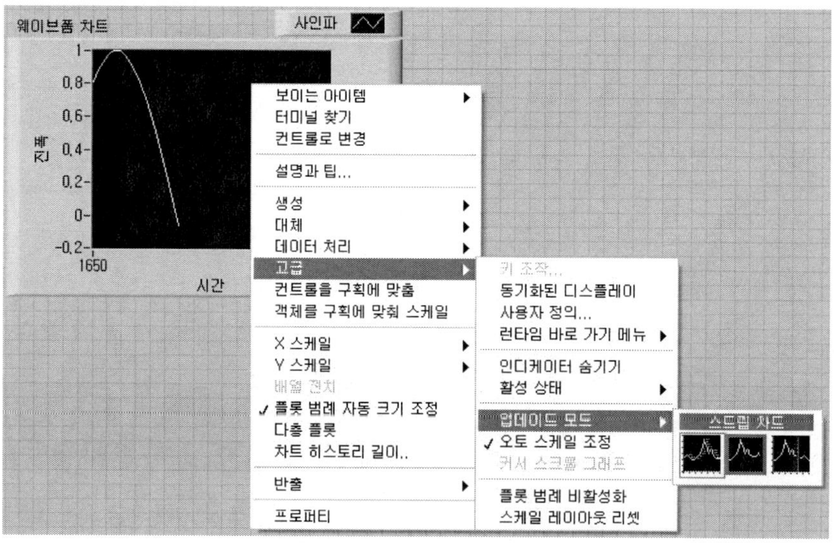

다음은 차트의 3가지 모드의 기능을 표시해 놓은 예이다. 앞에서 기술한 바와 같이 차트는 3가지 모드 **스트립(Strip) 차트**, **스코프(Scope) 차트**, **스윕(Sweep) 차트**로 구성된다. 차트에 표시되는 특성은 3가지 형태가 약간 다르므로 이들의 차이점을 명확히 이해하기 바란다.

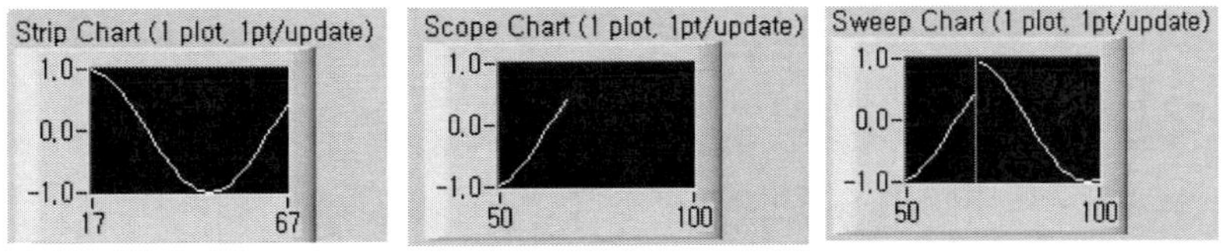

스트립 차트는 연속 용지와 유사한 scrolling 디스플레이로 구성되어 있다. 스코프 차트와 스윕 차트는 오실로스코프와 유사한 수축하는 디스플레이를 갖고 있다. 스코프 차트에서 데이터가 화면의 오른쪽 경계에 도달하면 데이터는 그래프 내용을 지우고 그래프의 왼쪽 경계에서 다시 그리기 시작한다. 스윕 차트는 스코프 차트와 유사하지만 데이터가 오른쪽 경계면에 도달했을 때 표시되는 데이터를 지우지 않는다. 대신에 이동하는 수직선이 새로운 데이터의 시작을 표시하며 새로운 데이터가 추가될 때마다 오른쪽 화면 영역으로 이동한다. 스코프 차트와 스윕 차트는 데이터를 그리는 과정에서 중복되는 데이터가 적으므로 스트립 차트보다 조금 빠르다.

6.1.2 한 채널의 데이터를 차트에 표시하기

차트를 이용하는 간단한 방법은 다음의 그림과 같이 스칼라 값을 차트의 블록다이어그램 터미널에 연결하면 된다. 다음 그림에서 정지 버튼이 눌리기 이전에는 While 루프를 연속적으로 실행하며, 웨이브폼 차트에 난수() 값을 표시한다.

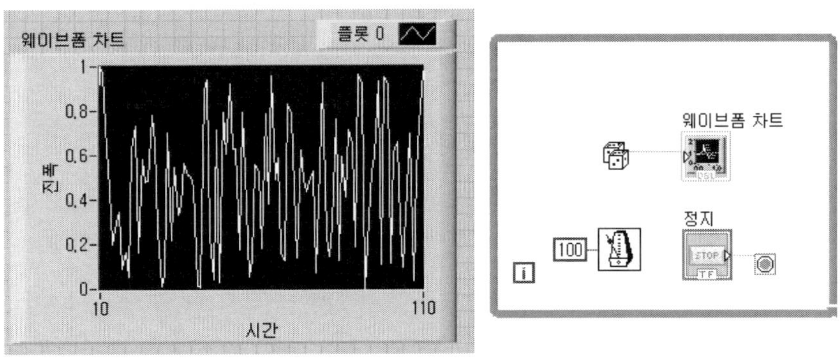

6.1.3 여러 채널의 데이터를 단일 차트에 표시하기

웨이브폼 차트에는 1종류 이상의 데이터를 동일한 화면에 표시할 수 있다. 다음의 예와 같이 함수 → 프로그래밍 → 클러스터 팔레트에서 **묶기**(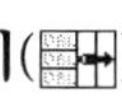) 함수로 데이터를 묶으면 여러 데이터를 하나의 웨이브폼 차트에 표시할 수 있다.

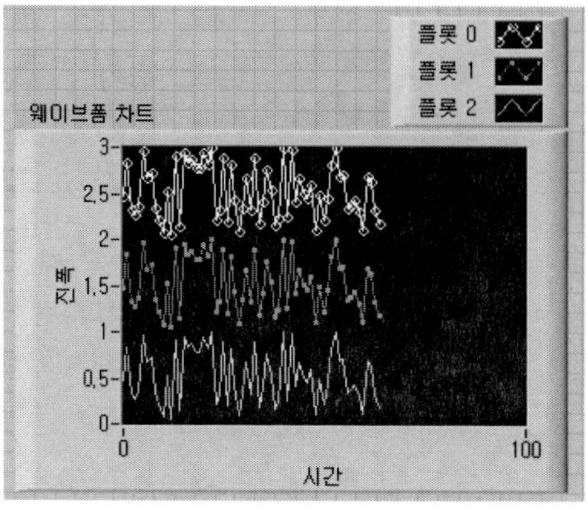

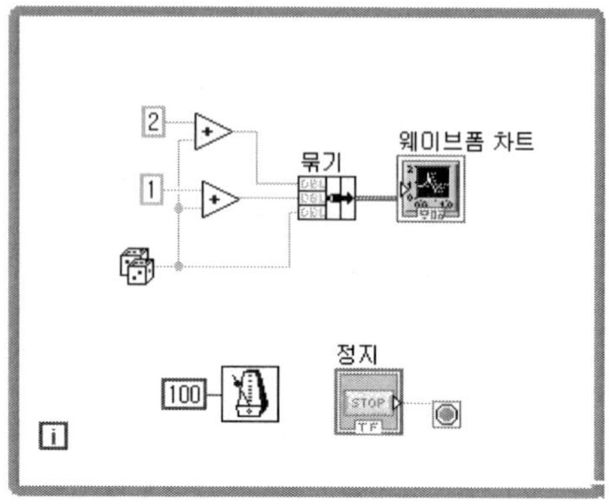

예제 6.1 웨이브폼 차트 그리기

While 루프를 이용하여 웨이브폼 차트를 그리는 방법을 연습한다.

블록다이어그램

1. 새 VI를 만들고 **웨이브폼 차트.vi**로 저장한다.
2. 블록다이어그램에 While 루프를 위치시킨다.
3. **함수→프로그램→숫자형 팔레트**에서 난수(🎲)를 루프 내부에 놓는다.
4. 시간 지연(⌛) 함수는 **함수→프로그래밍→타이밍** 팔레트에 있으며 While 루프의 속도를 조절하는데 사용한다. '0.5'는 루프를 0.5초에 1회씩 실행하게 한다.
5. 웨이브폼 차트는 프런트패널의 **컨트롤→그래프 인디케이터**에 있다.

프런트패널

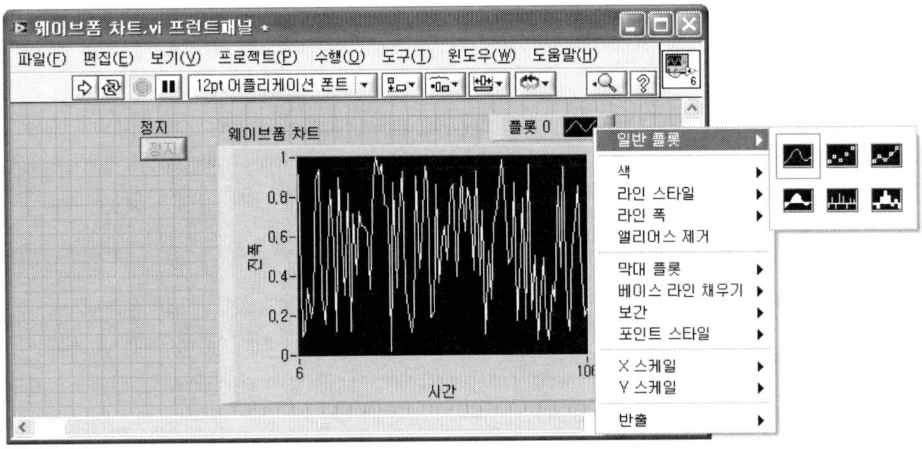

6. 프로그램을 실행하면 0.5초에 1번씩 난수(0-1, 🎲) 값이 차트에 표시됨을 확인할 수 있다. 또한 차트의 오른쪽 상단에 있는 플롯 0을 마우스로 선택하고 팝업 메뉴에서 차트의 각종 특성을 변경할 수 있다. 프로그램을 정지하려면 정지 버튼을 클릭한다.
7. **웨이브폼 차트.vi**로 저장하고 종료한다.

예제 6.2 차트에 여러 개의 데이터 그리기

다음은 여러 개의 데이터를 동시에 While 루프에 그리는 연습을 한다. 차트에 동시에 표시하려면 이들 데이터를 하나로 묶는 작업을 진행한다.

블록다이어그램

1. 새 VI를 만들고 **멀티차트.vi**로 저장한다.
2. 프런트패널에 웨이브폼 차트를 위치 시키고 다음과 같이 블록다이어그램을 작성한다.

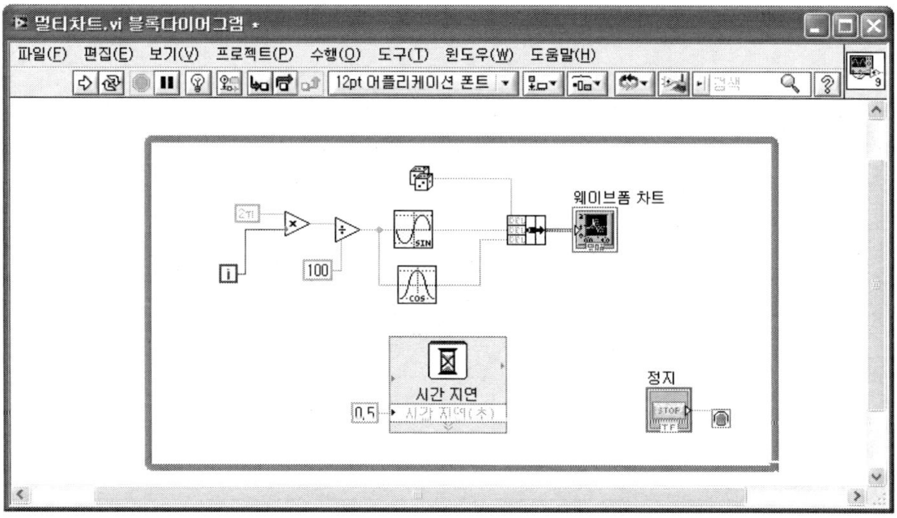

'2π'는 **함수→프로그래밍→숫자형→수학&과학상수**에 있다.

사인()과 **코사인**()은 **함수→수학→기본&특수 함수→삼각함수** 팔레트에 있다.

묶기()는 **함수→프로그래밍→클러스터, 클래스&배리언트** 팔레트에 있다. 을 마우스로 늘리면 이 된다.

프런트패널

3. 플롯 범례의 이름을 난수, 사인, 코사인으로 수정한다. 이름을 더블 클릭하여 선택한 다음, 키보드로 원하는 이름을 입력하면 된다.

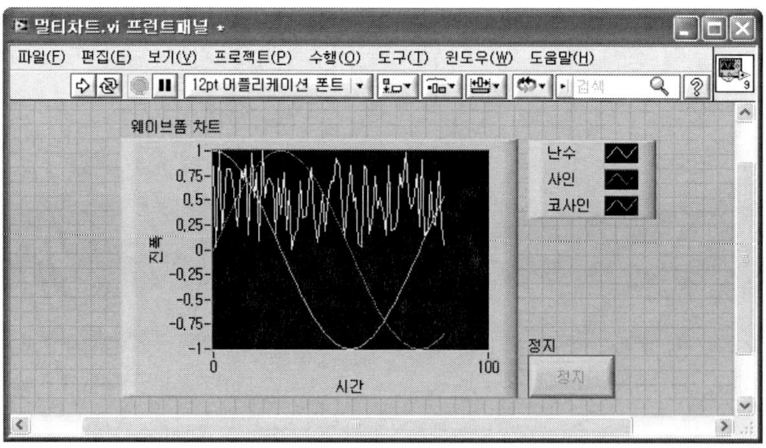

4. 프로그램을 저장하고 실행한 후 3개의 차트가 동시에 표시되는지 확인한다.

6.2 웨이브폼 그래프

일반적으로 차트는 데이터를 실시간으로 표시한다. 그러나 그래프는 미리 생성된 데이터 배열을 한번에 화면에 표시한다. 일반적으로 웨이브폼 그래프는 일정 시간 간격으로 샘플되며 진폭이 변하는 **웨이브폼** 등에 사용된다. 균일한 간격으로 증가하는 X값에 대응하는 Y값을 표시하는 것이 웨이브폼 그래프이다.

6.2.1 한 채널의 데이터를 웨이브폼 그래프에 표시하기

기본적인 단일 플롯 그래프는 Y값의 배열을 웨이브폼 그래프 터미널에 직접 연결한다. 이 방법은 초기 X값을 0, delta X값(즉, X값 사이의 증가분)을 1로 설정한 것이다. 블록다이어그램의 그래프 터미널은 1차원 배열 인디케이터로 표시된다.

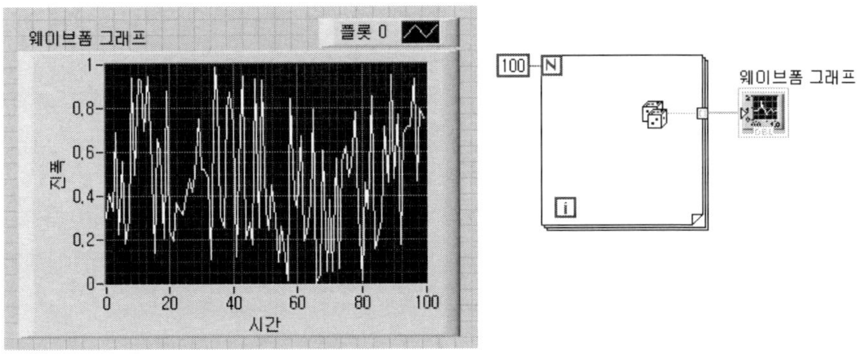

그래프의 X축에 시간이 관계되게 표시하려는 경우를 고려해본다. 예를 들어 샘플링을 "initial X=0" 이외의 시점에 시작하는 경우, 또는 "delta X=1 또는 dX = 1"에 데이터가 1개 이상 포함된 경우를 고려한다. X축 내용을 변경하려면 X_0 값, dX 값 및 데이터 배열을 클러스터로 만들기 위한 **묶기** 함수를 사용해야 한다. 다음 프로그램은 초기값 X_0=100, 증가분 dX=0.1로 100개의 데이터를 웨이브폼 그래프에 표시한 경우이다. X축의 데이터가 100 ~ 110 사이에 100개의 데이터를 표시하고 그래프의 결과는 클러스터임에 주목한다. 앞서 작성한 웨이브폼 그래프 결과와 X축의 결과를 비교해 본다.

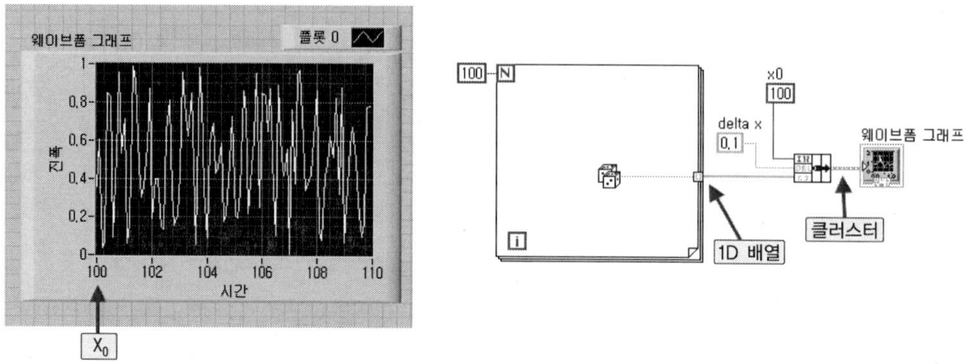

6.2.2 여러 채널의 데이터를 웨이브폼 그래프에 표시하기

단일 채널의 배열을 참조로 2D 배열을 만들면 웨이브폼 그래프에 한 종류 이상의 데이터를 그래프에 표시할 수 있다. 연결되는 데이터의 구조(배열, 클러스터, 클러스터의 배열 등)와 데이터 타입(I16, DBL등)에 따라 그래프의 터미널이 어떻게 변경되는지 관찰한다.

블록다이어그램에서 **배열 만들기** 함수는 두 클러스터입력을 배열로 만든다. 각 입력 클러스터는 1개의 배열과 2개의 스칼라 수치로 구성되어 있다. 최종 결과는 클러스터의 배열로, 그래프는 이 결과를 이용해 화면에 표시한다. 다음 그림은 초기값 X_0=100, 증가분 dX=0.1로 100개의 데이터를 웨이브폼 그래프에 표시한 경우이다. X축의 데이터가 100 ~ 110 사이에 100개의 데이터를 표시한 것에 주목한다.

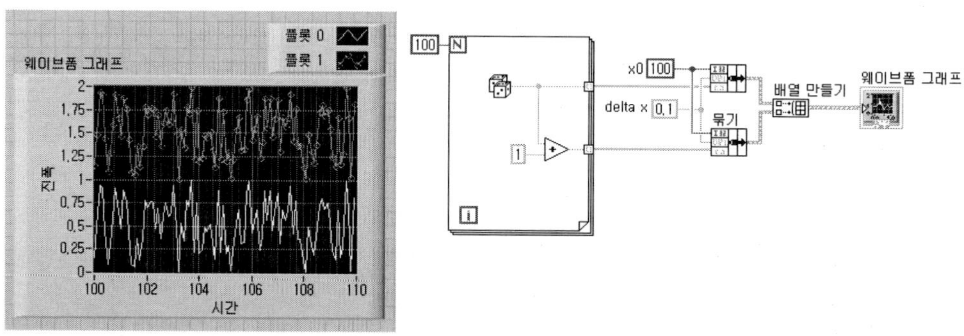

6.3 XY 그래프

웨이브폼 그래프는 순차적으로 시간이 증가할 때 Y값을 그래프에 표시하는 경우에 사용하였다. 데이터를 불규칙하게 측정할 때 또는 하나의 X값에 여러 개의 Y값을 갖는 수학적 계산을 고려해 본다. 이러한 경우 순차적으로 X축 값이 증가해야 하므로 웨이브폼 그래프로는 표시할 수 없다. 이처럼 XY 그래프는 하나의 X축에 여러 Y값을 표시하는 그래프 툴이다.

예제 6.3 For 루프를 이용한 원 그리기

원을 그리는 경우에는 1개의 X값에 2개의 Y값이 존재하므로 웨이브폼 그래프로는 원을 그릴 수 없다. 원을 그래프에 표시할 수 있는 유일한 방법은 XY 그래프를 이용하는 것이다. For 루프와 XY 그래프를 이용하여 원을 그리는 연습을 한다. 원을 그리기 위해서 사인과 코사인을 결합한 방식을 취할 것이다.

프런트패널

1. 새 VI를 만들고 **원.vi**로 저장한다.

1. 프런트패널에 XY 그래프를 위치 시킨다.

   XY 그래프( )는 **컨트롤→일반→그래프** 팔레트에 있다.

블록다이어그램

3. 다음과 같이 블록다이어그램을 작성한다.

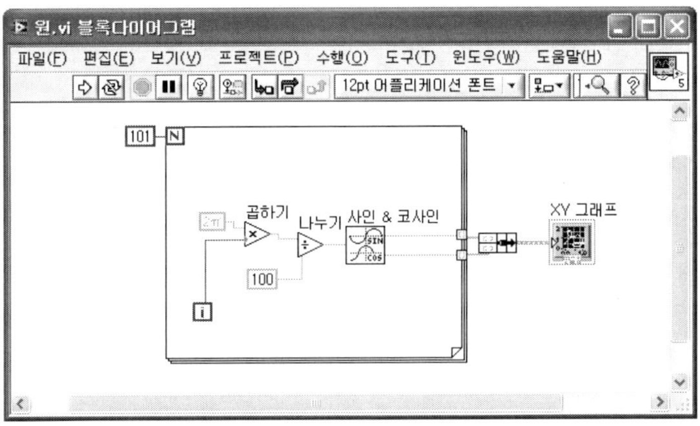

사인&코사인( ) 함수는 **함수→수학→기본 & 특수함수→삼각함수** 팔레트에 있다. 이 함수는 입력 x에 대해 sin(x)와 cos(x)를 동시에 출력한다.

'2π'는 **함수→프로그래밍→숫자형→수학&과학상수** 팔레트에 있다.

곱하기( ), 나누기( )는 **함수→프로그래밍→숫자형** 팔레트에 있다.

묶기( ) 함수는 **함수→프로그래밍→클러스터&배리언트** 팔레트에 있다. XY 그래프를 만들기 위해서는 반드시 묶기 함수를 사용해야 한다.

프런트패널

4. VI를 실행하고 저장한다. 다음과 같은 결과가 표시된다.

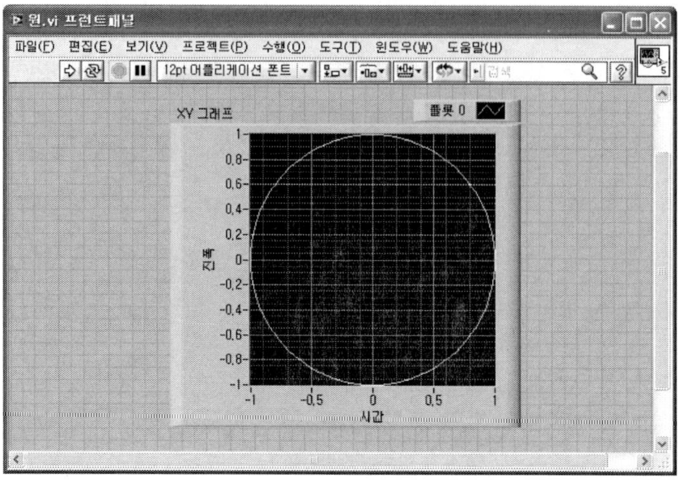

예제 6.4 XY 그래프를 사용해서 원과 타원 그리기

독립적인 X와 Y 배열을 사용해 XY 그래프에 원과 타원을 동시에 그리는 VI를 작성한다.

프런트패널

1. 새 VI를 만들고 **2채널XY그래프.vi**로 저장한다.
2. 프런트패널에 XY 그래프를 위치 시킨다.

   XY 그래프( )는 **컨트롤→ 일반→ 그래프** 팔레트에 있다.

블록다이어그램

3. 다음과 같이 블록다이어그램을 작성한다.
4. 새로운 프런트패널을 열고 다음과 같은 프런트패널을 작성한다.

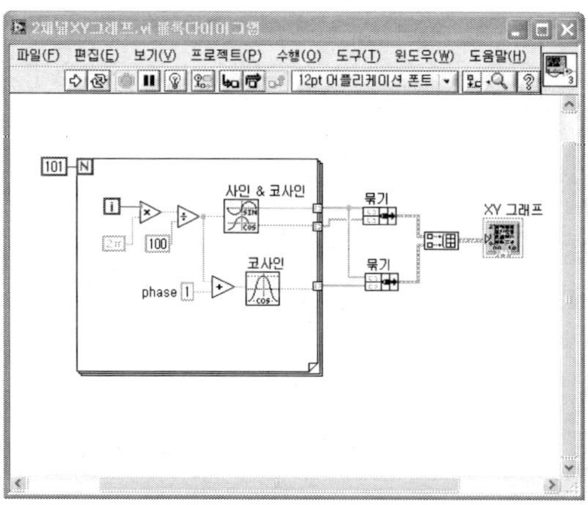

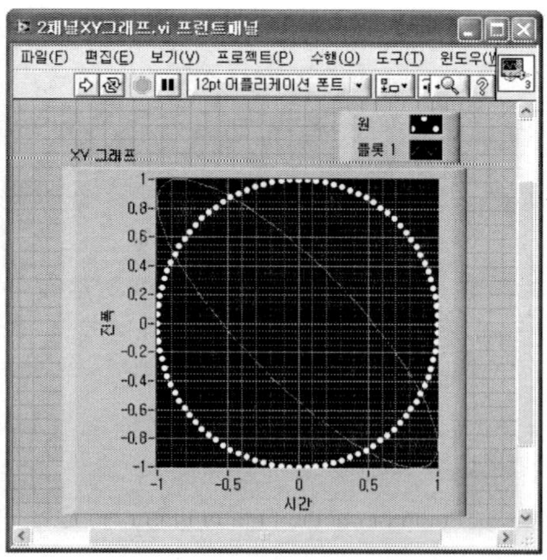

5. 프런트패널에서 VI를 실행한다.

6.4 차트와 그래프의 구성요소

그래프와 차트는 데이터를 사용자의 욕구에 맞게 변경할 수 있는 많은 옵션을 가지고 있다. 여기에서 설명하는 대부분의 내용은 차트와 그래프(웨이브폼 그래프와 XY 그래프)에 공통적으로 사용된다.

6.4.1 웨이브폼 차트의 보이는 아이템 메뉴

웨이브폼 차트에는 다양한 아이템을 보이게 할 수 있기 때문에 사용자는 이 아이템들을 이용하여 이해하기 쉽고 사용하기 편리한 사용자 인터페이스를 만들 수 있다.

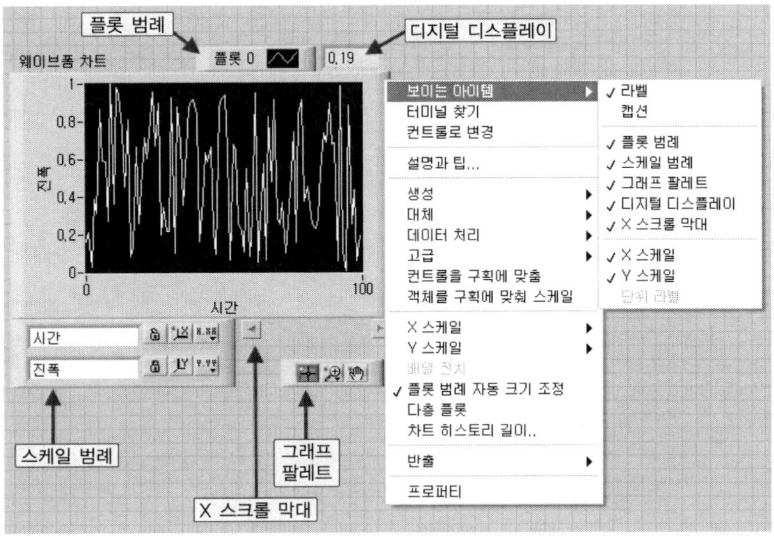

플롯 범례

플롯 범례는 웨이브폼 차트에 디스플레이 되는 데이터의 표현 방식을 변경할 수 있는 도구이다. 예를 들어 2개 이상의 데이터를 동시에 표시한다면 플롯의 형태, 색상, 라인 스타일, 라인 폭, 텍스트 등을 수정하여 입력할 수 있다.

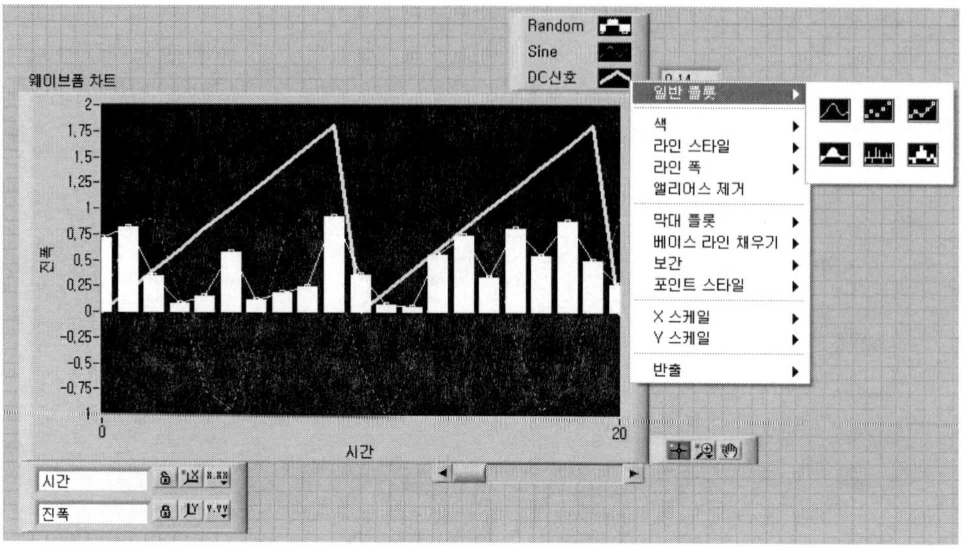

디지털 디스플레이

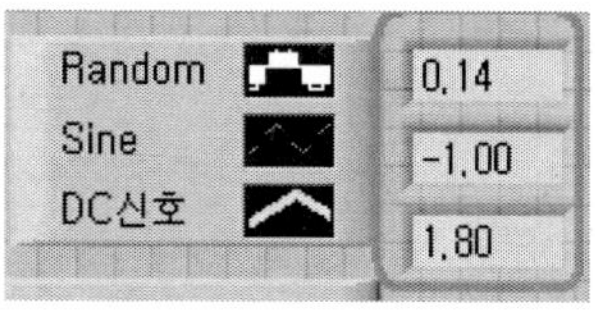

웨이브폼 차트는 숫자형 인디케이터의 일종이므로 디지털 디스플레이로 현재 숫자 값을 바로 표시해 준다.

X 스크롤 막대

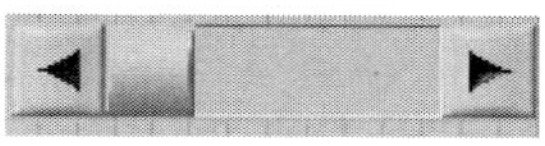

차트는 히스토리(History) 데이터를 저장할 수 있다. 또한 X 스크롤 막대를 이용해서 차트 히스토리의 데이터를 모두 볼 수 있다. 차트는 기본값으로 1024개의 데이터를 자동 저장한다. 더 많은 또는 적은 데이터를 차트가 자동적으로 관리하려면 차트를 바로 가기하고 **차트 히스토리 길이..**를 선택하여 새로운 값을 100,000 범위 내에서 입력할 수 있다. 스크린에 표시하는 데이터 수를 증대 또는 감소 시키려면 버퍼의 크기를 변경하지 말고 차트의 크기를 변경해야 한다. 버퍼의 크기를 변경하면 스크롤하는 데이터의 양이 증대된다.

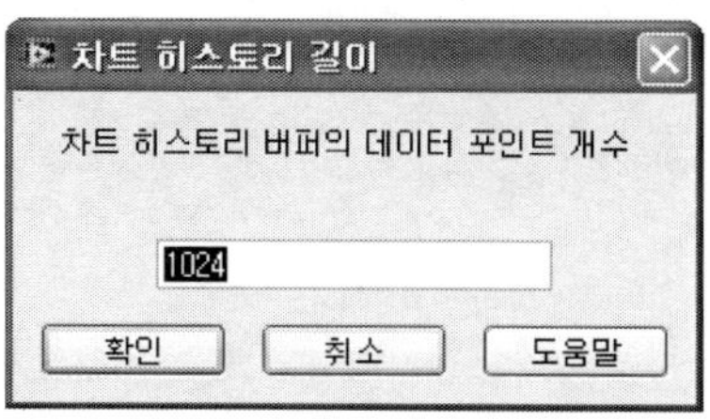

스케일 범례

VI의 편집 모드에서는 각 축의 스케일이나 이름 등을 팝업 메뉴를 통해서 직접 입력할 수 있다. VI가 실행 모드일 때는 축의 스케일이나 이름 등을 스케일 범례를 이용하여 변경시켜야 한다. 특히 VI를 실행 파일 형태로 배포하고자 할때는 스케일 범례가 유용하게 사용된다.

그래프 팔레트

	그래프의 여러 가지 도구 모음
	일반 디스플레이
	차트를 각종 형태로 줌 할 수 있다.
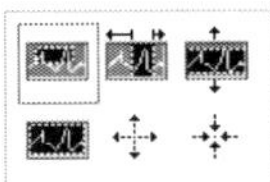	줌을 선택할 수 있는 방법들로 특정한 영역을 선택할 수 있다.
	마우스를 이용하여 드래그로 화면을 끌어서 움직일 수 있는 도구

1 다층(Stack) 플롯 및 오버레이(Overlay) 플롯

여러 데이터를 1개의 차트에 표시하는 경우를 고려한다. 이러한 경우 모든 플롯을 동일한 Y축에 표시하는 **오버레이 플롯**과, 각각의 플롯을 독립적인 Y축에 표시하는 **다층 플롯**으로 구별된다. 이 옵션은 차트를 바로 가기하고 **다층 플롯** 또는 **오버레이 플롯**을 선택한다. 다음 그림에서 이들을 표시해 놓았다.

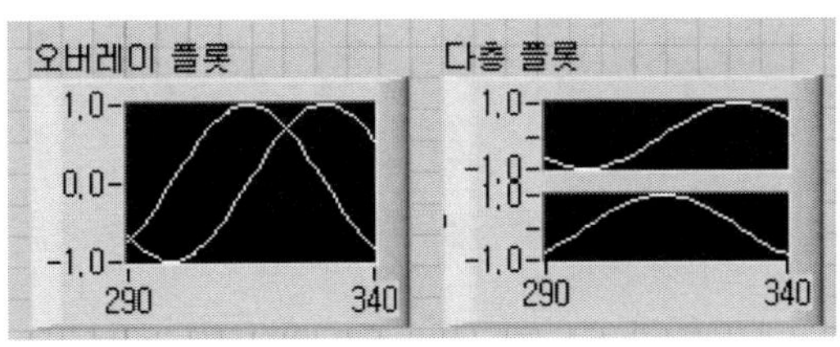

2 차트의 데이터 지우기

차트에 표시된 모든 데이터를 지우는 경우를 고려해 본다. 수정 모드에서는 차트의 팝업 메뉴에서 **데이터 처리→차트 지우기**를 선택하면 차트에 표시된 내용을 지울 수 있다. 실행 모드인 경우 차트의 팝업 메뉴에서 **차트 지우기**를 선택한다.

3 웨이브폼 그래프의 보이는 아이템 메뉴

웨이브폼 그래프, XY 그래프는 기본적으로 웨이브폼 차트와 동일하지만 커서 범례의 추가 기능이 있다.

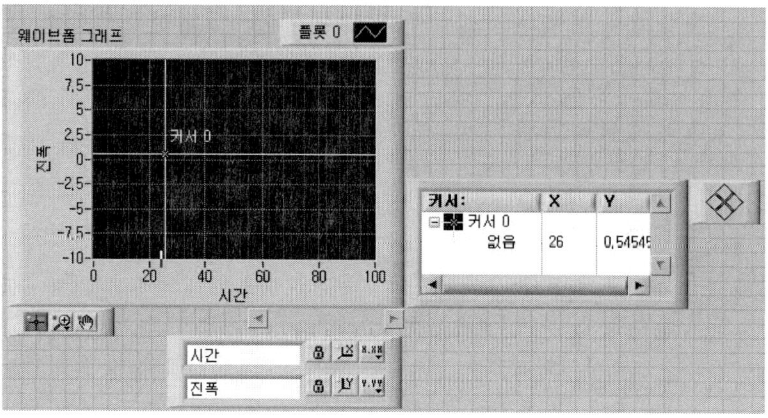

CHAPTER 07

LabVIEW 프로젝트

개발하는 어플리케이션의 규모가 커지게 되면 한 개의 VI로 완성하기 어렵다. 여러 개의 VI와 변수들, 관련 파일과 문서들을 함께 구성해야만 어플리케이션을 완성할 수 있다. LabVIEW 프로젝트는 큰 규모의 어플리케이션을 구성할 수 있도록 프로젝트 기반의 프로그래밍 환경을 제공해 준다. 특히 LabVIEW 프로젝트는 단일 프로세서에서 구현되는 프로젝트뿐만 아니라 여러 컴퓨터에서 구현되는 프로젝트를 만들 수 있도록 도와준다. 그러므로 LabVIEW의 프로젝트를 이용하여 컴퓨터들 간의 데이터 통신을 쉽게 구현할 수 있고 LabVIEW Real Time, LabVIEW FPGA, LabVIEW ARM 등의 프로그램을 구현할 수 있게 한다.

LabVIEW 프로젝트는 다음과 같은 **시작하기** 창에서 **새 프로젝트**를 선택하여 만들 수 있다.

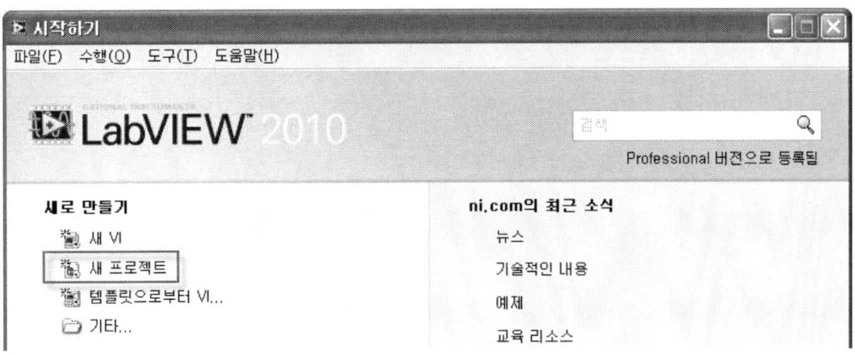

새 프로젝트( )를 선택하면 다음과 같은 프로젝트 탐색기가 실행된다. **모두 저장**( )버튼을 선택하면 프로젝트를 저장할 수 있으며 확장자는 *.lvproj이다.

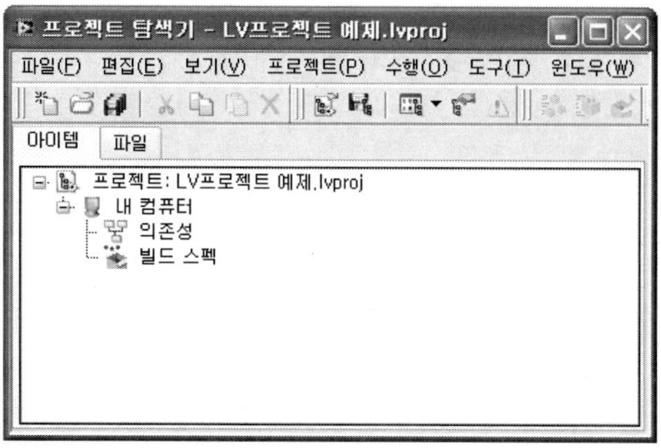

아이템 페이지에서는 프로젝트 트리에 있는 프로젝트 아이템을 디스플레이한다.

- **프로젝트**( ): 프로젝트의 파일 이름을 가지고 있고 모든 파일들이 프로젝트 루트 아래에 포함된다.
- **내 컴퓨터**( ): 타겟이 되는 컴퓨터를 지칭하며 내 컴퓨터는 프로젝트를 프로그래밍하는 로컬 컴퓨터를 의미한다.
- **의존성**( ): 타겟에 필요한 VI 관련 파일들이 포함된다.
- **빌드 스펙**( ): 실행 파일이나 배포용 프로그램 등을 만드는 기능이다.

파일 페이지는 디스크에 해당 파일이 있는 프로젝트 아이템을 디스플레이 한다. 이 페이지에서 파일 이름과 폴더를 구성할 수 있다. **파일** 페이지에서의 프로젝트 관리는 디스크에 들어있는 내용을 반영하고 업데이트 한다. 타겟 아래의 폴더나 아이템에서 마우스 오른쪽 버튼을 클릭한 후 바로 가기 메뉴에서 **아이템 보기에서 보이기**나 **파일 보기에서 보이기**를 선택한다.

다음의 경우는 프로젝트를 반드시 만들어야 한다.

- 여러 VI를 묶어서 라이브러리를 수정할 때
- EXE 실행 배포 파일을 만들 때
- 임베디드, FPGA Real Time 타겟을 함께 사용할 때

7.1 프로젝트에 VI 추가하기

내 컴퓨터( )의 팝업 메뉴에서 **새로 만들기**를 선택하면 VI, 버추얼 폴더, 컨트롤, 라이브러리, 변수 등을 추가할 수 있다. **새로 만들기→VI**를 선택하면 새로운 VI가 생성된다. VI를 저장하면 **내 컴퓨터**( ) 아래에 VI가 추가된다.

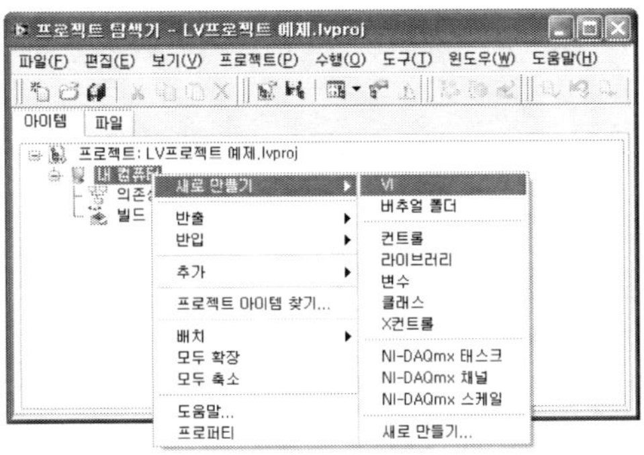

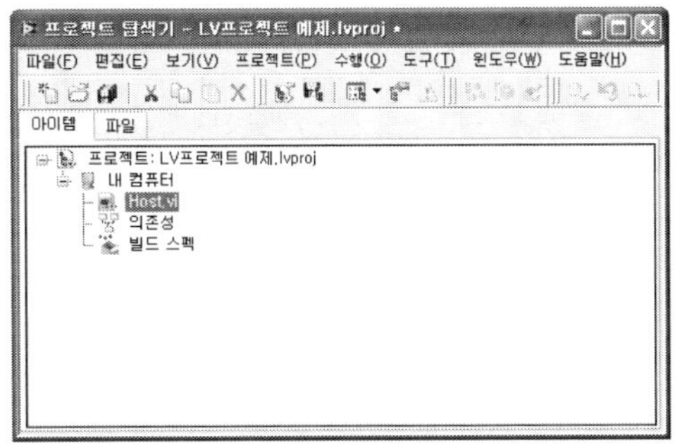

7.2 공유 변수 추가하기

VI 뿐만 아니라 사용자 정의 컨트롤이나 라이브러리, 변수, 클래스, X 컨트롤 등을 프로젝트에 추가할 수 있다. 클래스는 객체지향 프로그래밍을 구현할 수 있게 제공하며, X 컨트롤은 SubVI나 클래스 기능을 가진 컨트롤을 만들어 사용할 수 있다. 이들은 프로젝트를 구현할 때 개발효율을 극대화 할 수 있는 기능들이며, 변수는 프로젝트 내에서 데이터를 서로 공유할 수 있게 한다. **내 컴퓨터**( )의 팝업 메뉴에서 **새로 만들기→변수**를 선택하여 공유 변수를 만들 수 있다. 다음과 같은 **공유 변수 프로퍼티** 창에서 변수의 기본 설정, 설명, 네트워크, 스케일링 등을 설정할 수 있다.

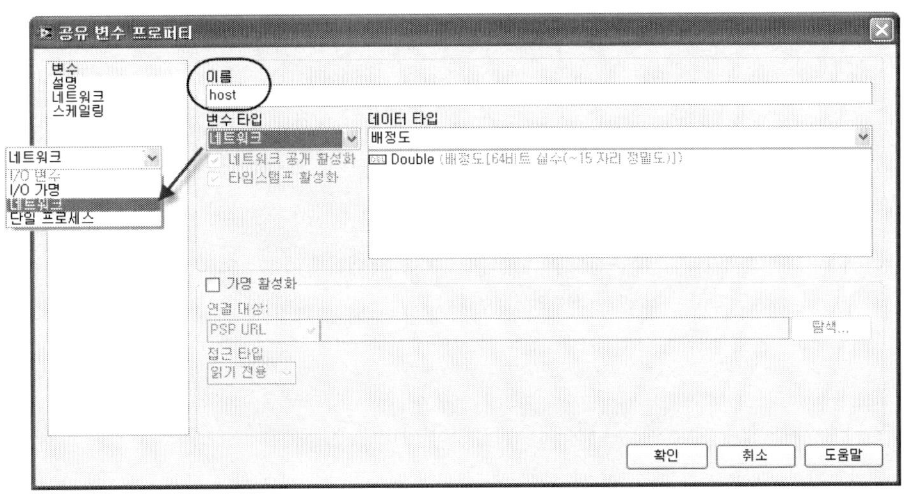

7.2.1 변수

- **이름:** 변수 타입, 데이터 타입 등을 설정한다. 여기서는 변수 이름을 Host로 하였다.
- **변수 타입:** 네트워크 공개, 단일 프로세스 등을 선택할 수 있다. 만일 프로세스 내에서만 사용할 변수라면 "단일프로세스"를 선택하고, 네트워크를 위하여 다른 PC나 프로세스로 공유할 변수라면 "네트워크 공개"를 선택한다.
- **데이터 타입:** 배정도, 단정도, 문자열 등의 데이터 타입을 선택한다.

7.2.2 설명, 네트워크

변수 타입으로 네트워크 공개를 선택하였을 때 설정할 수 있는 항목들이다. 타 프로세스에서 이 변수를 검색하여 사용할 때 필요한 변수의 설명과 버퍼 설정 같은 네트워크 설정이다. 여기에서 타 프로세스는 윈도우 기반의 컴퓨터나 VxWorks와 같은 Realtime OS 기반의 컴퓨터 등을 의미한다.

'확인' 버튼을 선택하면 다음과 같은 임의의 라이브러리 아래에 변수가 추가된다. 변경된 내용을 저장( ) 버튼을 선택하여 저장한다.

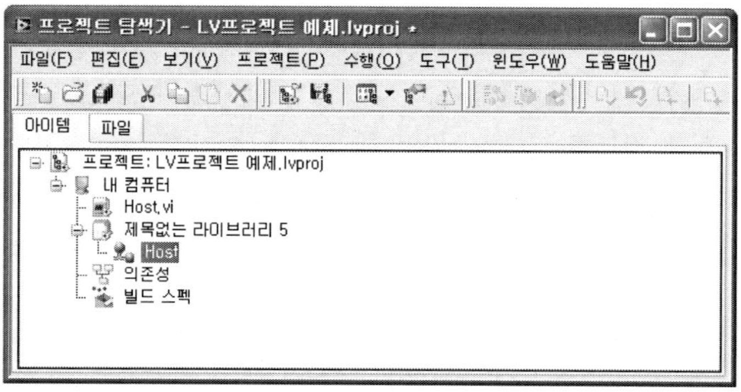

공유 변수는 프로젝트 상의 여러 VI들 사이로 데이터를 전달하기 위하여 사용한다. 프로젝트는 여러 프로세스로 구성될 수 있다. 이때 공유 변수를 이용하여 단일 프로세스상의 여러 VI들 사이에서 데이터를 전달할 수도 있고, 여러 프로세스상에서 데이터를 전달할 수도 있다. 또한 한 개의 VI 속에서 서로 다른 루프들 사이로 데이터를 전달할 수도 있다. 다음 연습을 통하여 공유 변수를 만들고 VI들 사이로 데이터를 전달하는 방법을 익히도록 한다.

예제 7.1 공유 변수

공유 변수를 이용하여 2개의 VI들 사이에 데이터를 주고 받는 프로그램을 작성한다.

프로젝트

1. 새 프로젝트를 만들고 **연습.lvproj**으로 저장한다.
2. **내 컴퓨터**( )의 팝업 메뉴에서 **새로 만들기 → 라이브러리**를 선택한다. 저장( ) 버튼을 선택하면 대화 상자가 표시되며, **공유변수 라이브러리.lvlib**로 저장한다.
3. **공유변수 라이브러리.lvlib**의 팝업 메뉴에서 **새로 만들기 → 변수**를 선택하고 공유 변수를 만든다. 이름 "난수 전달", 데이터 타입 "배정도", 변수 타입 "단일 프로세스"를 입력한다.
4. **내 컴퓨터**( )의 팝업 메뉴에서 **새로 만들기 → VI**를 선택하고 VI를 **난수발생.vi**로 저장한다. 프로젝트는 다음과 같은 결과가 표시된다.

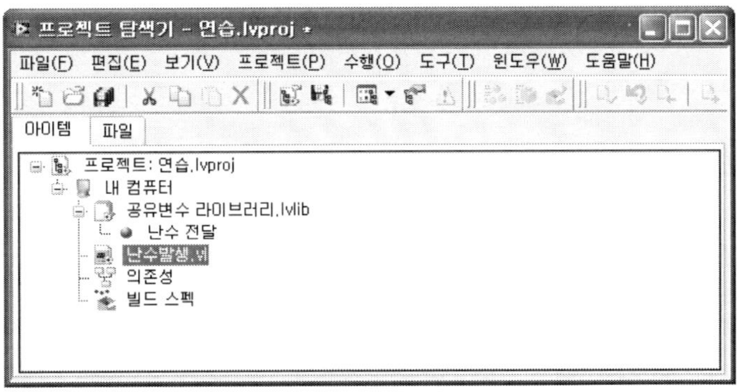

블록다이어그램 1

5. **난수발생.vi**의 블록다이어그램을 다음과 같이 작성한다.

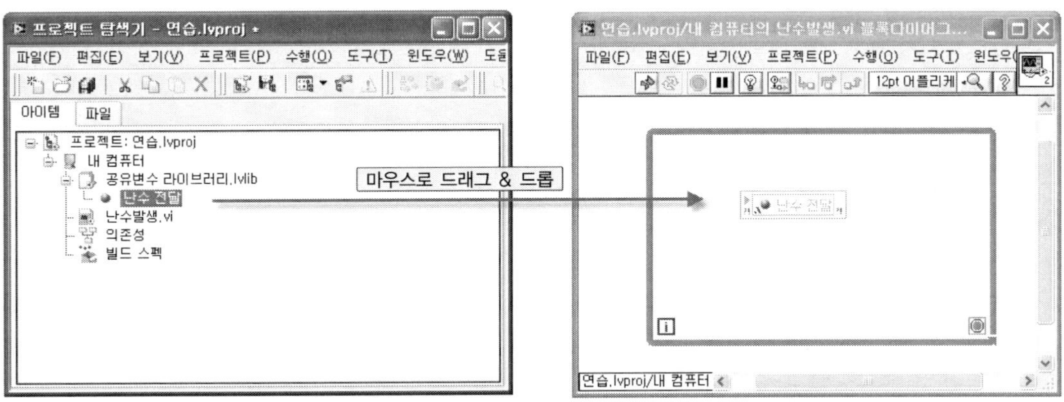

While 루프( )는 **함수→프로그래밍→구조** 팔레트에 있다.

6. 난수 전달 은 프로젝트의 난수 전달( )을 블록다이어그램으로 드래그 & 드롭한다. 또는 **함수→프로그래밍→구조** 팔레트에서 공유 변수( )를 선택해서 While 루프 내부에 놓는다. 다음과 같은 과정을 통해서도 가능하다.

7. 난수 전달 팝업 메뉴의 프로퍼티를 선택한다. **객체 프로퍼티** 창의 **설정** 탭에서 **쓰기로 변경**을 선택하면 인디케이터가 된다.

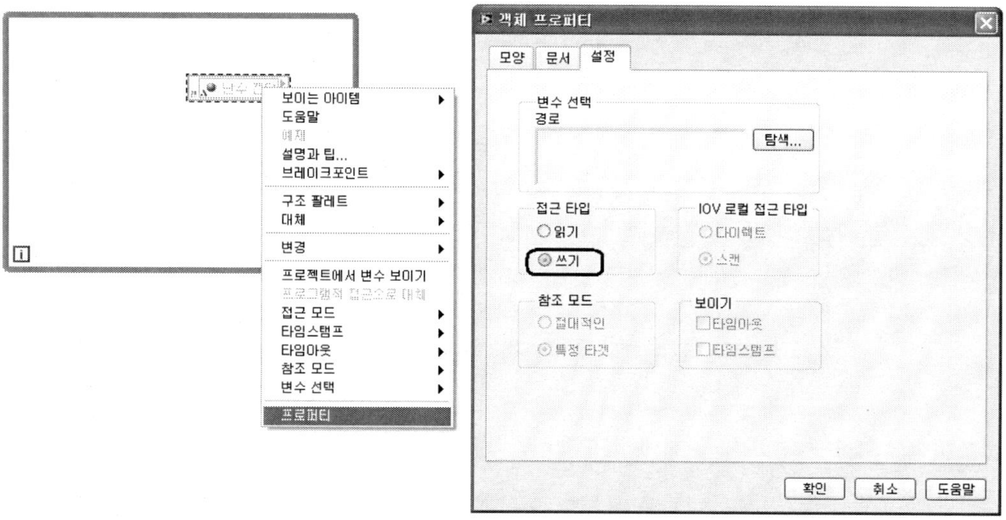

8. 다음과 같이 블록다이어그램을 완성한다.

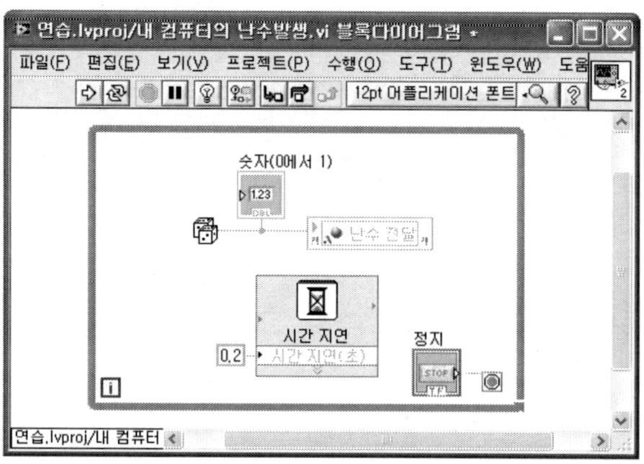

난수() 함수는 **함수→프로그래밍→숫자형** 팔레트에 있다.

시간지연() 함수는 **함수→프로그래밍→타이밍** 팔레트에 있다.

블록다이어그램 2

9. 내 컴퓨터()의 팝업 메뉴에서 **새로 만들기→VI**를 선택한다. 새 VI는 **디스플레이.vi**로 저장한다.

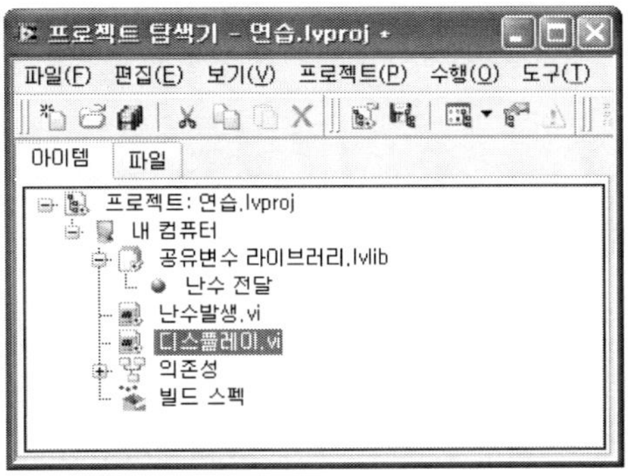

10. 프로젝트 탐색기에서 난수 전달()을 드래그 앤 드롭해서 디스플레이.vi의 블록다이어그램에 놓는다. 블록다이어그램을 다음과 같이 완성한다.

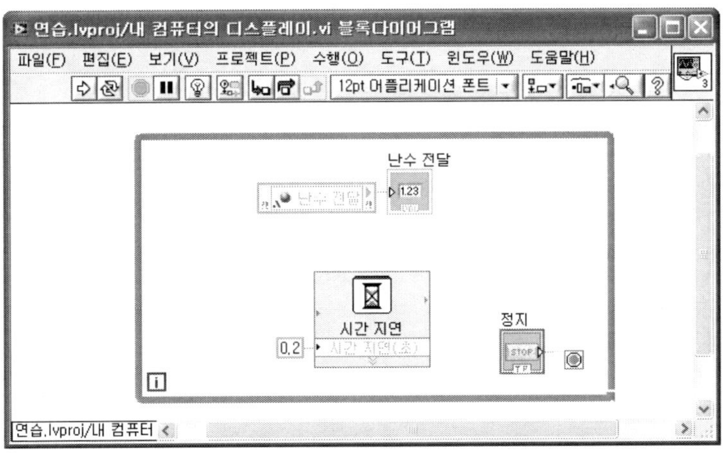

11. **난수발생.vi**와 **디스플레이.vi**의 프런트패널을 정리하고 실행한다. **난수발생.vi**에서 발생된 난수가 **디스플레이.vi**로 전달됨을 확인할 수 있다.

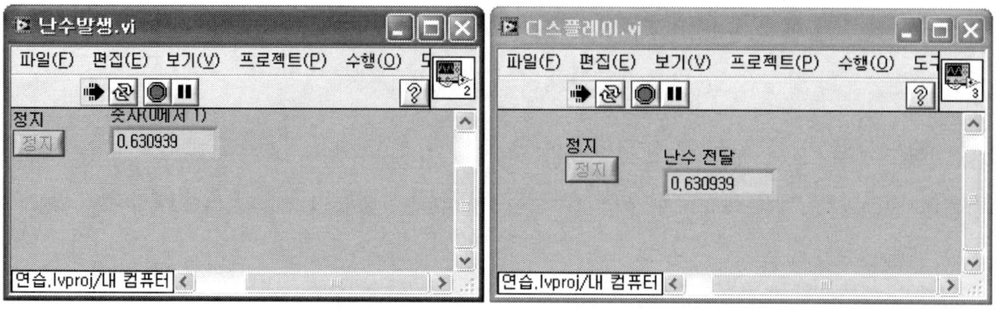

7.3 LabVIEW 배포하기

LabVIEW를 이용하여 VI를 생성한 다음 실행 파일로 만들어 사용하거나 다른 컴퓨터로 배포할 수 있다. 실행 파일은 독립적인 프로그램으로 LabVIEW 프로그램의 최종 단계이다. VI를 실행 파일로 만들려면 Application Builer 또는 LabVIEW Professional 버전이 필요하다.

CHAPTER 08

파일 입·출력 작업

파일 입·출력(I/O) 작업은 디스크 파일의 저장 작업에 관여한다. LabVIEW는 단일 함수로 파일 I/O 작업을 하는 기능 및 복잡한 파일 I/O에 적절한 파일 I/O 함수를 갖고 있다. 파일 입·출력 함수는 **함수→프로그래밍→파일 I/O** 팔레트에 있다.

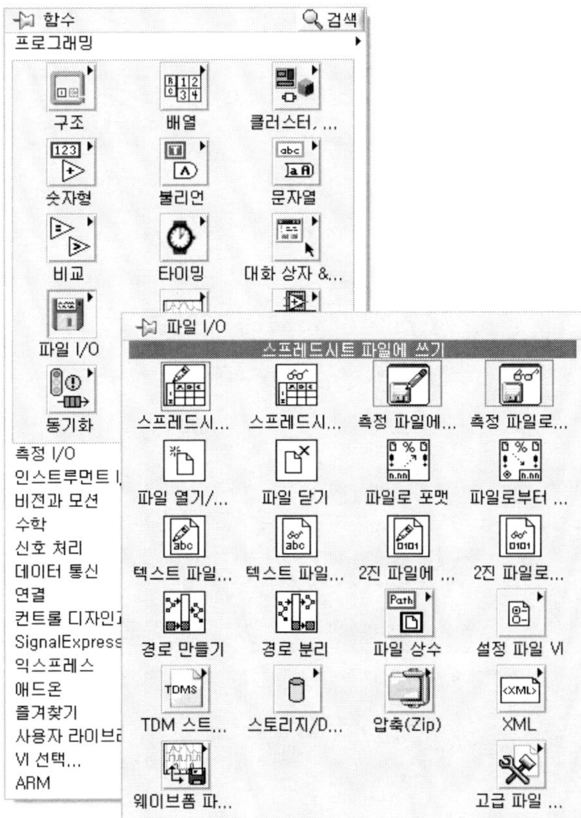

일반적으로 파일 I/O는 3단계 과정으로 구성된다. 먼저 파일을 생성하거나 열어서 파일로 데이터를 입·출력하고 마지막 단계로 파일을 닫는다. 파일을 생성 또는 열 때에는 파일의 위치를 명기해야 한다. 파일의 위치를 명기하는 방법은 2가지 방법이 있다. 프런트패널의 **컨트롤→일반→문자열&경로**의 **경로** 를 이용하거나, 블록다이어그램에서 **함수→프로그래밍→파일I/O→파일상수** 팔레트의 함수들을 이용한다. 파일 함수의 사용 목적지를 확인하는 방법은 파일이 열린 상태로 알 수 있다. 목적지가 열린 파일이면 파일의 **참조번호 참조**(refnum)을 사용하고, 열린 파일이 아니거나 디렉토리인 경우에는 경로를 이용한다.

8.1 문자열 타입 데이터 쓰기/읽기

문자열로 데이터를 저장하면 워드, 메모장, 엑셀 등에서 파일을 사용할 수 있다. 이는 ASCII 방식으로 데이터를 저장하기 때문에 다양한 프로그램에서 사용할 수 있지만 Binary 파일 형식보다 파일 크기가 커지는 단점이 있다. 만약 고속으로 데이터를 저장하는 경우 ASCII 파일로 데이터를 저장하는 것은 적절하지 않다.

8.1.1 문자열 파일 쓰기

파일 쓰기는 파일을 열고 데이터를 쓰고 파일을 닫는 과정으로 이루어진다.

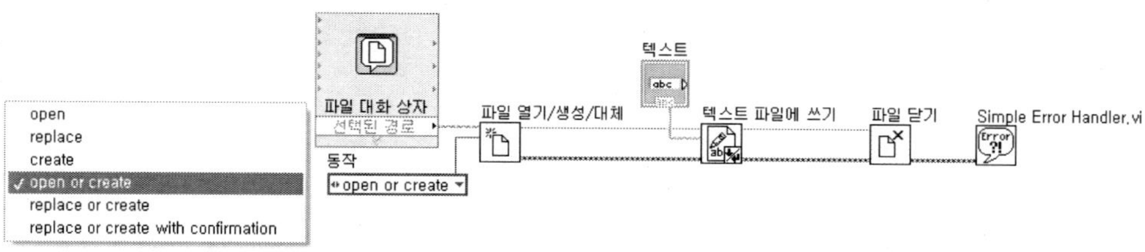

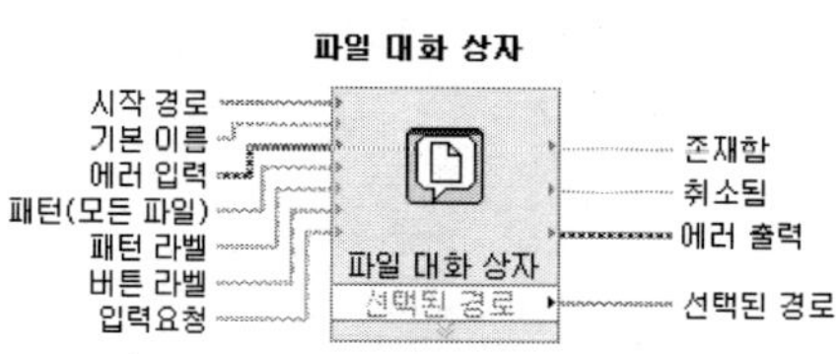

파일 대화 상자 VI는 **함수→프로그래밍→파일I/O→고급파일 기능** 팔레트에 있으며, 파일 경로를 지정하는 대화 상자이다.

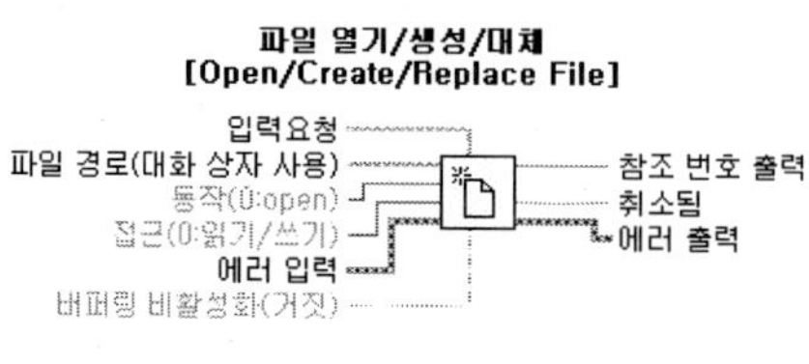

파일 열기/생성/대체(Open/ Create/ Replace File)함수는 프로그램적으로 또는 파일 대화 상자를 이용하여 대화식으로 기존 파일을 열거나 새 파일을 생성하거나 기존 파일을 대체한다. 읽기 위해 열 경우는 open 을 선택하고 파일 쓰기에는 주로 open or create 를 사용한다.

텍스트 파일에 쓰기
[Write to Text File]

텍스트 파일에 쓰기(Write to Text File) 함수는 문자열 데이터를 저장할 때 사용한다. 텍스트로 저장되면 워드, 메모장, 엑셀 등에서 파일을 읽을 수 있다. ASCII 방식으로 데이터를 저장하기 때문에 다양한 프로그램에서 사용할 수 있지만 Binary 파일 형식보다 파일 크기가 커지는 단점이 있다.

파일 닫기
[Close File]

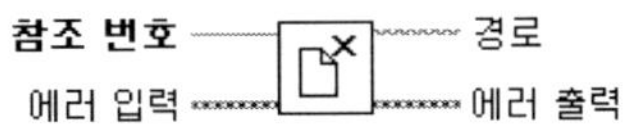

파일 닫기(Close File) 함수는 **참조 번호**로 지정된 열려 있는 파일을 닫고 참조 번호와 관련되어 있는 경로를 반환한다.

단순 에러 핸들러
[Simple Error Handler.vi]

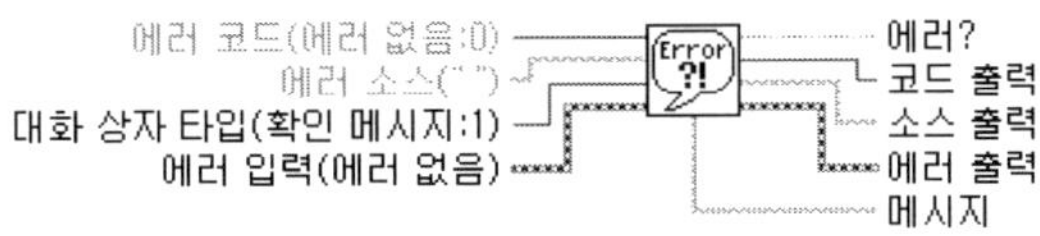

단순 에러 핸들러(Simple Error Handler) VI는 **함수 → 프로그래밍 → 대화 상자 & 사용자 인터페이스** 팔레트에 있다. 이 함수는 에러가 발생하였는지의 여부를 나타낸다. 에러가 발생한 경우 이 VI는 에러의 설명을 반환하고 선택적으로 대화 상자를 디스플레이한다.

8.1.2 문자열 파일 읽기

저장된 파일을 읽기 위해서는 먼저 파일을 열고 데이터를 읽고 파일을 닫는다. 읽을 데이터의 크기를 Byte 단위로 입력할 수 있다. 다음은 파일 읽기에 대한 일반적인 과정이다.

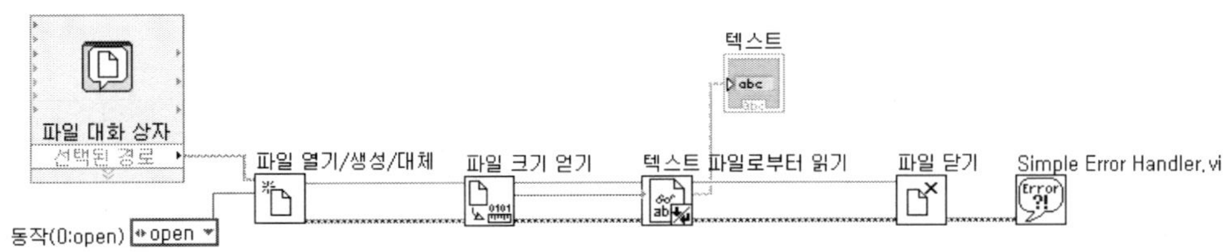

파일 크기 얻기
[Get File Size]

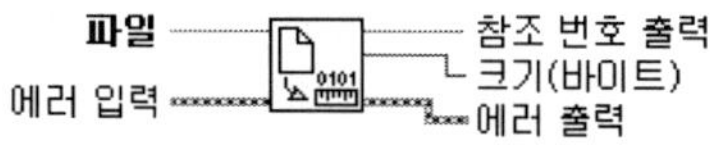

파일 크기 얻기(Get File Size) 함수는 **함수→ 프로그래밍 → 파일 I/O → 고급파일 기능** 팔레트에 있다. 이 함수는 파일의 크기를 바이트로 출력하며 이를 **텍스트 파일로부터 읽기 함수**의 **카운트**에 연결한다.

텍스트 파일로부터 읽기
[Read from Text File]

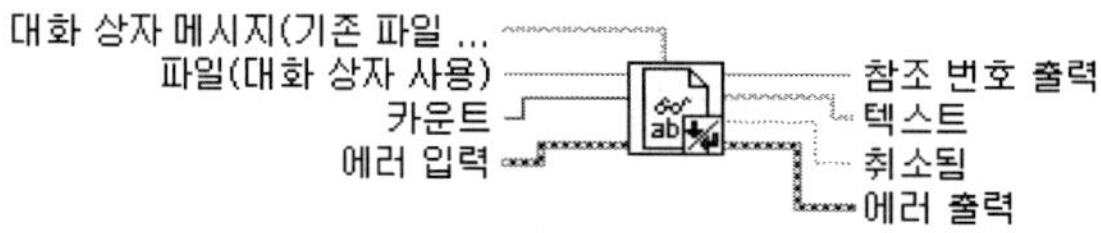

텍스트 파일로부터 읽기(Read from Text File) 함수는 **함수→ 프로그래밍 → 파일 I/O** 팔레트에 있다. 텍스트 형식의 파일로부터 데이터를 읽어오는 함수이며 읽어올 데이터 크기를 카운트에 반드시 입력해야 한다.

예제 8.1 텍스트 데이터의 저장 및 읽기

숫자형 및 문자형 데이터를 저장하고 이를 읽어오는 프로그램을 연습해 보자.

블록다이어그램

1. 새로운 VI를 열고 **텍스트 파일저장.vi**로 저장한다.
2. 블록다이어그램을 다음과 같이 작성한다.

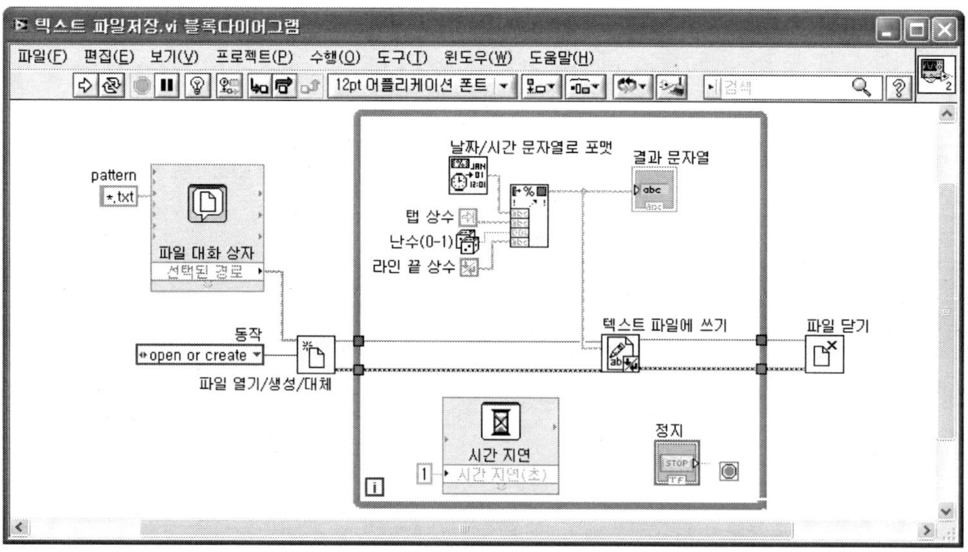

날짜/시간 문자열로 포맷
[Format Date/Time String]

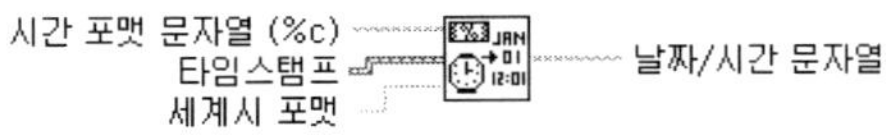

날짜/시간 문자열로 포맷(Format Date/Time String) 함수는 **함수→프로그래밍→타이밍** 팔레트에 있다. 이 함수는 현재 날짜/시간을 문자열로 출력한다.

탭상수( )는 **함수→프로그래밍→문자열** 팔레트에 있다.

난수(, 0-1)는 **함수→프로그래밍→숫자형** 팔레트에 있다.

라인 끝 상수( )는 **함수→프로그래밍→문자열** 팔레트에 있다.

문자열로 포맷
[Format Into String]

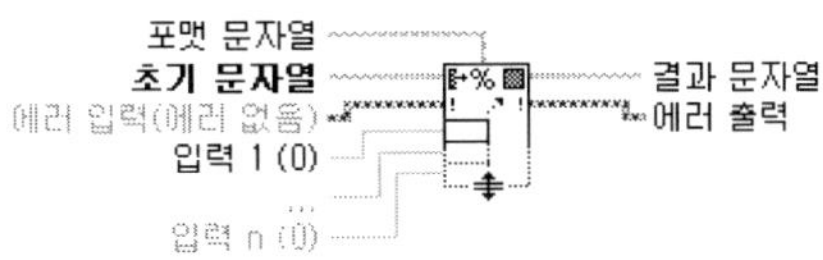

문자열로 포맷(Format Into String) VI는 다양한 입력 데이터를 결과 문자열로 출력한다.

3. VI를 저장하고 실행한다. 파일을 저장할 경로 및 파일명을 선택한다. 여기서는 c:\temp\test.txt로 파일을 저장하였다.

   프런트패널의 **결과 문자열**은 다음과 같은 형태이다.

4. 다음과 같이 블록다이어그램을 수정해 본다. 프로그램은 **텍스트 파일저장1.vi**로 저장한다.

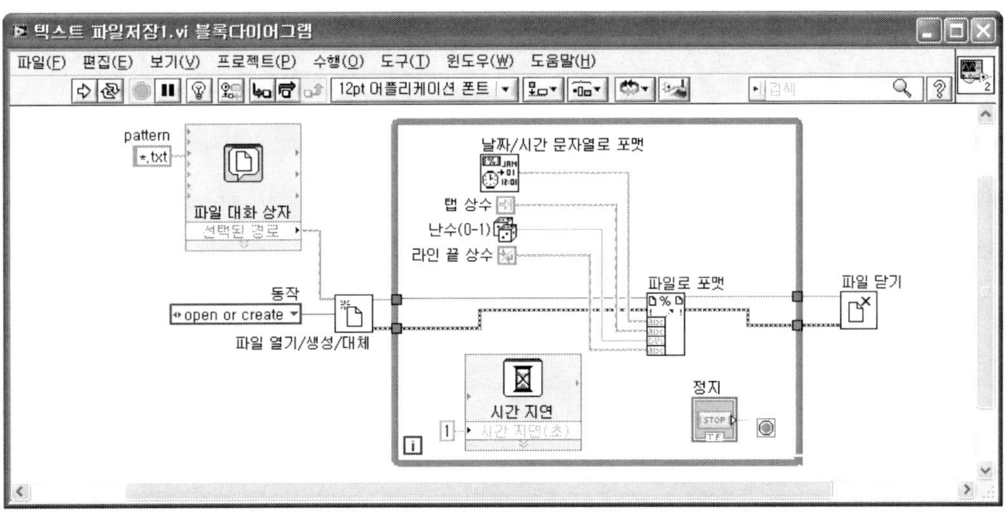

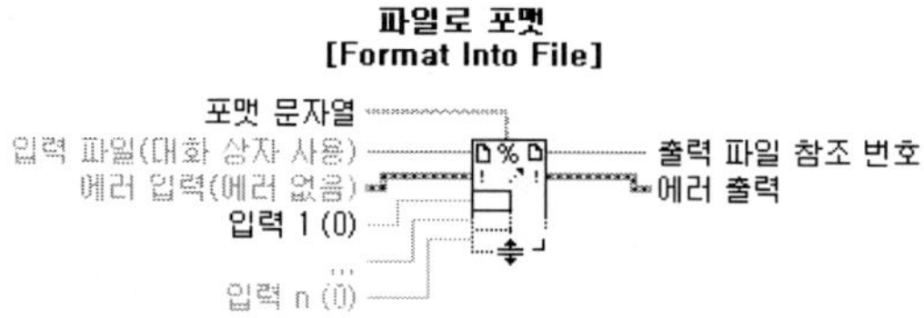

파일로 포맷(Format Into File) 함수는 **함수 → 프로그래밍 → 파일 I/O** 팔레트에 있다. 여기에서는 **문자열로 포맷**과 **텍스트 파일에 쓰기** 함수를 **파일로 포맷**으로 대체하였다. 프로그램이 좀 더 간단해짐을 확인할 수 있다.

5. Test.txt 파일을 열어본다. 다음과 같은 결과가 표시된다.

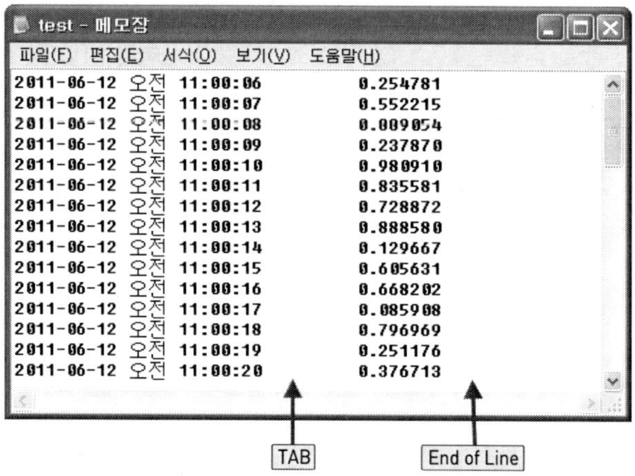

6. 새로운 VI를 열고 VI를 **텍스트 파일 읽기.vi**로 저장한다.

7. 블록다이어그램을 다음과 같이 작성한다.

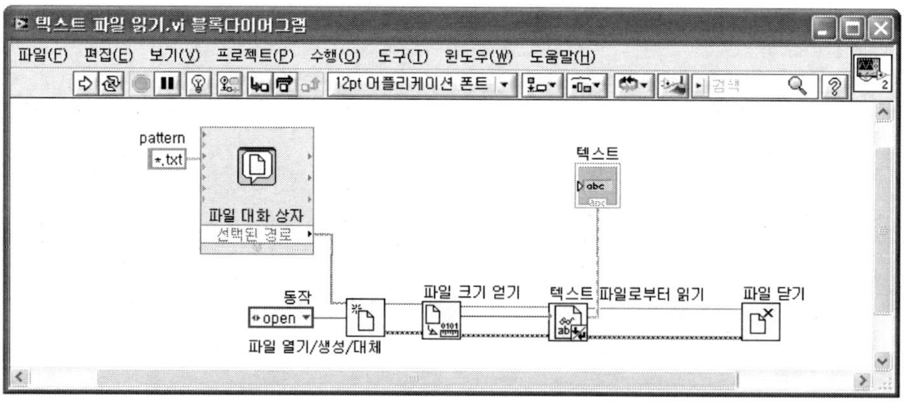

8. VI를 저장하고 실행하여 본다.

9. 앞에서 저장한 test.txt파일을 선택한다. 다음과 같은 결과가 프런트패널에 표시된다.

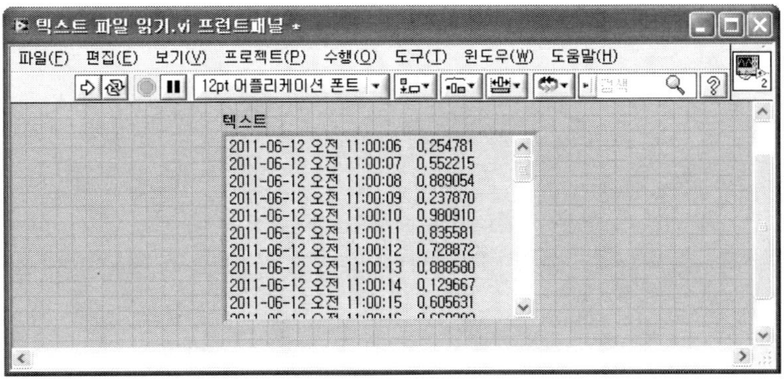

8.2 Binary 타입 데이터 쓰기/읽기

Binary 파일을 이용한 파일 입·출력은 파일 사이즈를 최적화 할 수 있다는 장점을 가진다. 또한 Random Access Reading을 구현할 수 있다. Random Access Reading은 파일의 일부분을 임의적으로 접근할 수 있다는 의미이며 효율적인 파일 읽기의 방법이다. 만약 Random Access Reading을 지원하지 않는 경우에는 전체 파일을 열고 필요한 정보를 발췌해야 되므로 파일크기가 클 경우에는 좋은 방법이 아니다. 하지만 binary 파일을 읽을 때 파일이 저장된 방법을 알아야 하고 저장된 방법을 모르는 경우 읽을 수 없다. 모든 데이터는 파일 내부에 있으므로 프로그래머의 능력에 따라 데이터를 읽을 수 있다. Binary 파일은 데이터 타입에 대한 명확한 정보 또는 헤더와 같은 편리한 정보가 없으므로 프로그래머 스스로 알아야 한다. 그러나 LabVIEW에는 Binary 데이터를 쉽게 읽고 쓰는 파일 관련 VI를 갖고 있다.

8.2.1 Binary 파일 쓰기

숫자형 데이터를 파일로 바로 저장할 때 **2진 파일 쓰기** 함수를 사용하면 Binary 파일 쓰기를 할 수 있다. 다음과 같은 방식으로 VI를 구성한다.

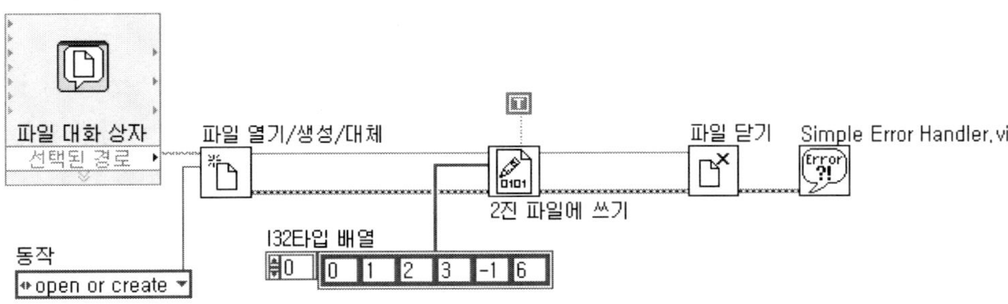

문자열 파일 쓰기에서는 텍스트 파일 쓰기 VI를 사용했지만, Binary 파일 쓰기에서는 **2진 파일 쓰기 VI**를 사용한다.

2진 파일에 쓰기(Write to Binary File) VI는 Binary 파일로 데이터를 저장할 때 사용한다. 파일의 크기를 최적화할 수 있기 때문에 고속으로 많은 데이터를 저장할 때 사용한다. 하지만 Binary 파일을 읽을 때 파일이 저장된 방법을 알아야 하고 저장된 방법을 모르는 경우는 읽을 수 없다. **배열 또는 문자열 크기를 앞에 추가?**에 TRUE()를 입력한 것은 Header를 추가한다는 의미이다. 여기서 사용된 Header정보는 **2진 파일로부터 읽기** VI에서 사용할 것이다.

I32 타입 숫자형 배열()을 Binary 타입으로 저장한다. 참고로 I32()는 4바이트 Long 데이터이다.

8.2.2 Binary 파일 읽기

Binary로 저장된 데이터를 파일을 읽는 방법은 다음과 같이 작성한다. 앞에서 저장한 Binary 데이터를 읽는 것을 기준으로 설명한다.

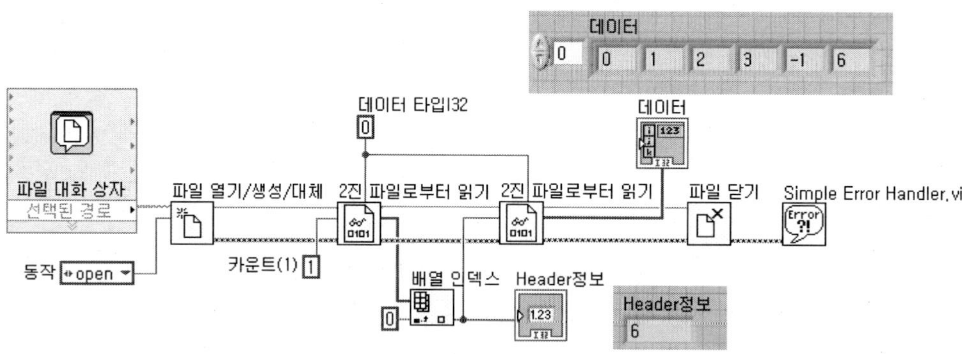

2진 파일로부터 읽기(Read from Binary File) VI는 파일로부터 2진 데이터를 읽고 데이터에서 그 값을 반환한다. **데이터 타입**에 따라 리턴되는 **데이터**가 변한다. Binary 데이터를 읽을 때 주의할 점은 저장한 데이터의 타입을 먼저 알고 있어야 한다는 것이다. 즉 '0'을 **데이터 타입**에 입력하면 1D 배열이 데이터로 출력된다. 앞에 있는 **2진 파일로부터 읽기** VI에 **카운트** '1'은 읽을 데이터 원소의 개수이다.

배열 인덱스( ) **VI**는 **함수→프로그래밍→배열** 팔레트에 있다. 여기에서는 '0'번 인덱스에 포함된 Header정보를 출력한다.

예제 8.2 난수를 Binary 파일로 저장하고 읽기

10개의 난수를 Binary 파일로 저장하고 저장된 Binary 데이터를 읽는 VI를 작성한다.

블록다이어그램 1

1. 새로운 VI를 열고 **Binary 파일저장.vi**로 저장한다.
2. 블록다이어그램을 다음과 같이 작성한다.

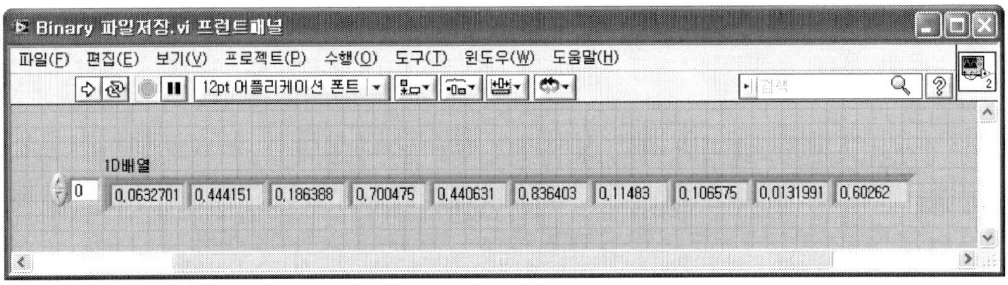

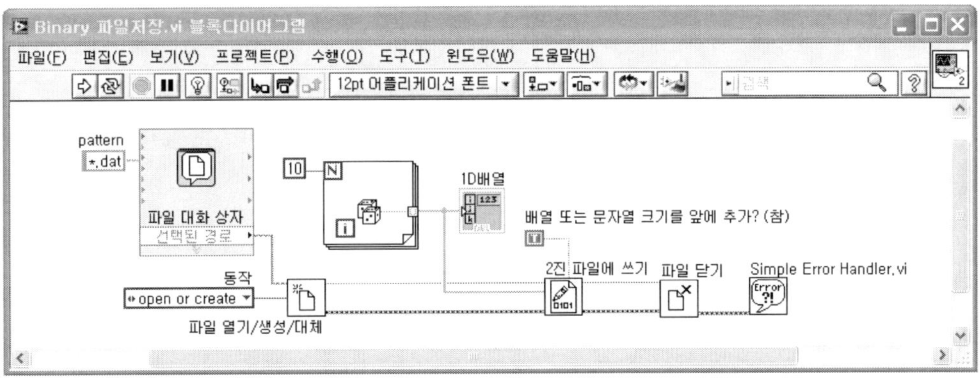

3. VI를 실행한다. 대화 상자가 표시되면 test.dat로 데이터를 저장한다.

블록다이어그램 2

4. 새로운 VI를 열고 **Binary 파일 읽기.vi**로 저장한다.
5. 블록다이어그램을 다음과 같이 작성한다.

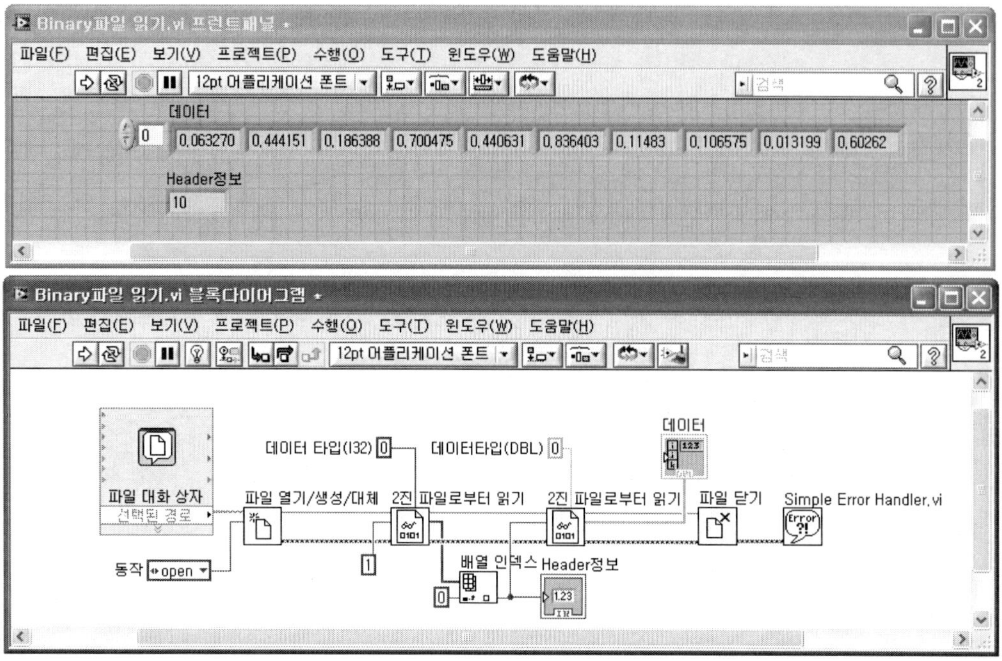

앞에 있는 **2진 파일로부터 읽기 VI**는 파일로부터 2진 데이터를 읽고 데이터에서 그 값을 반환한다. 여기에는 Header정보가 포함되어 있다. 10개의 DBL 타입의 난수( )를 저장하였기 때문에 Header정보( )에는 10을 출력한다. 이때 데이터 타입은 I32를 입력한다.

Header정보를 2번째 **2진 파일로부터 읽기** VI의 **카운트**로 입력된다. 이때 데이터 타입은 DBL을 입력한다.

6. VI를 실행하여 본다.

Binary 파일저장.vi를 실행하였을 때 저장한 데이터가 **Binary 파일 읽기.vi**로 출력한 데이터( )와 값이 같은지 확인한다.

8.3 스프레드시트

데이터를 텍스트 파일로 저장하는 경우 가장 쉬운 방법은 스프레드시트 함수를 이용하는 것이다. 이 경우 1개의 아이콘으로 쉽게 파일을 저장할 수 있는 장점이 있지만 대량 또는 고속으로 데이터를 저장할때는 적합하지 않다.

예제 8.3 스프레드시트 파일 입·출력 연습

일반적으로 파일 I/O는 3단계 과정을 거치지 않고 1개의 아이콘으로 데이터를 저장하거나 읽을 수 있는 방법을 사용한다. **함수→프로그래밍→파일 I/O**에 있는 스프레드시트 관련 함수는 파일은 엑셀이나 메모장에서 숫자형 배열을 다룰 때 사용한다.

블록다이어그램 1

1. 새로운 VI를 열고 **스프레트시트 파일저장.vi**로 저장한다.
2. 다음과 같이 블록다이어그램을 작성한다.

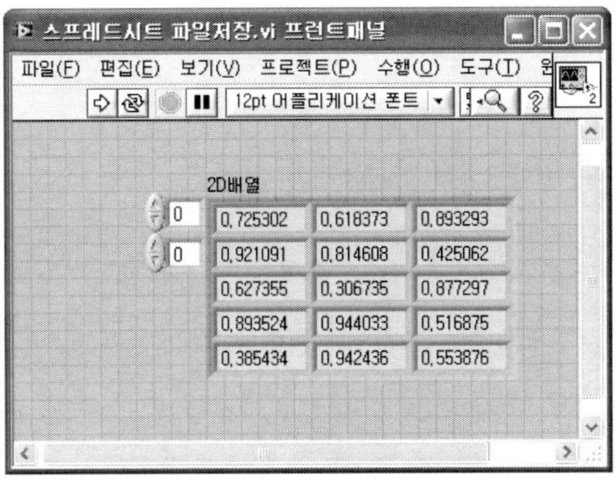

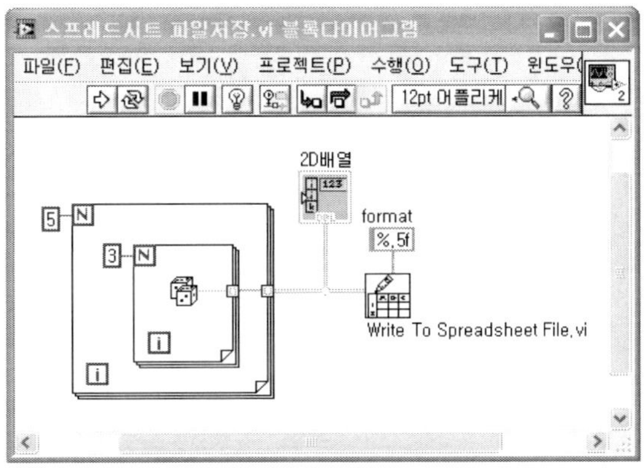

스프레드시트 파일 저장하기를 위해 다음과 같은 2D 배열을 포맷 '%. 5f'으로 저장하는 경우를 고려해 본다.

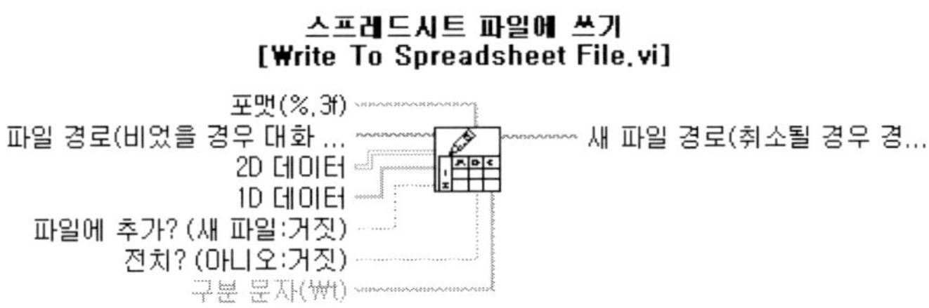

스프레트시트 파일에 쓰기(Write To Spreadsheet File) 함수는 **함수→프로그래밍→파일 I/O** 팔레트에 있다.

난수(, 0−1)를 For 루프( ) 내부에 놓고 2번 감싸주면 2D 배열이 생성된다.

'%. 5f' 포맷은 소수점 5자리까지 저장한다는 의미이다.

3. VI를 실행한다. 표시되는 다이아로그박스에서 **스프레트시트.txt**로 데이터를 저장한다.
4. 저장한 데이터는 다음과 같은 형태다. '%. 5f' 포맷을 사용하였기에 소수점 아래 5자리로 표시됨을 확인할 수 있다. 참고로 프런트패널은 소수점 아래 6자리다.

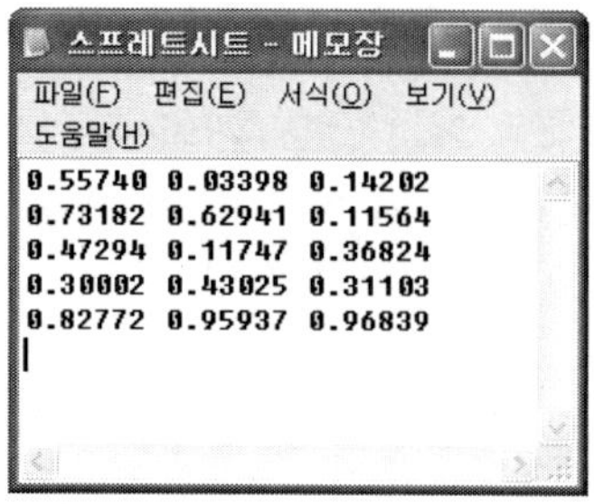

블록다이어그램 2

5. 새로운 VI를 열고 **스프레트시트 파일 읽기.vi**로 저장한다.

6. 다음과 같이 블록다이어그램을 작성한다.

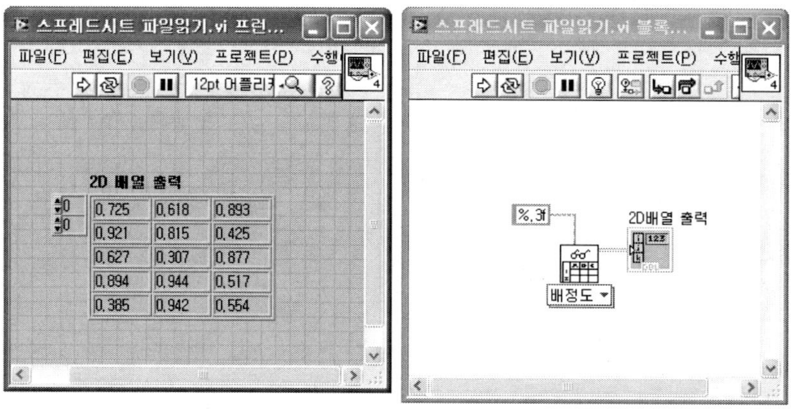

스프레트시트 파일로부터 읽기(Read From Spreadsheet File) 함수는 **함수→프로그래밍→파일 I/O** 팔레트에 있다. 이 함수는 지정된 문자 오프셋에서 시작하여 숫자형 텍스트 파일로부터 지정된 개수의 라인 또는 행을 읽고 그 데이터를 숫자형, 문자열 또는 2D DBL배열로 변환한다.

스프레드시트 파일로부터 읽기
[Read From Spreadsheet File.vi]

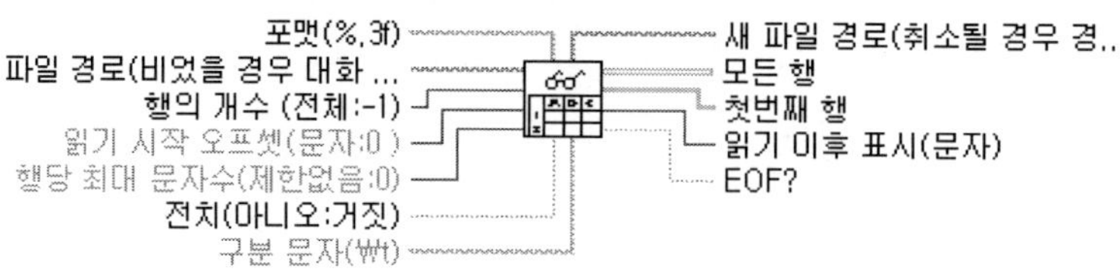

7. VI를 실행한다. 표시되는 대화 상자에서 방금 저장한 **스프레트시트.txt**를 선택한다. '%. 3f' 포맷을 설정하였으므로 소수점 아래 3자리만 표시된다.

CHAPTER 09

데이터 통신

LabVIEW의 프로젝트와 공유 변수를 이용한다면 네트워크상의 다른 프로세스들과 데이터를 교환할 수 있다. 네트워크상에서 데이터를 공유하기 위해서는 먼저 다음과 같은 네트워크 환경설정이 필요하다. LabVIEW를 시작하였을 때 **시작하기** 상단 메뉴의 **도구**(T)에서 **옵션**...을 선택하면 다음의 **옵션** 창이 표시된다.

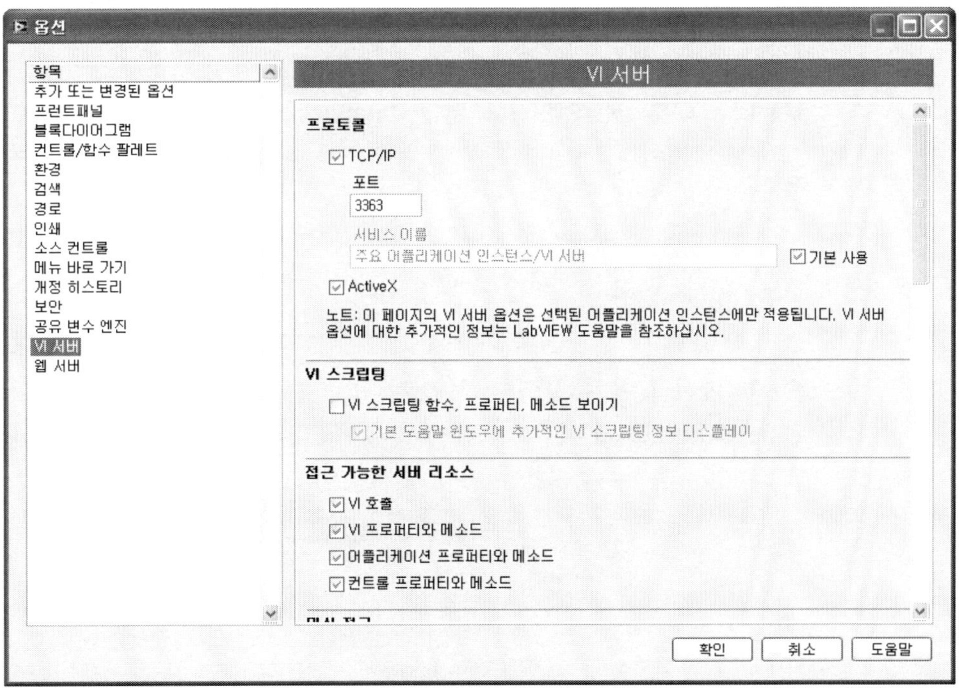

VI 서버에서 TCP/IP를 체크해 주고 **웹 서버**에서 웹 서버 활성화를 한다. 나머지 네트워크 설정은 기본 값을 사용한다.

네트워트 데이터 통신을 위하여 이전에 배운 공유 변수를 사용할 수 있다. 이때 공유 변수의 변수 타입은 "네트워크 공개"로 설정해 준다. 그리고 네트워크 통신 방법인 TCP/IP 통신을 이용하여 LabVIEW의 통신 VI를 작성한다. 또한 LabVIEW에서는 DataSocket 통신 방법 제공한다.

9.1 DataSocket 통신

DataSocket 통신은 TCP/IP를 기반으로 만들어진 네쇼날인스트루먼트의 통신 프로토콜이다. 일반적으로 컴퓨터간의 통신을 구현하기 위해서는 서버(Server)와 클라이언트(Client)가 필요하다. 서버에는 클라이언트들의 접속과 데이터 전송, 접속 종료 및 리소스 배분, 보안 설정 등의 기본 기능이 필요하다. 클라이언트는 서버에 접속하여 클라이언트들 사이의 통신을 수행하는 개별 단위이다. 클라이언트에는 데이터를 서버에 올리는 Publish 클라이언트와 서버에 올라온 데이터를 받아가는 Subscribe 클라이언트가 있다.

네트워크 통신을 위해서는 서버와 클라이언트를 모두 만들어야 한다. LabVIEW에서도 서버 VI와 클라이언트 VI를 각각 만들어서 네트워크 통신을 해야 한다. DataSocker 통신은 이미 제공되는 **DataSocker Server**를 이용하여 데이터 통신을 구현하는 방법이다. 서버가 제공되기 때문에 클라이언트만 만들어주면 통신 VI를 만들 수 있다.

9.1.1 DataSocket 서버

DataSocket 서버는 윈도우의 **시작 → 프로그래밍 → National Instruments → DataSocket**에서 찾아서 실행할 수 있다. 또한 DataSocket 서버를 종료하기 위해서는 **DataSocket Server** 메뉴에서 **Server → Shutdown DataSocket Server**를 선택힌다.

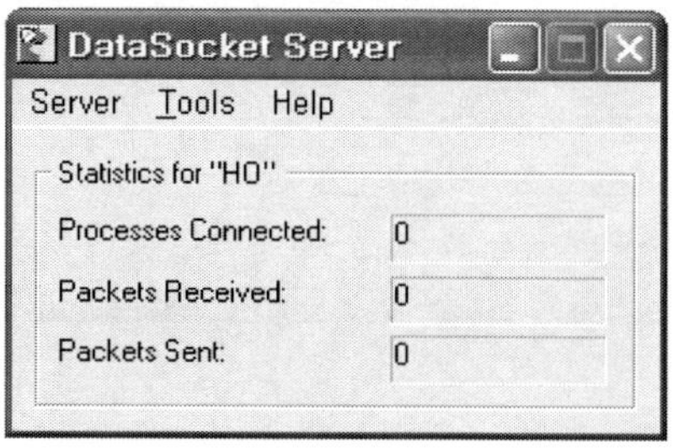

9.1.2 DataSocket 클라이언트 만들기

DataSocket 서버에 데이터를 올려주는 VI와 서버에 올라온 데이터를 받아가는 VI를 만들어주어야 한다. 이들은 Publish 클라이언트와 Subscribe 클라이언트라 부른다. DataSocket 관련 함수는 **함수→ 데이터 통신→DataSocket** 팔레트에 있다.

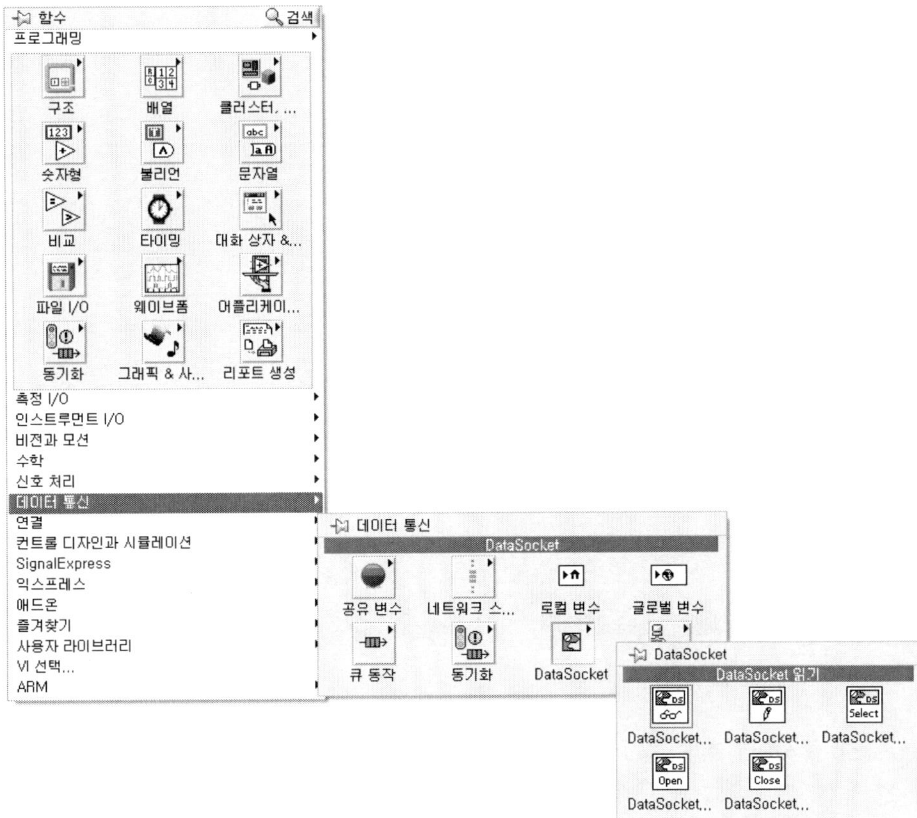

데이터 통신의 기본은 보내는 쪽과 받는 쪽으로 구성되어 있으며, 주고받는 데이터 타입에 대한 명확한 정의가 필요하다. 즉 어떤 데이터 타입으로 전송할지를 명확히 하지 않으면 통신에 실패한다. 그러므로 다이나믹 데이터 타입과 같은 불분명한 데이터 타입은 사용하지 않으며, 웨이브폼이나 웨이브폼 1D 배열, 문자열, 불리언, 문자열 배열, 숫자형 배열, 불리언 배열 등의 데이터 타입을 사용한다.

DataSocket의 연결 입력(URL)은 다음과 같은 형식이다.

dstp://[DataSocket Server의 주소]/[데이터 이름]

항상 dstp://으로 시작하며 연결할 서버의 주소를 입력한다. 그리고 이 서버를 통하여 전달되는 데이터가 여러 개 있을 수 있으므로 데이터 이름을 정하여 입력해 준다.

DataSocket Server Manager

DataSocket의 각종 통신 설정은 DataSocket Server Manager를 이용한다. 윈도우의 **시작→프로그래밍→National Instruments→DataSocket**에서 찾을 수 있다.

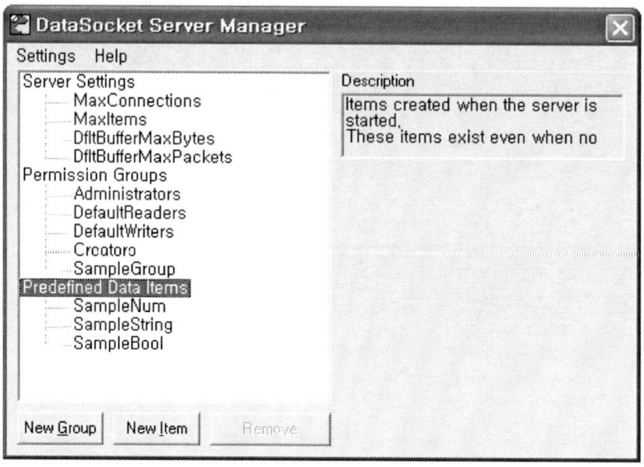

- Server Setting의 MaxConnections는 최대 연결 가능한 클라이언트 수를 설정한다.
- Permission Groups에서 특정 IP를 Reader나 Writer로 설정할 수 있다.

예제 9.1 DataSocket 을 이용한 데이터 통신

DataSocket를 이용하여 데이터를 전송하는 VI를 작성하여 보자.

Publish 클라이언트 만들기

1. 윈도우의 **시작→프로그램→National Instruments→DataSocket**에서 DataSocket Server를 선택하여 실행한다. DataSocket Server가 작동 중이면 윈도우의 작업 표시줄에 이 표시된다.

2. 새 VI를 만들고 **DataSocket Publish.vi**로 저장한다.
3. 다음과 같이 블록다이어그램을 작성한다.

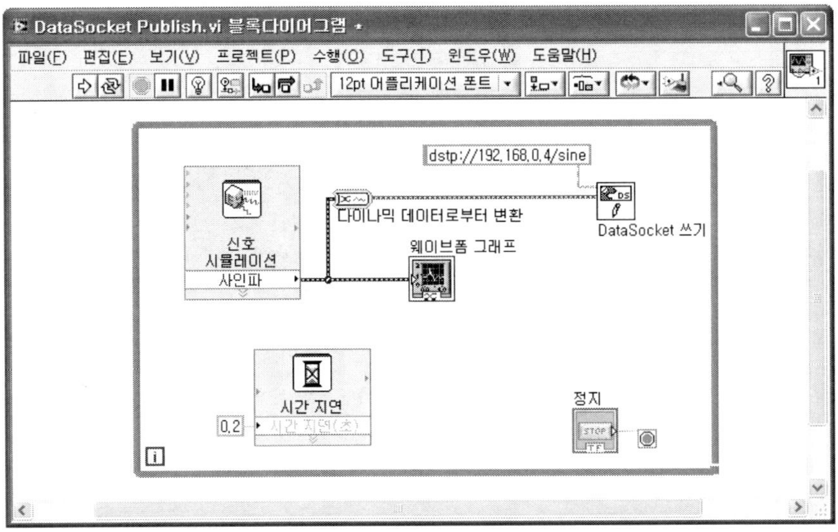

신호 시뮬레이션

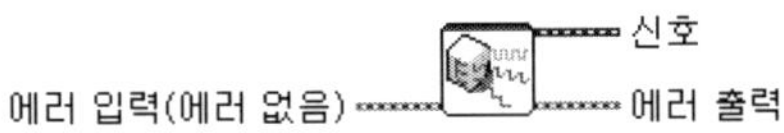

신호시뮬레이션 VI는 **함수→ 익스프레스→ 입력** 팔레트에 있다. 이 함수는 사인파, 사각파, 삼각파, 톱니파, 또는 노이즈 신호를 시뮬레이션한 값을 내보낸다. 여기서는 사인파를 출력하게 설정하였다.

다이나믹 데이터로부터 변환

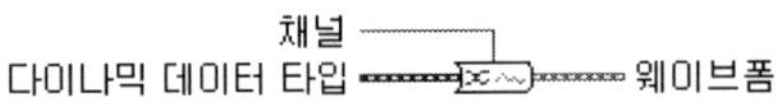

다이나믹 데이터로부터 변환 VI는 **함수→ 익스프레스→ 신호 조작** 팔레트에 있다. 이 함수는 다이나믹 데이터 타입을 다른 VI와 함수에서 사용하기 위해서 숫자, 불리언, 웨이브폼, 배열 데이터 타입으로 변환한다. 여기서는 **다이나믹 데이터로부터 변환 설정** 창에서 **단일 웨이브폼**을 선택한다.

DataSocket 쓰기
[DataSocket Write]

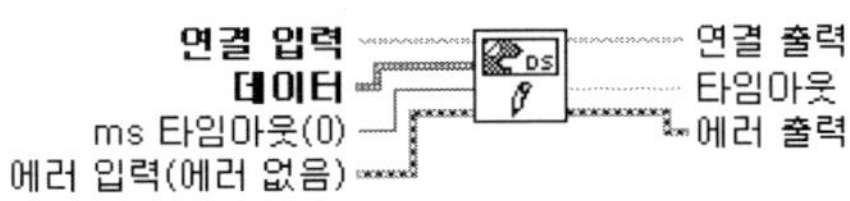

DataSocket 쓰기(DataSocket Write) 함수는 **함수→ 데이터 통신→ DataSocket** 팔레트에 있으며, **데이터**를 **연결 입력**으로 지정한 연결에 쓴다. **연결 입력**에 문자열 상수를 만들고 dstp://서버주소/sine을 입력한다. 여기서 서버주소는 DataSocket Server가 있는 컴퓨터의 IP이며, **sine**은 전달할 데이터의 이름이다.

4. 프런트패널을 작성한다.

프런트패널에는 **컨트롤→ 익스프레스→ 그래프 인디케이터** 팔레트에서 웨이브폼 그래프를 선택하여 놓는다. VI를 실행하면 다음과 같은 그래프가 표시된다.

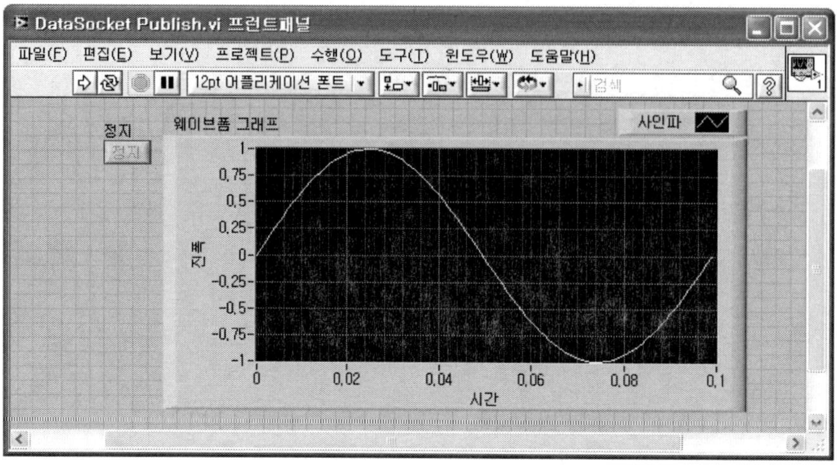

Subscribe 클라이언트 만들기

5. 새로운 VI를 만들고 **DataSocket Subscribe.vi**로 저장한다.
6. 다음과 같이 프런트패널을 작성한다.

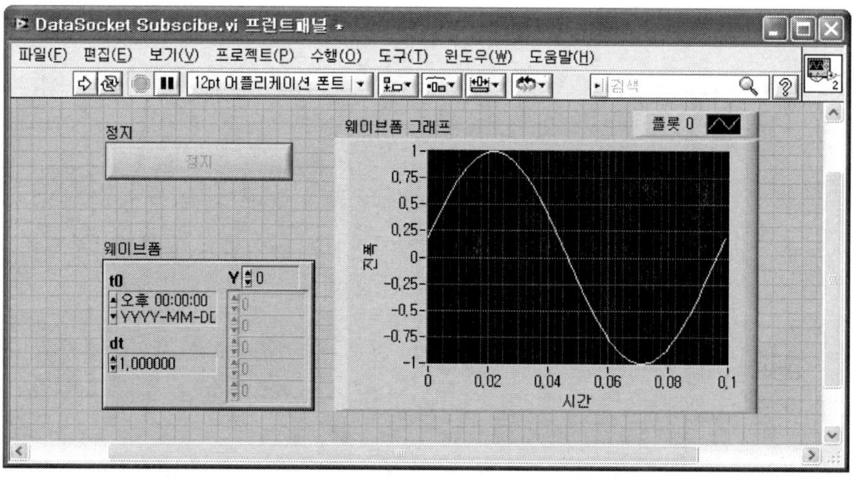

웨이브폼( )은 **컨트롤→ 일반→I/O** 팔레트에 있다.

7. 블록다이어그램을 다음과 같이 작성한다.

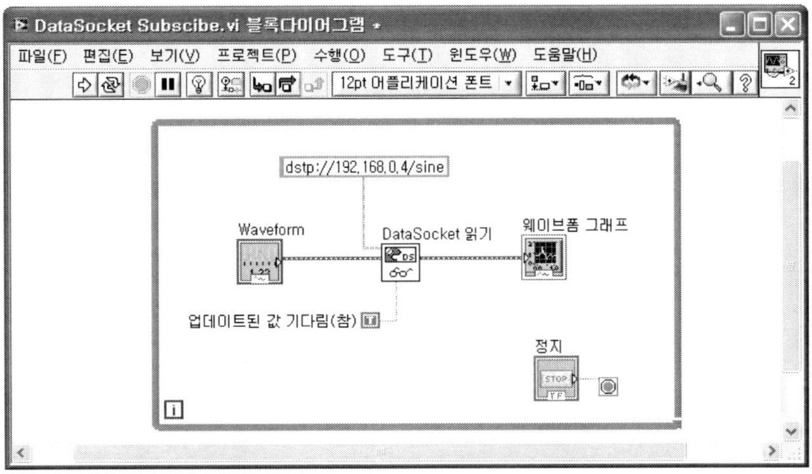

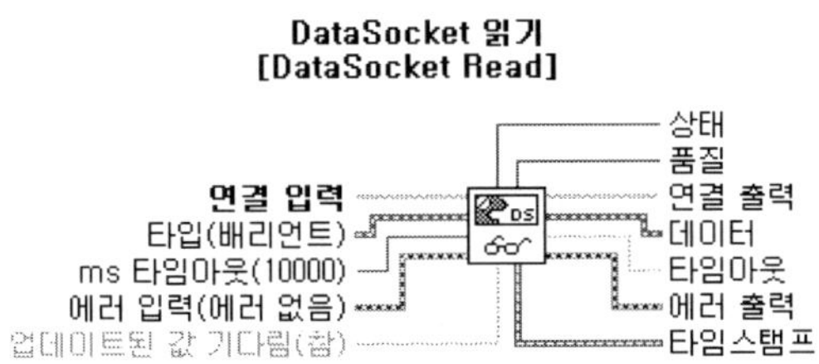

DataSocket 읽기(DataSocket Read) VI는 **함수 → 데이터 통신 → DataSocket** 팔레트에 있다. 이 VI는 연결 입력에 지정한 연결에 연계된 클라이언트쪽 버퍼로부터 다음 사용 가능한 데이터를 큐에서 제거하고 데이터를 반환한다.

업데이트된 값 기다림(참, [T])을 입력하면 DataSocket 서버에 올라온 값이 새롭게 바뀔 때만 DataSocket 읽기를 실행한다는 의미로 일종의 이벤트 문이다.

8. VI를 실행 할 때는 Publish VI를 먼저하고 Subscribe VI를 실행한다. 하지만 VI를 멈출 때에는 Subscribe VI를 먼저 멈춘다. 만약 Publish VI를 먼저 멈출 경우에는 업데이트된 이벤트가 더 이상 발생되지 않기 때문에 Subscribe VI를 멈출 수 없다.

9. 2개의 VI를 저장하고 종료한다.

9.2 TCP 통신

TCP는 가장 일반적인 네트워크 방법이다. DataSocket도 근본적으로 TCP를 이용한 통신 방법이다. 특히 TCP는 통신의 에러나 Loss, 반복 전송 같은 문제점을 방지할 수 있는 안정적인 프로토콜이다. TCP 통신도 서버와 클라이언트로 구성되고 클라이언트는 다시 Publish와 Subscribe로 분류된다. DataSocket에는 DataSocket 서버를 서버로 사용할 수 있지만, TCP는 DataSocket 서버와 같은 서버가 없기에 서버용 VI를 만들어주어야 한다. 즉 TCP 통신을 위해서는 다음의 3가지가 필요하다.

1. 서버
2. Publish 클라이언트
3. Subscribe 클라이언트

일반적으로 TCP 통신에서는 1번과 2번을 묶거나, 1번과 3번을 묶어서 한 개의 VI를 만든다. 그렇기 때문에 Publish 서버 또는 Subscribe 서버를 만들 수 있다. 따라서 다음과 같은 조합이 가능하다.

a. Publish 서버 VI + Subscribe 클라이언트 VI
b. Subscribe 서버 VI + Publish 클라이언트 VI

TCP 통신에서 서버는 1개이고 클라이언트는 여러 개가 될 수 있다. 그리고 서버 VI를 만들때에는 클라이언트들의 접속과 접속 종료, 데이터 전송, 리소스 배분 등을 관리할 수 있도록 프로그래밍해 주어야 한다.

TCP 관련 함수들은 **함수→ 데이터 통신→ 프로토콜→ TCP** 팔레트에 있다.

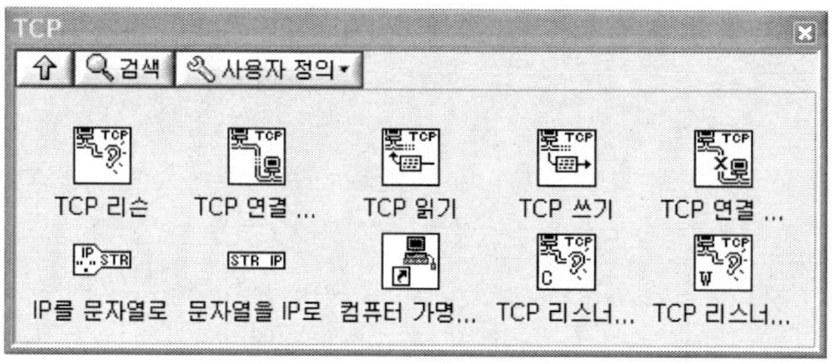

예제 9.2 TCP를 이용한 통신

TCP를 이용하여 시간 정보를 전달하는 VI를 만들어 보자.

Publish 서버 만들기

1. 새 VI를 만들고 **TCP서버.vi**로 저장한다.

2. 다음과 같이 블록다이어그램을 작성한다.

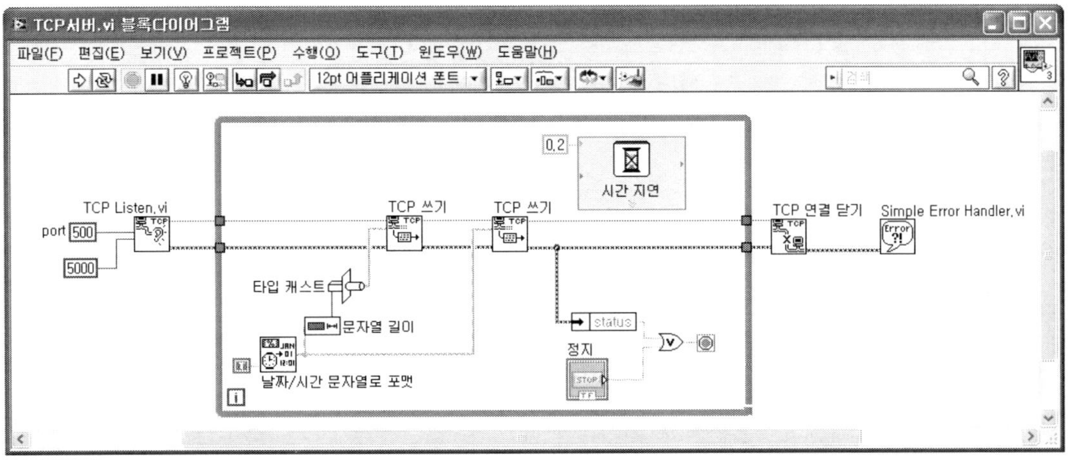

TCP 리슨
[TCP Listen.vi]

TCP 리슨(TCP Listen) VI는 리스너를 생성하고 지정된 포트에서 TCP 네트워킹이 받아지기를 기다린다.

'500' **포트**는 추후 클라이언트가 여기서 지정한 포트 번호로 접속해야 한다.

'5000' **타임아웃 ms**는 VI가 연결을 기다릴 밀리초 단위의 시간을 지정한다. 연결이 지정된 시간내에 성립되지 않을 경우, VI는 완료되고 에러를 반환한다. 기본값은 −1이며 계속 기다림을 나타낸다.

TCP 쓰기
[TCP Write]

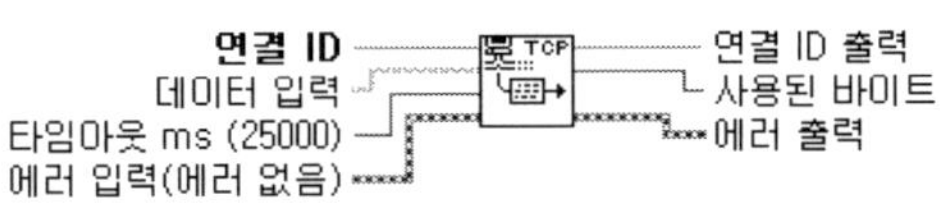

TCP 쓰기(TCP Write) VI는 문자열 타입의 데이터를 서버에 올려주는 함수이다. 2개의 TCP 쓰기 함수를 사용하였는데 앞의 것은 데이터의 크기인 Header를 만들어주고, 뒤의 것은 데이터를 올려준다.

문자열 길이
[String Length]

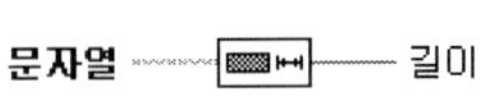

문자열 길이(String Length) 함수는 **함수 → 프로그래밍 → 문자열** 팔레트에 있다. 이 함수는 문자열의 길이를 I32 타입으로 출력한다.

타입 캐스트
[Type Cast]

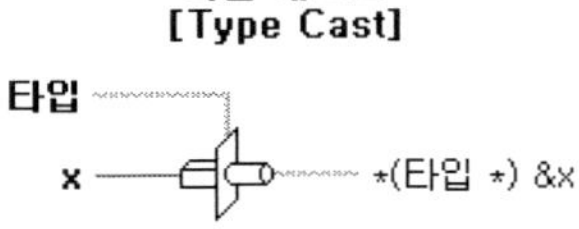

타입 캐스트(Type Cast) 함수는 **함수 → 프로그래밍 → 숫자형 → 데이터 다루기** 팔레트에 있다. 데이터의 타입을 바꾸는 함수로 **타입** 부분에 임의의 타입을 연결해주면 그 타입으로 바꾸어 준다. Default는 문자열 타입이다. 타입의 종류는 문자열 상수, 숫자형 상수, 불리언 상수, 배열 상수 등을 연결한다.

TCP 연결 닫기
[TCP Close Connection]

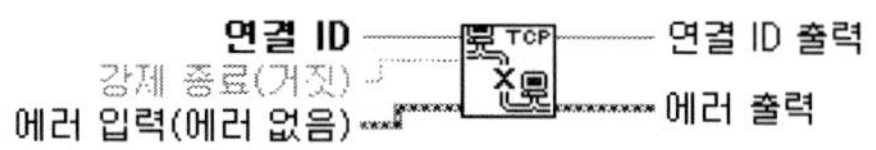

TCP 연결 닫기(TCP Close Connection) 함수는 TCP 통신 연결을 끊는다.

날짜/시간 문자열로 포맷
[Format Date/Time String]

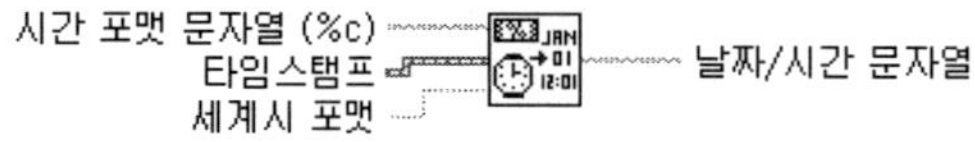

날짜/시간/문자열로 포맷(Format Date/Time String) 함수는 **함수→프로그래밍→타이밍** 팔레트에 있다. 현재 날짜와 시간을 문자열 타입으로 출력한다.

Subscribe 클라이언트 만들기

3. 새 VI를 만들고 **TCP클라이언트.vi**로 저장한다.

4. 다음과 같이 블록다이어그램을 작성한다.

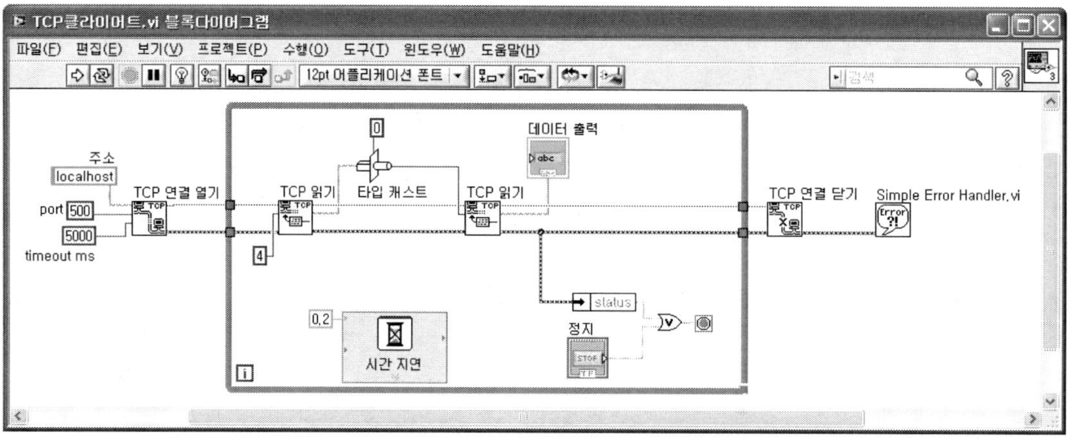

TCP 연결 열기
[TCP Open Connection]

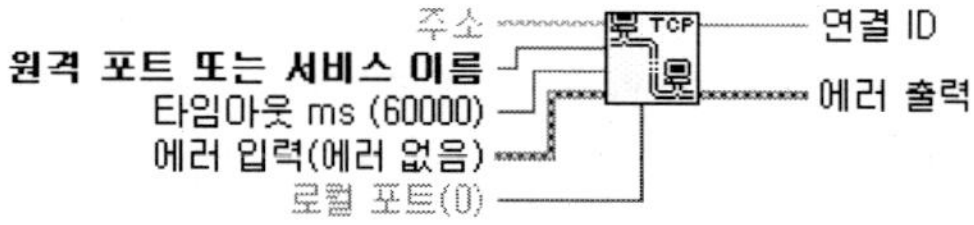

TCP 연결 열기(TCP Open Connection) VI는 클라이언트 서버에 연결하는 함수이다. 입력한 주소 및 포트로 연결할 서버를 찾는다. 일반적으로 주소는 IP Address를 입력하지만 여기서는 'Localhost'를 입력하였다.

TCP 읽기
[TCP Read]

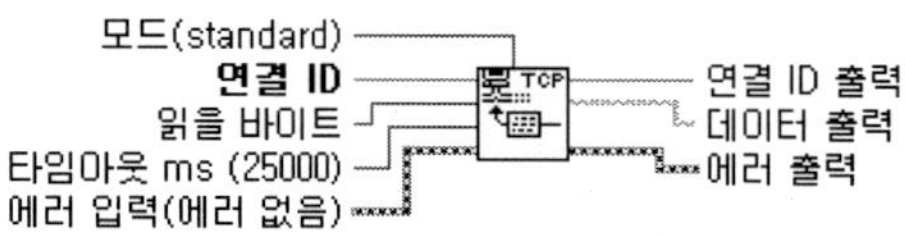

TCP 읽기(TCP Read) VI는 데이터를 읽어오는 함수이다. 2개의 TCP 읽기 함수를 사용하였는데 첫 번째는 I32 타입의 '4' Header를 읽고, 두 번째는 데이터를 읽어온다. 읽은 Header를 숫자형으로 바꾼 다음 두 번째 TCP 읽기의 읽을 바이트에 입력해 준다.

status는 **함수→프로그래밍→클러스터, 클래스, &배리언트** 팔레트의 **이름으로 풀기 함수**를 이용한다.

Simple Error Handler.vi( )는 **함수→프로그래밍→대화 상자&사용자인터페이스** 팔레트를 이용한다.

5. 프런트패널을 다음과 같이 정리한다.

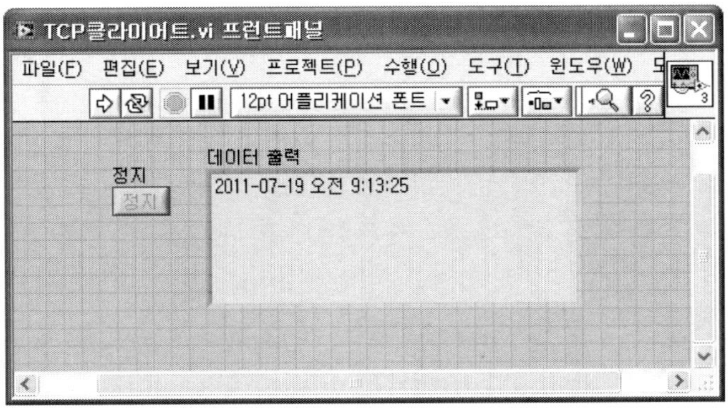

6. **TCP서버.vi**와 **TCP클라이언트.vi**를 실행한다. 서버를 먼저 실행하고 클라이언트를 다음에 실행한다.

9.3 프로퍼티 노드(Property Node)

프런트패널 객체는 2가지 속성 프로퍼티(Property)와 메소드(Methods)를 가지고 있다.

- **프로퍼티**는 크기, 색, Visibility(보이기), 라벨관련 속성, 점멸, 값, 활성화 유무, 포맷 정보 등의 객체의 모든 속성을 의미한다. 모든 객체들은 수십 가지의 프로퍼티를 갖고 있다.
- **메소드**는 기본값으로 다시 초기화, 네트워트 데이터로 연결, DataSocket에 연결과 같은 객체의 실행에 대한 것들이다.

객체의 프로퍼티를 프로그램적으로 수정하기 위하여 프로퍼티 노드를 사용한다. 프로퍼티 노드는 각 객체를 마우스로 선택하고 팝업 메뉴에서 **생성→프로퍼티 노드**로 만들 수 있다. 또한 프로퍼티 노드는 객체의 이름과 동일한 라벨을 가지며 객체의 이름을 변경하면 자동으로 라벨이 변경된다.

또한 1개의 객체에 대하여 여러 개의 프로퍼티 노드를 만들 수 있고 다음과 같이 프로퍼티 노드를 추가할 수 있다. 즉 객체의 팝업 메뉴에서 원소 추가를 선택하거나 마우스로 프로퍼티 노드 수를 아래로 늘리면 된다. 이때 프로퍼티 노드의 실행 순서는 위에서 아래로 진행된다.

다음은 숫자형 컨트롤의 프로퍼티 노드의 일부를 표시하였다. 매우 다양한 속성을 볼 수 있다.

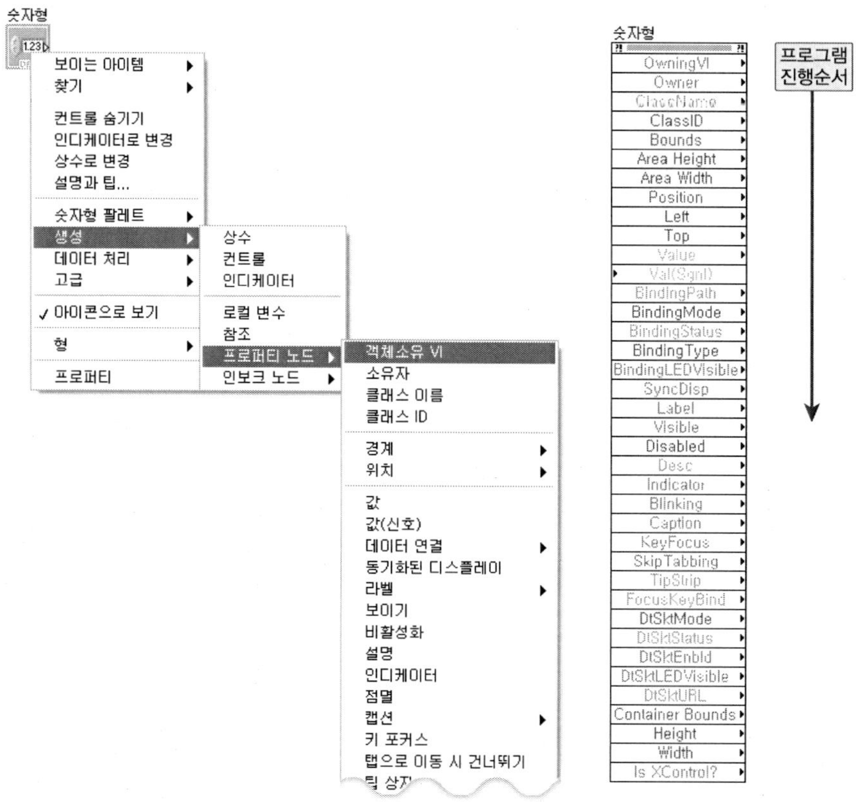

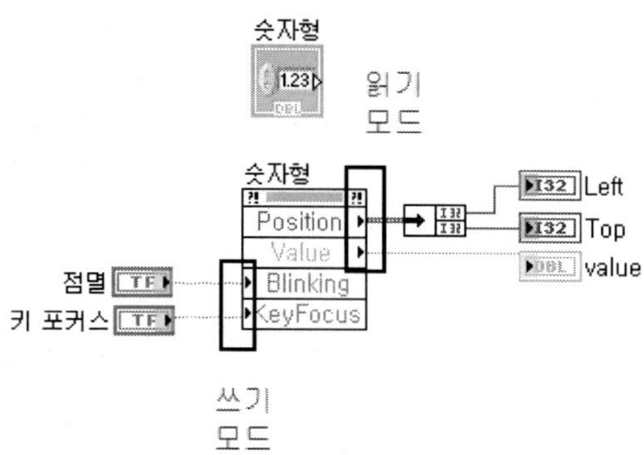

프로퍼티 속성을 변경시키는 경우에는 쓰기로 설정하고 속성을 읽어오는 경우에는 읽기로 설정한다. 원소들의 입·출력은 숫자형, 불리언, 클러스터 등이다. 클러스터의 경우에는 풀기나 묶기 함수를 이용하여 정보를 분리하거나 묶을 수 있다.

예제 9.3 프로퍼티 노드 연습

프로퍼티 노드를 이용하여 슬라이드의 값에 따라 색상이 변경되는 VI를 작성한다.

프런트패널

1. 새 VI를 만들고 슬라이드 **색상변경.vi**로 프로그램을 저장한다.
2. **컨트롤→익스프레스→숫자형** 컨트롤 팔레트에서 수평 포인터 슬라이드를 놓는다. 또한 **컨트롤→익스프레스→버튼&스위치** 팔레트에서 정지 버튼을 프런트패널에 놓는다.

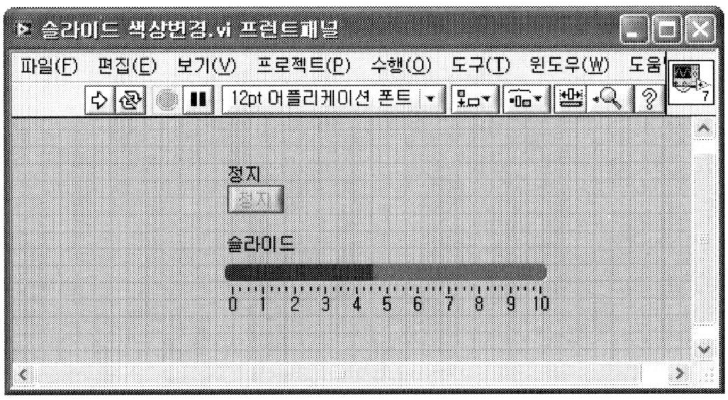

블록다이어그램

3. **함수→프로그래밍→구조** 팔레트에서 **이벤트 구조**( )를 블록다이어그램에 놓는다. 이벤트 구조를 팝업하고 **이 케이스에 의해 핸들되는 이벤트 편집**...을 선택한다.

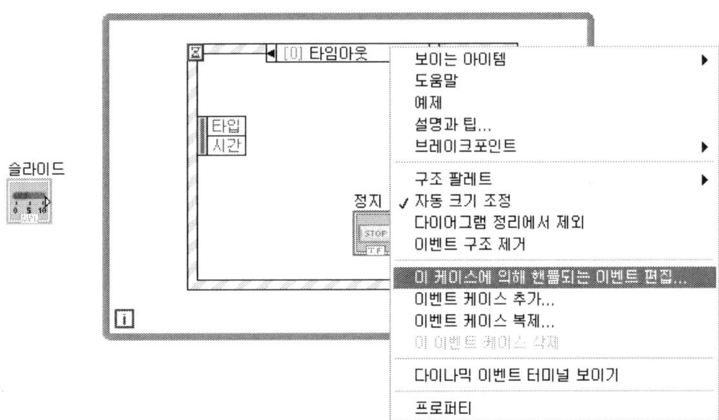

4. 표시되는 **이벤트 편집** 창에서 정지 버튼에 대한 **값 변경** 이벤트를 설정한다.

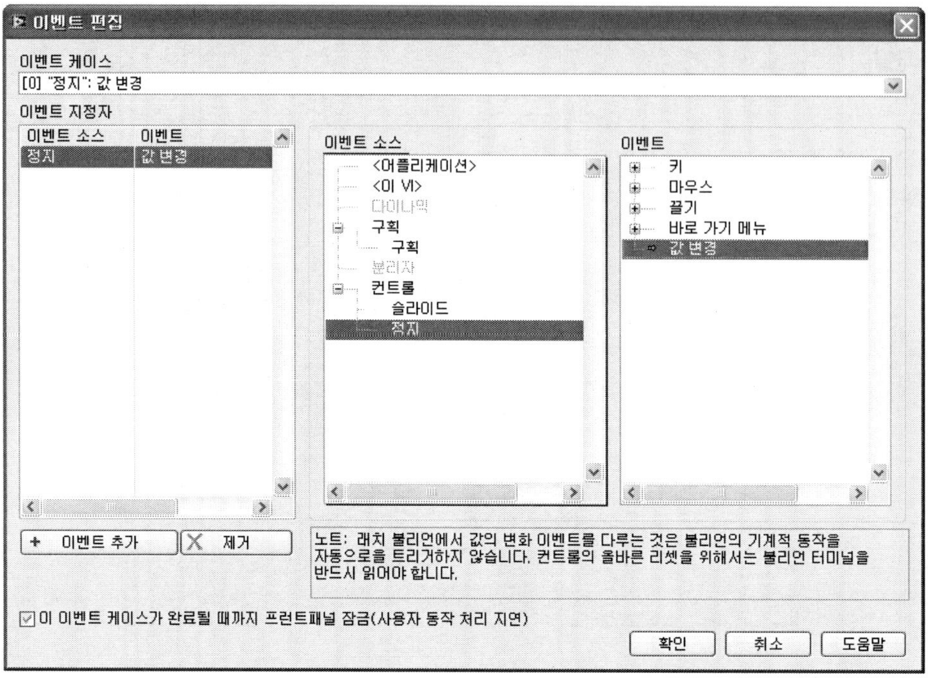

다음과 같은 블록다이어그램이 표시된다.

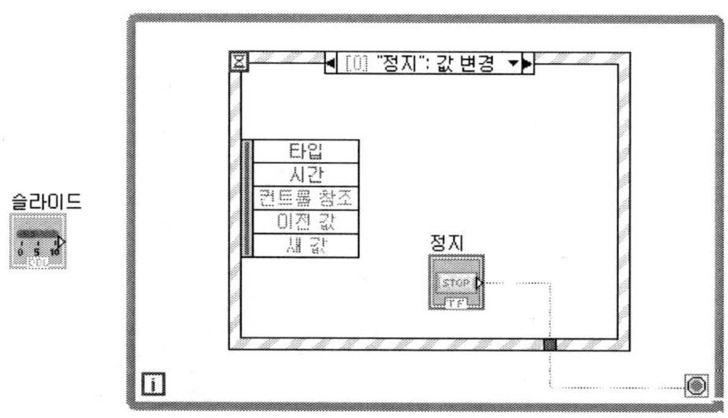

5. 이벤트 구조의 팝업 메뉴에서 **이벤트 케이스 추가...**를 선택한다.

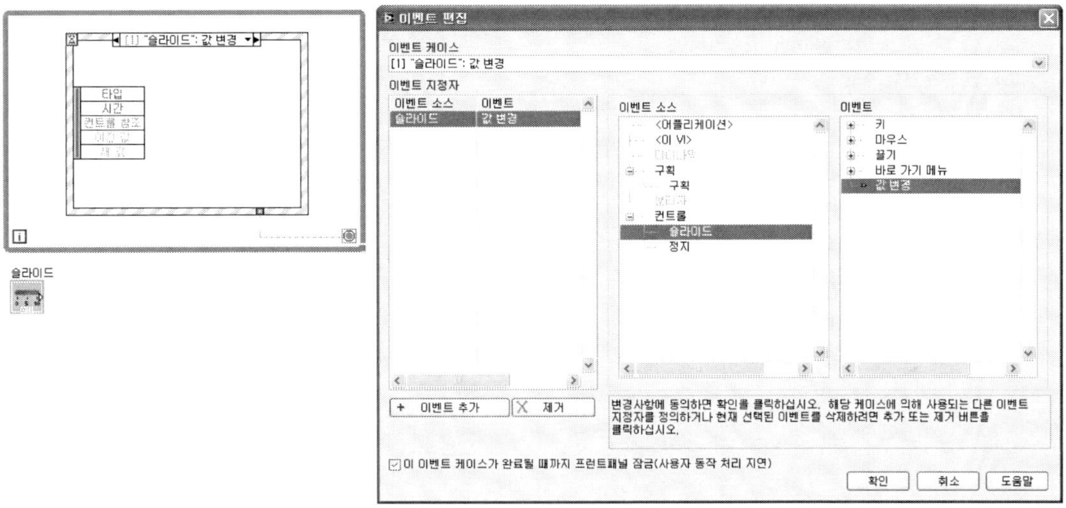

6. **함수→프로그래밍→배열** 팔레트에서 배열 상수를 2개 만들어 놓는다.

1개의 배열 안에는 **함수→프로그래밍→숫자형** 팔레트에서 DBL 숫자형 상수(123)를 입력한다. 다른 배열 안에는 **함수→프로그래밍→그래픽&사운드→그림 함수** 팔레트에서 **색상자 상수** ( )를 입력한다.

배열 상수에는 배열 상수(DBL, 0 | 0 | 4.99 | 5.01)의 값을 입력한다. 0~4.99일때는 파란색, 5.01 일때는 녹색, 5.01이상일때는 빨간색이 되도록 VI를 구성한다. 여기에 대응하는 색상자 내부 (0)의 색상은 파랑, 초록, 빨간색으로 한다.

7. 슬라이드 터미널 팝업 메뉴에서 **생성→프로퍼티 노드→채우기 색**을 선택한다.

초기 슬라이드(FillColor)과 같이 표시되지만 팝업 메뉴에서 쓰기로 변경을 선택하면 슬라이드 (FillColor)형태로 변한다.

8. 다음과 같이 블록다이어그램을 완성한다.

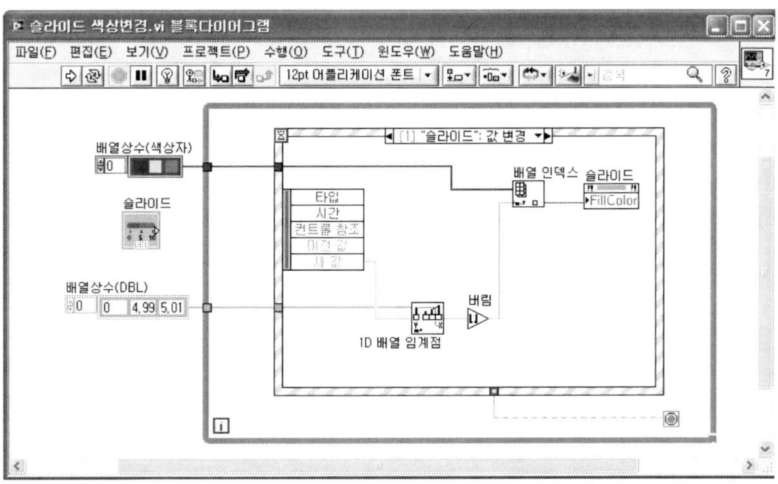

1D 배열 임계점(Threshold 1D Array) VI는 **함수→프로그래밍→배열** 팔레트에 있으며, **시작 인덱스**에서 시작하여 임계점 y가 첫번째 원소의 값보다는 크고 두번째 원소의 값보다는 작거나 같은 연속적인 원소의 쌍을 찾을 때 까지 **임계점 y를 숫자 또는 포인트의 배열**의 값과 비교한다.

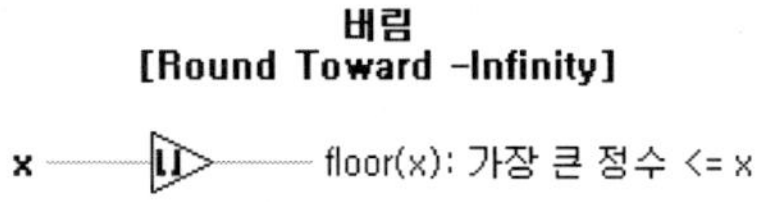

버림(Round Toward-Infinity) 함수는 **함수→프로그래밍→숫자형** 팔레트에 있다. 여기서는 슬라이드 값이 변경되면 "새 값"과 {0, 4.99, 5.01}을 비교하여 0, 1, 2의 세 가지 값으로 출력한다.

9. VI를 실행하고 슬라이드의 값을 변경해 본다. 슬라이드의 값에 따라 슬라이드의 색상이 변경됨을 확인할 수 있을 것이다. VI를 저장하고 종료한다.

9.4 컨트롤 참조

프로퍼티 노드는 블록다이어그램에 위치하고 프런트패널의 객체에 대응된다. 만약 SubVI에서 Main VI의 프런트패널 객체 속성을 변경하고자 할 때에는 컨트롤 참조를 이용해야 한다. 터미널의 팝업 메뉴에서 **생성→참조**로 생성하거나 프로퍼티 노드를 포함한 영역을 선택하여 SubVI를 생성하면 컨트롤 참조가 생성된다.

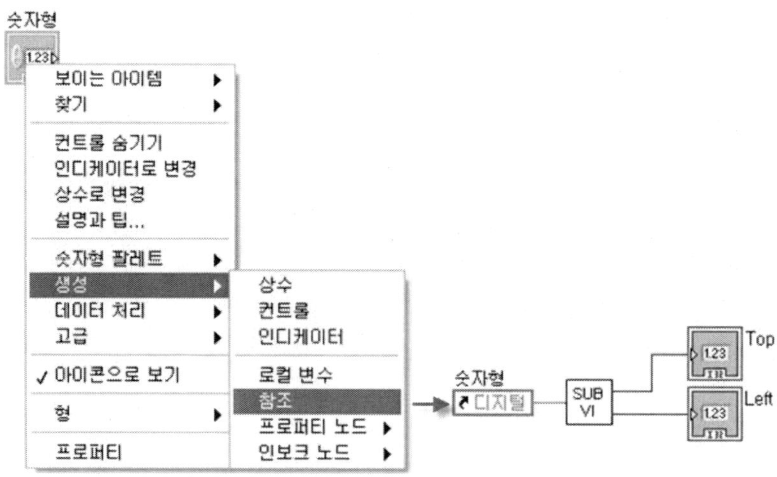

SubVI에는 컨트롤 참조 번호가 생성된다. 컨트롤 참조 번호를 직접 만들고자 할 때에는 **컨트롤→일반→참조 번호** 팔레트에서 컨트롤 참조 번호()를 찾아서 프런트패널

에 위치시키고 원하는 타입의 컨트롤을 참조 번호 속에 넣어준다. 다음은 숫자형 컨트롤을 넣어준 경우이다. 별표(☆)는 엄격한 타입의 컨트롤 참조 번호라는 의미이다.

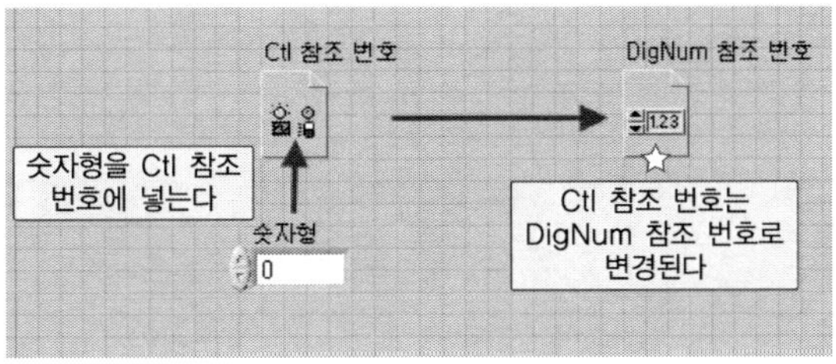

참고로 엄격한 타입의 컨트롤 참조는 완전히 동일한 데이터 타입의 컨트롤 참조 번호만 받는다. 예를 들어 엄격한 타입의 컨트롤 참조 번호의 타입이 32비트 정수 슬라이드인 경우, 32비트 정수 슬라이드만 컨트롤 참조번호 터미널에 연결할 수 있다. 8비트 정수 슬라이드 등은 연결할 수 없다.

컨트롤 참조 번호를 사용할 수 있는 일반 프로퍼티 노드는 **함수→프로그래밍→어플리케이션 컨트롤** 팔레트에 있다. 참조 번호를 **프로퍼티 노드**( )의 참조 입력에 연결해주면 해당 컨트롤의 프로퍼티를 설정할 수 있다.

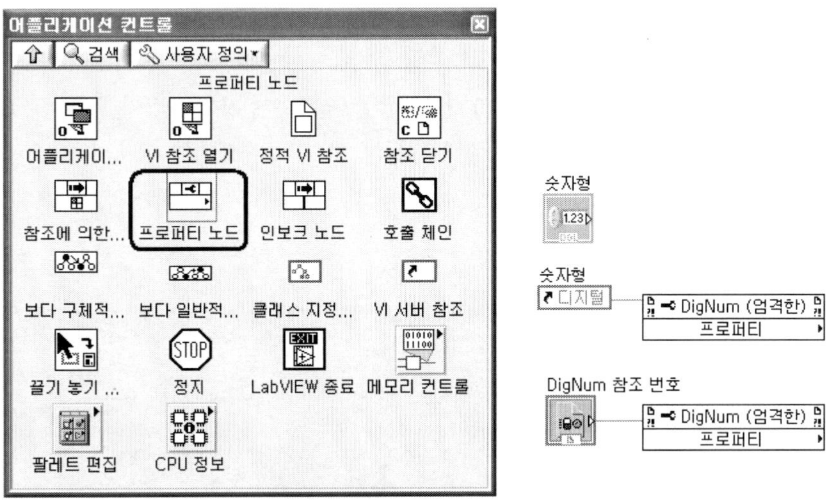

9.5 인보크 노드

인보크 노드는 객체의 메소드를 설정할 때 사용한다. 터미널의 팝업 메뉴에서 **생성→인보크 노드**를 선택하여 생성하거나 참조 번호를 이용하여 일반 인보크 노드를 설정할 수 있다. 일반 **인보크 노드**( )는 **함수→프로그래밍→어플리케이션 컨트롤**

팔레트에 있다. 다음과 같이 일반 프로퍼티 노드와 인보크 노드는 매우 유사한 모양이다.

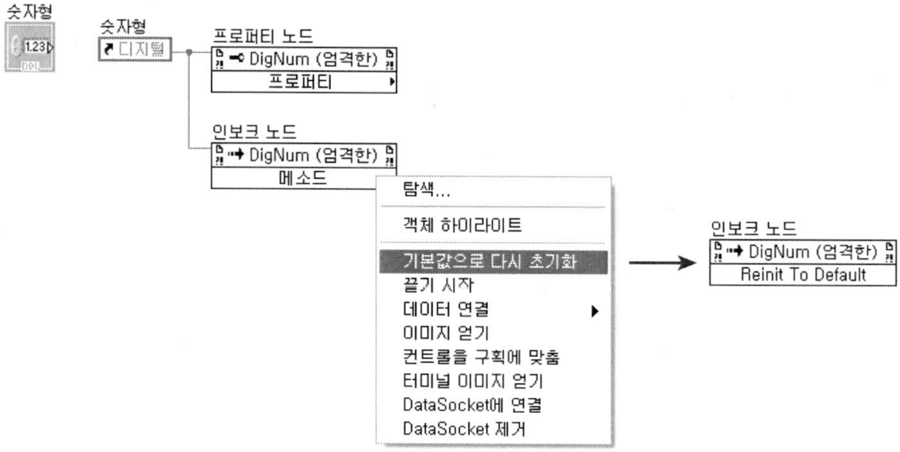

예제 9.4 **컨트롤 참조를 이용하여 차트 및 플롯 속성 설정**

컨트롤 참조를 이용하여 SubVI의 결과 값을 Main VI로 전달하고, Main VI의 차트 속성을 변경해 본다.

Sub VI 구성

1. 새 VI를 만들고 **참조 SubVI.vi**로 저장한다.
2. 프런트패널에 컨트롤 참조 번호 2개와 웨이브폼 차트, 정지 버튼을 놓는다. 컨트롤 참조 번호는 **컨트롤→일반→참조 번호** 팔레트에 있다.
3. 정지 버튼의 기계적 동작을 "누를 때 스위치"로 변경하여 준다. 래치 타입은 엄격한 타입으로 정의할 수 없기 때문이다.

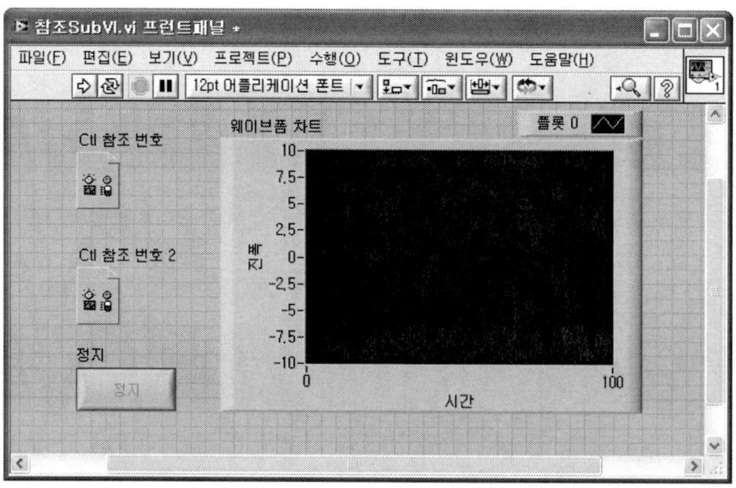

4. 웨이브폼 차트를 마우스로 선택하고 컨트롤 참조 번호 속에 넣어준다. 또한 정지 버튼을 마우스로 선택한 후 컨트롤 참조 번호 2에 넣어준다. 다음과 같이 프런트패널이 변경된다.

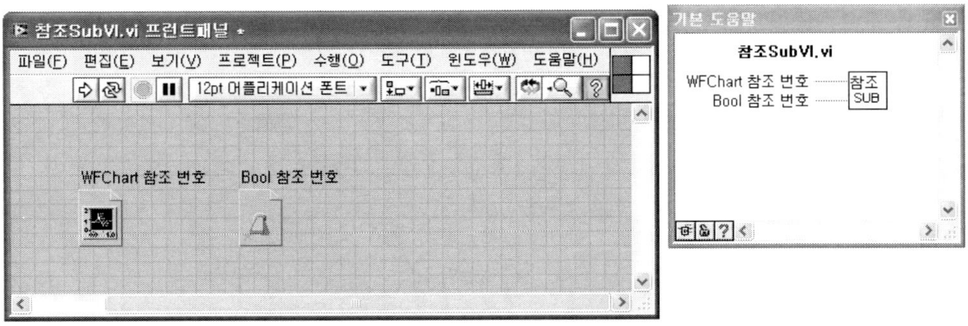

"WFChart 참조 번호"와 "Bool 참조 번호"로 변경되었다. 엄격한 타입으로 정의되므로 빨간색 별표가 왼쪽 아래에 생긴다. VI의 아이콘을 수정해주고 커넥터에 참조 번호를 연결해준다. 또한 터미널의 연결 및 수정된 아이콘의 모양을 참조하기 바란다.

5. 다음과 같이 블록다이어그램을 작성한다.

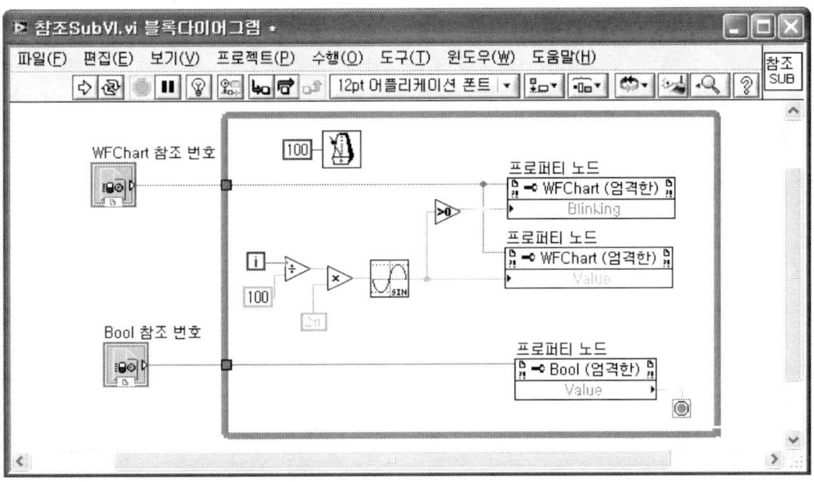

프로퍼티 노드() 함수로 함수 → 프로그래밍 → 어플리케이션 컨트롤 팔레트에서 선택해서 3개를 블록다이어그램에 놓는다. 프로퍼티는 점멸(Blinking)과 값(Value)으로 변경한다. 또한 첫째, 둘째 프로퍼티 노드는 팝업 메뉴에서 **쓰기로 변경**을 선택한다.

Main VI 구성

6. 새 VI를 만들고 VI를 **참조Main.vi**로 저장한다.

7. 프런트패널에 웨이브폼 차트와 정지 버튼을 위치시킨다. 정지 버튼의 기계적 특성은 "누를때 스위치"로 변경한다.

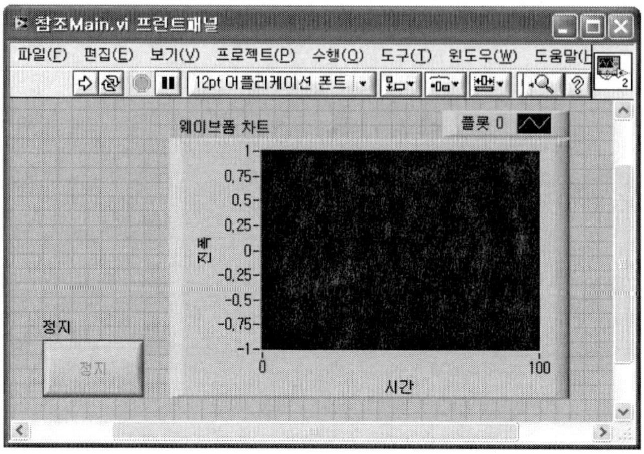

8. 블록다이어그램의 터미널의 팝업 메뉴에서 **생성 → 참조**를 선택하여 웨이브폼 차트와 정지 버튼의 참조를 생성한다.

9. **참조Sub.vi**를 위치시키고 WFChart 참조 번호와 Bool 참조 번호에 각각 웨이브폼 차트와 정지 참조를 연결한다. 이때 정지 버튼의 기계적 동작이 "누를 때 스위치"로 설정되어 있지 않으면 에러가 발생한다.

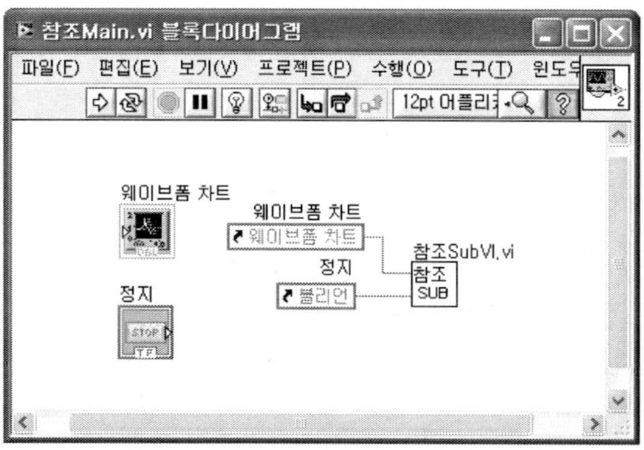

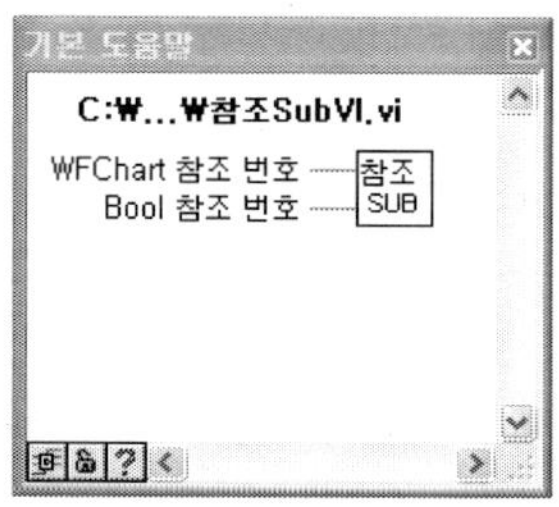

10. 참조Main.vi를 저장하고 실행한다. 사인 파형이 출력되고 0 이상이면 그래프가 색상이 깜박임을 확인할 수 있다. 그리고 Main VI에는 While 루프가 없지만 반복 실행을 확인할 수 있다.

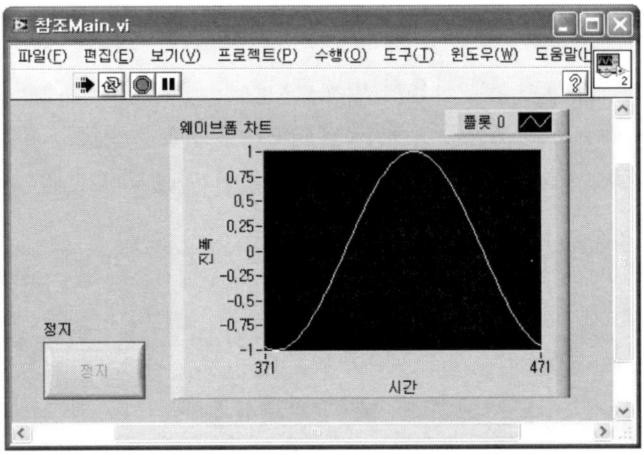

11. **참조Sub.vi**를 다음과 같이 수정한다. 인보크 노드를 위치시키고 Bool 참조 번호를 참조에 연결한다. 인보크 노드를 초기에 블록다이어그램에 놓으면 표시되는 메소드(Bool (엄격한) 메소드)를 기본값으로 다시 초기화(Bool (엄격한) Reinit To Default)로 변경한다.

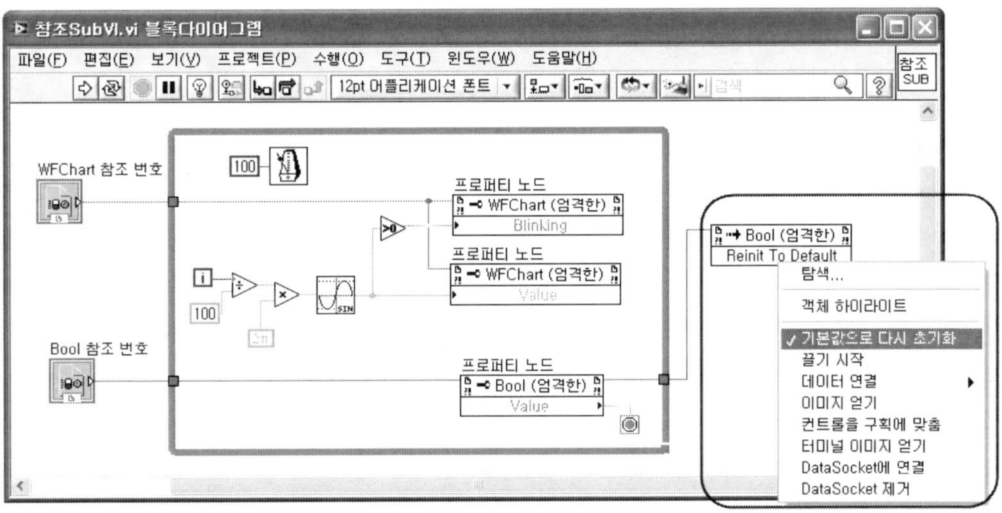

12. **참조Main.vi**를 다시 실행한다. 정지 버튼을 클릭하면 VI가 종료된 후 정지 값이 기본 값으로 되어있음을 확인할 수 있다.

9.6 웹 어플리케이션

LabVIEW 웹 서비스를 사용하면 네트워크 상에서 VI와 데이터를 교환할 수 있다. 표준 웹 브라우저를 포함하여 모든 HTTP를 사용하는 웹 클라이언트는 URL과 POST와 같은 표준 HTTP 메소드를 사용해서 VI를 인보크하고 데이터를 교환할 수 있다.

아래 그림은 LabVIEW 웹 서비스 어플리케이션의 구성 요소를 보여준다.

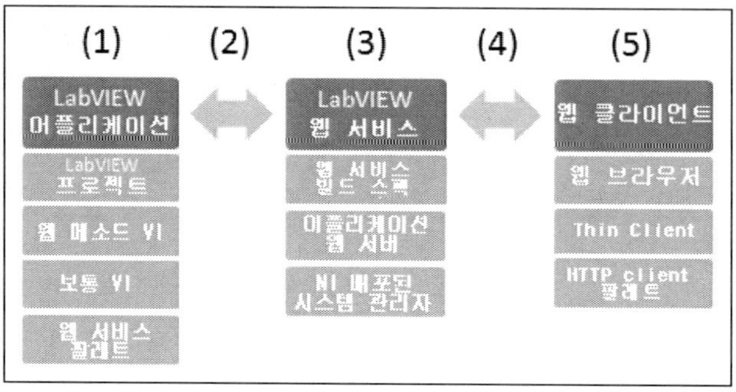

9.6.1 웹 서버 어플리케이션

웹을 이용해서 VI를 제어하기 위해서는 LabVIEW의 **도구**(T) **→ 옵션**... 메뉴를 선택한다. 표시되는 옵션 창의 항목에서 **웹 서버** 환경설정을 선택한다.

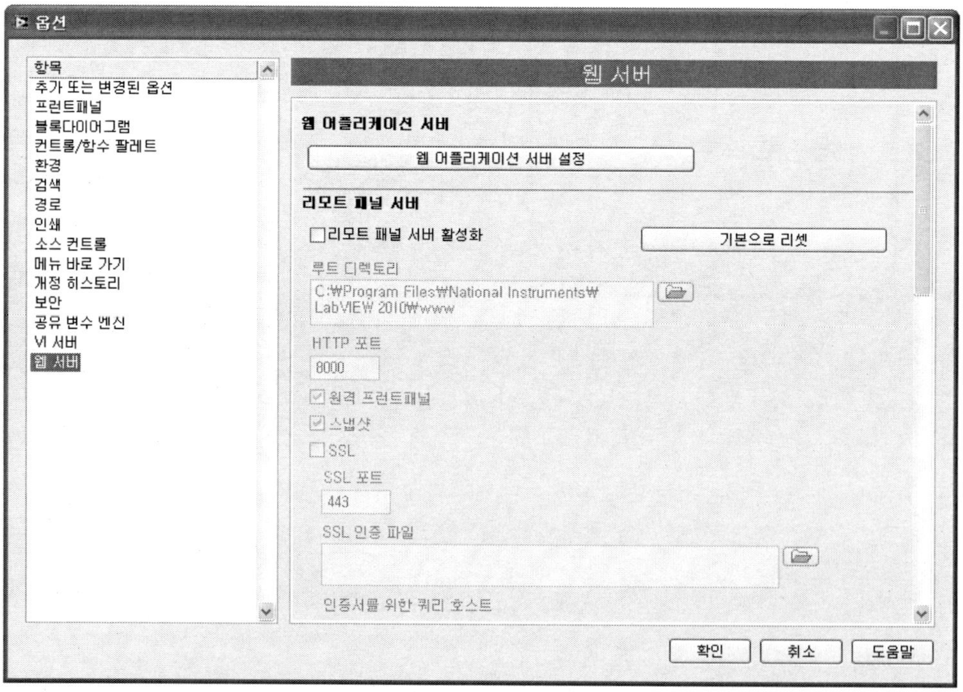

LabVIEW의 웹 서비스를 사용하려면 어플리케이션 웹 서버를 활성화해야 한다. 먼저 '웹 어플리케이션 서버 설정' 버튼을 클릭한다.
다음의 웹 서버 설정이 표시된다.

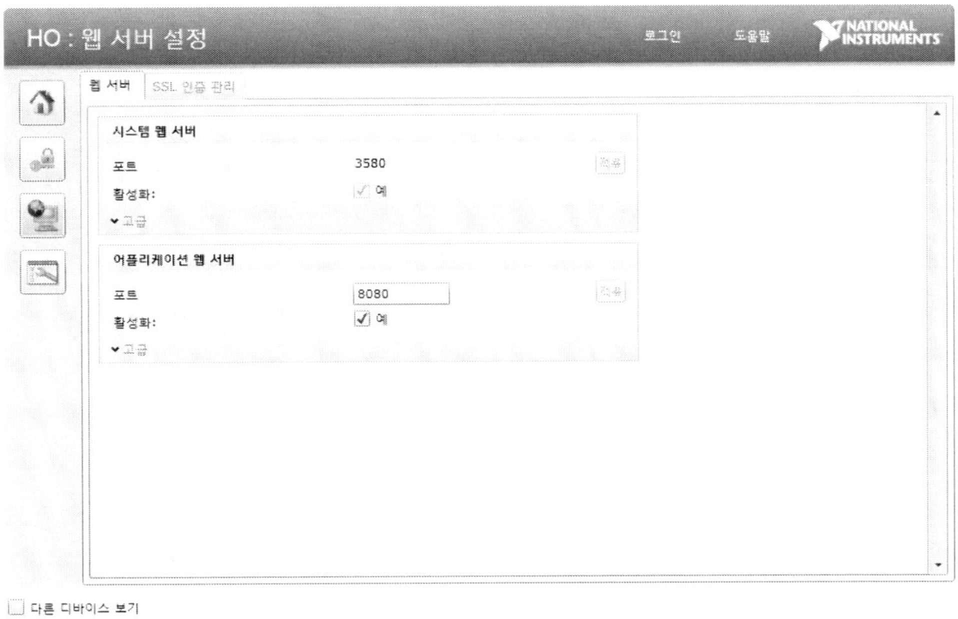

LabVIEW 어플리케이션 웹 서버는 독립적인 시스템 서비스로 실행된다. 호스트 시스템에서 LabVIEW나 LabVIEW 런타임 엔진을 실행하지 않고, 독립적으로 어플리케이션 웹 서버를 활성화하고 실행할 수 있다.

예제 9.5 웹 서버를 이용한 VI 모니터링과 컨트롤

웹 서버를 이용하여 VI를 모니터링하고 컨트롤하는 방법을 연습한다.

프런트패널 및 블록다이어그램

1. 새 VI를 만들고 이를 **신호시뮬레이션.vi**로 저장한다.
2. 다음과 같이 프런트패널과 블록다이어그램을 작성한다.
3. 신호 시뮬레이션( ) 함수는 **함수→ 익스프레스→ 입력** 팔레트에 있다.

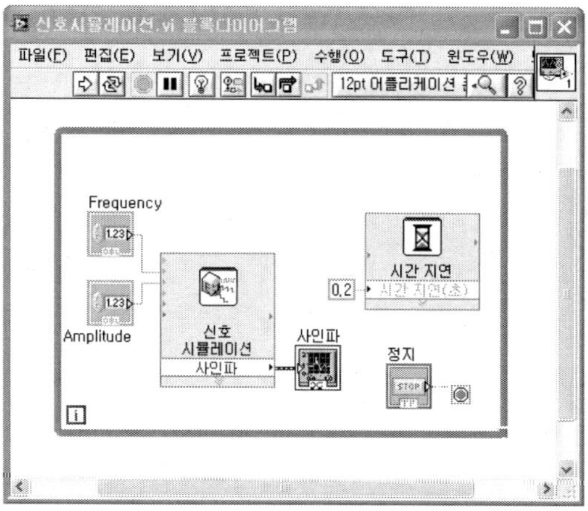

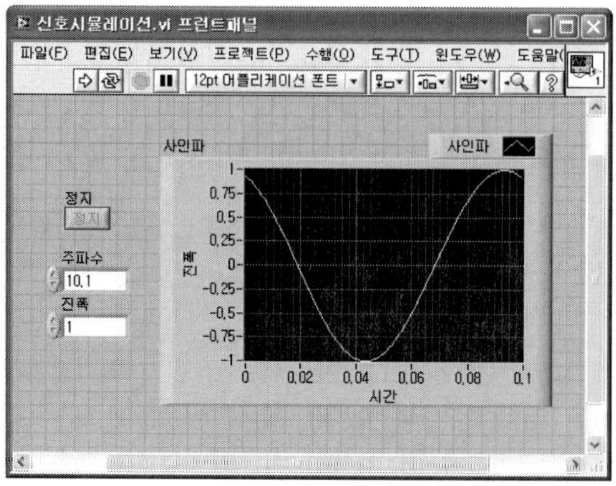

웹서버

4. LabVIEW의 **도구(T)**메뉴에서 **웹 출판 도구**...를 선택한다.

VI 이름은 방금 작성한 **신호시뮬레이션.vi**를 선택한다.

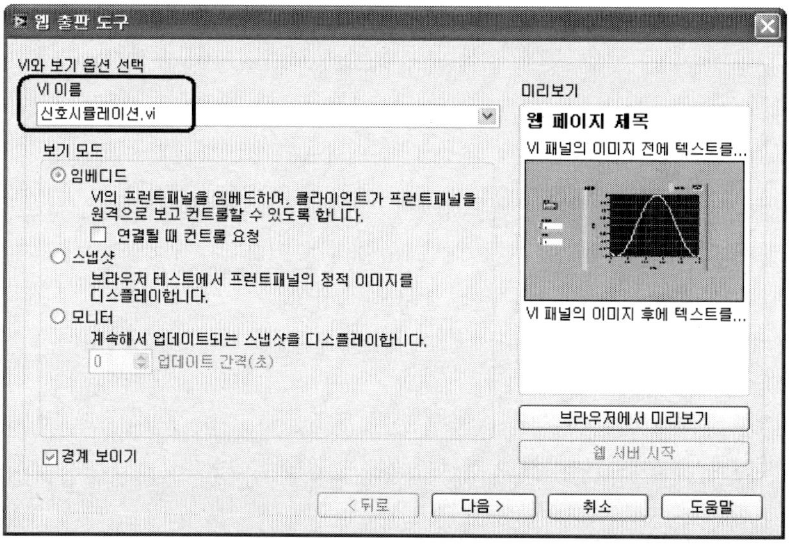

보기 모드는 "임베디드"를 선택한다.

- 임베디드: 웹에서 모니터링과 컨트롤이 모두 가능하다.
- 스냅샷: 프런트패널의 정적 이미지를 디스플레이 한다.
- 모니터: 프런트패널의 업데이트되는 이미지를 디스플레이 한다.

5. '다음' 버튼을 클릭한다. 문서 제목, 웹 브라우저에 표시될 머리글, 바닥글을 다음과 같이 입력한다.

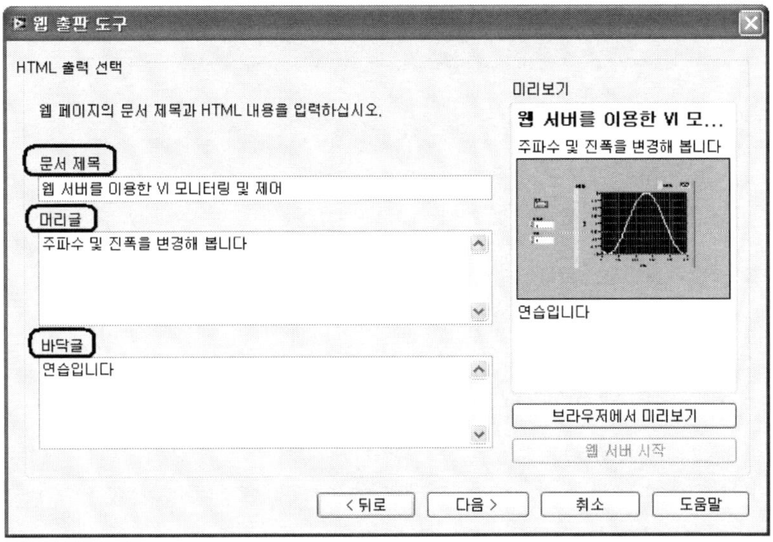

6. '다음' 버튼을 클릭한다. 이때 파일 이름은 영문으로 작성한다.

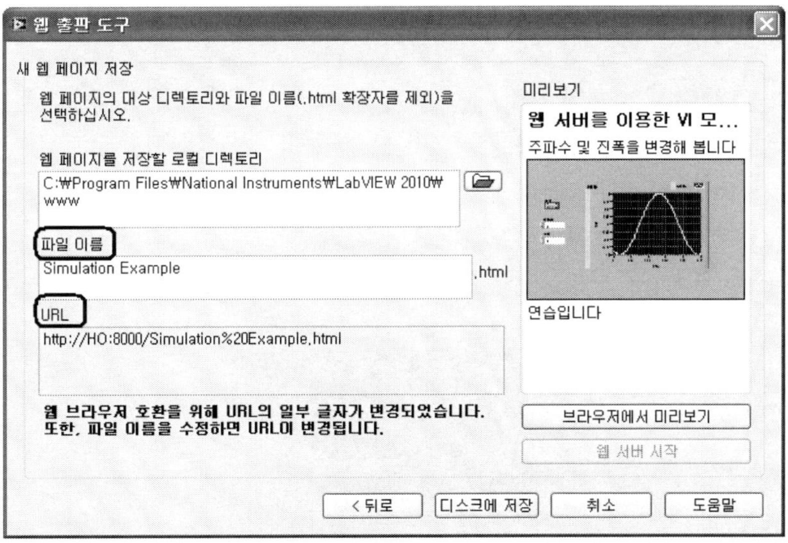

'브라우저에서 미리보기' 버튼을 선택해서 제대로 작성되었는지 확인한다.
URL은 http:// 웹 서버의 컴퓨터이름/파일 이름.html 타입이다.
또는 http:// 웹 서버의 컴퓨터IP/파일 이름.html 타입이다.

7. '디스크에 저장' 버튼을 클릭한다. 다음과 같은 문서 UTL 대화 상자가 표시된다.

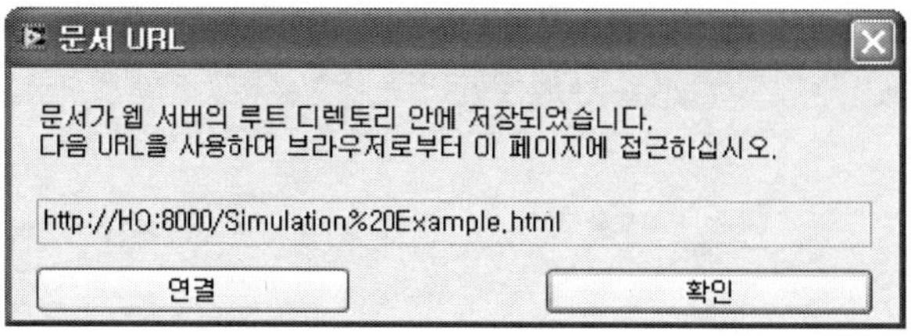

'연결' 버튼을 클릭하면 바로 인터넷 웹 브라우저로 접속한다.
'확인' 버튼은 웹 출판 도구를 종료한다.

8. 다른 컴퓨터의 웹 브라우저에서 http://[웹 서버의 컴퓨터이름]/파일 이름.html 또는 http://[웹 서버의 컴퓨터IP]/파일 이름.html을 입력한다.

9. **신호시뮬레이션.vi**를 실행한다. 다음과 같이 웹 브라우저에서 실행한 VI를 모니터링할 수 있다. 신호시뮬레이션.vi에서 주파수 및 진폭 값을 변경해 본다. 웹 브라우저에 변경된 값이 업데이트 되는 것을 확인할 수 있다.

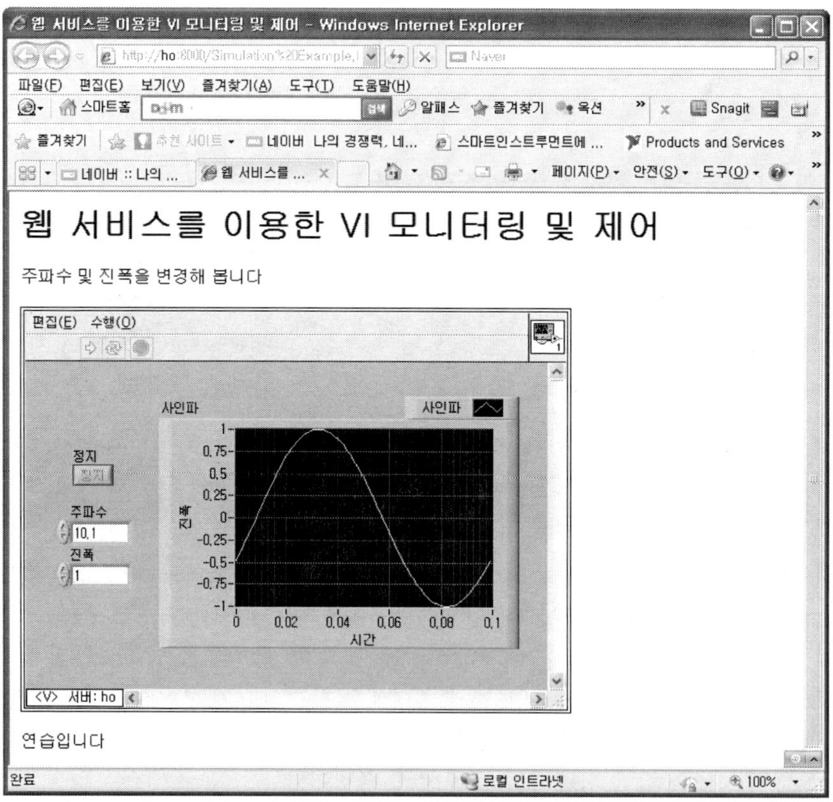

10. 웹 브라우저의 왼쪽 하단 탭에서 **VI의 컨트롤 요청**을 선택한다. 이는 웹 브라우저에서 모니터링 및 컨트롤도 가능케 하는 설정이다.

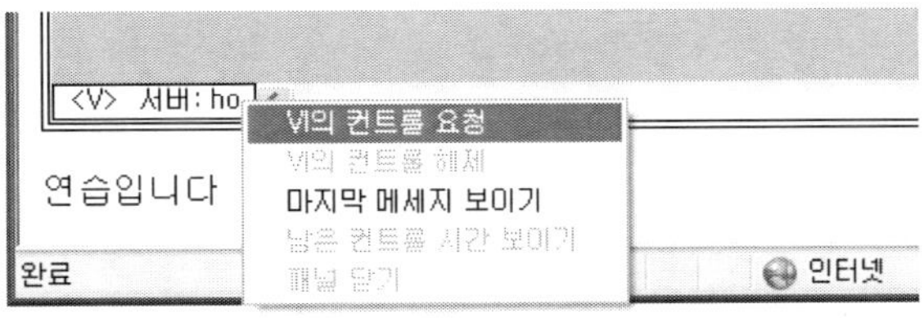

11. 웹 브라우저에서 주파수 및 진폭 값을 변경해 본다. 신호시뮬레이션.vi의 값이 변경됨을 확인할 수 있다. 웹 브라우저에서 **VI 컨트롤 해제**를 선택하면 컨트롤을 해제할 수 있다.

12. 웹 브라우저와 동일한 개념으로 VI에도 컨트롤을 획득하거나 전환할 수 있는 기능이 들어 있다.

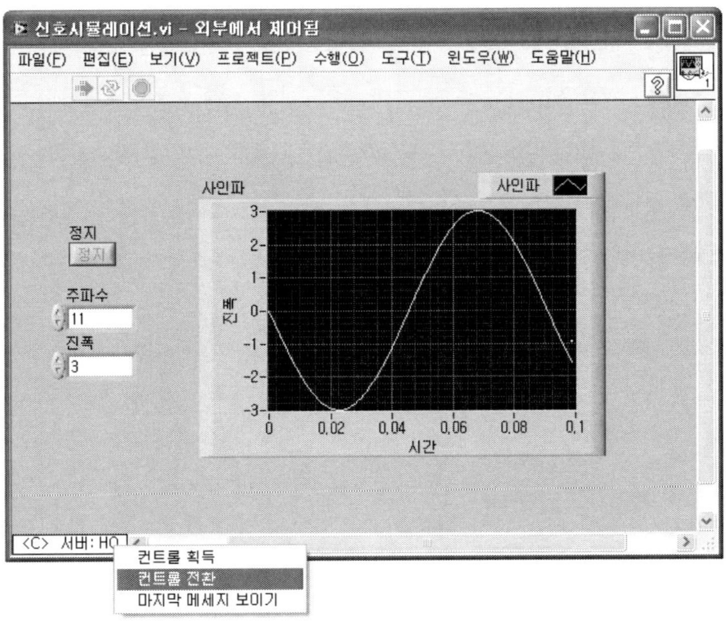

13. **신호시뮬레이션.vi**의 실행을 종료한다.

예제 9.6 웹 서비스를 이용한 VI 모니터링과 컨트롤

웹 서비스를 이용하여 VI를 모니터링하고 컨트롤하는 방법을 익혀본다. 웹 서버보다 자유로운 웹 어플리케이션을 구현할 수 있는 방법이다.

프로젝트 탐색기

1. 새 프로젝트를 만들고 **웹서비스연습.lvproj**으로 저장한다.
2. 다음과 같이 내 컴퓨터( )를 팝업한 후 **새로 만들기→VI**를 선택한다. VI를 **Add.vi**로 저장한다.

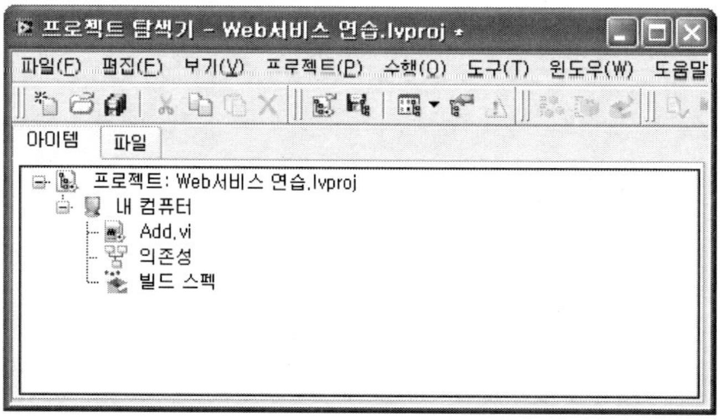

3. **Add.vi**를 다음과 같이 작성한다.

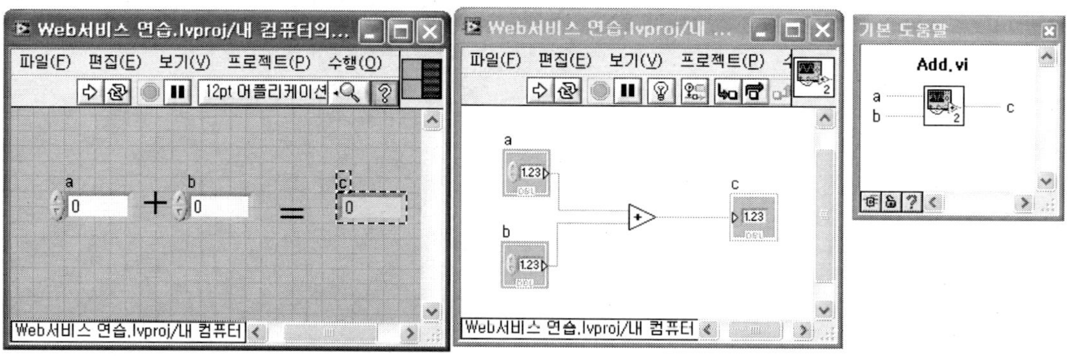

오른쪽 상단의 아이콘을 팝업한 후 커넥터 보이기를 선택한다. 이후 프런트패널의 컨트롤 및 인디케이터를 오른쪽 상단에 있는 터미널과 연결한다.

웹 서비스 만들기

4. 웹 서비스는 프로젝트의 빌드 스펙( )에서 **새로 만들기→웹 서비스(RESTful)**로 만들 수 있다.

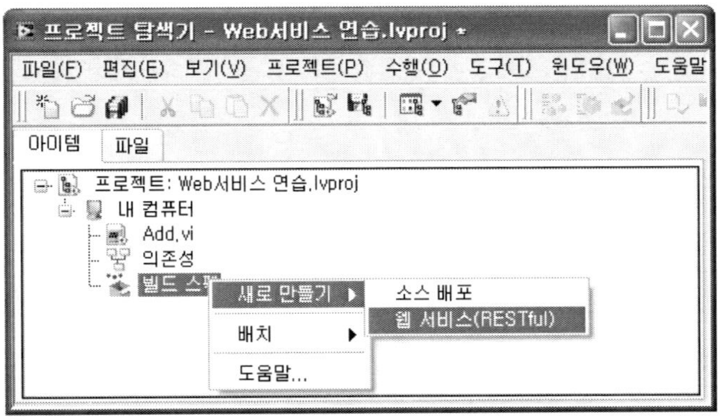

5. 항목란의 **정보**를 선택하고 서비스 **이름**을 "Add"로 수정한다. 서비스 이름은 웹 서비스에 접근할 URL로 사용된다.

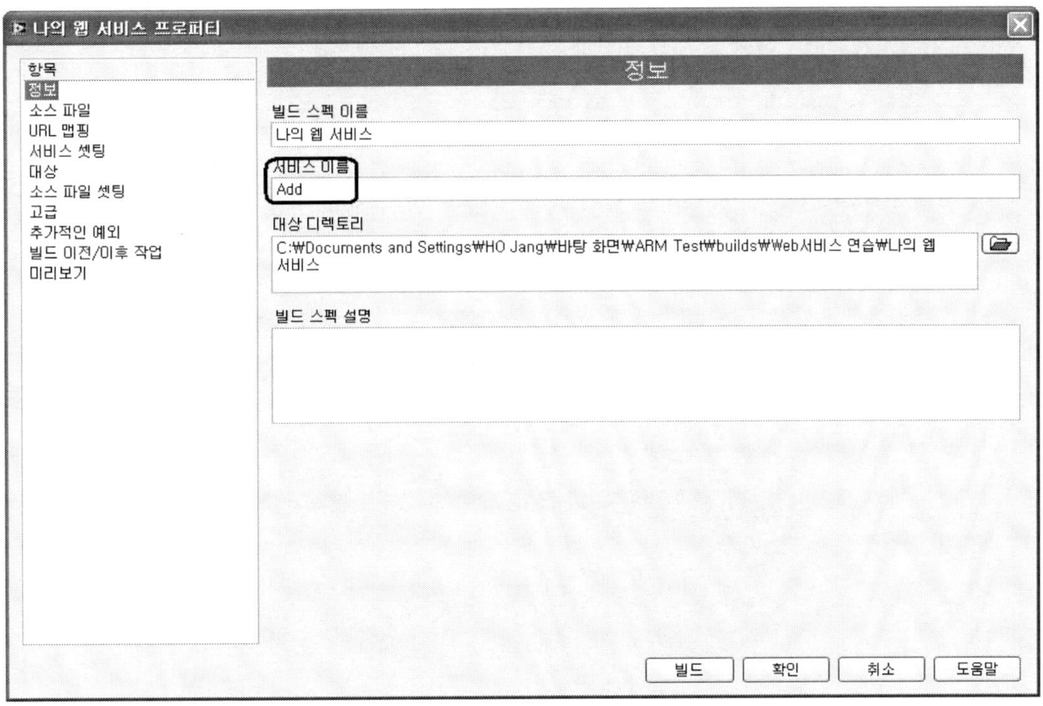

6. 소스 파일에서 Add.vi( )를 선택하여 [⇒] 버튼으로 **서비스 VI(복수)**로 추가해 준다.

RESTful VI 설정 창에서 VI의 기본 설정을 할 수 있다. 출력 포맷을 HTML로 선택하고 '확인' 버튼을 클릭한다.

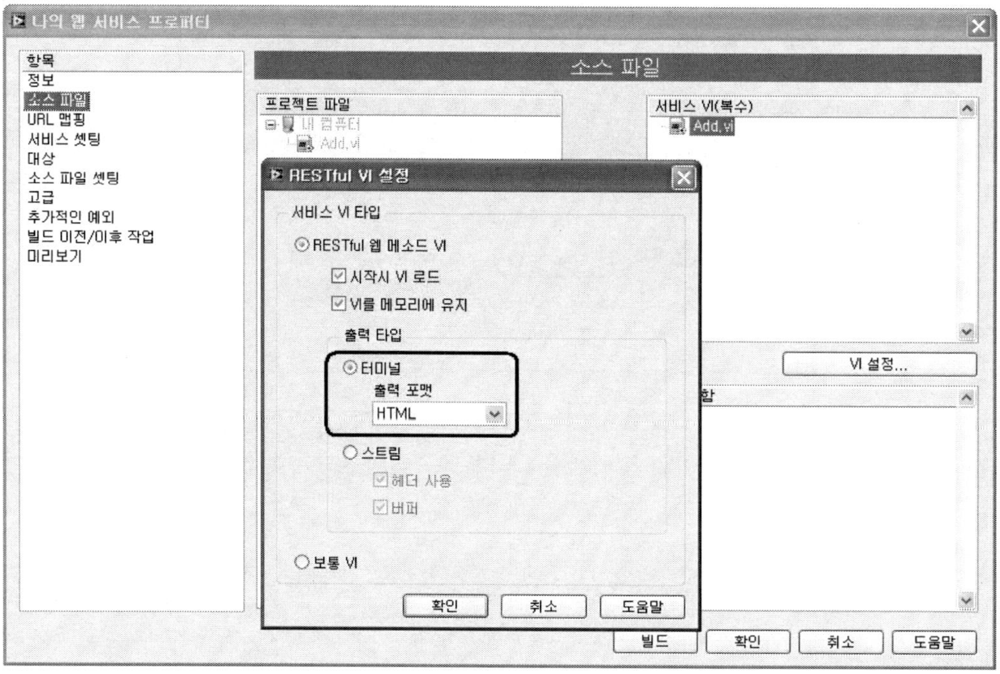

7. URL 맵핑에서 [+] 버튼을 클릭하여 URL을 맵핑한다. 실제 URL 및 웹 디자인과 연동되는 부분이므로 LabVIEW 도움말을 참고하여 맵핑해줘야 한다.

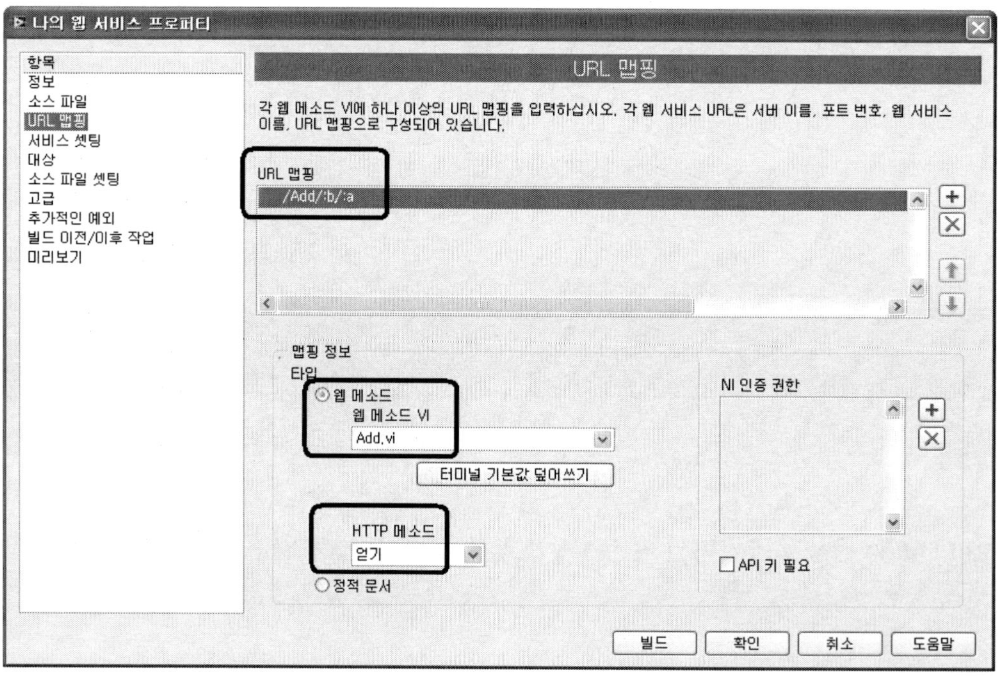

URL 맵핑 리스트에서 URL 맵핑을 생성, 편집하고 볼 수 있다. 소스 파일 페이지의 서비스 VI 트리에 새 웹 메소드 VI를 추가할 때, LabVIEW는 이 웹 메소드 VI의 커넥터 팬에 있는 컨트롤을 포함하는 기본 URL 맵핑을 생성한다. **Add.vi**에 대해서 LabVIEW는 /Add/:a/:b인 기본 URL 맵핑을 생성한다. 기본 URL 맵핑이 나타나지 않거나 추가적인 URL 맵핑을 정의하려고 하는 경우, **URL 맵핑 추가** 버튼을 클릭하면 된다. 한 개의 웹 메소드 VI에 대해 여러 개의 URL 맵핑을 설정할 수 있으며, 한 개의 웹 서비스에서 여러 웹 메소드 VI에 대해 여러 개의 URL 맵핑을 설정하는 것도 가능하다.

8. '빌드' 버튼을 클릭하여 웹 서비스를 빌드하고 **웹 서비스 프로퍼티** 대화 상자를 닫는다. 또한 **프로젝트 탐색기** 윈도우의 웹 서비스 빌드 스펙에서 마우스 오른쪽 버튼을 클릭한 후, 바로 가기 메뉴에서 **빌드**를 선택할 수도 있다. 웹 서비스를 빌드한 후 웹 서버에 배포할 수 있다.

웹 서비스 실행하기

9. 나의 웹 서비스의 팝업 메뉴에서 **배포**를 선택한다.

   이때 웹 서비스가 활성화 되어 있어야 한다. 활성화 되지 않은 경우에는 LabVIEW 메뉴의 **도구 → 옵션 → 웹 서버**를 이용한다. '웹 어플리케이션 서버 설정' 을 선택하면 웹 어플리케이션 서버가 활성화 된다.

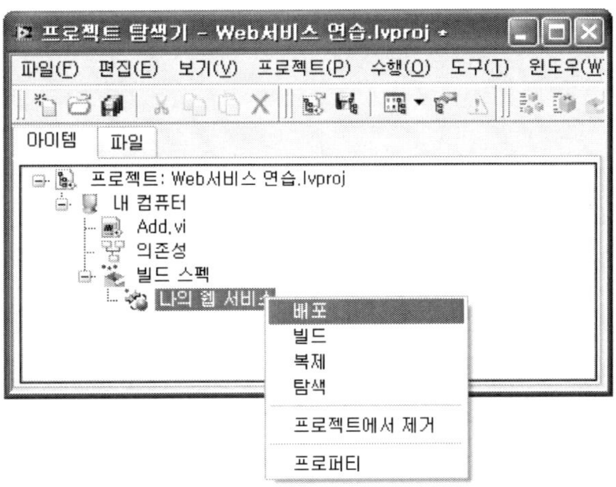

10. 웹 브라우저에 http://localhost/Add/c/2/3을 입력한다. 다음과 같이 출력 값 c가 5임을 디스플레이해 준다. Localhost는 내 컴퓨터를 의미한다. 다른 컴퓨터에서는 http://[웹 서버의 IP]/Add/c/2/3을 입력한다.

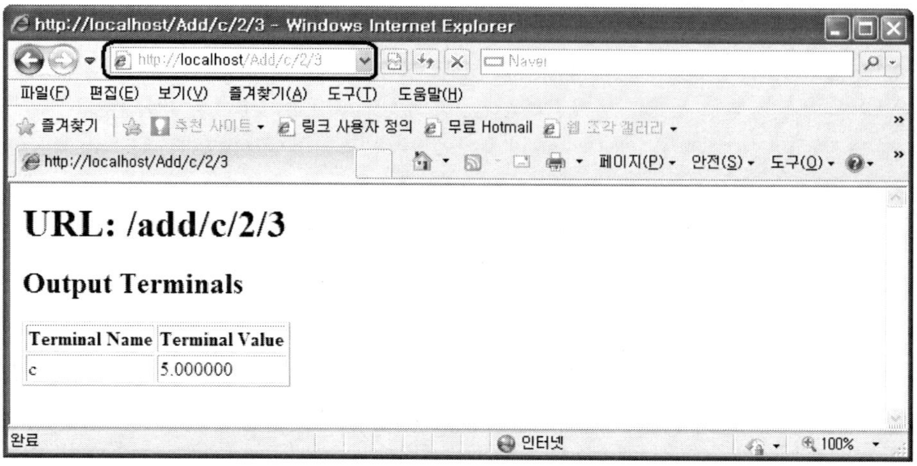

참고로 5+7을 실행해보기 위해 http://localhost/Add/c/5/7 과 같이 입력해 본다. Terminal Value 값이 12로 변경됨을 확인할 수 있다.

PART 2

LabVIEW 임베디드 ARM 마이크로컨트롤러

LabVIEW를 이용한
ARM 마이크로컨트롤러 제어

CHAPTER 10

시작하기 전에

ARM 마이크로컨트롤러는 CPU, 메모리, 각종 I/O 장치들을 하나의 칩에 내장하고 있다. 이러한 ARM 컨트롤러를 동작시키기 위해서는 프로그램이 필요하며, 이를 컴파일하기 위한 컴파일러, 오류를 디버깅 하기 위한 툴이 필요하다. 또한 ARM 컨트롤러가 독립적으로 동작하기 위해서는 프로그램을 플래시 메모리 등에 적재할 ISP 툴이 필요하다.

LabVIEW 임베디드 마이크로컨트롤러를 사용한다면 LabVIEW의 그래픽 환경에서 자신의 마이크로컨트롤러 개발환경을 만들 수 있다.

LabVIEW 임베디드 마이크로컨트롤러로 ARM 어플리케이션을 위해서는 사용자 하드웨어로 제작하기 이전에 테스트할 수 있는 평가보드가 필요하다. 여기서는 Keil MCB2300 평가보드를 이용한 방식을 기준으로 설명한다.

10.1 Keil MCB2300 평가보드

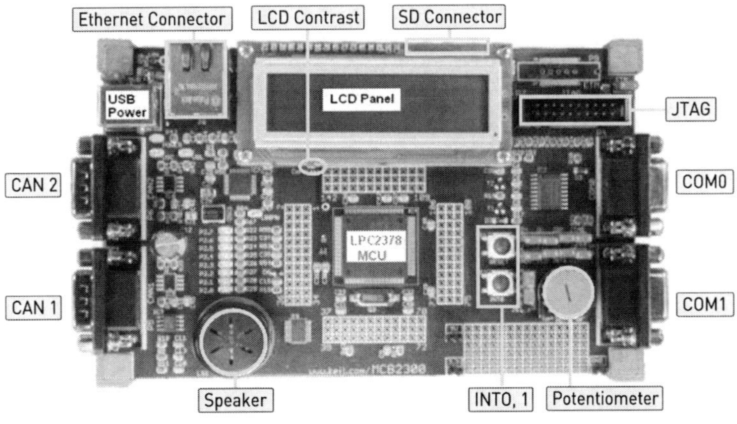

- 마이크로컨트롤러 제조사: NXP
- 평가보드 제조사: Keil
- 프로세서 타입: ARM7 NXP LPC2378
- 평가보드 특성:

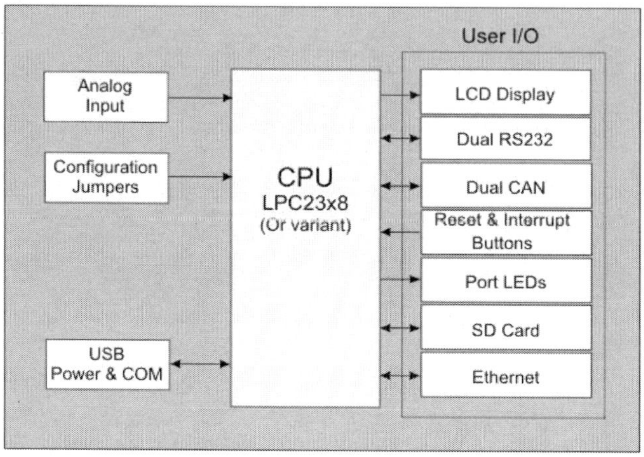

프로세서 스펙:

- 512KB on-chip Flash ROM
- 58KB RAM
- CPU clock up to 72 MHz
- Ethernet 10/100 MAC with DMA
- External Memory Controller for static devices such as Flash and SRAM
- USB 2.0 Full Speed Device Controller
- CAN 2.0B with two channels
- 4 UARTs
- 3 I2C serial interfaces
- 3 SPI/SSP serial interfaces
- SD/MMC memory-card interface
- 10-bit ADC with 8 channels
- 10-bit DAC
- PWM unit for three-phase motor control
- General purpose I/O pins

10.1.1 MCB2300과 ULINK2의 연결

Keil MCB2300 평가보드는 ULINK2 USB-JTAG 어댑터와 함께 사용한다. 이 MCB

2300 평가보드는 MCB2360(NXP LPC2368 마이크로컨트롤러 내장) 및 MCB2370 (NXP LPC2378 마이크로컨트롤러) 타입으로 판매되고 있다. 이 책에서는 MCB2300의 MCB2370으로 기준으로 설명을 제한하고자 한다.

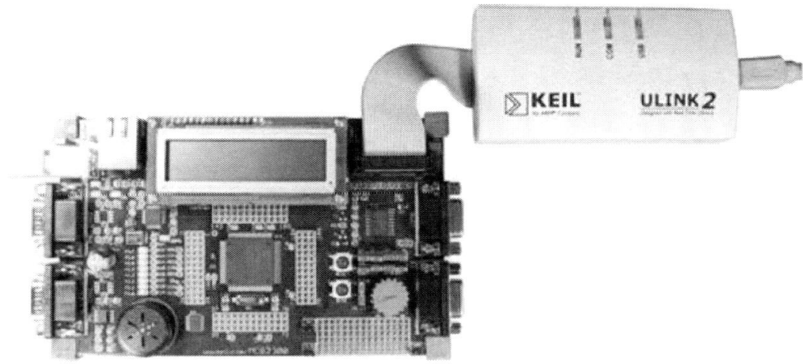

ULINK2 Adapter Connected to MCB2300

ULINK2를 이용해서 Keil MCB2300 평가보드에 프로그램을 다운로드하기 위해서는 다음의 단계로 진행한다.

❶ 20핀 리본 케이블을 이용해서 ULINK2 어댑터를 MCB2300과 연결한다(점퍼 J13을 JTAG-ON인지 확인한다).

❷ 표준 USB 케이블 A/B를 이용해 ULINK2와 PC를 연결한다.

❸ 파워를 표준 USB 케이블 A/B를 이용해 보드에 공급한다.

10.1.2 MCB2300 보드의 점퍼 설정

MCB2300 평가보드는 점퍼 J1-J13로 설정되며 다음의 상태로 초기 출고된다.

Jumper	State	Description
J1 - USB (D-)	ON	Connects USB Line D- to the USB connector.
J2 - USB (D+)	ON	Connects USB Line D+ to the USB connector.
J3 - AOUT	ON	Connects AOUT via LF amplifier to the loudspeaker.
J4 -	--	Not used
J5 - UMODE	ON	Allows soft-connect of the USB device by issuing a software restart via P2.9
J6 - AD0.0	ON	Connects POT1 potentiometer to AIN0 for analog input demonstration.
J8 - INT0	ON	Enable INT0 Push Button.
J9 - RST	ON	Enables Reset via COM0.
J10 - ISP	OFF	Disables In-System Programming via COM0.
J11 - LED	ON	Enables Port2.0 - Port2.7 LEDs.
J13 - ETM	ON	Enables the Embedded Trace Macrocell (so that the USB soft-connect and the LED's can be used)

10.1.3 MCB2300 보드의 주요 특징

1 마이크로컨트롤러

LPC2378 마이크로컨트롤러의 블록다이어그램으로 CPU에 공급되는 클럭 신호는 12.0 MHz이다. 전원은 표준 USB B 커넥터를 이용해서 공급하며 파워가 보드에 공급되면 LED가 표시된다.

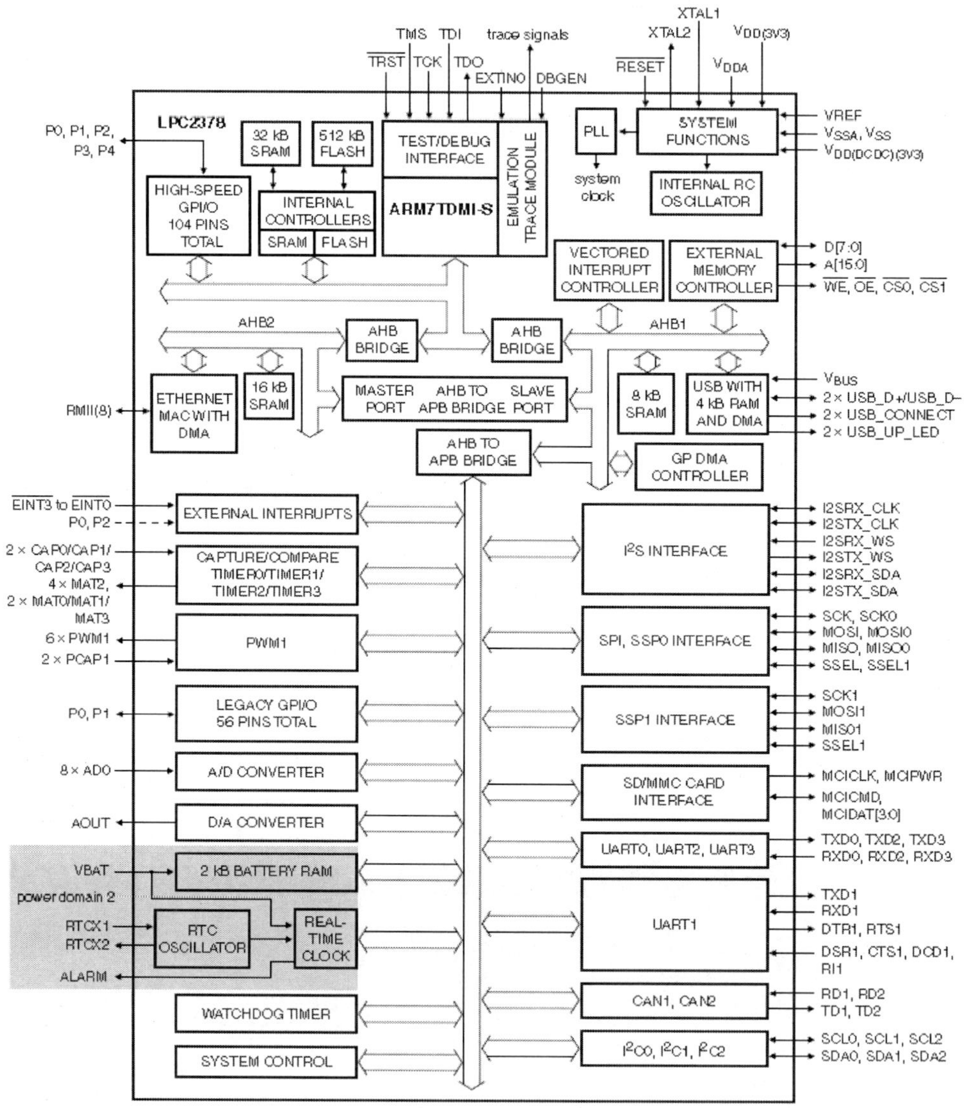

2 주요 커넥터

MCB2300 평가보드의 커넥터는 다양한 주변기기와 접목할 수 있으며 다음과 같은 특징을 가지고있다.

- **USB 2.0 Full Speed Interface:** MCB2300 보드는 USB 인터페이스 커넥터를 이용해서 자체 전원 공급 또는 USB 전원 디바이스로 설정할 수 있다.
- **Dual Serial Ports:** MCB2300에는 시리얼 어플리케이션이 필요할 때 사용할 2개의 표준 DB9 커넥터가 있다.
- **Dual CAN Ports:** MCB2300에는 CAN 어플리케이션이 필요할 때 사용할 2개의 표준 DB9 커넥터가 있다. 점퍼를 이용해서 이들 포트를 사용하거나 사용할 할 수 없게 설정한다.
- **LF Amplifier:** MCB2300의 LF 앰프는 LPC2300의 D/A 출력을 통해 스피커에 연결되어 있다. 사운드 신호를 발생하기 위해 LF 앰프를 사용한다.
- **Analog Voltage Control for ADC Input:** MCB2300에는 LPC2300의 AD 특성을 테스트하기 위한 조정 가능한 아날로그 소스가 있다. 점퍼를 통해 이 기능를 사용하거나 사용할 수 없게 설정할 수 있다.
- **JTAG Download and Debug:** MCB2300 보드에는 JTAG 인터페이스가 있으며 ULINK USB-JTAG 어댑터와 연결하면 플래시 프로그램을 할 수 있다. on-chip 디버그 인터페이스로 LPC2300 디바이스의 실시간 에뮬레이션을 할 수 있다.

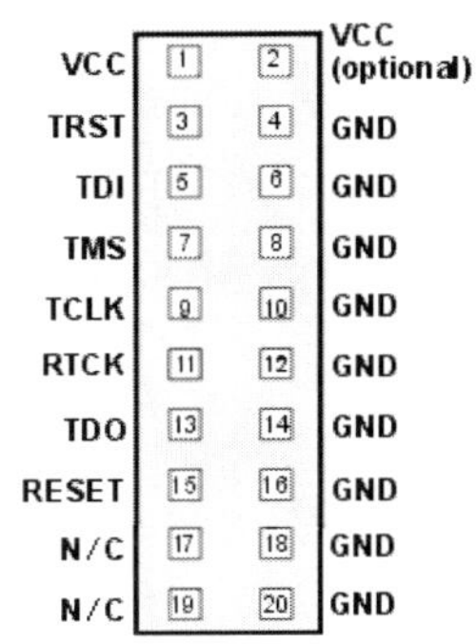

3 LEDs

MCB2300에는 다음의 LED가 내장되어 있다.

- **POWER** LED: 보드에 파워가 공급되었을 때 표시된다.
- **P2.0 ~ P2.7:** 점퍼 J11이 설치되면 Port 2의 8라인 핀과 연결한다. 이들 8개의 LED는 어플리케이션을 테스트할 때 프로그램 상태를 표시하는데 매우 유용하다. J11을 제거하면 포트 LED 드라이버 칩 (IC9)을 사용할 수 없게 한다.
- **100M** LED: 100Mbit Ethernet LAN 연결을 표시한다.
- Ethernet 커넥터의 **ORANGE LED**(right/lower): LAN 트래픽이 존재하면 점등된다.
- Ethernet 커넥터의 **GREEN LED**(left/upper): LAN과 연결이 잘 되었을 때 표시된다.
- **USC LED:** P0.14로부터 USB 소프트 연결 시 표시된다.

- **UGL LED**: USB 링크 상태가 좋을 때 표시된다.
- **SD LED**: SD 카드가 감지되면 표시된다.

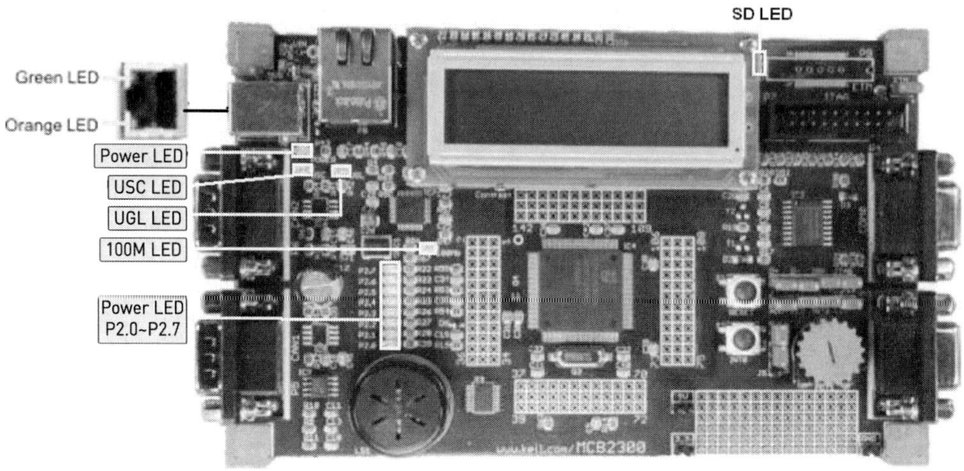

10.1.4 ARM 마이크로컨트롤러의 임베디드 모듈 설치하기

ARM 마이크로컨트롤러의 임베디드 모듈 설치 파일에는 LabVIEW 2010을 포함한 다음의 내용을 포함하고 있다. 설치 방법은 RealView Microcontroller Development Kit를 먼저 설치하고 Embedded Module for ARM Microcontrollers을 설치한다. 다음의 설치 과정을 따른다.

❶ LabVIEW Embedded Module for ARM Microcontrollers를 DVD 드라이버에 넣고 RealView Microcontroller Development Kit를 설치하기 위해 선택한다. 만약 DVD를 넣었을 때 자동적으로 설치가 되지 않으면 RealView Microcontroller Development Kit를 설치하기 위해 MDK_LV.exe를 더블 클릭 한다.

❷ Keil μVision License ID Code(LIC)를 액티베이션한다.

A. 윈도우의 **시작 → 프로그램**에서 Keil uVision4()를 실행한다.

B. **File → License Management**를 선택하면 **License Management** 대화 상자가 표시된다.

C. single-user 라이센스를 받기 위해 다음의 단계를 거친다. 라이센스를 액티베이션하기 위해서는 PSN(product serial number)과 인터넷 연결이 필요하다. PSN은 알파벳으로 되어 있으며 구매한 제품에 포함되어 있다.

D. **License Management** 대화 상자에 LIC를 추가한 후 **Close**를 선택한다.

E. Keil μVision을 종료한 후 Embedded Module for ARM Microcontrollers를 설치한다.

❸ Embedded Module for ARM Microcontrollers를 설치한다. 또는 DVD에서 setup.exe를 더블 클릭한다.

❹ **시작→프로그래밍→National Instruments→NI License Manager** NI License Manager( )를 이용해서 내쇼날인스트루먼트 제품을 액티베이션한다.

❺ 컴퓨터를 재부팅 한다.

10.1.5 MCB2300 평가보드 설치하기

MCB2300 보드를 JTAG 에뮬레이션으로 사용하려면 다음의 단계를 거친다.

❶ Keil μVision4를 설치하였는지 확인한다. μVision은 RealView Microcontroller Development Kit의 일부이다. Keil\uv4 디렉토리를 확인하거나, 윈도우의 **시작→프로그래밍**에 Keil uVision4( )가 있는지 확인한다. 참고로 LabVIEW를 사용할때는 μVision를 실행하지 않는다.

❷ ULINK2 USB-JTAG 어댑터를 컴퓨터의 USB 포트에 연결한다. ULINK2 USB-JTAG를 컴퓨터에 최초로 연결하면 윈도우는 새로운 하드웨어를 발견한다.

❸ ULINK2 USB-JTAG 어댑터를 평가보드의 JTAG 커넥터에 연결한다.

❹ 평가보드의 USB 커넥터와 PC의 USB를 연결한다. 이 연결은 평가보드에 파워를 공급하는 역할을 하며 평가보드의 파워에 LED가 들어온다.

❺ 만약 COM 0를 사용하려면 평가보드의 RST 및 ISP 점퍼가 OFF 상태인지 확인한다.

10.2 디지털/아날로그 신호의 이해

아날로그와 디지털 데이터를 측정 또는 제어하고자 한다고 가정한다. 먼저 transducer를 통해 측정할 신호를 전압 또는 전류 등의 전기적 신호로 변환하는 과정이 필요하다. 물리적 양이 전기적 신호로 변환되면 상태, 비율, 레벨, 모양, 주파수를 포함한 신호를 컴퓨터로 측정할 수 있다.

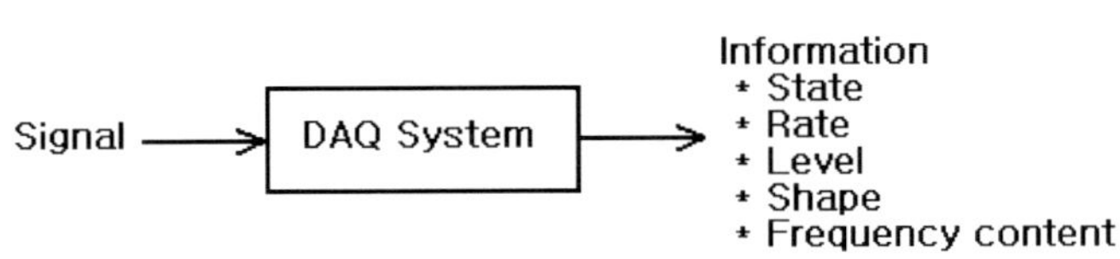

엄밀히 말하면 모든 신호는 시간에 따라 그 값이 변한다. 그러나 신호의 측정 방법을 논의하려면 주어진 신호를 다음의 5가지 종류로 분류해야 한다. 먼저 모든 신호를 아날로그 또는 디지털로 구분할 수 있다. 디지털 신호는 HIGH(on) 레벨 또는 LOW(off) 레벨의 2가지로 구별되지만 아날로그 신호는 시간에 따라 연속적으로 값이 변하는 신호이다.

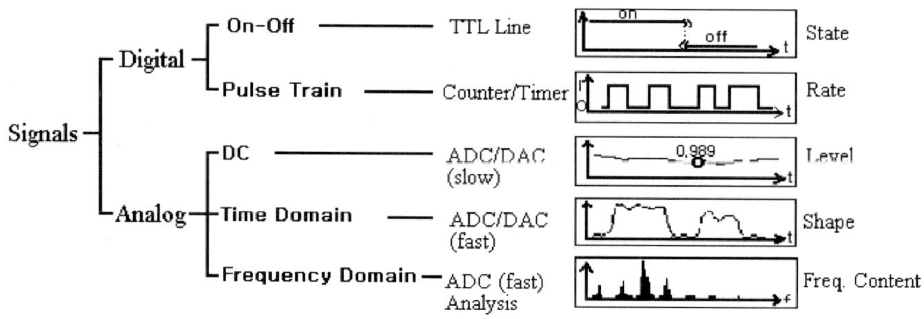

일반적으로 디지털 신호는 2가지 이상으로, 아날로그 신호를 3가지 이상으로 분류한다. 2가지 디지털 신호는 on-off 신호와 펄스 train 신호이다. 3가지 아날로그 신호는 DC신호, 타임 영역(또는 AC) 신호, 주파수 영역 신호이다. 이들 5가지의 신호는 상태, 비율, 레벨, 모양, 주파수를 내포한 신호 정보로 분류된다.

10.2.1 디지털 신호의 분류

디지털 신호는 HIGH와 LOW 등의 디지털 로직을 전압값의 차이로 표현한다. 디지털 신호는 2가지로 분류된다.

디지털 로직 신호는 일반적으로 저속 상태 디지털 상태에 관련된 정보를 가지고 있다. 예를 들어 LED 인디케이터 ON/OFF, 밸브 ON/OFF, 스위치 ON/OFF 등은 디지털 로직으로 분류한다.

디지털 펄스 신호는 상태 변이가 연속으로 발생한다. 정보는 상태 변이 횟수, 변이가 발생하는 비율, 또는 상태 변이가 발생하는 시간과 관련되어 있다. 모터에 탑재된 optical encoder의 출력은 디지털 펄스 신호의 예이다. 일부 장비는 동작을 위한 펄스 입력을 필요로 한다. 예를 들어 스테핑 모터는 모터의 위치와 속도를 제어하기 위해 연속적인 디지털 펄스 입력을 요한다.

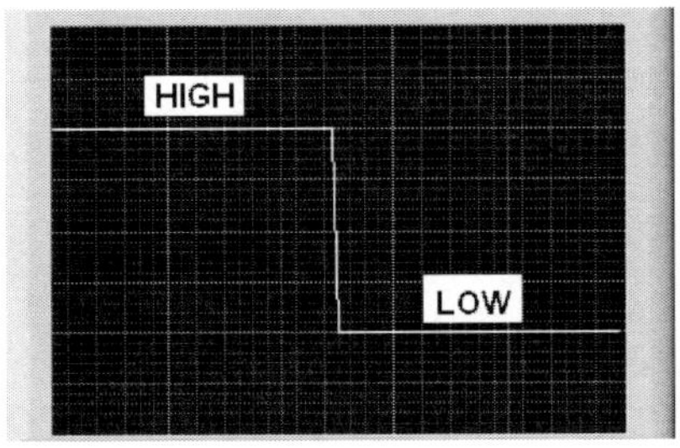

디지털 로직

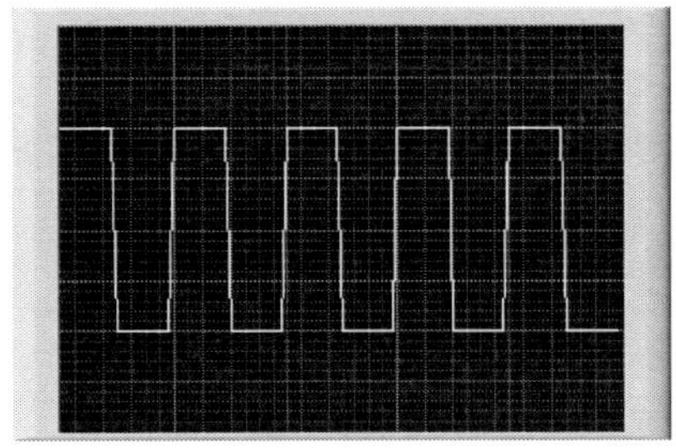
디지털 펄스

10.2.2 아날로그 신호의 분류

아날로그 신호는 신호 모양을 다루는 것으로 신호의 크기와 모양이 시간에 따라 연속적으로 값이 변하는 신호이다. 일반적으로 아날로그 신호는 DC신호, 타임 영역(또는 AC) 신호, 주파수 영역 신호의 3가지로 분류한다.

1 아날로그 DC 신호

아날로그 DC 신호는 정적 또는 저속으로 변하는 신호이다. DC 신호는 주어진 시점에서 신호의 레벨 또는 진폭의 의미가 중요하다. 아날로그 DC 신호는 저속으로 변하므로 측정된 레벨의 정밀도는 타임 또는 측정한 비율이 더욱 중요하다. DC 신호를 측정하는 계측기 또는 DAQ 보드는 ADC(analog-to-digital)를 사용하며, 아날로그의 전기적 신호를 컴퓨터가 읽을 수 있는 디지털 신호로 변환한다.

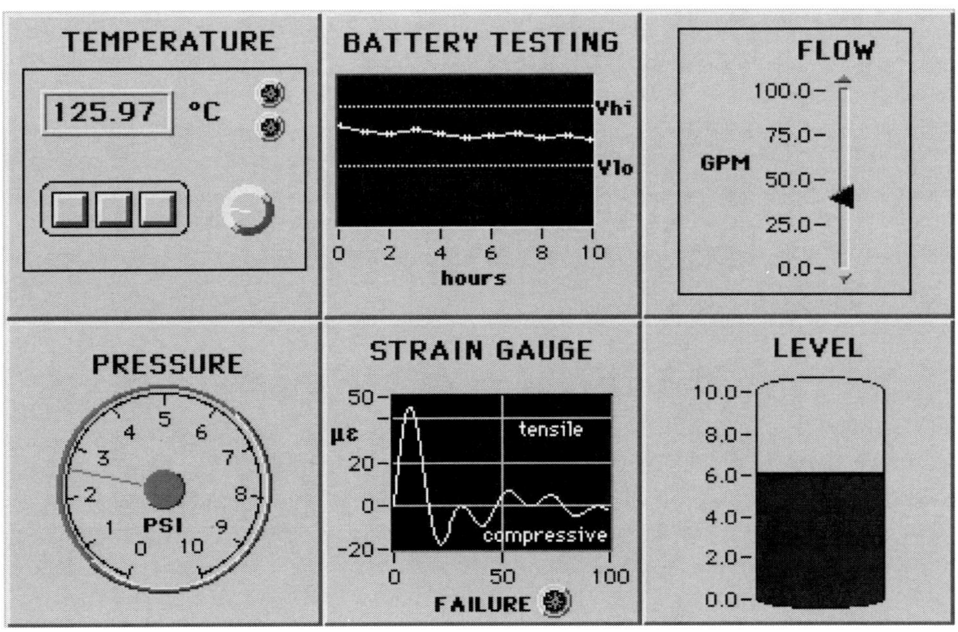

DC 신호는 일반적으로 다음의 조건을 만족해야 한다.

- 정밀도/분해능: 신호 레벨을 정밀하게 측정한다.
- 낮은 밴드 폭: 신호를 낮은 비율로(소프트웨어를 이용한 타이밍으로 충분함) 측정한다.

2 아날로그 타임 영역 신호

아날로그 타임 영역 신호는 신호 레벨 및 시간에 따른 레벨의 변화를 전달하므로 다른 종류의 신호와 다르다. 타임 영역 신호를 측정할 때는 웨이브폼이 관계되며 경사도, 피크의 위치 및 모양 등과 같은 웨이브폼 형태의 특성이 중요할 수 있다.

타임 영역 신호의 모양을 측정하려면 측정할 신호를 정밀한 시간 간격으로 측정해야 한다. 이들 측정은 웨이브폼의 모양을 적절하게 재현하는 비율로 해야 한다. 또한 신호의 유용한 부분을 측정하려면 연속적인 측정을 할 때 최적의 타임에 시작해야 한다. 그러므로 아날로그 타임 영역 신호를 측정하는 계측기 또는 DAQ 보드는 ADC, 샘플 클럭, 트리거로 구성되어 있다. 샘플 클럭은 각각의 A/D 변환 occurrence를 정밀하게 발생시킨다. 원하는 부분의 신호를 적절하게 측정하려면 외부의 특정한 조건에 따라 적절한 시점에 측정을 하는 트리거를 사용한다.

아날로그 타임 영역 신호를 측정하려면 다음의 조건을 만족해야 한다:

- 높은 밴드 폭: 신호를 빠른 비율로 측정한다.
- 정밀한 샘플 클럭: 신호를 정밀한 간격으로 측정한다. 즉 하드웨어를 이용한 타이밍이 필요하다.
- 트리거: 정밀한 타임으로 측정을 시작한다.

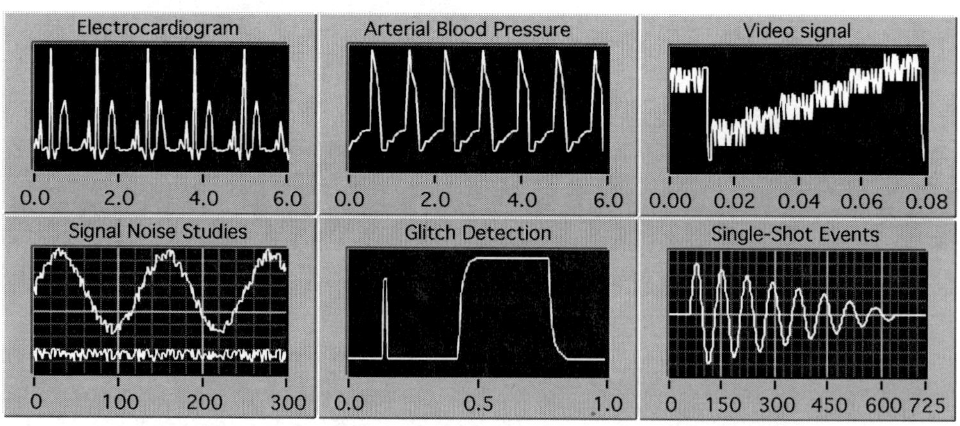

타임 영역 신호는 매우 다양하며, 일부 신호의 종류를 앞에 표시해 놓았다. 공통적으

로 이들 신호가 갖고있는 것은 웨이브폼 모양(레벨 축 대 타임)이 주류이다.

3 아날로그 주파수 영역 신호

아날로그 주파수 영역 신호는 시간에 따라 신호가 변하므로 타임 영역 신호와 유사하다. 그러나 주파수 영역 신호에서 추출한 정보는 신호의 주파수 성분을 기본으로 하므로 웨이브폼의 모양 또는 시간에 따라 변하는 신호와 다르다.

타임 영역 신호와 동일하게 주파수 영역 신호를 측정하는 계측기는 웨이브폼을 정밀하게 표시하기 위해 ADC, 샘플 클럭, 트리거를 포함해야 한다. 추가적으로 계측기는 신호에서 주파수 정보를 추출하기 위한 분석 기능을 포함하고 있어야 한다. 이러한 종류의 Digital signal processing(DSP) 과정은 어플리케이션 소프트웨어, 또는 신호를 신속하고 효율적으로 분석하기 위해 고안된 특별한 DSP 하드웨어를 사용한다.

아날로그 주파수 영역 신호를 측정하려면, DAQ 시스템은 다음의 조건을 만족해야 한다.

- 높은 밴드 폭: 신호를 빠른 비율로 측정한다.
- 정밀한 샘플 클럭: 신호를 정밀한 간격으로 측정한다. 즉 하드웨어를 이용한 타이밍이 필요하다.
- 트리거: 정밀한 타임으로 측정을 시작한다.
- 분석 함수: 타임 정보를 주파수 정보로 변환한다.

다음의 그림은 주파수 영역 신호의 예이다. 각각의 예는 측정한 원래 신호 대 시간축의 그래프를 보이며, 또한 시그널 주파수 스펙트럼을 보인다. 이러한 영역의 어플리케이션은 소리와 음향학, 지구 물리학적 신호, 진동, 시스템 전송 함수에 사용된다.

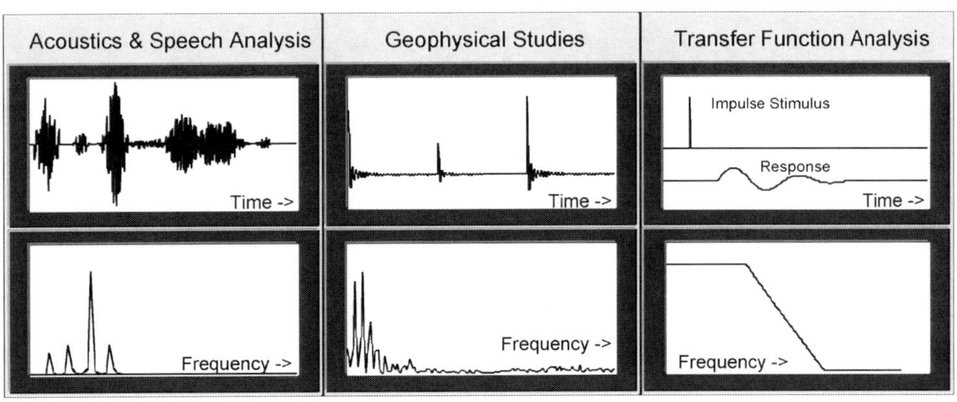

CHAPTER 11

어플리케이션 시작하기 및 디버깅

11.1 임베디드 어플리케이션 시작하기

MCB2300 평가보드에는 각종 I/O 장치들을 하나의 칩에 내장하고 있다. 이후로는 LabVIEW로 ARM 컨트롤러를 동작시키고 디버깅하는 프로그램을 연습한다.

예제 11.1 ARM 마이크로컨트롤러를 이용한 임베디드 어플리케이션 시작하기

ARM 어플리케이션을 어떻게 빌드하고 실행하며 디버깅하는지에 대한 기본을 배운다. 여기에서는 필요한 VI를 작성하고 이를 ARM 타겟으로 다운로드하는 방법을 설명한다. 컴퓨터의 프런트패널을 호스트 컴퓨터와 타겟 사이를 디버깅 인터페이스로 사용한다. 프런트패널의 LED 인디케이터 및 타겟보드의 LED는 입력이 정의한 임계값을 넘을 때 점등되게 한다.

LabVIEW프로젝트

1. LabVIEW를 실행한다. 시작하기 윈도우의 타겟에서 **ARM Project**를 선택한다.

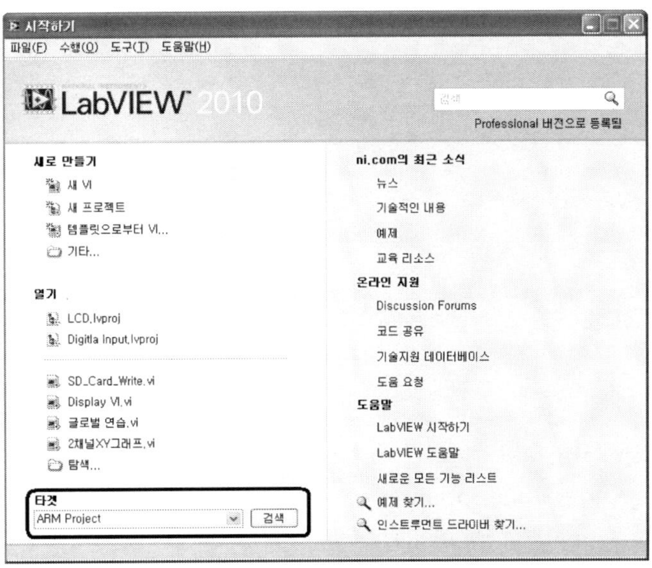

'검색'을 선택하면 ARM 프로젝트 위자드가 실행된다.

ARM프로젝트 위자드

2. **Project type** 풀다운 메뉴에서 **New ARM project, blank VI**를 선택하고 '다음' 버튼을 클릭한다.

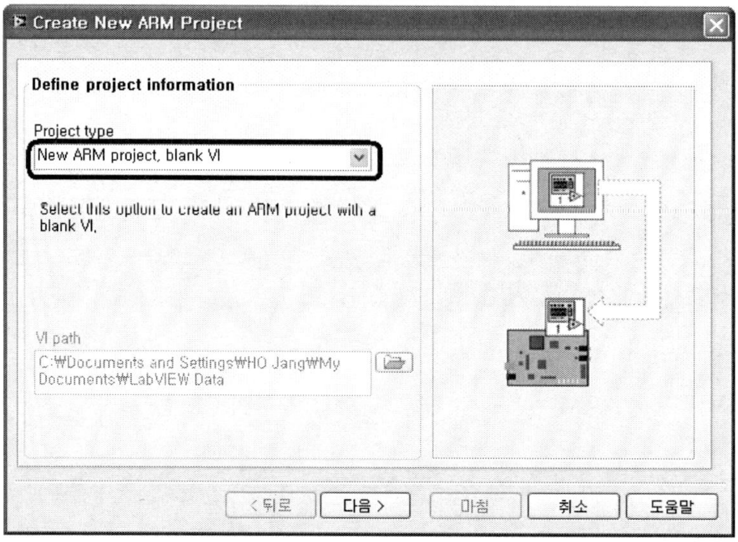

3. **ARM target type**에서 MCB2300을 선택하고, '다음' 버튼을 클릭한다.

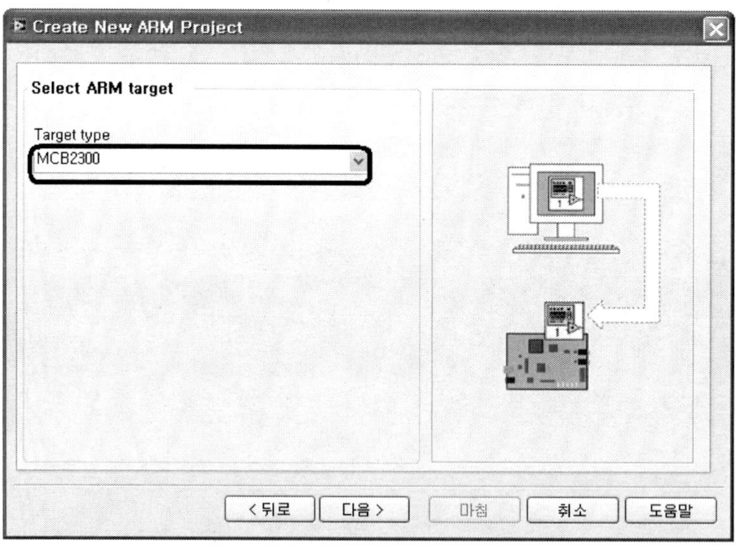

4. 다음과 같은 **System preview** 페이지가 표시된다. **Create a build specification** 박스에 체크 표시가 되었는지 확인한다. Build Specifications( )에는 VI를 어플리케이션으로 빌드하고자 할 때 필요한 빌드 셋팅 및 코드 생성 옵션이 포함되어 있다.

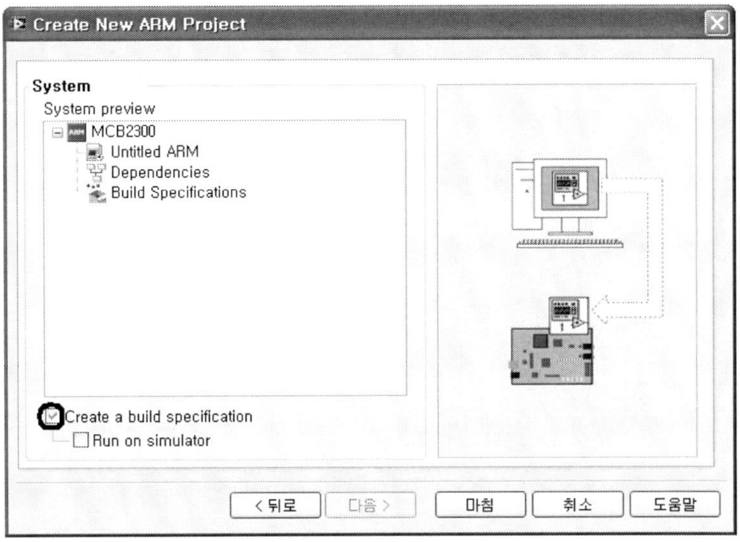

'마침' 버튼을 클릭한다. **Create a build specification**에 체크표시가 되었으므로, ARM 프로젝트 위자드는 기본 설정 값으로 Build Specifications( )를 생성한다.

LabVIEW는 ARM 프로젝트 위자드가 Build Specifications( )을 생성하기 이전에, 프로젝트 및 VI를 저장하라는 대화 상자를 표시한다. **MCB2300연습.vi** 및 **임베디드연습.lvproj**으로 저장한다.

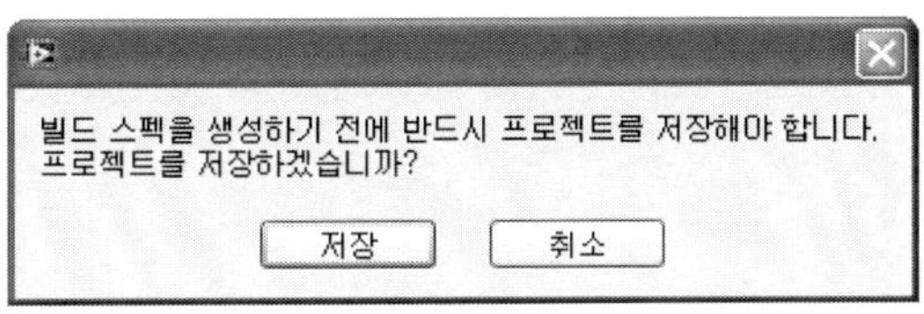

5. 다음과 같은 프로젝트 탐색기가 표시된다.

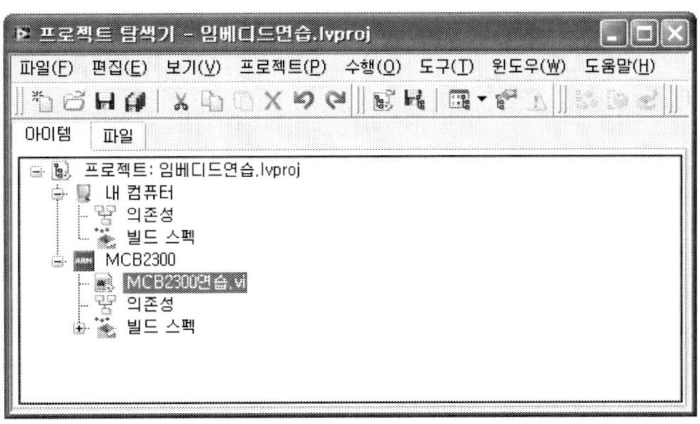

프런트패널

6. 다음과 같이 프런트패널을 작성한다.

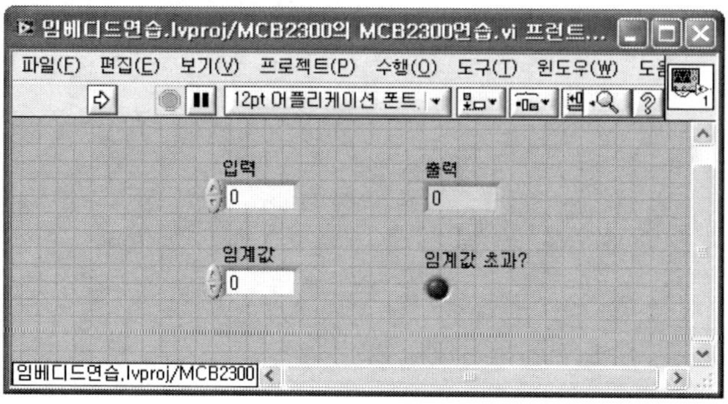

입력, 임계값은 숫자형 컨트롤로, **컨트롤→Numeric** 팔레트에 있다.

"**임계값 초과?**"는 불리언이다.

블록다이어그램

7. 다음과 같이 블록다이어그램을 작성한다.

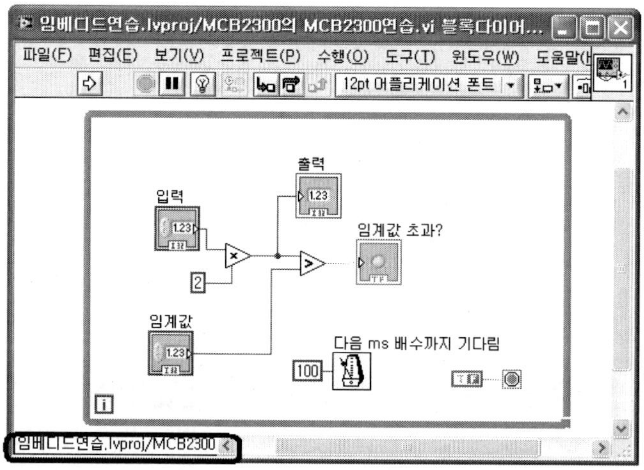

8. VI를 저장한다.

Build Specification 검증

9. LabVIEW의 C Code Generator가 어떻게 C 코드를 생성하는지와 ARM VI를 어떻게 어플리케이션에 포함시키는지를 알기 위해 빌드 스펙( )을 이용한다. 사용자는 동일한 타겟에 대해 여러 개의 빌드 스펙을 생성할 수 있다. 예를 들어 디버깅이 포함된 것과 디버깅을 포함시키지 않은 빌드 스펙을 작성할 수 있다. 기본 값으로 ARM은 디버깅이 가능한 상태이다.

10. 빌드 스펙( )의 Application( )의 팝업 메뉴에서 프로퍼티를 선택한다. 다음의 대화 상자가 표시된다.

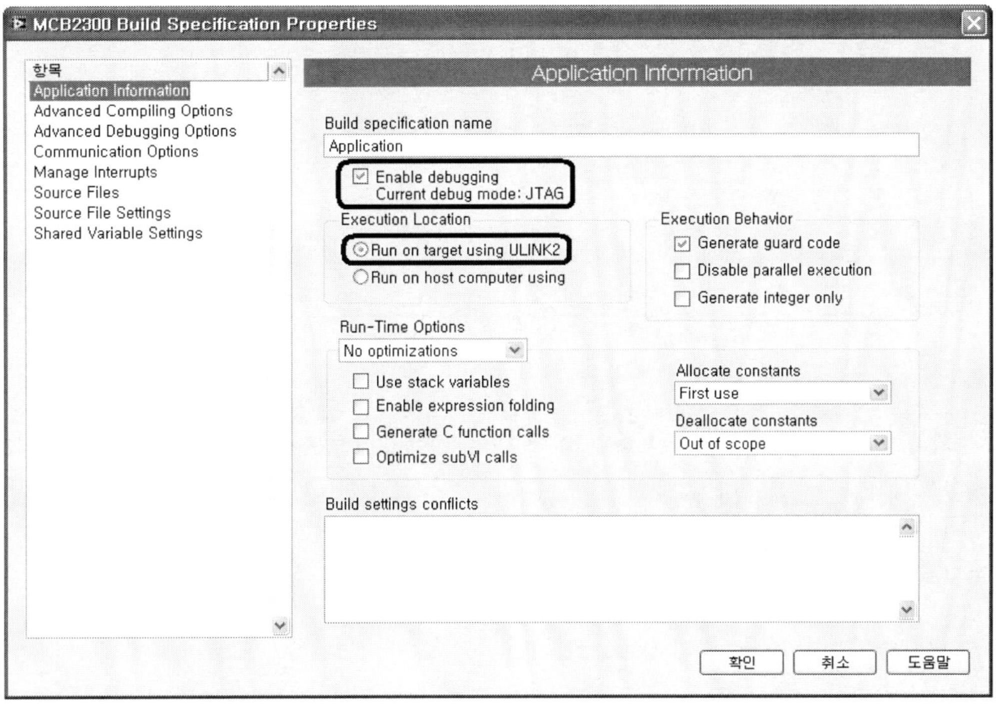

- **Enable debugging**에 체크 표시가 되었는지 확인한다.
- **Current debug mode**가 **JTAG**인지 확인한다.
- **Execution Location**이 **Run on target using ULINK2**인지 확인한다.

11. **Source Files** 카테고리에서 **Top-Level VI** 텍스트 박스에 VI가 있는지 확인한다.

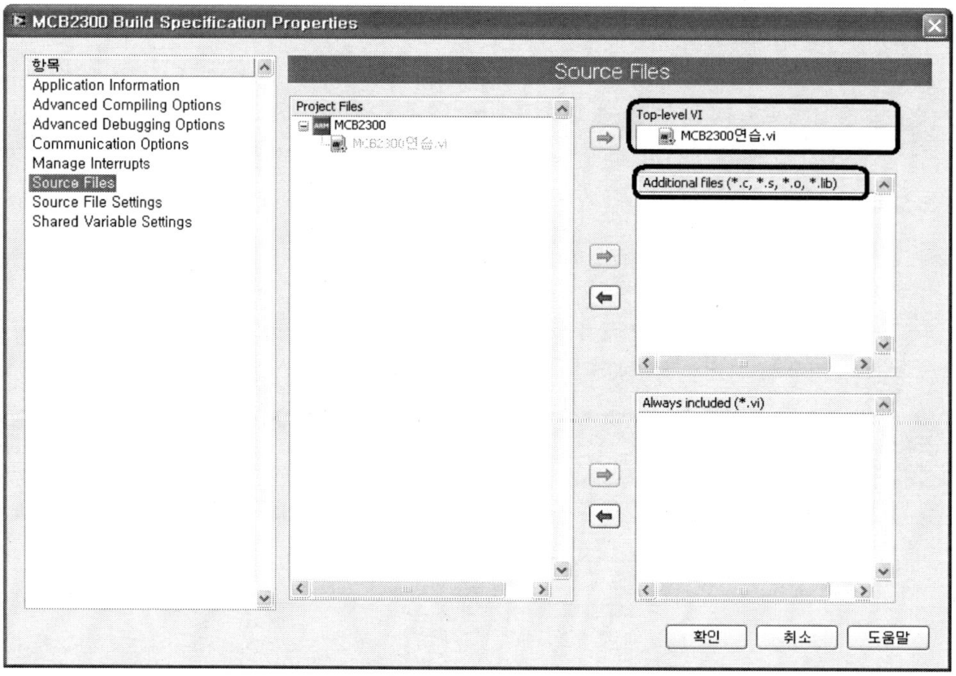

프로젝트 파일을 생성하기 위하여 ARM 프로젝트 위자드를 사용할 때 LabVIEW는 자동적으로 VI 위자드로 만들어진 것을 사용한다. 만약 위자드 없이 프로젝트를 생성하였으면 ⇒ 버튼을 이용해서 수동적으로 Top-Level VI를 선택해야 한다. 만약 ARM 프로젝트가 .c 및 .lib 파일을 포함하고 있다면 이들은 Additional files에 넣는다. '확인' 버튼을 클릭하고 대화 상자를 닫는다.

12. 프로젝트 탐색기에서 **파일(F) → 모두 저장(V)**을 선택한다.

ARM프로젝트의 빌딩 및 실행

13. 호스트 PC에서 ARM VI를 작성한 후에는 VI를 ARM 타겟에서 실행해야 한다. ARM 어플리케이션을 빌드할 때 LabVIEW C Code Generator는 **Build Specification Properties** 대화 상자에 설정한 값을 기준으로, LabVIEW 블록다이어그램으로부터 C 코드를 생성한다.

    LabVIEW로 ARM 어플리케이션을 빌드하기 이전에 Keil μVision License ID Code (LIC)를 액티베이션해야만 한다. 만약 LIC를 액티베이션하지 않으면 경고 메시지가 표시된다.

    참고로 프로젝트 탐색기에서 마우스의 오른쪽 버튼을 클릭하고 실행을 선택하면 다음의 절차로 진행된다.

① 완성한 LabVIEW VI가 C 코드로 변환된다.

② 생성된 C 코드는 Keil사의 uVision 컴파일러가 실행 파일을 생성한다.

③ 생성된 실행 파일은 JTAG USB를 통해 ARM 타겟에 다운로드된다.

④ 마지막으로 어플리케이션이 디플로이 된 후 호스트 컴퓨터를 통해 어플리케이션을 디버깅할 수 있다. LabVIEW의 프런트패널은 TCP, 시리얼, USB JTAG를 통해 업데이트할 수 있다.

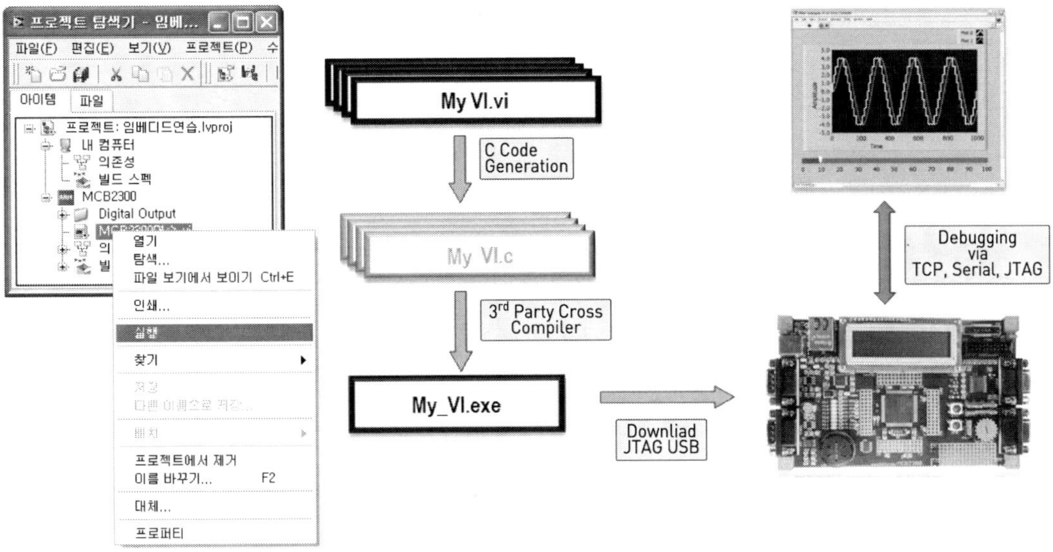

14. ARM 어플리케이션을 완성하기 위해서는 다음의 단계를 따른다.

VI의 왼쪽 상단의 실행(⇨) 버튼를 클릭한다. LabVIEW는 컴파일 및 링킹 등 빌딩 상태를 표시한다. 또한 **Process Status** 윈도우에는 다운로드 과정, 연결, 어플리케이션의 실행 과정을 보여준다.

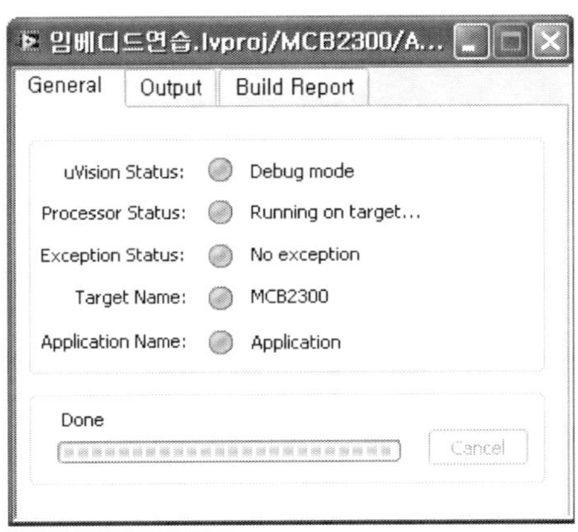

이 어플리케이션의 빌드 스펙은 디버깅이 가능한 상태이었으므로, 타겟에서 실행되는 어플리케이션을 호스트 컴퓨터의 프런트패널에 표시된다.

15. 프런트패널에 입력 및 임계값을 다음과 같이 입력한다.

- 초기 "입력" 2, **"임계값"** 6을 입력하였을 때에는 **"임계값 초과?"**에 LED가 OFF 상태이다.
- "입력" 4, **"임계값"** 6을 입력하면 **"임계값 초과?"**가 LED ON이다.

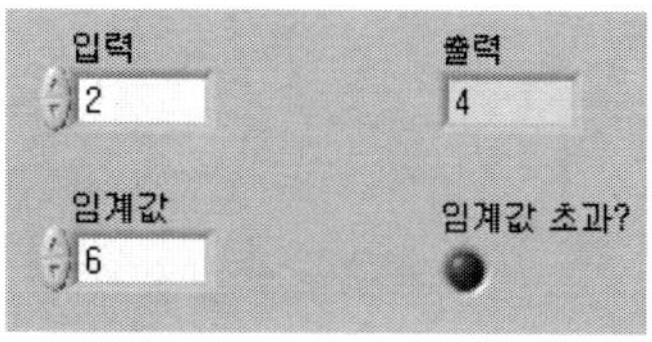

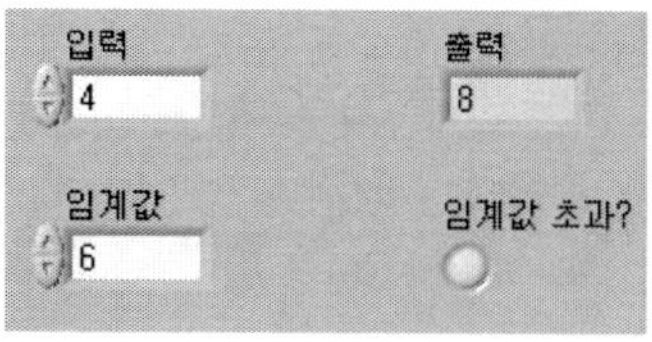

16. 실행 강제종료( ) 버튼을 클릭해서 VI를 종료한다.

Elemental I/O를 프로젝트에 추가하기

17. Elemental I/O를 ARM VI에서 사용하려면 먼저 Elemental I/O를 프로젝트에서 추가해야 된다. MCB2300을 마우스로 신릭 후 팝업 메뉴에서 **새로 만들기→Elemental I/O**를 선택한다.

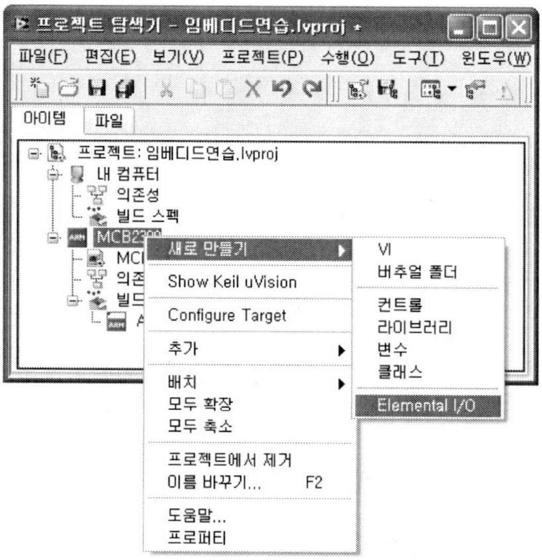

18. 다음과 같은 **New Elemental I/O** 창이 표시된다. <Ctrl>키를 누른 상태에서 LED1과 LED2을 선택하고 **Add Item**( ) 버튼을 클릭한다. 이때 LED1, LED2은 **New Elemental I/O**로 이동한다. 'OK' 버튼을 클릭하고 창을 닫는다.

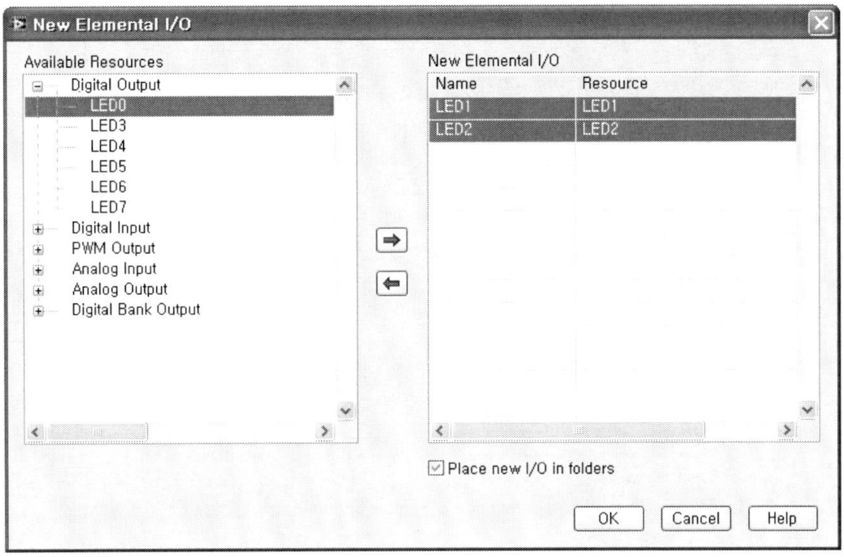

19. **New Elemental I/O** 창에서 생성한 LED1, LED2가 프로젝트 탐색기에 생성된다.

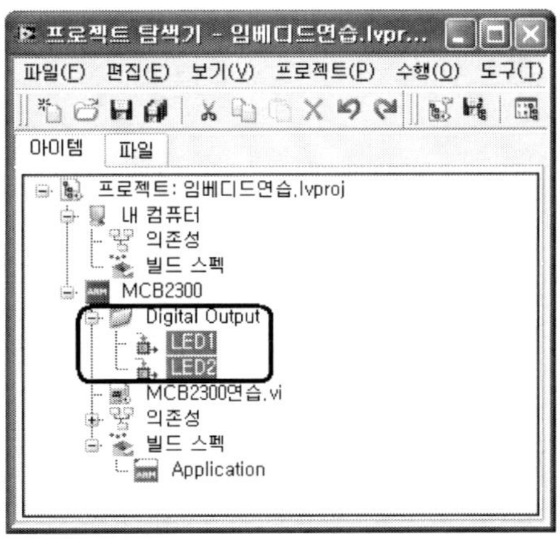

참고로 ARM 타겟의 많은 핀들은 다중 구성으로 사용할 수 있게 되어 있다. 예를 들어 MCB2300의 LED0와 PWM2는 동일한 핀을 사용하기 때문에 이들을 동시에 사용할 수 없다.

20. 프로젝트 탐색기에서 LED1( ) 및 LED2( )를 마우스로 선택하고 블록다이어그램으로 드래그 앤 드롭한다. 블록다이어그램에 LED1 및 LED2이 자동 생성된다.

21. 블록다이어그램을 다음과 같이 완성한다. 특이사항은 ARM 타겟의 Elemental I/O를 블록다이어그램에 포함시켜 놓은데 있다. 또한 LED1과 LED2는 항상 반대로 동작하게 Not( )으로 연결되어 있다.

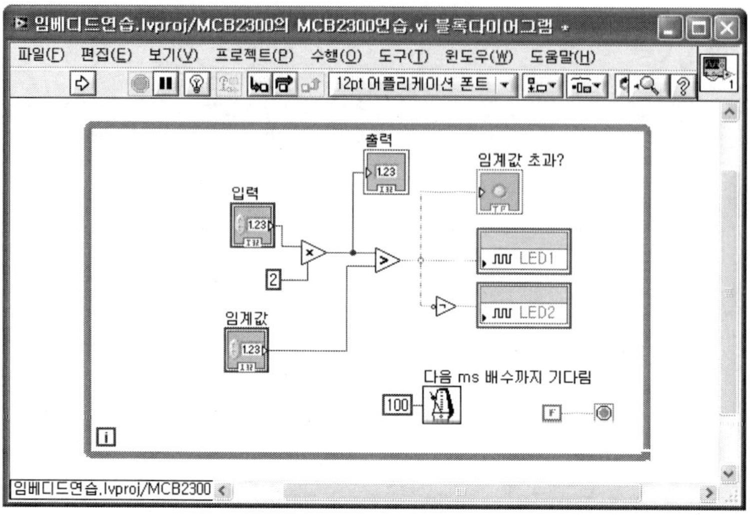

22. VI를 저장하고 실행(⇨) 버튼을 클릭한다. **"입력"**값 및 **"임계값"**을 입력하면 프런트패널에 **"임계값 초과?"** LED ON/OFF 됨을 확인할 수 있다. 또한 MCB2300 평가보드의 LED1(P2.1), LED2(P2.2)가 조건에 따라 ON/OFF 됨을 확인할 수 있다.

11.2 어플리케이션 디버깅

모든 소프트웨어 어플리케이션은 개발 주기 동안 불가피하게 버그를 보유하게 된다. 이러한 소프트웨어 결함을 수정하기 위해서 개발자들은 더욱 효율적일 뿐 아니라 어플리케이션의 세부적인 작동을 자세히 살펴볼 수 있는 강력한 디버깅 툴을 필요로 한다. ARM 마이크로컨트롤러용 LabVIEW Embedded Module은 프로그래머들이 데스크탑 환경에서 어플리케이션을 디버깅하는 것과 유사한 방식으로 임베디드 코드를 편리하게 디버깅할 수 있도록 고안된 견고한 디버깅 환경이다. 또한 LabVIEW를 Keil μVision과 함께 사용하는 개발자들은 ARM 마이크로컨트롤러에서 실행하는 C, 어셈블리 코드와 함께 LabVIEW 블록다이어그램을 디버깅할 수 있다. 이 장에서는 임베디드 타겟에 연결하는 여러 방법, 어플리케이션 디버깅을 위한 기술 및 LabVIEW와 생성된 C 코드를 동시에 살펴보는 방법에 대해 설명한다.

예제 11.2 ARM 마이크로컨트롤러 디버깅

어플리케이션 디버깅을 시작하기 이전에 반드시 빌드 스펙을 통해 디버깅을 활성화해야 한다. 다음은 디버깅을 활성화하는 단계이다.

1. 이미 작성해 놓은 **Debugging.lvproj** 파일을 불러온다. 다음과 같은 프로젝트 탐색기가 표시되면 프로젝트 탐색기 창에서 빌드 스펙( )을 확장한다. 마우스 오른쪽 버튼을 클릭하여 **프로퍼티**를 선택한다.

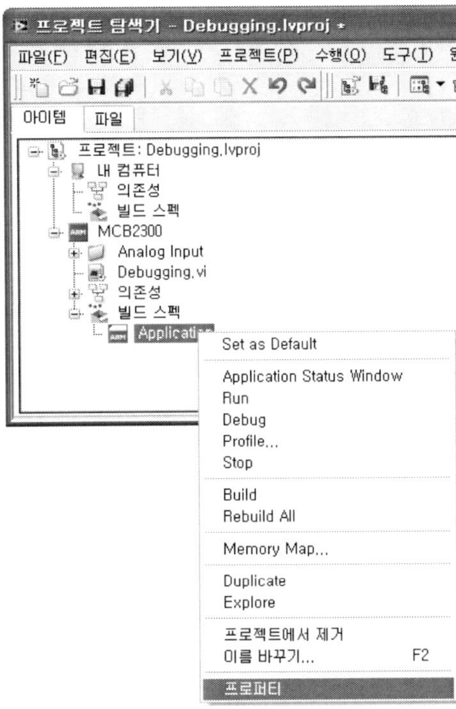

2. 다음과 같은 **MCB2300 Build Specification Properties** 창이 나타난다. **"항목"**에서 **Application Information**을 선택한다.

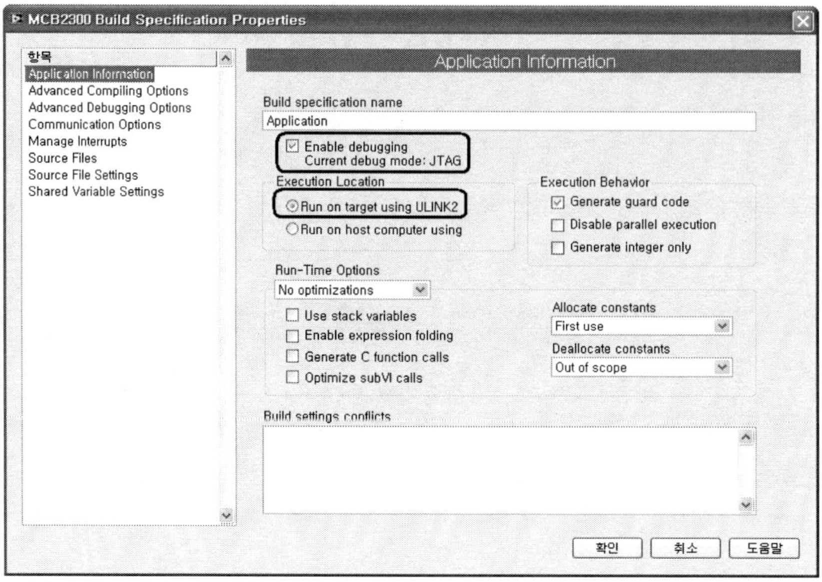

3. **Application Information** 항목에서 **Enable debugging** 확인란이 선택되었는지 확인하고 **Run on target using ULINK2**를 선택한다. 사용 가능한 하드웨어가 있고 실제 환경에서 코드 작동을 테스트하고자 하는 경우 **ULINK2** 옵션을 선택한다. 이 방식을 택하면 소프트웨어가 개발 타겟에 로드되는 데에 시간이 많이 걸리지만 디자인 동작을 실제 환경에서 테스트할 수 있다는 장점이 있다.

4. 항목 리스트에서 **Advanced Debugging Options**을 선택한다. **Debugging Mode** 아래에서 시리얼 포트, TCP 포트, 또는 USB ULINK2 JTAG 디버깅 중 하나를 선택한다. 여기서는 USB ULINK2 JTAG를 선택한다.

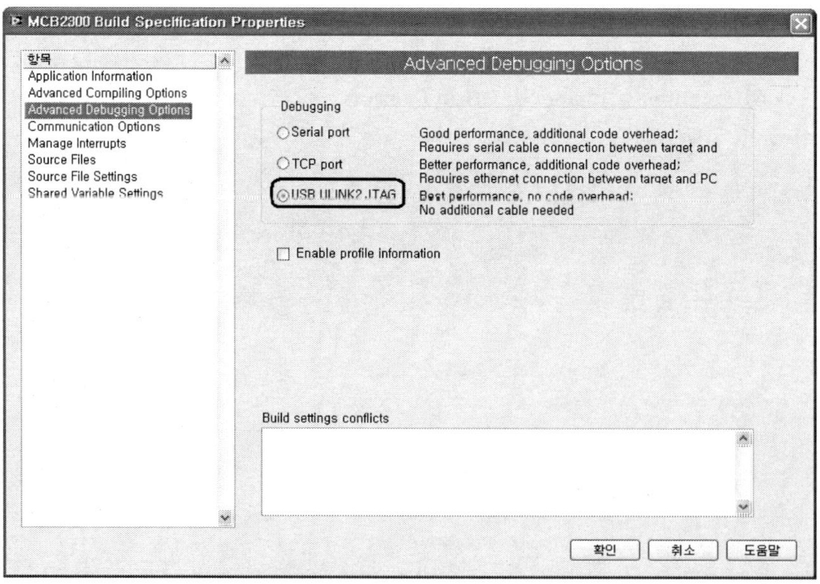

시리얼, TCP 및 JTAG 비교

시리얼 및 TCP 디버깅을 활성화하면 버스 프로토콜을 사용하여 데이터 전송을 위한 LabVIEW 코드에 통신 코드를 추가하게 된다. 코드 용량이 중요시되는 어플리케이션은 시리얼 또는 TCP 디버깅 활성화를 피해야 한다. 그 이유는 통신 계층이 코드 크기를 늘리며 어플리케이션이 하드웨어에 배포될 수 없게 될 수도 있기 때문이다. 시리얼 통신은 복합 프런트패널이 있는 어플리케이션을 위해 필수적일 수 있지만, TCP는 시리얼 통신에 비해 향상된 성능을 제공한다. TCP와 시리얼은 모두 JTAG과 비교해 결정성 있는 디버깅 결과를 제공하지만 어플리케이션의 타이밍에 영향을 미치지 않는다.

JTAG 통신은 추가 케이블이 필요하지 않으며, 코드 크기와 어플리케이션의 타이밍에 영향을 미치지 않는다. JTAG는 LabVIEW ARM 어플리케이션 디버깅을 위해 권장되는 방식이다.

마지막으로 스칼라 클러스터 또는 스칼라 배열을 포함한 프런트패널이 있는 어플리케이션을 디버깅한다. 본 작업을 수행하기 위해서는 반드시 On-Chip Debugging Interface (OCDI)로 구성되어야 한다. 타겟 MCB2300을 팝업하고 **Configure Target**를 선택한다.

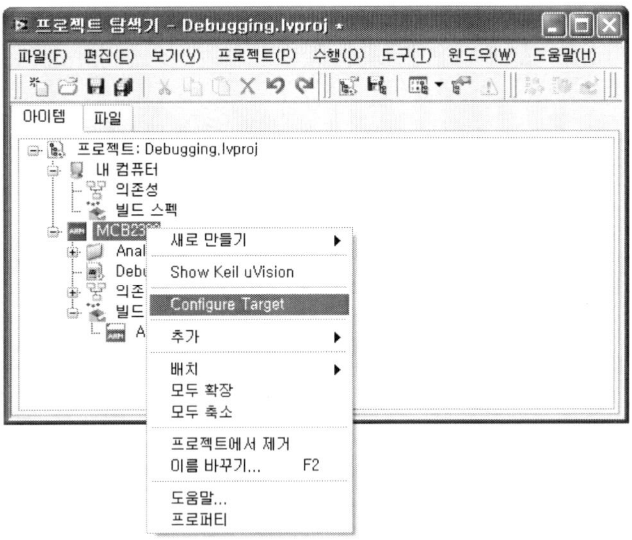

스칼라 클러스터 또는 스칼라 배열 디버깅을 활성화하기 위해서 **Configure Target** 창의 **Allow debugging of scalar arrays** 및 **Allow debugging of scalar clusters** 확인란을 선택한다. 디버깅 시 주의해야 할 점은 클러스터를 포함한 배열과 배열을 포함한 클러스터는 프런트패널을 통해 디버깅 될 수 없다는 것이다. 또한 디바이스로의 시리얼 통신은 타겟이 시리얼 포트를 통해 디버깅 된다면 창을 통해 구성될 수 있다.

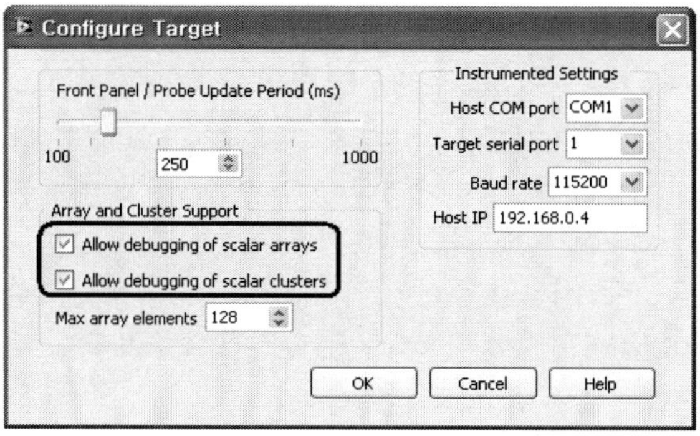

5. 'OK' 버튼을 클릭한다. 이제 디버깅이 활성화되었다. 프로젝트 탐색창에서 **Application**을 마우스 오른쪽 버튼으로 클릭하고 **Run**을 선택한다.

기본적인 디버깅 기술

모든 LabVIEW 어플리케이션을 디버깅할 때 브레이크포인트 및 프로브를 사용하면 프로그래밍 오류를 찾는데 매우 유용하다. 브레이크포인트나 프로브를 생성하기 위해서는 와이어를 마우스 오른쪽 클릭하고 팝업 메뉴에서 **프로브** 또는 **브레이크포인트 설정**을 선택한다.

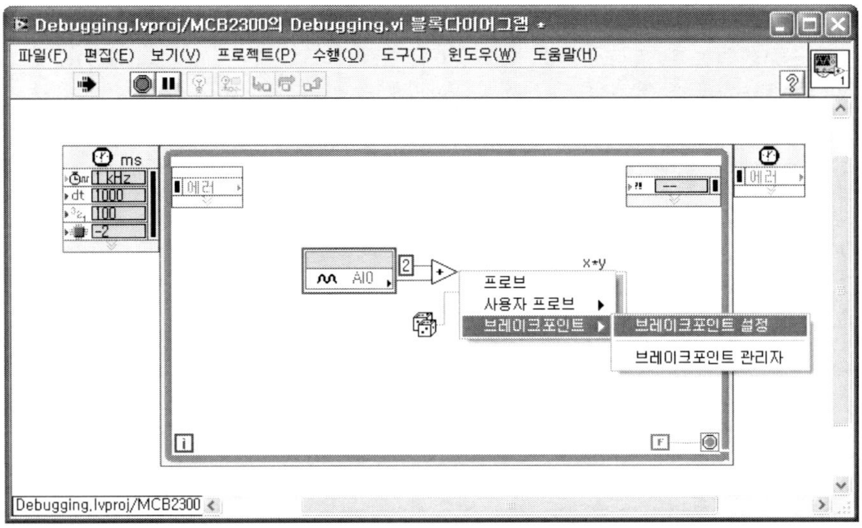

브레이크포인트를 설정하면 와이어에 붉은점이 나타나 그래픽 기반 코드에 브레이크포인트를 표시한다. 디버그 모드에서 어플리케이션을 실행할 경우 브레이크포인트에 도달하게 되면 툴바의 버튼을 사용하여 코드를 한 단계마다 명령을 주고 다음 단계로 넘어간다.

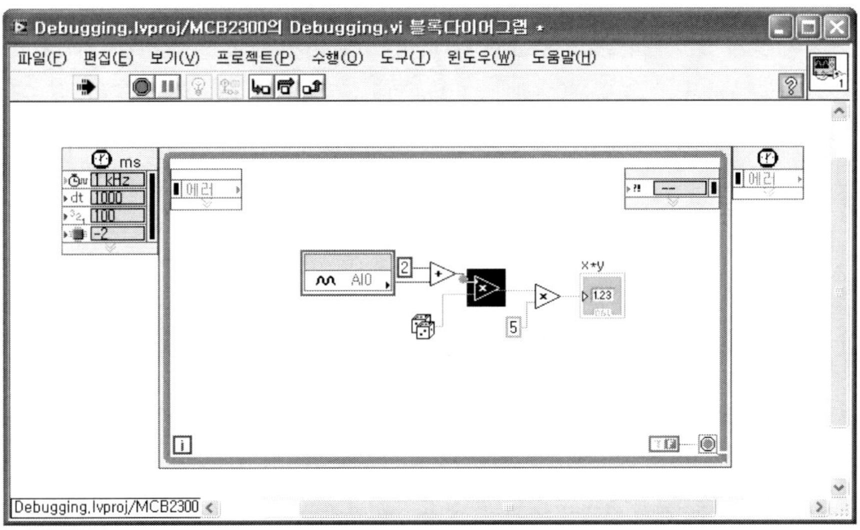

LabVIEW 코드의 와이어 값을 조사하기 위해 프로브를 생성한다. 프로브는 프로그램을 실행하는 동안 와이어의 값에 따라 업데이트되는 창을 생성한다.

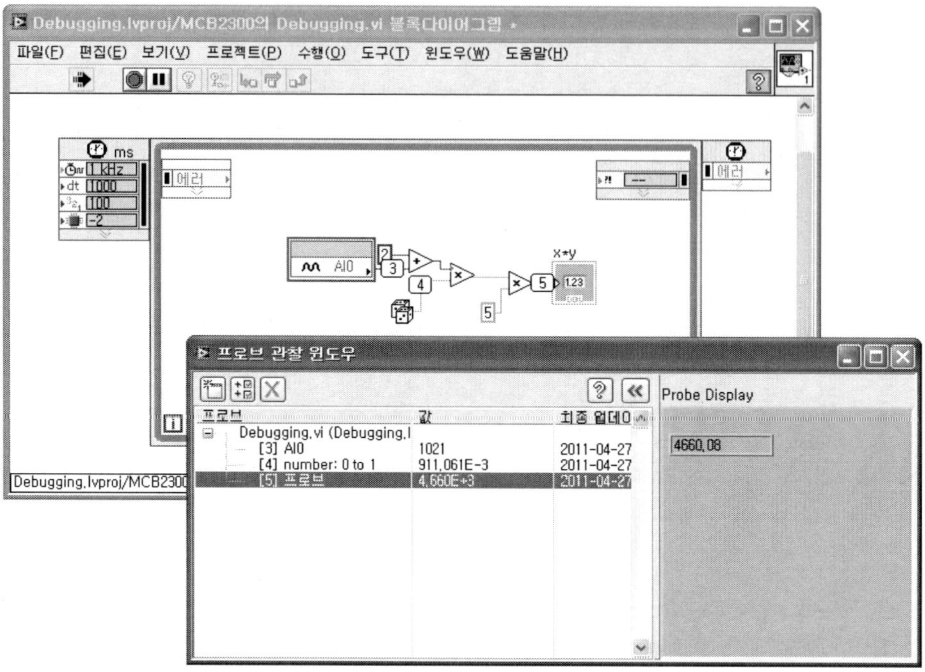

ARM 마이크로컨트롤러에서 디버깅에 사용할 수 있는 다른 툴인 **Processor Status** 창도 있다. 본 코드가 실행되면 문자열은 **Processor Status** 창에 대한 출력이다.

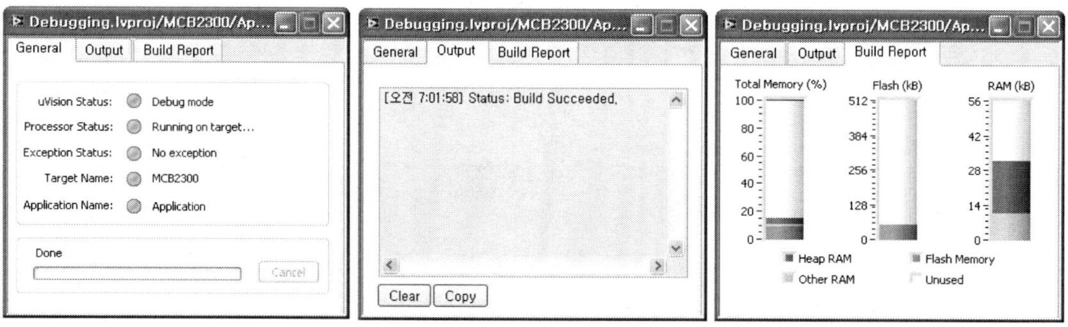

- **General:** 어플리케이션의 빌드 및 런타임 상태를 표시하고 있다.
- **Output:** 현재 실행중인 프로세스의 시간 테이블 및 결과를 표시한다.
- **Build Report:** 현재 어플리케이션이 사용중인 메모리 및 타겟에서 사용하지 않은 총 메모리 등을 표시한다.

LabVIEW와 생성된 C 코드간 듀얼 디버깅

LabVIEW 및 μVision을 사용하여 블록다이어그램 코드를 동시에 디버깅할 수 있으며 해당되는 C 코드를 확인할 수도 있다.

6. **Debugging.vi**의 블록다이어그램에서 코드에 브레이크포인트를 삽입한다.

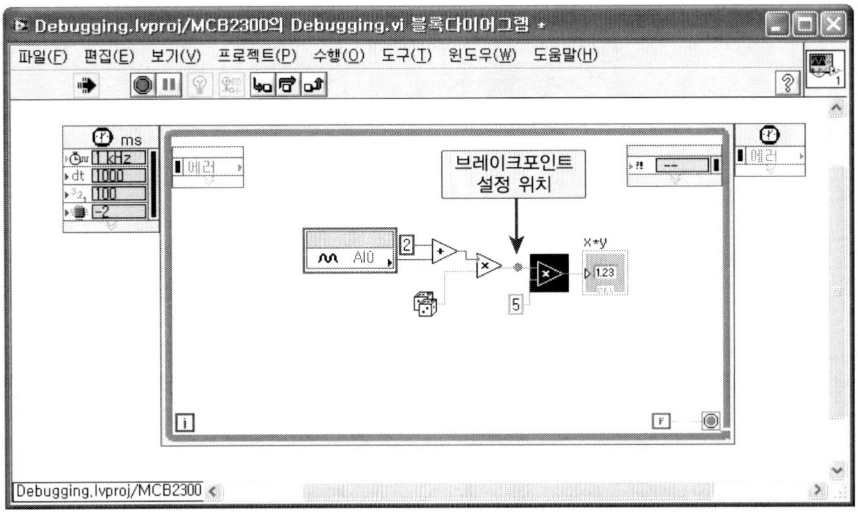

7. 타겟 MCB2300을 마우스로 팝업한 후 **Show Keil uVision**를 선택한다.

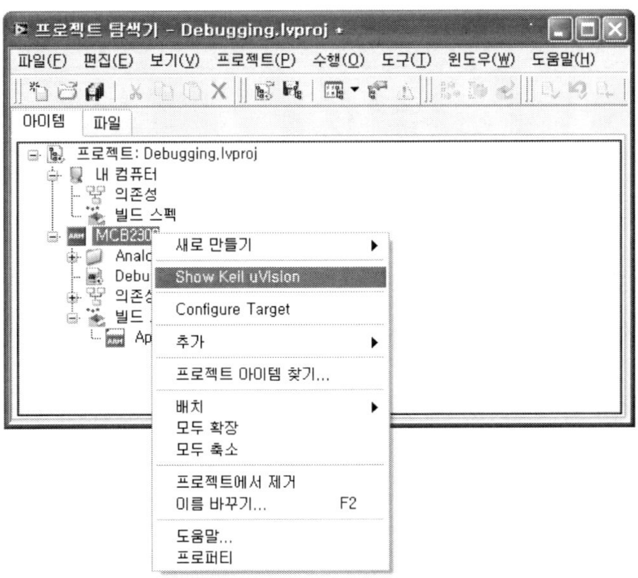

8. Keil μVision 환경이 이제 나타난다. 어플리케이션이 구축되고 타겟에 배포되면 어플리케이션이 설정된 브레이크포인트에 도달할 때 LabVIEW 다이어그램 및 해당 C 코드가 스크린에 디스플레이된다. 여기서 새로운 브레이크포인트를 설정할 수 있으며, 실행 중인 C 코드 또는 LabVIEW 코드를 인터랙티브하게 확인할 수 있다.

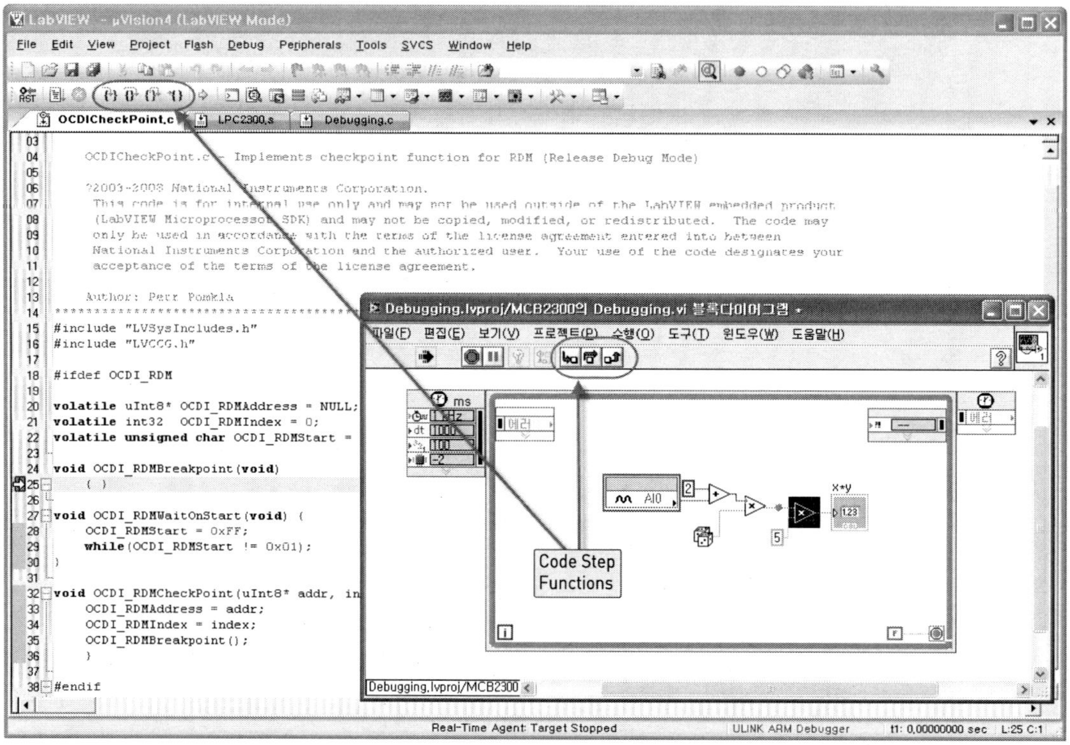

CHAPTER 12

입 · 출력

12.1 LED에 디지털 신호 출력

MCB2300 평가보드의 점퍼 J11이 설치되면 **P2.0 ~ P2.7**을 통해 Port 2의 8개 라인의 LED를 점등할 수 있다. 이들 8개의 LED는 어플리케이션을 테스트할 때 프로그램 상태를 표시하는데 매우 유용하다. J11을 제거하면 포트 LED 드라이버 칩 (IC9)을 사용할 수 없다.

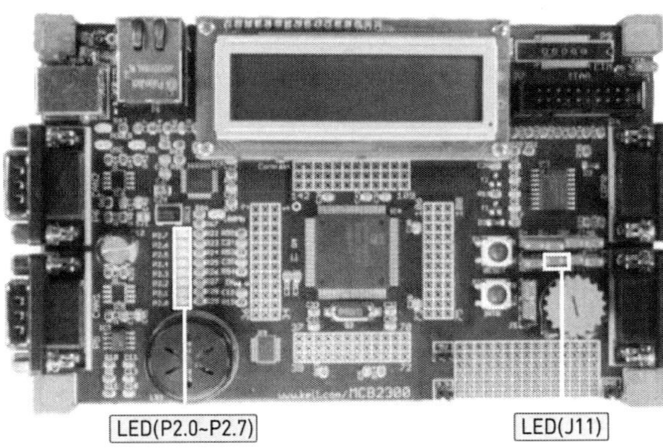

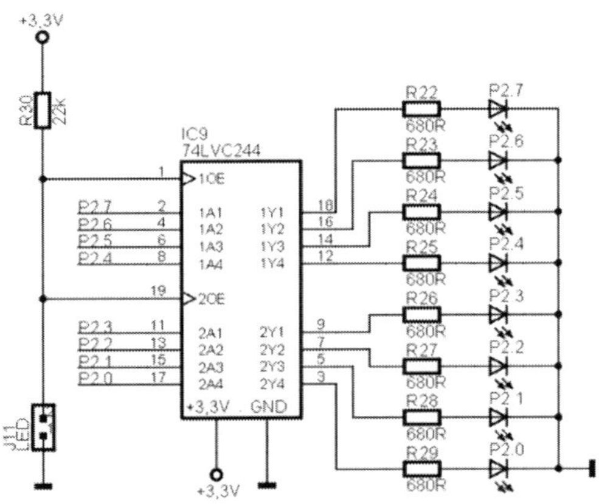

예제 12.1 불리언 함수 연산

다음의 단계로 디지털 출력을 연습한다.

그림을 참조해서 점퍼 J11이 연결되어 있는지 확인한다. 회로를 참조하면 P2.0 ~ P2.7은 LED와 1:1로 연결되어 있다.

ARM 프로젝트 위자드

1. LabVIEW 시작하기 창에서 타겟 **ARM Project**를 선택하고 '검색' 버튼을 클릭한다.
2. Project type에서 **New ARM project, blank VI**를 선택하고 '다음' 버튼을 클릭한다.
3. Target type에서 **MCB2300**을 선택하고 '다음' 버튼을 클릭한다.
4. System에서 ☑Create a build specification 상태를 확인하고 '마침' 버튼을 클릭한다.
5. 순차적으로 **Digital Output_ARM.vi** 및 프로젝트 **Digital Output.lvproj**로 저장한다. 다음과 같은 프로젝트 탐색기가 표시된다.

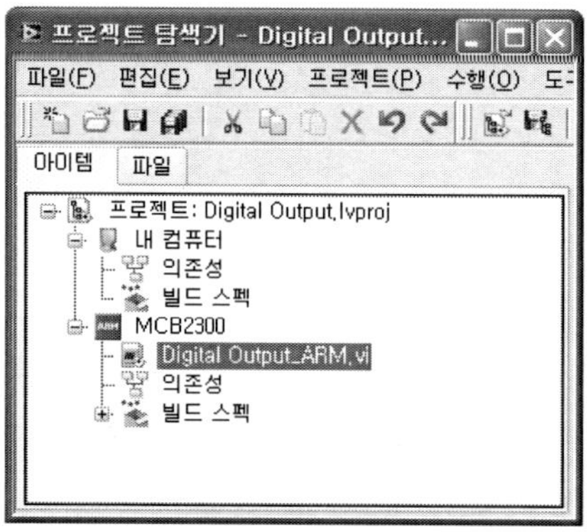

6. 마우스로 MCB2300을 팝업 후 **새로 만들기 → Elemental I/O**를 선택한다. **"Digital Output"**에서 LED0 ~ LED7을 모두 선택하고 Add Item(➡) 버튼을 클릭한다. LED0 ~ LED7이 모두 오른쪽으로 이동한다.

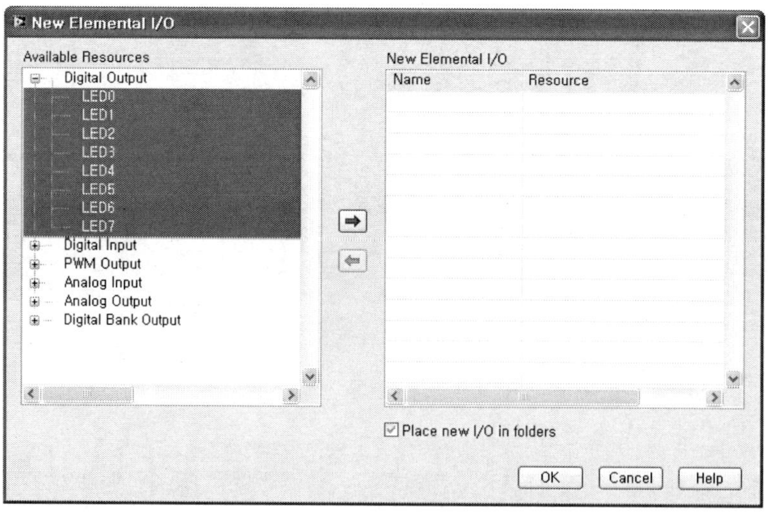

7. 'OK' 버튼을 클릭하면 New Elemental I/O가 종료된다. 또한 다음과 같이 프로젝트 탐색기에 LED0 ~ LED7이 자동 생성된다.

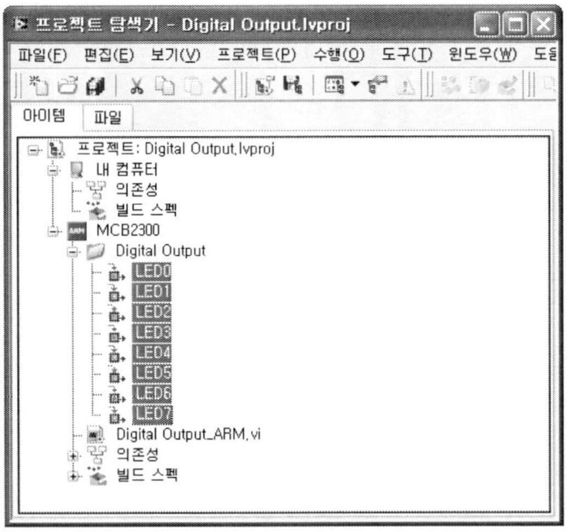

블록다이어그램

8. **Digital Output_ARM.vi**에 다음의 순서로 프로그램을 작성한다. 먼저 블록다이어그램에 While 루프를 놓는다.

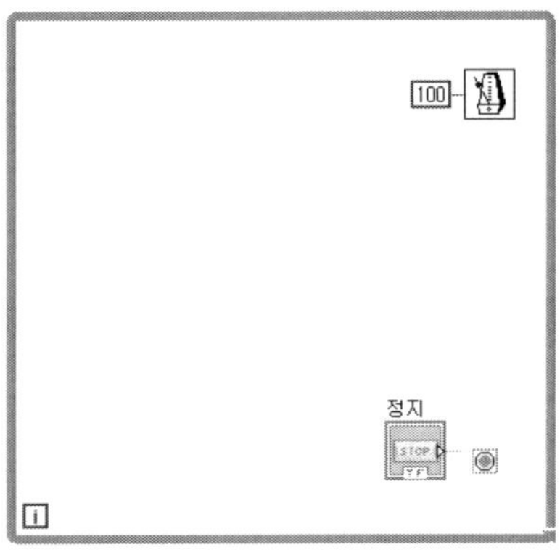

While 루프( )는 **Structures** 팔레트에 있으며 입력 터미널인 조건 터미널이 특정 불리언 값을 받을 때까지 서브 다이어그램을 반복한다. 루프조건( )을 선택 후 컨트롤 생성을 선택한다. 프런트패널에 '정지' 버튼이 자동적으로 생성된다.

다음 ms 배수까지 기다림
[Wait Until Next ms Multiple]

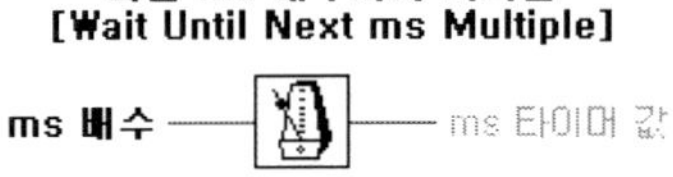

다음 ms 배수까지 기다림(Wait Until Next ms Multiple) 함수는 **Time, Dialog & Error** 팔레트에 있으며, ms 타이머의 값이 지정된 **ms 배수**의 배수가 될 때까지 기다린다. While 루프 안에서 이 함수를 호출하여 루프 실행 속도를 조절한다. 왼쪽 **ms 배수**를 팝업 후 **생성 → 상수**를 선택하면 100(While 루프를 100ms에 한 번씩 실행되는 역할을 함)을 입력할 수 있다.

9. 프로젝트에서 <Ctrl> 키를 누른 상태에서 LED0 ~ LED7을 모두 선택한 후 블록다이어그램으로 이동한다.

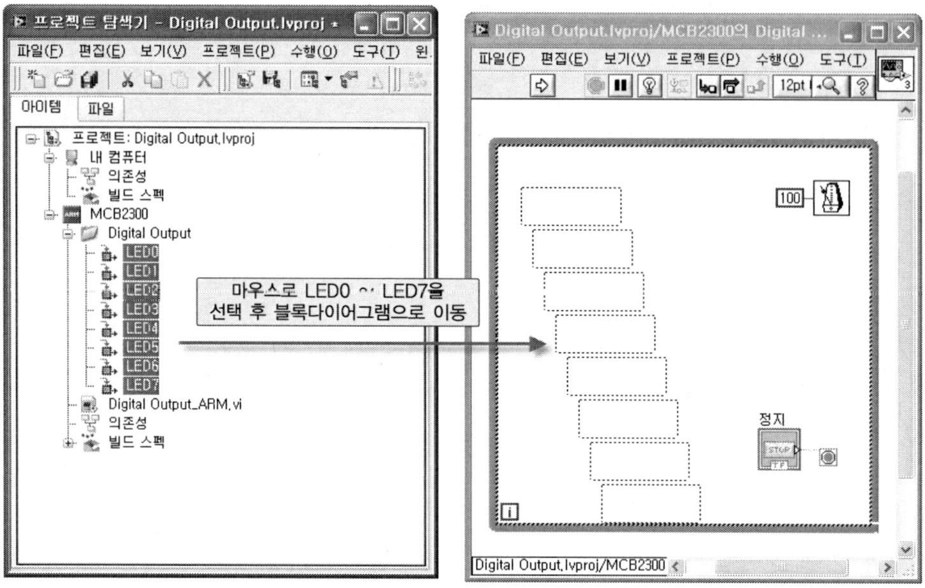

10. 블록다이어그램을 다음과 같이 완성한다.

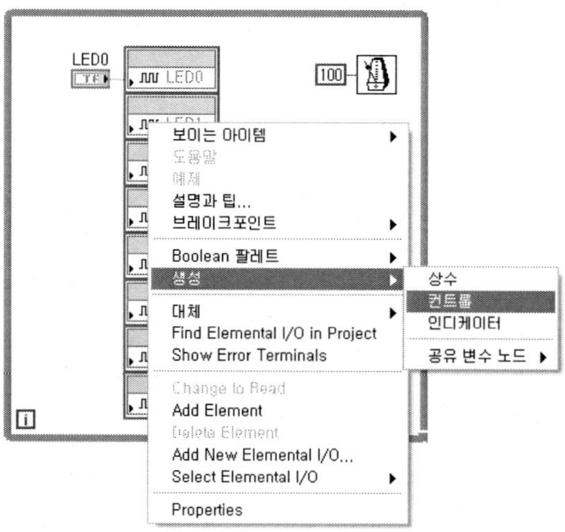

Elemental I/O Node

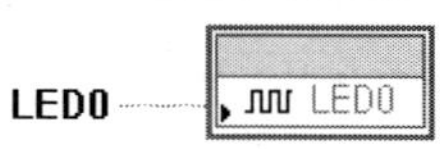

LED0를 마우스로 팝업 후 **생성→컨트롤**을 실행하면 LED0( )컨트롤이 생성된다. 이 컨트롤은 공간을 많이 차지하기 때문에 팝업 후 **아이콘으로 보기**를 선택하면 LED0( )과 같이 크기를 줄일 수 있다. 반복적으로 LED1 ~ LED7에 대해 동일한 작업을 진행한다.

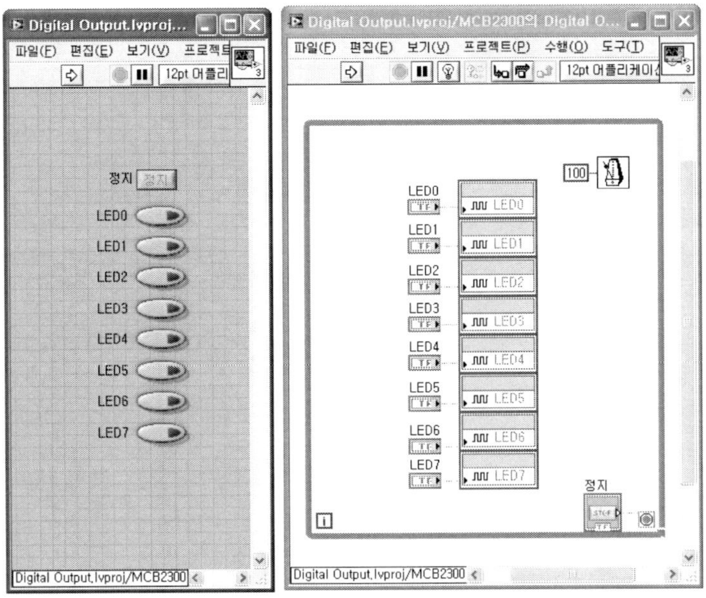

11. 완성된 프로그램은 다음과 같이 표시된다.

12. 완성된 프로그램을 저장하고 실행() 버튼을 클릭하면 프로그램이 실행된다. LabVIEW는 MCB2300 보드에 적절한 코드로 변경해서 이를 다운로드 한다. 프로그램이 실행 중이면 으로 표시된다. 프런트패널의 LED0 ~ LED7을 마우스로 ON/OFF하면 MCB2300보드의 P2.0 ~ P2.7의 LED가 ON/OFF 되는 것을 확인할 수 있다.

13. '정지' 버튼을 클릭해서 프로그램을 종료한다.

예제 12.2 스테핑 모터 컨트롤하기(Option)

MCB2300에 내장된 디지털 출력을 이용하면 간단한 방법으로 스테핑 모터를 제어할 수 있다. 먼저 스테핑 모터를 구동하기 위해서는 추가적으로 스테핑 모터와 스테핑 모터 구동모듈이 필요하다. 또한 MCB2300 평가보드의 핀출력 I/O를 직접 점퍼로 연결해야 된다. 따라서 하드웨어에 대한 기본적인 이해가 필요하며, 여기서는 가장 기본적으로 스테핑 모터를 구동시키는 방법에 대해서만 설명한다. 추가적인 하드웨어가 준비되지 않았다면 이 예제를 연습할 수 없다.

MCB2300 평가보드와 스테핑 구동 모듈과 연결

MCB2300 평가보드의 P2.0(A상), P2.1(B상), P2.2(/A상), P2.3(/B상)을 스테핑 구동 모듈과 연결한다.

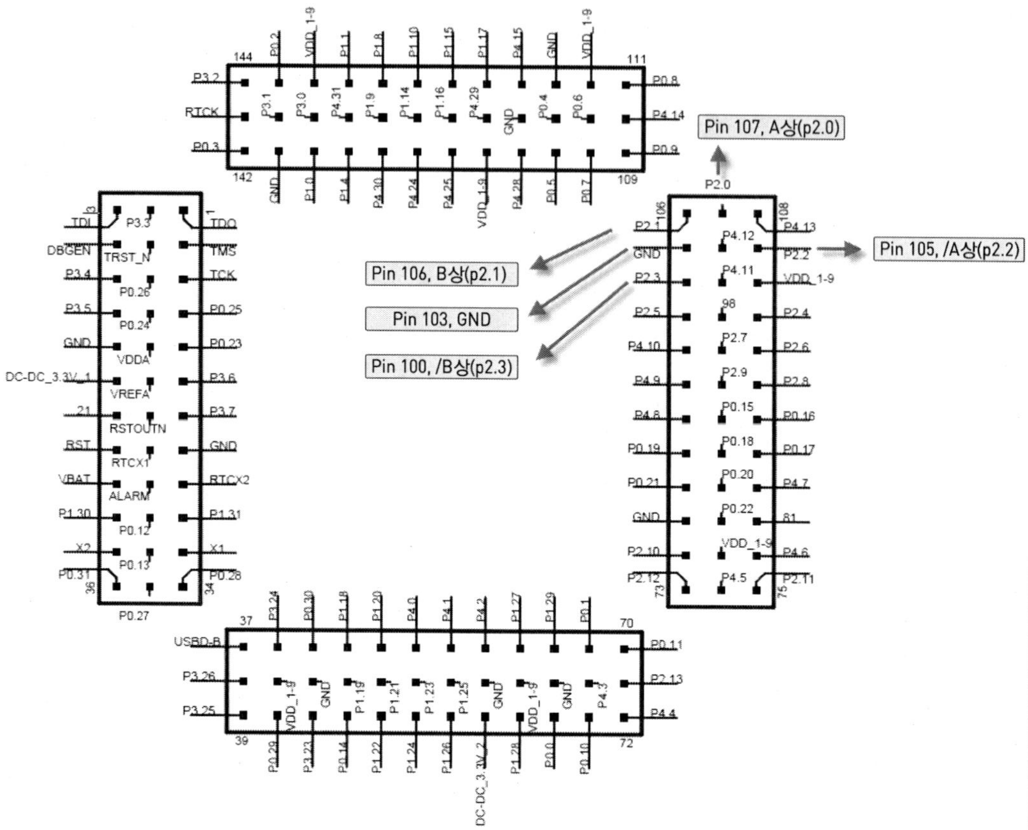

스테핑 모터는 스텝에 의해 구동되는 모터이다. 4개의 모터상이 한 스텝씩 진행하면서 모터가 회전한다. 스테핑 모터는 AC 서보, DC 서보 모터에 비하여 값이 저렴하고 정확한 각도 제어에 유리하여 우리 주위에서 쉽게 접할수 있다.

스테핑 모터는 펄스에 의해 디지털적으로 제어하는 것이 가능하므로 마이크로컨트롤러에서 사용하기에 적합한 모터다. 스테핑 모터는 다른 모터와 달리, 모터의 위치를 검출하기 위한 피드백 없이 정해진 각도를 회전하고, 상당히 높은 정확도로 정지할 수 있다. 시스템에 적용된 뒤에도 초기 성능이 만족 되어 있으면 보수가 용이하며, 매우 신뢰성이 높은 시스템을 구성할 수 있다. 또한 다른 모터에 비해 정지 시 매우 큰 유지 토크(정지 토크)가 있기 때문에 전자 브레이크 등의 유지 기구를 필요로 하지 않는다. 회전 속도에 있어서도 스테핑 모터에 부여하는 펄스 비율에 비례하므로 임의로 제어할 수 있다. DC 모터는 간단한 회로이지만 제어하는 방법이 복잡하다. 반면 스테핑 모터는 상대적으로 복잡한 구동회로이지만 제어는 훨씬 용이하다.

여기서는 N.T.C사의 AM-CS2를 스테핑 모터 구동모듈을 기준으로 설명한다. 모듈의 특성은 다음과 같다.

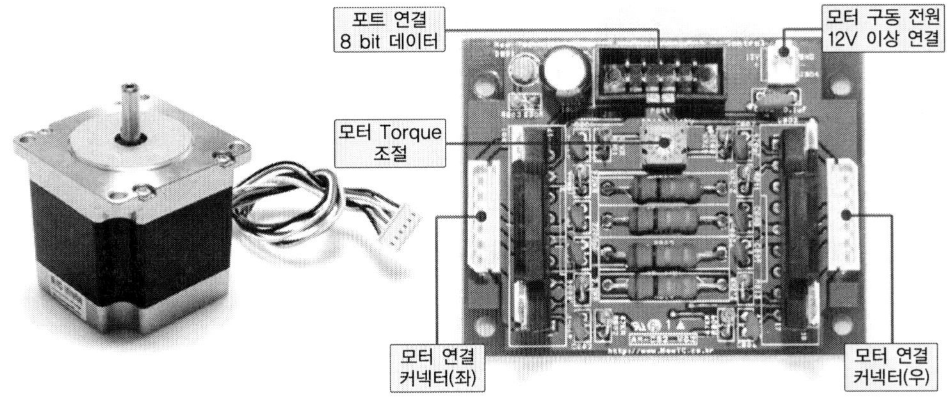

- 라인트레이서용 스테핑 모터 구동보드
- 스테핑 모터 2개 구동 AM-CS2 – 각 1.5A , AM-CS2P – 각 3A
- 소프트웨어적으로 A, /A, B, /B 신호를 인가하여 제어(1상, 2상 1-2상 제어방식으로 제어할 수 있다.)
- 10Pin Cable과 12V 전원 공급 커넥터 연결
- 모터에 흐르는 전류량 조절 가능(가변저항 사용)

MCB2300의 P2.0는 LED0와 연결되어 스테핑 구동모듈 A와 연결한다. 다음의 내용은 스테핑 구동 모듈의 매뉴얼을 참조해서 표시한 경우이다.

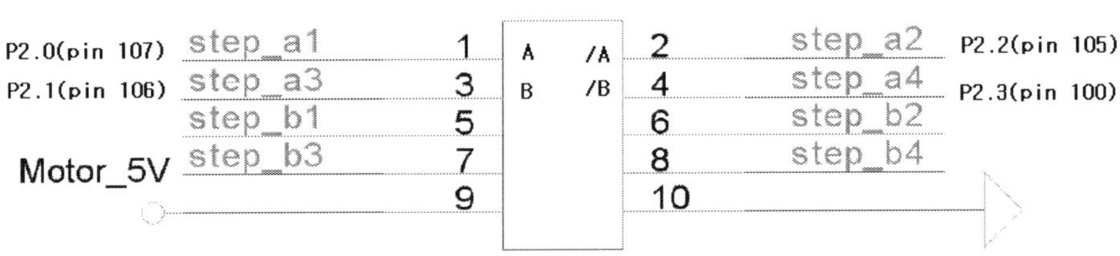

Pin Header 5X2 2.54

1 번	3 번	5 번	7 번	9 번
왼쪽 모터 A	왼쪽 모터 /A	오른쪽 모터 A	오른쪽 모터 /A	전원 5V
2 번	4 번	6 번	8 번	10 번
왼쪽 모터 B	왼쪽 모터 /B	오른쪽 모터 B	오른쪽 모터 /B	전원 GND

하드웨어적인 연결을 완벽하게 완료된 후에는 프로그램을 작성한다.

ARM 프로젝트 위자드

1. LabVIEW 시작하기 창에서 타겟 **ARM Project**를 선택하고 '검색' 버튼을 클릭한다.
2. Project type에서 **New ARM project, blank VI**를 선택하고 '다음' 버튼을 클릭한다.

3. Target type에서 MCB2300을 선택하고 '다음' 버튼을 클릭한다.
4. System에서 ☑Create a build specification 상태를 확인하고 '마침' 버튼을 클릭한다.
5. 순차적으로 **Step Motor.vi** 및 프로젝트 **Step Motor.lvproj**로 저장한다. 다음과 같은 프로젝트 탐색기가 표시된다.

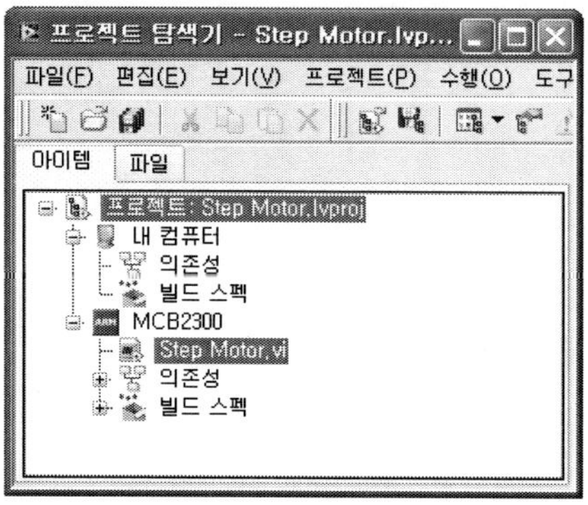

6. 이전 예제와 동일한 방법으로 MCB2300을 팝업 후 **새로 만들기 → Elemental I/O**를 선택한다. "**Digital Output**"에서 LED0 ~ LED3을 모두 선택하고 Add Item(➡)버튼을 클릭한다. LED0 ~ LED3이 모두 오른쪽으로 이동한다.
7. 'OK' 버튼을 클릭하면 New Elemental I/O가 종료된다. 또한 다음과 같이 프로젝트 탐색기에 LED0 ~ LED3이 자동 생성된다.

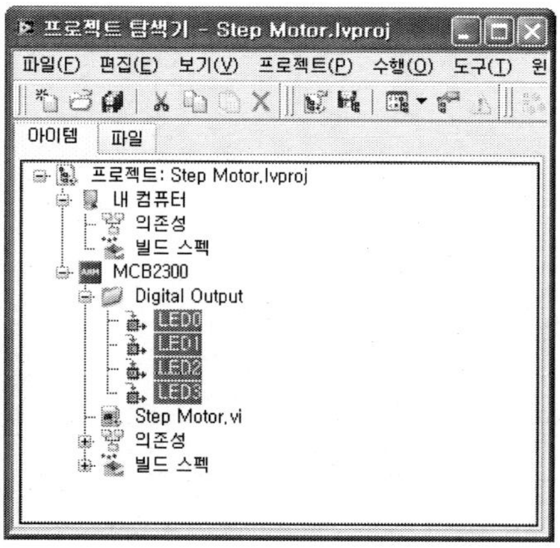

스테핑 모터를 Half Step으로 구동시키기 위해서는 다음과 같은 값을 스테핑 모터에 인가하면 된다. 여기서는 MCB2300의 LED0, LED1, LED2, LED3 신호를 스테핑 모터 구동모듈에 인가한다.

프런트패널

다음과 같이 프런트패널을 작성한다.

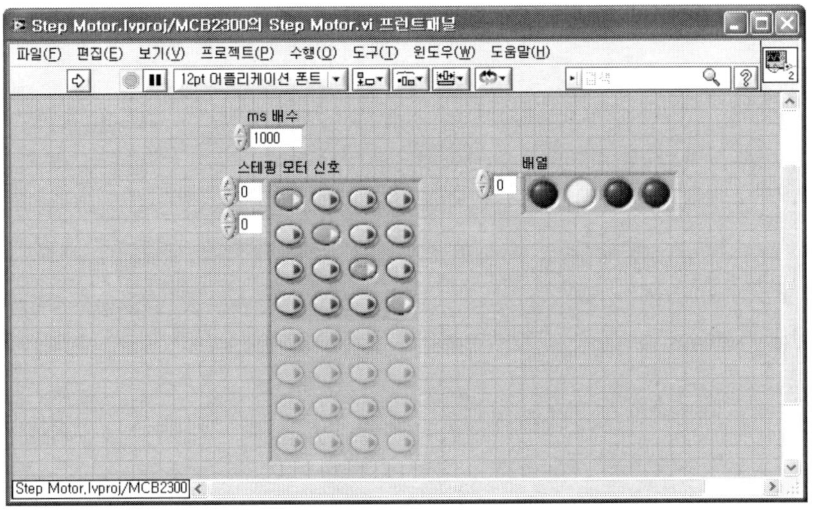

8. ms 배수(1000)는 **Control→Numeric** 팔레트의 **숫자형 컨트롤**이다. 라벨값을 "ms 배수"로 입력하며, For 루프의 실행 속도를 제어한다.

9. "스테핑 모터 신호"는 스테핑 모터의 진행 시컨스를 입력하기 위함이다. 작성 순서는 **Control→Array, Matrix & Cluster** 팔레트의 **배열**( )을 프런트패널에 놓는다. 다음으로 Control→Boolean 팔레트에서 **누름**( ) 버튼을 배열 내부에 넣으면 1차원 배열이 생성된다. 생성된 1차원을 2차원 배열로 확대하면 "스테핑 모터 신호"가 완성된다.

10. "배열"은 앞의 경우를 참조해서 작성한다.

블록다이어그램

11. **Step Motor.vi**에 다음과 같이 프로그램을 작성한다.

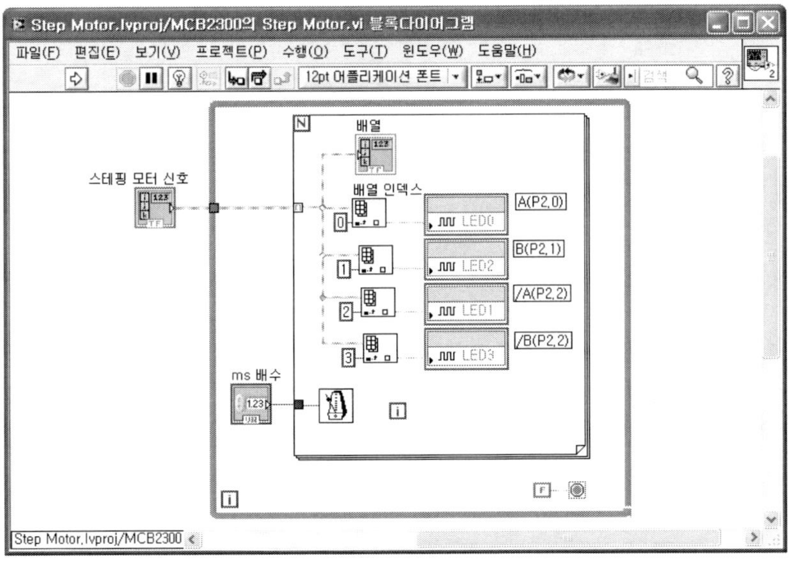

블록다이어그램( )에 사용된 함수들은 다음과 같다.

While 루프는 함수 → 프로그래밍 → **Structures** 팔레트에 있으며, 입력 터미널인 조건 터미널이 특정 불리언 값을 받을 때까지 서브 다이어그램을 반복한다. 루프조건( )을 선택한 후 **상수 생성**을 선택한다. **거짓상수**( )가 자동적으로 생성된다.

For 루프( )는 함수 → 프로그래밍 → **Structures** 팔레트에 있다.

배열 인덱스( ) 함수는 함수 → 프로그래밍 → **배열** 팔레트에 있다.

다음 ms 배수까지 기다림( ) 함수는 함수 → 프로그래밍 → **Time, Dialog & Error** 팔레트에 있으며, **For 루프**의 실행 속도를 프로그램적으로 제어한다.

LED0 의 작성 방법은 앞의 예제를 참조한다.

스테핑 모터의 구동방식에 따른 구분

스테핑 모터의 구동방법은 권선 코일에 어떤 형태로 전류를 흐르게 하는가에 따라 구별되지만, 모터의 종류에 따라서도 달라진다. 여기서는 가장 많이 사용되고 있는 PM형 스테핑 모터의 스텝값 90°의 경우를 예로 설명한다. 대부분의 스테핑 모터의 기본적인 구조나 사고방식은 동일하다.

"스테핑 모터 신호"를 A, B, /A, /B에 입력하면, 스테핑 모터가 동작한다.

12. 4상 **모터**의 1상 여자 방식 구동하기

1상 여자 방식은 항상 1개의 위상에만 전류가 흐르며, A → B → /A → /B 순서로 진행된다. 상대적으로 토크값은 작으며 모터는 각 스텝당 90°씩 회전한다.
다음과 같이 프런트패널의 "스테핑 모터 신호"에 값을 입력한다. VI를 실행하면 스테핑 모터가 적절하게 회전하는지 확인한다.

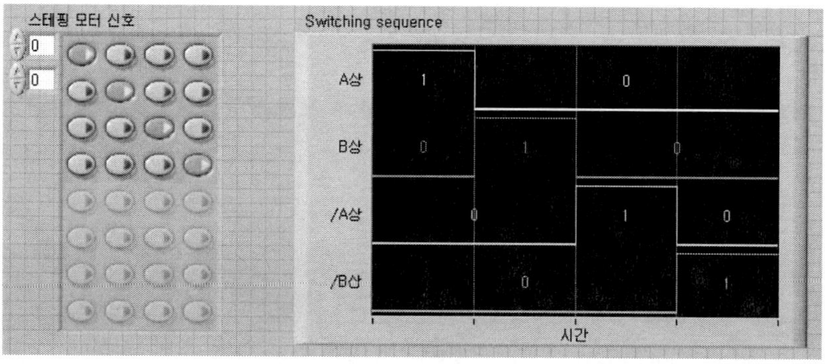

13. 4상 **모터**의 2상 여자 방식 동작

1상 여자 방식과 동일하지만, 토크를 좋게 하기 위해 2개의 코일을 동시에 동작시키는 것이 다르다. 1상 여자에 비해 전류가 많이 흐르는 단점이 있지만 정지상의 오버슈터나 언더슈터가 작고 과도 특성이 좋아진다.

다음과 같이 프런트패널의 "스테핑 모터 신호"에 값을 입력한다. VI를 실행하면 스테핑 모터가 적절하게 회전하는지 확인한다.

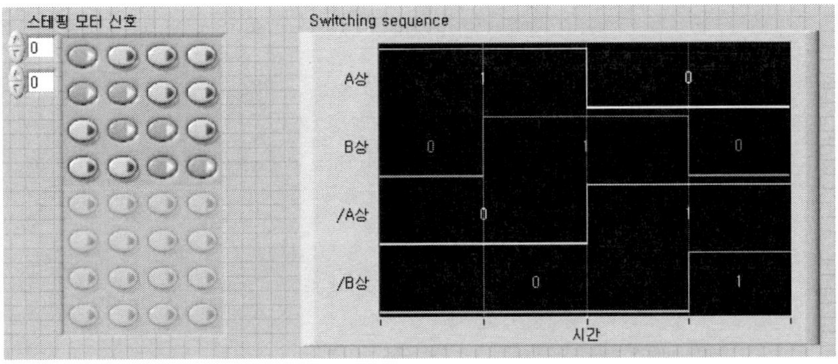

14. 4상 모터의 1-2상 여자 동작

전술한 1상 여자와 2상 여자가 교대로 반복한다. 따라서 회전자는 스텝마다 45°씩 회전한다. 즉 스텝 각은 마커가 표시하는 각도의 1/2가 된다. 1-2상 여자는 1상 여자와 2상 여자의 특성을 갖고 있으므로 스텝 레이트는 배가 된다. 스텝의 각도가 다른 동작법에 비에 1/2만큼 작기 때문에 3가지 방식 중 가장 성능이 좋다. 하지만 다른 여자방식과 같은 속도를 내려면 마이크로컨트롤러에서 클럭을 2배로 만들어야 한다는 단점이 있다.

다음과 같이 프런트패널의 "스테핑 모터 신호"에 값을 입력한다. VI를 실행하면 스테핑 모터가 적절하게 회전하는지 확인한다.

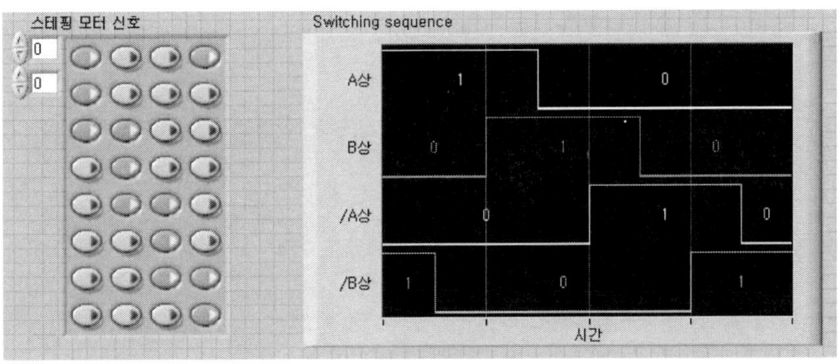

12.2 푸시 버튼을 이용한 디지털 신호 입력

MCB2300에는 2개의 푸쉬 버튼이 있다. 여기서는 푸쉬 버튼의 디지털 값을 읽어서 이를 LED로 출력하는 방법을 논의한다.

RESET 푸시 버튼은 마이크로프로세스를 리셋 할 때 사용한다.

INT0 푸시 버튼은 마이크로프로세서의 외부 인터럽트 0(INT0)와 연결한다. 점퍼 INT0(J8)를 제거하면 이 버튼을 사용할 수 없게 된다.

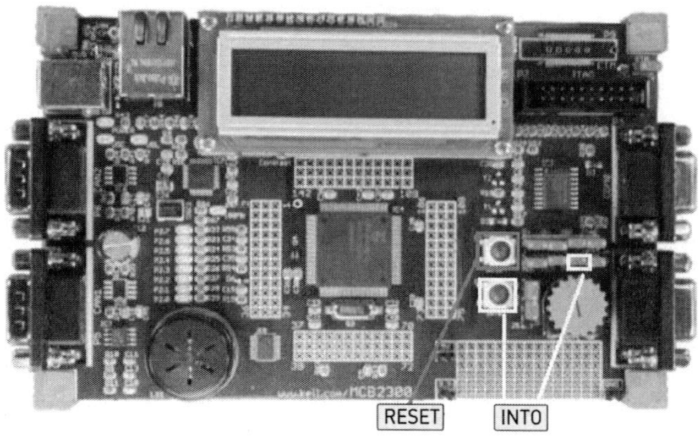

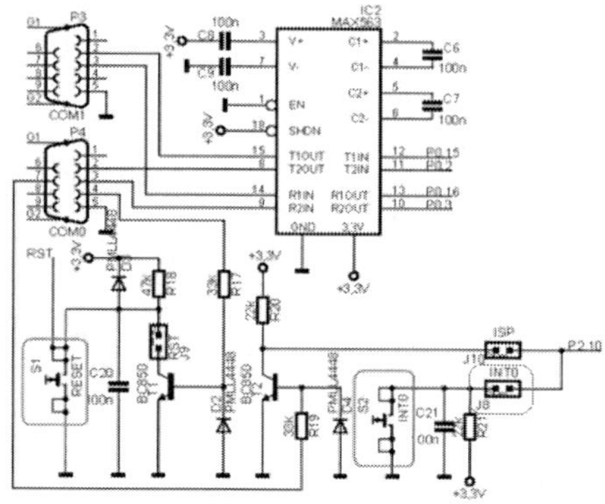

예제 12.3 디지털 입력

ARM 프로젝트 위자드

1. LabVIEW 시작하기 창에서 타겟 **ARM Project**를 선택하고 '검색' 버튼을 클릭한다.
2. Project type에서 **New ARM project, blank VI**를 선택하고 '다음' 버튼을 클릭한다.
3. Target type에서 **MCB2300**을 선택하고 '다음' 버튼을 클릭한다.
4. System에서 ☑Create a build specification 상태를 확인하고 '마침' 버튼을 클릭한다.
5. 순차적으로 **Digital Input_ARM.vi** 및 프로젝트 **Digital Input.lvproj**로 저장한다. 다음과 같은 프로젝트 탐색기가 표시된다.

6. 마우스로 MCB2300을 팝업 후 **새로 만들기 → Elemental I/O**를 선택한다. **Digital Output**에서 LED0, **Digital Input**에서 INT0를 선택한다. Add Item(➡)버튼을 클릭하면 선택된 내용이 오른쪽의 "**New Elemental I/O**"로 이동한다.

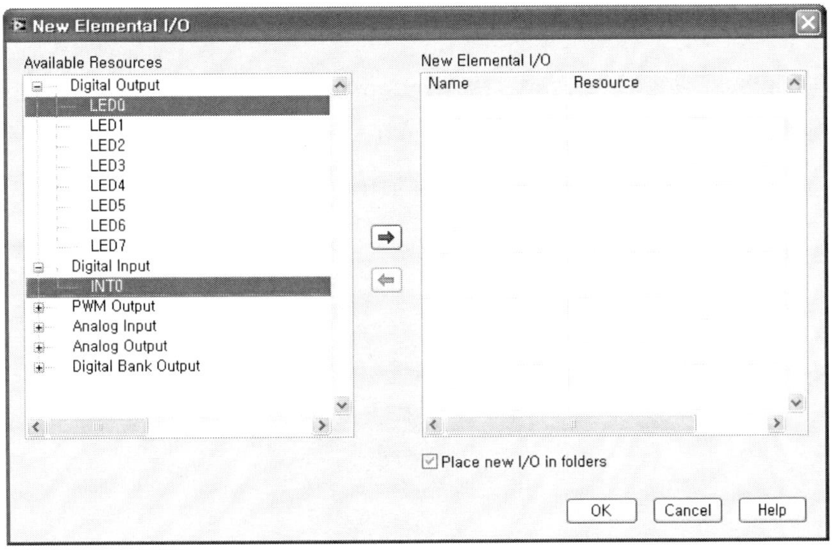

'OK' 버튼을 클릭하면 New Elemental I/O가 종료된다.

7. 다음과 같이 프로그램을 완성한다. 프로그램은 MCB2300 보드의 INT0의 버튼 스위치 값을 Digital Input으로 해서 LED0 (P2.0)로 디지털 값을 출력한다.

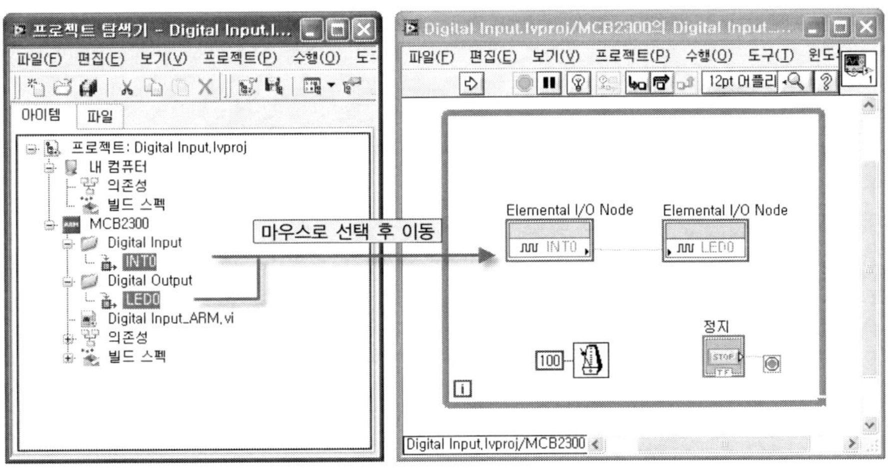

8. 완성된 프로그램을 저장하고 실행( ) 버튼을 클릭하면 프로그램이 실행된다. LabVIEW는 MCB2300 보드에 적절한 코드로 변경해서 이를 다운로드 한다. 프로그램이 실행 중이면 으로 표시된다.

9. MCB2300 평가보드의 INT0( ) 버튼을 클릭하였을 때 P2.0의 LED0가 점등되는지를 확인한다. '정지' 버튼을 클릭해서 프로그램을 종료한다.

12.3 가변저항을 통한 아날로그 신호 입력

MCB2300 보드의 가변저항(Photentiometer)은 전압범위 0.0~3.3V의 가변 전압을 출력한다. 다음은 일반적인 가변저항의 모습이다. 가변저항의 역할은 저항값을 가변함으로서 전류 또는 전압을 조정하는 역할을 한다.

가변저항

MCB2300 보드에서는 10비트 ADC가 8개 있다. 기본값으로 점퍼 AD0.0 (J6)는 연결되어 있으며, Port 0.23 (AD0.0)과 연결되어 있다. 여기서는 가변저항의 전압 값을 읽어서 이를 화면에 표시하는 간단한 연습을 할 것이다.

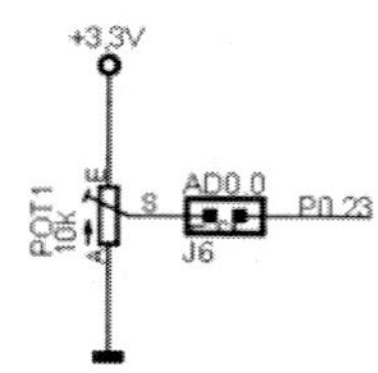

1 10비트 ADC 분해능의 이해

분해능은 ADC(analog-to-digital) 변환기가 아날로그 신호를 디지털로 표시하는 비트 수다. 분해능이 높을수록 아날로그 신호를 정밀하게 나눌 수 있고 최소 측정 가능한 전압이 정밀해진다. 다음은 3비트 ADC의 사인파와 디지털 범위를 표시해 놓은 그림이다. 3비트 변환기(단지 예를 보이기 위해 사용했다)는 입력 범위를 2^3또는 8로 만든다. 000에서 111사이의 이진수 코드는 각각의 영역을 의미한다. 원래의 신호를 디지털로 표시하는 과정에서 많은 정보를 손실하면 좋은 방법이 되지 못한다. MCB2300의 ADC는 10비트이기 때문에 ADC의 코드 수는 8에서 1024(2^{10}) 가지로 증가하므로 비교적 정밀한 아날로그 신호를 얻을 수 있다.

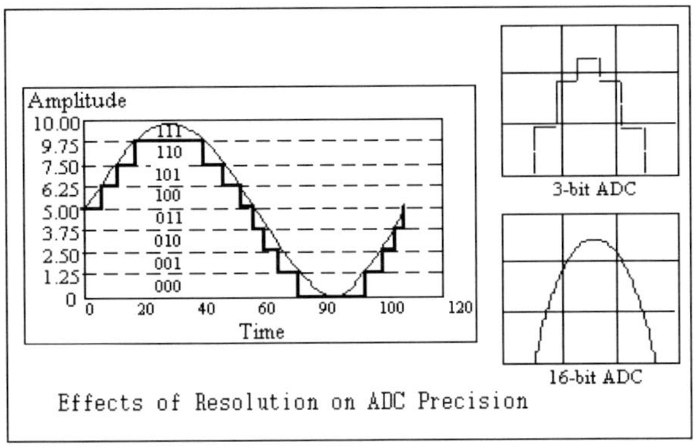

Effects of Resolution on ADC Precision

예제 12.4 가변저항을 통한 아날로그 입력 연습

ARM 프로젝트 위자드를 실행한다.

1. LabVIEW 시작하기 창에서 타겟 **ARM Project**를 선택하고 '검색' 버튼을 클릭한다.
2. Project type에서 **New ARM project, blank VI**를 선택하고 '다음' 버튼을 클릭한다.
3. Target type에서 **MCB2300**을 선택하고 '다음' 버튼을 클릭한다.
4. System에서 ☑ Create a build specification 상태를 확인하고 '마침' 버튼을 클릭한다.
5. 순차적으로 **Potentiometer 신호 읽기.vi** 및 프로젝트 **아날로그입력.lvproj**로 저장한다. 다음과 같은 프로젝트 탐색기가 표시된다.

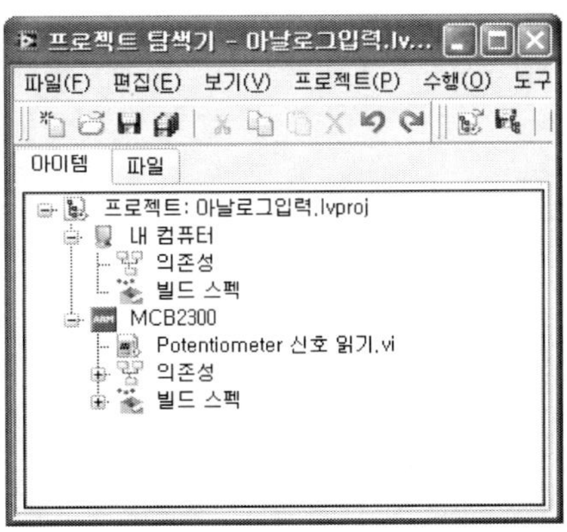

6. MCB2300 보드로부터 아날로그 신호를 읽기 위해 다음과 같이 MCB2300을 팝업 후 **새로 만들기→Elemental I/O**를 선택한다.

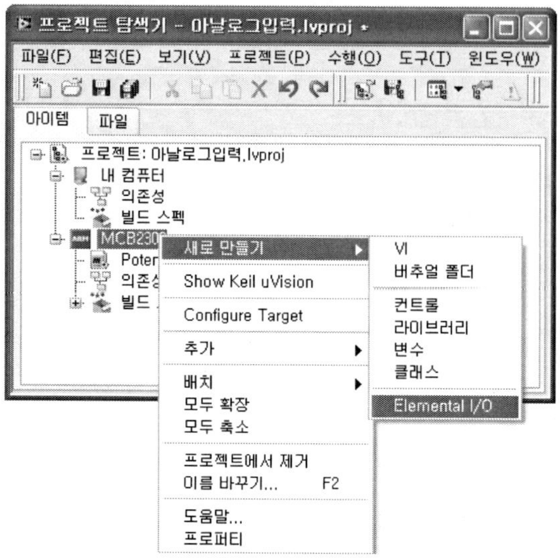

7. **Analog Input**에서 AI0를 선택하고 중앙의 화살표 Add Item(➡) 버튼을 클릭하면 AI0가 오른쪽으로 이동한다. 이후 'OK' 버튼을 누른다.

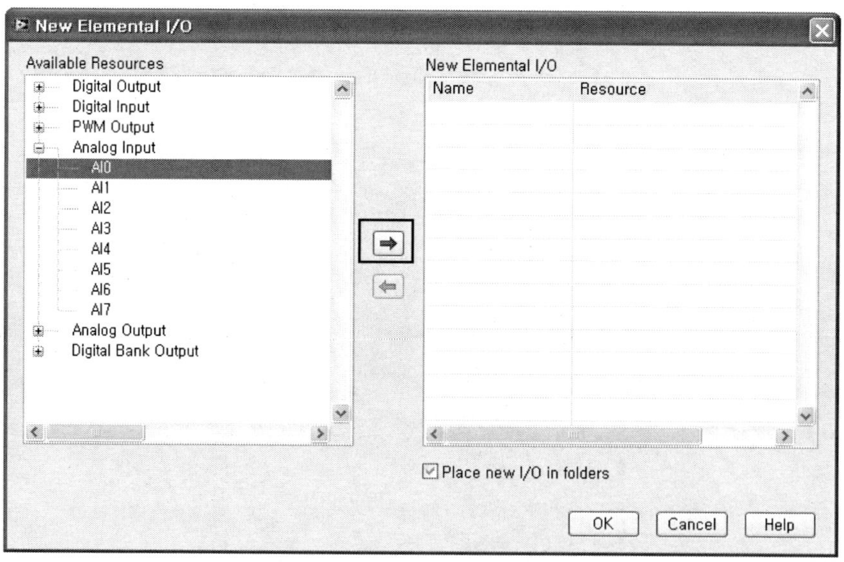

8. 프로젝트 탐색기에 AI0( )가 생성된 것을 확인할 수 있다.

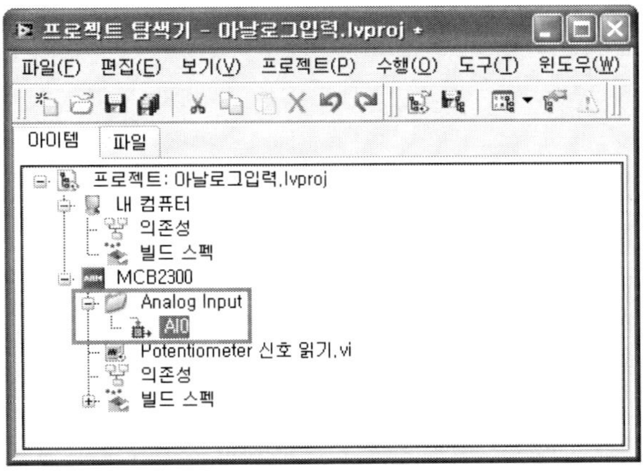

9. **Potentiometer신호 읽기.vi**를 팝업 후 열기, 또는 더블 클릭하여 VI를 불러온다. 여기에 다음의 프로그램을 작성한다.

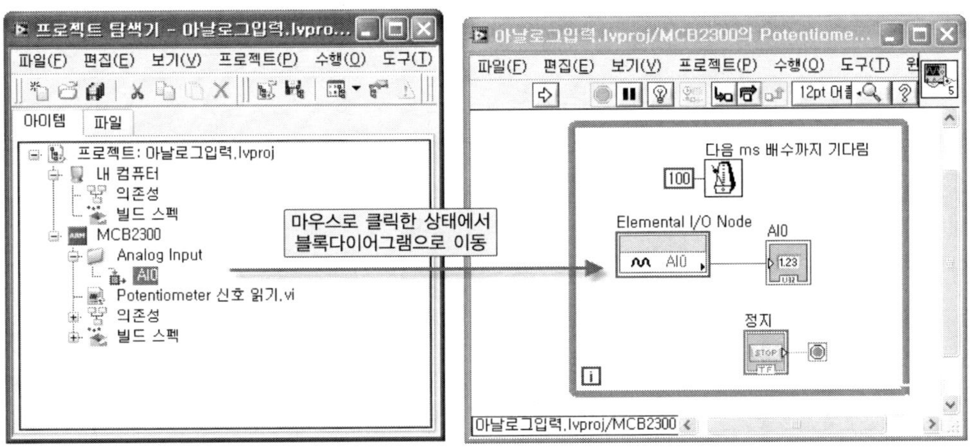

While 루프( )는 **Structures** 팔레트에 있으며, 입력 터미널인 조건 터미널이 특정 불리언 값을 받을 때까지 서브 다이어그램을 반복한다. 루프 조건( )을 선택 후 컨트롤 생성을 선택한다. 프런트패널에 '정지' 버튼이 자동적으로 생성된다.

다음 ms 배수까지 기다림
[Wait Until Next ms Multiple]

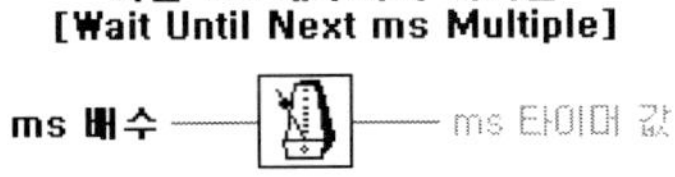

다음 ms 배수까지 기다림(Wait Until Next ms Multiple) 함수는 **Time, Dialog & Error** 팔레트에 있으며, ms 타이머의 값이 지정된 **ms 배수**의 배수가 될 때까지 기다린다. While 루프 안에서 이 함수를 호출하여 루프 실행 속도를 조절한다. 왼쪽 **ms 배수**를 팝업 후 **생성→상수**를 선택하면 100(While 루프를 100ms에 한번씩 실행되는 역할을 함)을 입력할 수 있다.

Elemental I/O Node(AI0)은 프로젝트 탐색기 상의 AI0( )를 마우스로 클릭한 상태에서 Potentiometer신호 읽기.vi의 블록다이어그램으로 드래그한다. 이 함수는 embedded 타겟의 지정된 I/O를 수행한다. AI0를 팝업 후 **생성→인디케이터**를 선택한다.

10. 실행(⇨) 버튼을 클릭하면 프로그램이 실행된다. LabVIEW는 MCB2300 보드에 적절한 코드로 변경해서 이를 다운로드 한다. MCB2300 보드 상의 Potentiometer를 돌리면 AI0 값이 변경됨을 확인할 수 있다.

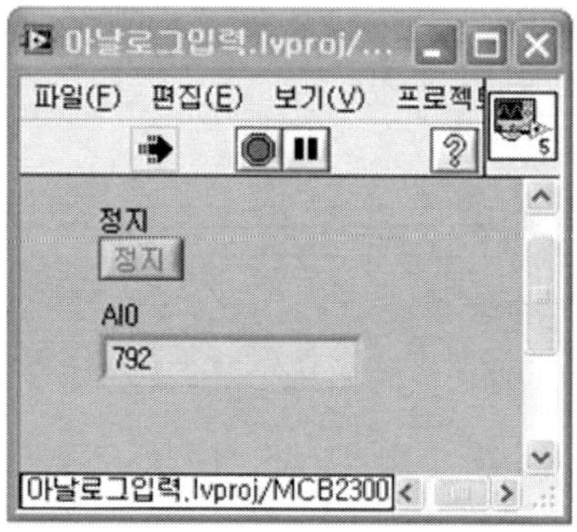

11. '정지' 버튼을 클릭해서 프로그램을 종료한다.

12. **"AI0"**는 10비트 A/D 컨버터이므로 0 ~ 1024의 값을 **"AI0"**로 출력한다. 물리적인 값인 전압으로 변환하기 위해서는 다음의 단계를 거친다.
블록다이어그램에 Element I/O Node를 다음과 같이 추가로 복사한다.

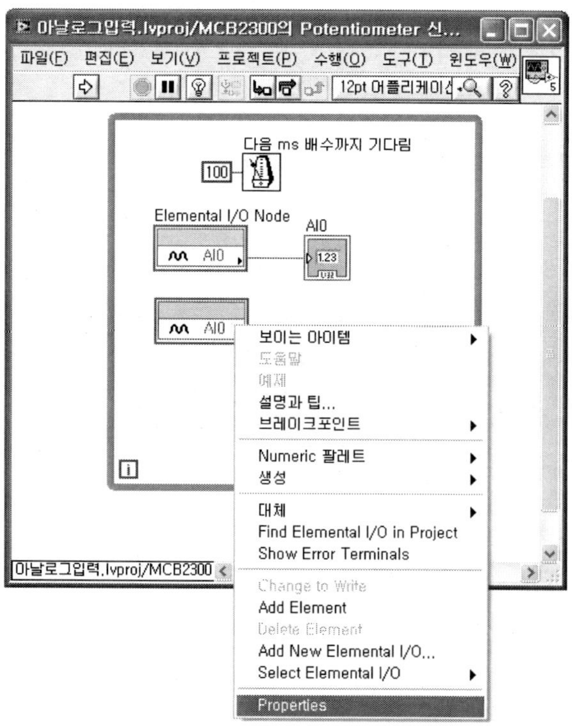

새로 복사한 Element I/O Node를 팝업 후 **Properties**를 선택한다. **"Node Attributes"**에서 **Scaled voltage**를 선택한 후 'OK' 버튼을 클릭한다.

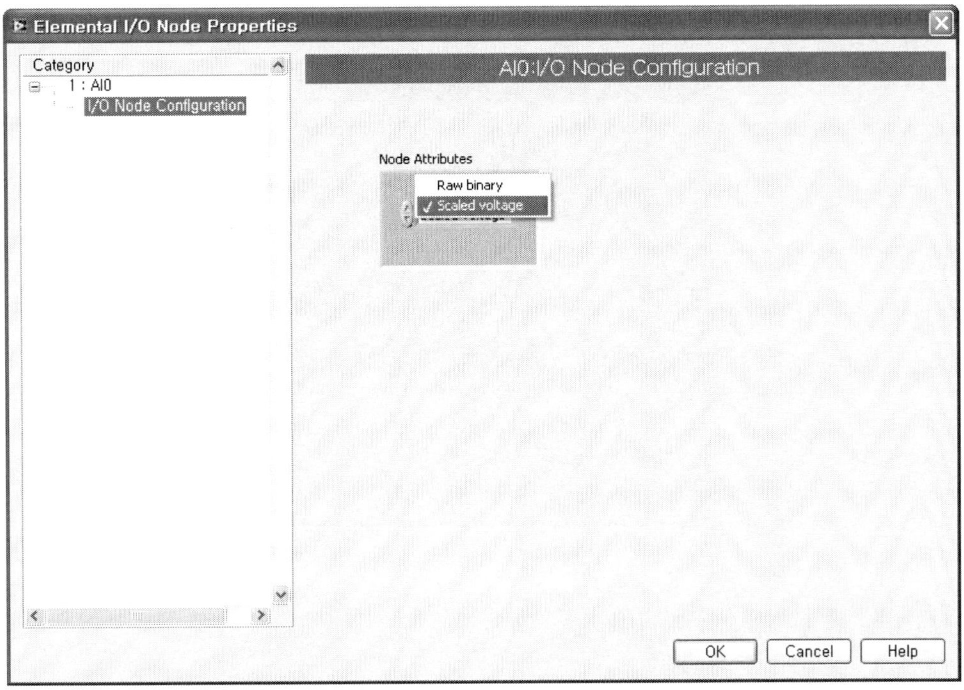

2번째 Elemental I/O Node의 AI0가 오렌지색(DBL 데이터)으로 변경된 것을 확인할 수 있다. 참고로 1번은 U32 데이터 형태이다. 2번째 Elemental I/O Node를 팝업 후 **생성 → 인디케이터**를 선택하고 전압으로 명칭을 변경한다.

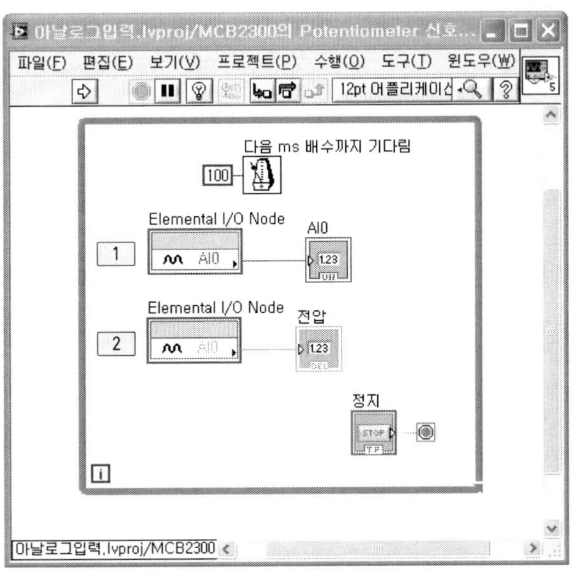

13. 실행(⇨) 버튼을 클릭하면 프로그램이 실행된다. LabVIEW는 MCB2300 보드에 적절한 코드로 변경해서 이를 다운로드 한다. MCB2300 보드 상의 Potentiometer를 돌리면 AI0 값 및 전압 값이 변경됨을 확인할 수 있다.

14. '정지' 버튼을 클릭해서 프로그램을 종료한다.

12.4 스피커를 통한 아날로그 신호 출력

MCB2300 보드는 D/A 컨버터에 의해 제어되는 스피커를 갖고 있다. 저전압 파워 앰프(IC3) LM386M는 D/A 출력을 스피커로 증폭한다. D/A 출력에 연결된 점퍼 J3(Port 0, 26번 핀, P0.26/AOUT)는 LM386M 앰프의 입력과 연결되어 있다. 점퍼 J3를 제거하면 스피커 출력을 사용할 수 없다.

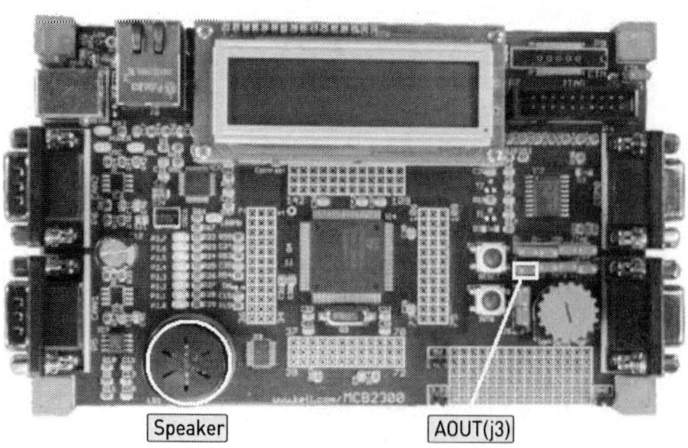

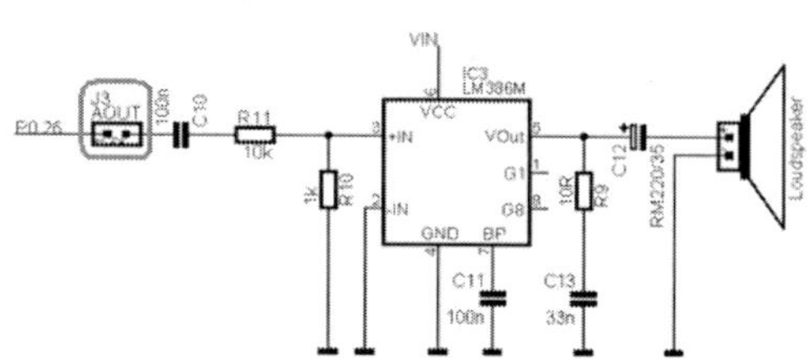

예제 12.5 아날로그 출력 연습

ARM프로젝트 위자드

1. LabVIEW 시작하기 창에서 타겟 **ARM Project**를 선택하고 '검색' 버튼을 클릭한다.
2. Project type에서 **New ARM project, blank VI**를 선택하고 '다음' 버튼을 클릭한다.
3. Target type에서 **MCB2300**을 선택하고 '다음' 버튼을 클릭한다.
4. System에서 ☑Create a build specification 상태를 확인하고 '마침' 버튼을 클릭한다.
5. 순차적으로 **Speaker_ARM.vi** 및 프로젝트 **Speaker.lvproj**로 저장한다. 다음과 같은 프로젝트 탐색기가 표시된다.

6. **Speaker_ARM.vi**에 다음의 순서로 프로그램을 작성한다.

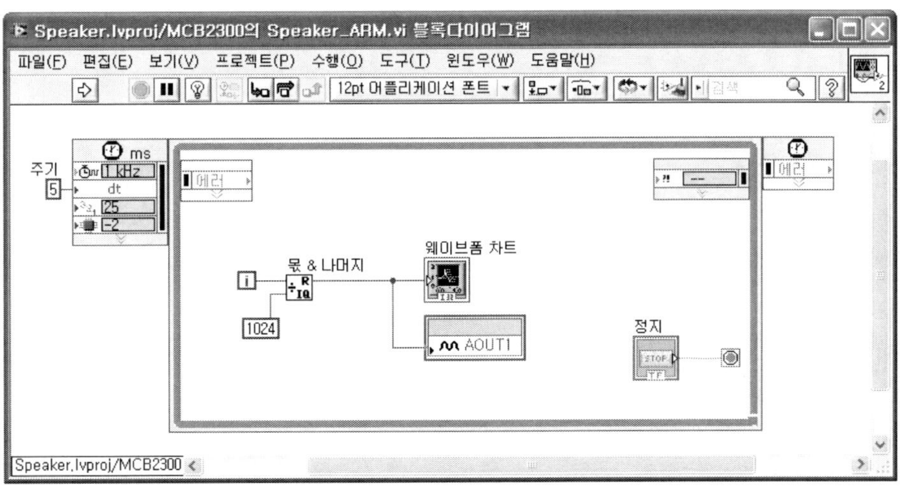

Timed 루프( )는 **Programming → Structures → Timed Loop** 팔레트에 있으며, 입력 터미널인 조건 터미널이 특정 불리언 값을 받을 때까지 서브 다이어그램을 반복한다.

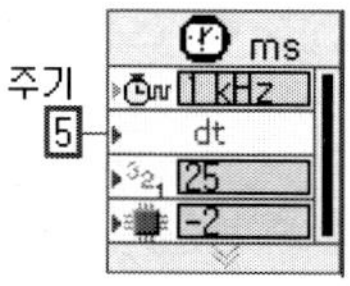

Timed 루프의 실행 주기는 5ms로 입력한다. dt를 팝업한 후 **생성→상수**를 선택하고 5를 입력한다.

루프 조건(◉)을 선택 후 컨트롤 생성을 선택한다. 프런트패널에 '정지' 버튼이 자동적으로 생성된다.

몫&나머지( ) 함수는 **Functions→Programming→Numeric** 팔레트에 있다. 여기서 출력되는 데이터는 프런트패널의 웨이브폼 차트에 표시된다. 또한 이 데이터는 MCB2300보드의 AOUT1으로 출력되며 스피커와 연결되어 있다.

마우스로 MCB2300을 팝업 후 **새로 만들기→Elemental I/O**를 선택한다. **Analog Output**에서 **AOUT1**을 모두 선택하고 Add Item(➡) 버튼을 클릭한다. AOUT1이 모두 오른쪽 **"New Elemental I/O"**로 이동한다.

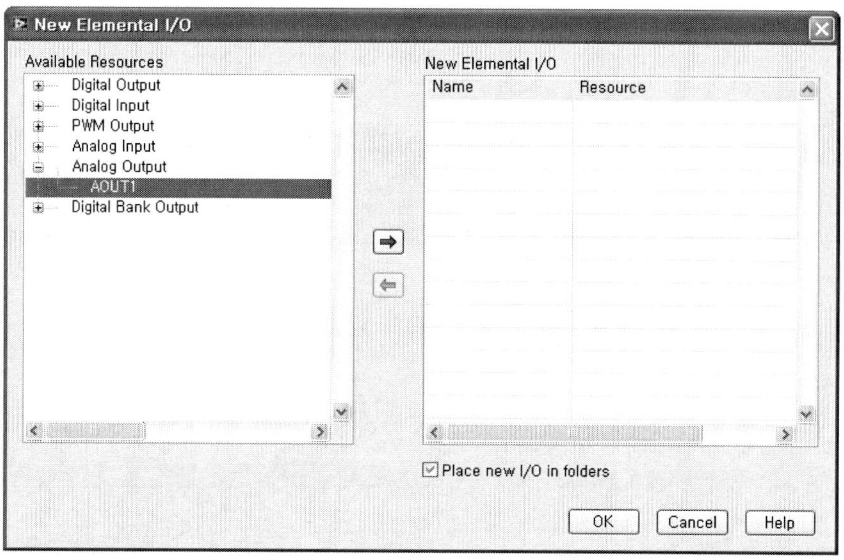

프로젝트에서 AOUT1 AI0( )을 선택한 후 블록다이어그램으로 드래그하면 블록다이어그램에 AOUT1( )이 생성된다.

7. 실행(⇨) 버튼을 클릭하면 프로그램이 실행된다. 스피커로 톱니파 형태의 신호가 출력되는 소리를 들을 수 있다.

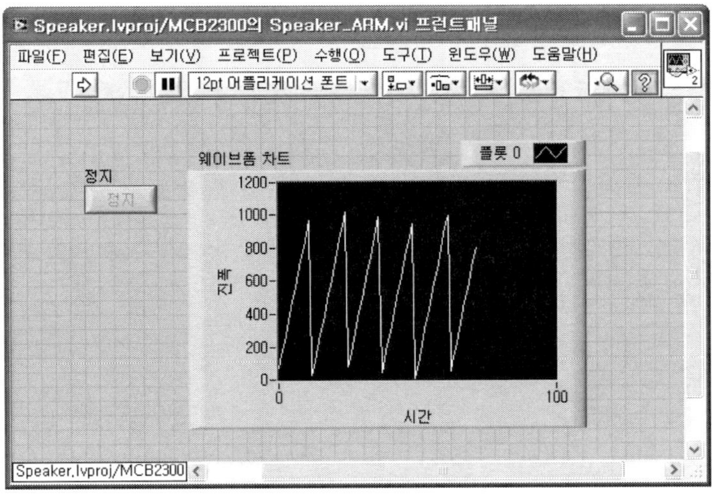

8. '정지' 버튼을 클릭해서 프로그램을 종료한다.

12.5 LCD 모듈 제어

LCD 모듈은 MCB2300 보드 위에 탑재 되어 있으며 분리가 가능하다. 보드에 탑재된 LCD 패널은 16문자 × 2라인 및 8비트 인터페이스로 구성되어 있다. MCB2300 보드에 있는 LCD Contrast를 손으로 돌려보면 LCD의 밝기를 조절할 수 있다.

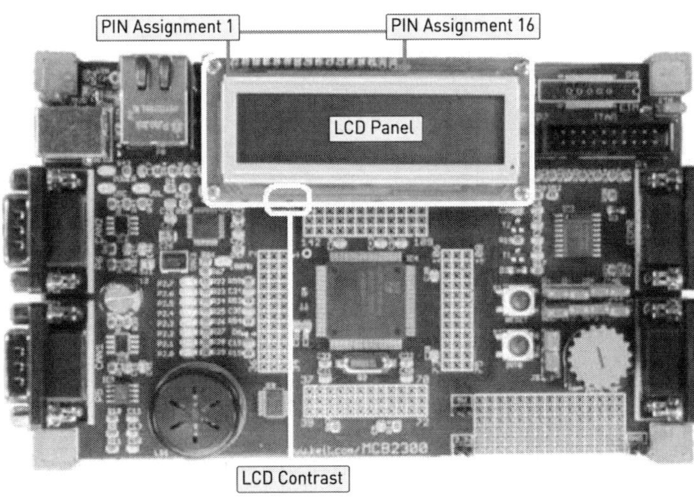

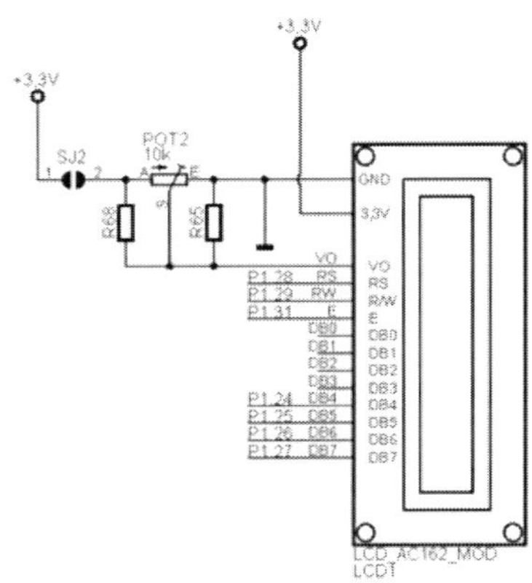

LCD 패널은 다른 제품으로 교체할 수 있으며 핀 할당은 다음과 같다.

NO.	Symol	Level	Function
1	V_{ss}	-	GROUND
2	Vdd	-	POWER SUPPLY FOR LOGIC
3	Vo	-	POWER SUPPLY FOR LCD
4	RS	H/L	Register H: Data register Selet L: Instruction register
5	R/W	H/L	H--Read L--Write
6	E	H,H-L	Start enable signal to read or write the data
7	DB0	H/L	Data bus used in 8 bit transfer
8	DB1	H/L	〃
9	DB2	H/L	〃
10	DB3	H/L	〃
11	DB4	H/L	Data bus for both 4 and 8 bit transfer
12	DB5	H/L	〃
13	DB6	H/L	〃
14	DB7	H/L	〃
15	A	-	LED Backlight(+)
16	K	-	LED Backlight(-)

일반적으로 LCD 패널에 필요한 데이터를 쓰기 위해서는 전반적인 하드웨어 및 소프트웨어 지식이 필요하다. 하지만 LabVIEW for ARM에 내장된 LCD 함수들을 이용하면 쉽게 LCD 패널로 데이터를 전송할 수 있다.

다음은 **ARM→MCB2300→LCD** 팔레트에 있는 함수들이다.

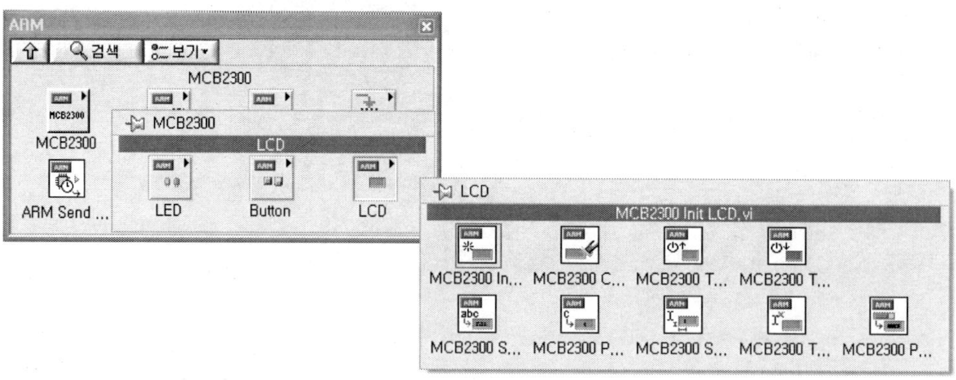

MCB2300 Init LCD VI

MCB2300 Init LCD.vi

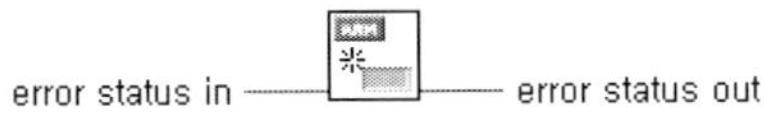

타겟 LCD를 초기화 한다. 이 VI는 다른 LCD VI를 사용하기 이전에 반드시 사용한다.

MCB2300 Turn On LCD VI

MCB2300 Turn On LCD.vi

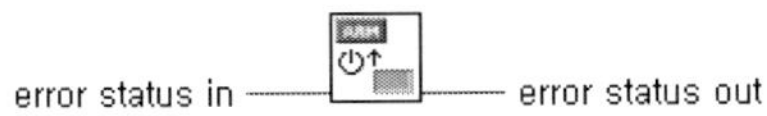

LCD 및 커서를 켠다.

MCB2300 Clear LCD Screen VI

MCB2300 Clear LCD Screen.vi

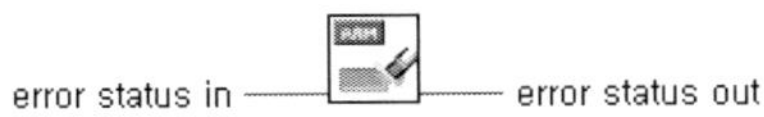

LCD 스크린을 지운다.

MCB2300 Set Text on LCD VI

MCB2300 Set Text on LCD.vi

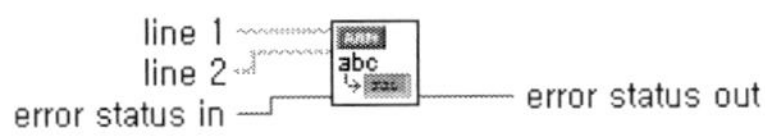

LCD의 첫 번째 또는 두 번째 라인에 출력한다. 문자는 항상 LCD의 첫 번째 열부터 시작한다.

MCB2300 Turn Off LCD VI

MCB2300 Turn Off LCD.vi

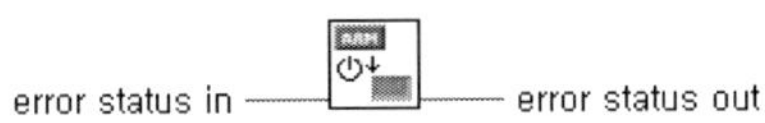

LCD를 끊는다.

다음의 함수들은 이번 예제에서 사용하지 않았지만 참고하기 바란다.

MCB2300 Print Character on LCD VI

MCB2300 Print Character on LCD.vi

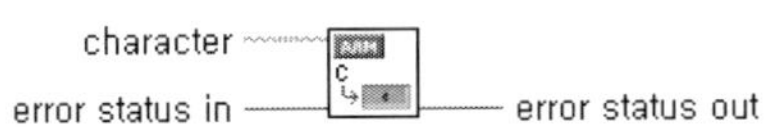

현재 커서 위치에서 문자열 문자를 출력한다. 만약 **character**가 1개 이상의 문자를 포함하고 있으면 이 VI는 첫 번째 문자만 사용한다.

MCB2300 Set LCD Text Cursor Position VI

MCB2300 Set LCD Text Cursor Position.vi

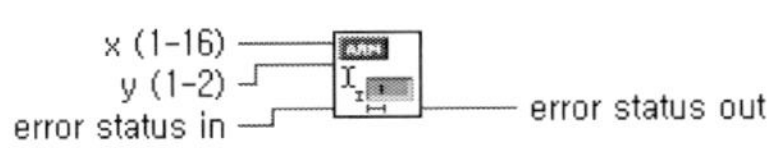

LCD 상에서 커서 위치를 설정한다. **MCB2300 Print Character on LCD.vi** 또는 **MCB2300 Print LCD Bar Graph.vi**를 사용하기 이전에 커서 위치를 지정하고자 할 경우 이 VI를 사용한다. 커서를 LCD의 왼쪽 상단으로 위치하려면 **x(1-16)** 및 **y(1-2)**에 각각 1을 입력한다.

MCB2300 Turn Off LCD Text Cursor VI

MCB2300 Turn Off LCD Text Cursor.vi

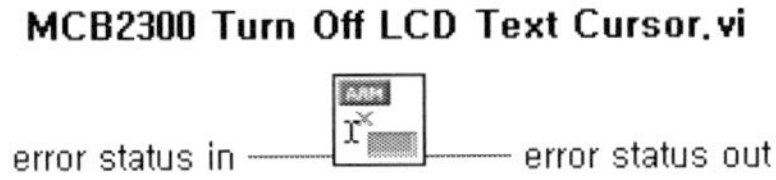

LCD에서 커서를 숨긴다. 커서를 켜려면 **MCB2300 Turn on LCD.vi**를 사용한다.

MCB2300 Print LCD Bar Graph VI

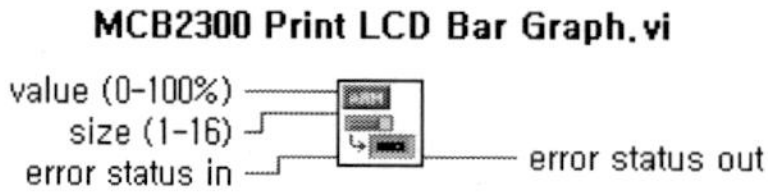

LCD에 바 그래프를 표시한다. 한쪽 사이드로부터 다른 한쪽으로 확장되는 바를 표시하려면, **size(1-16)**은 16 및 **Value(0-100%)**는 100을 입력한다.

예제 12.6 LCD Panel

ARM 프로젝트 위자드

1. LabVIEW 시작하기 창에서 타겟 **ARM Project**를 선택하고 '검색' 버튼을 클릭한다.
2. Project type에서 **New ARM project, blank VI**를 선택하고 '다음' 버튼을 클릭한다.
3. Target type에서 **MCB2300**을 선택하고 '다음' 버튼을 클릭한다.
4. System에서 ☑Create a build specification 상태를 확인하고 '마침' 버튼을 클릭한다.
5. 순차적으로 **LCD_ARM.vi** 및 프로젝트 **LCD.lvproj**로 저장한다. 다음과 같은 프로젝트 탐색기가 표시된다. 여기서는 LCD팔레트의 함수들을 이용하는 예제를 만든다.

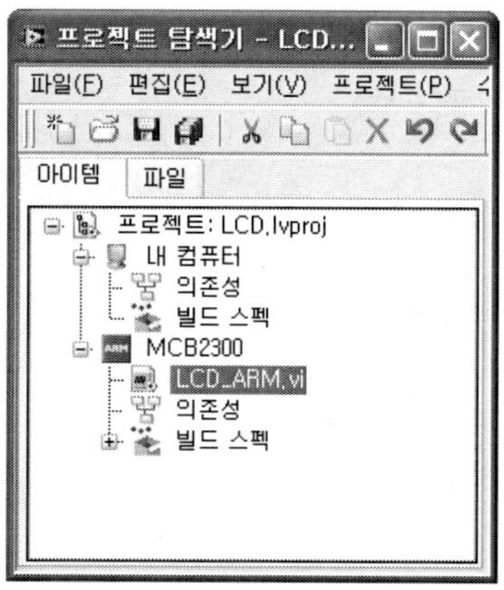

6. 먼저 다음과 같이 블록다이어그램을 작성한다.

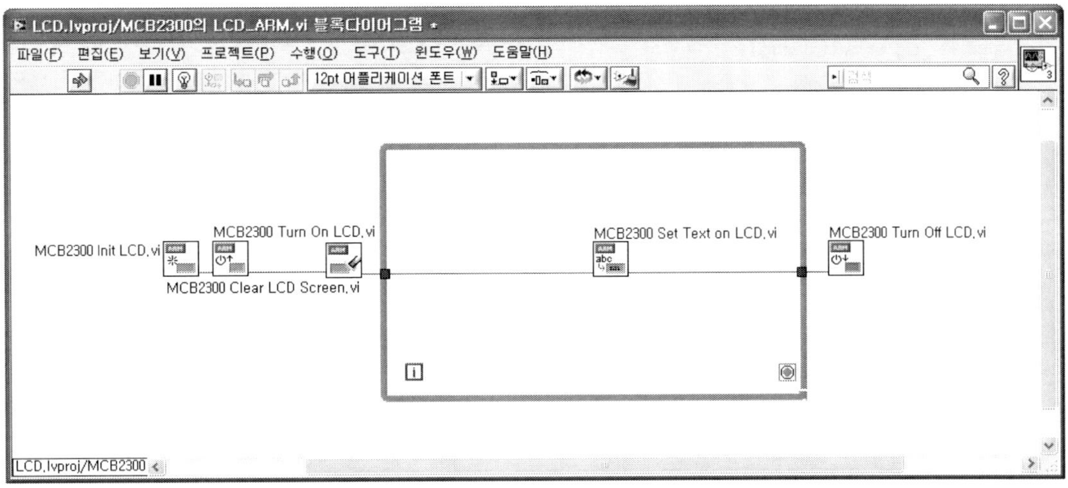

MCB2300 Init LCD.vi(), **MCB2300 Turn On LCD.vi**(), **MCB2300 Clear LCD Screen.vi**()를 순차적으로 블록다이어그램 While 루프 앞에 배치한다.

While 루프 중앙에는 **MCB2300 Set Text on LCD.vi**()를 배치한다.

While 루프 밖에는 **MCB2300 Turn Off LCD.vi**()를 배치한다.

7. MCB2300 보드의 LCD에 문자를 표시하기 위한 작업을 한다. 다음과 같이 프로그램을 추가한다.

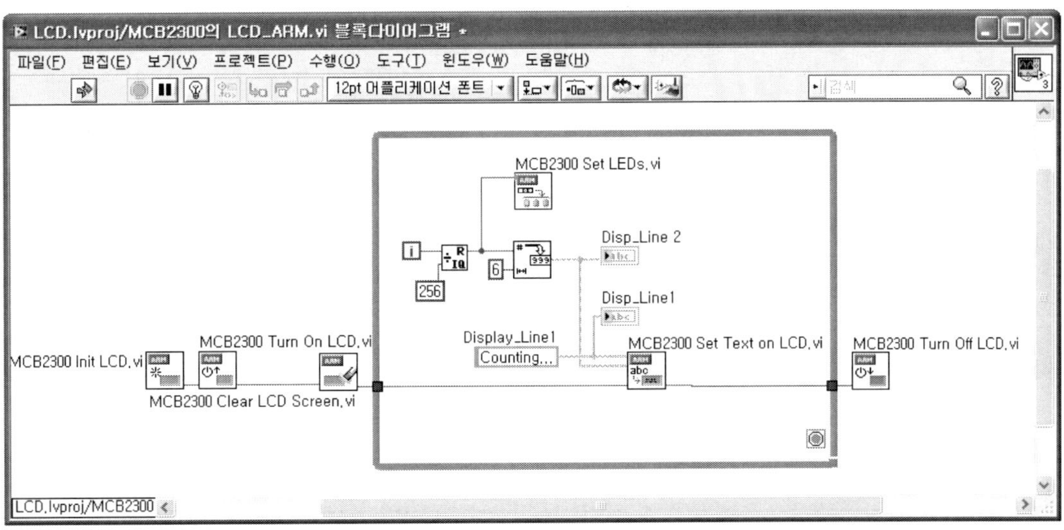

몫 & 나머지
[Quotient & Remainder]

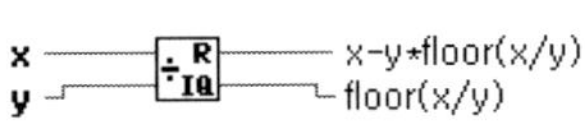

몫 & 나머지(Quotient & Remainder) 함수는 **프로그램 → 숫자형** 팔레트에 있으며, 입력의 정수 몫과 나머지를 계산해서 출력한다. 여기서는 0 ~ 255의 정수를 반복적으로 출력한다.

숫자를 10진수 문자열로
[Number To Decimal String]

숫자를 10진수 문자열로(Number To Decimal String) 함수는 **String → String/Number Conversion** 팔레트에 있다. 이 함수는 입력된 숫자를 지정된 폭 만큼의 **10진수 문자열**로 변환한다. 이 예제에서는 첫째 라인에 문자 "Counting…"이 표시되며, 둘째 라인에는 0 ~ 255의 문자가 반복적으로 표시된다.

MCB2300 Set LEDs.vi

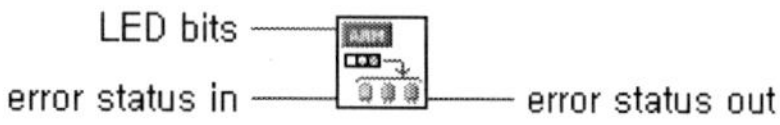

MCB2300 Set LEDs VI는 **ARM → MCB2300 → LED** 팔레트에 있다. 이 함수는 MCB2300 보드의 LED (P2.0 ~ P2.7)를 on/off하는 역할을 한다. 이 예제에서는 0-255의 값이 LED로 전송되므로 P20.0 ~ P2.7에 있는 8개의 LED가 순차적으로 점등된다.

8. 추가적으로 다음의 프로그램을 작성한다.

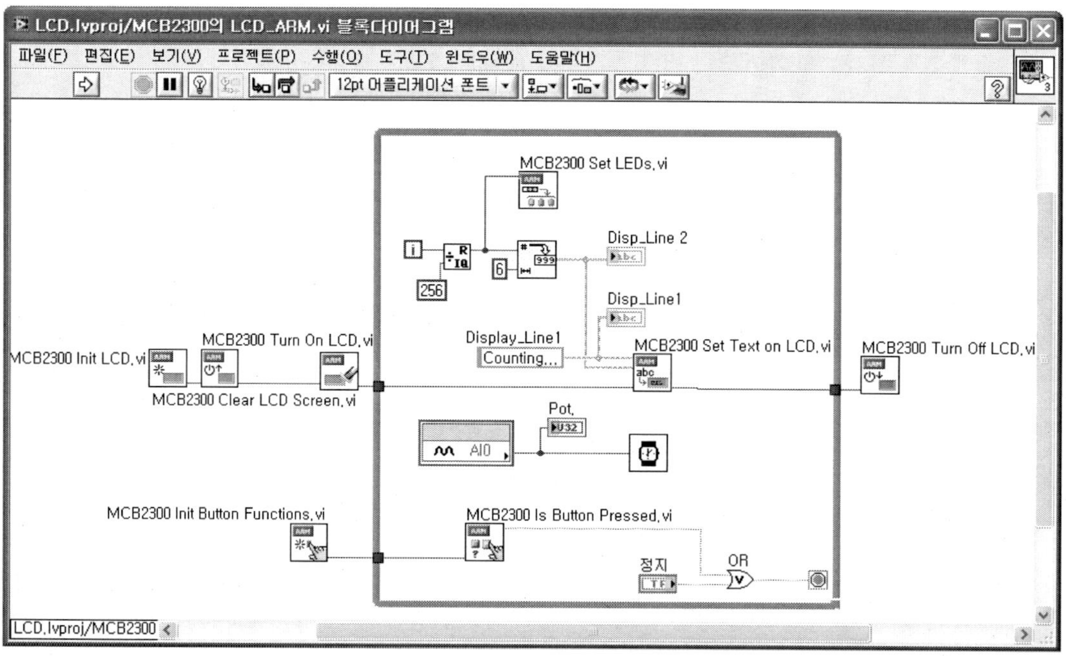

MCB2300 Init Button Functions.vi

MCB2300 Init Button Functions VI는 **ARM → MCB2300 → Button** 팔레트에 있으며, MCB2300 보드의 INT0 버튼을 초기화 한다.

MCB2300 Is Button Pressed.vi

MCB2300 Is Button Pressed VI는 **ARM → MCB2300 → Button** 팔레트에 있으며, INT0 버튼이 눌렸는지를 확인해서 결과를 출력한다.

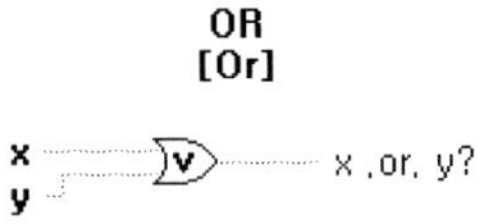

OR 함수는 불리언 팔레트에 있다. 일반적인 OR와 동일하게 이 예제에서는 MCB2300 보드의 INT0 버튼을 클릭하거나 프런트패널의 정지 버튼을 클릭하면 프로그램을 종료한다.

MCB2300 보드로부터 아날로그 신호를 읽기 위해 다음과 같이 MCB2300을 팝업 후 **새로 만들기→Elemental I/O**를 선택한다.

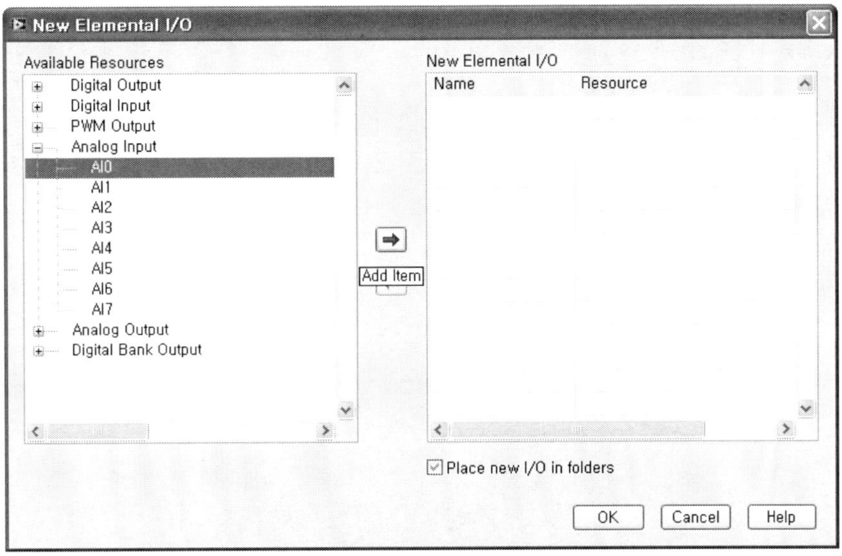

Analog Input에서 AI0를 선택하고 중앙의 화살표 Add Item(➡) 버튼을 클릭하면 AI0가 오른쪽으로 이동한다. 'OK' 버튼을 누른다.

다음과 같이 프로젝트 탐색기에 AI0가 입력된다.

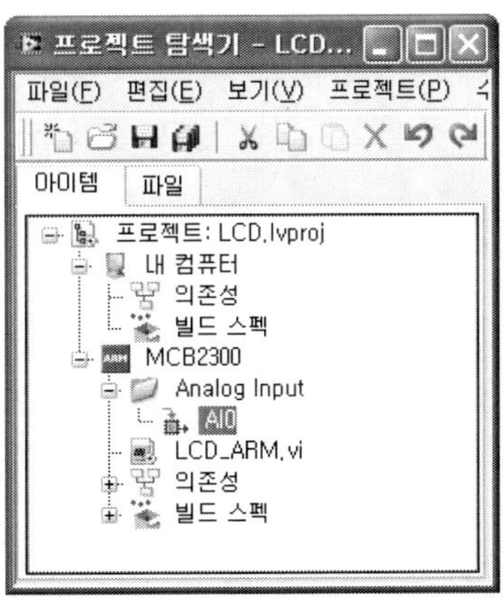

Elemental I/O Node( )은 프로젝트 탐색기 상의 AI0( )를 마우스로 클릭한 상태에서 **LCD_ARM.vi**의 블록다이어그램으로 드래그하면 생성된다. AI0를 마우스로 팝업 후 **생성 → 인디케이터**를 선택한다. 이 예제에서는 MCB2300보드의 가변저항에서 읽은 AI0 값(0 ~ 1024)을 **기다림(ms)** 함수로 전달한다. 이 경우 가변저항 값을 조절함에 따라 While 루프의 지연 시간을 컨트롤 할 수 있다.

기다림(Wait) 함수는 **Time, Dialog&Error** 팔레트에 있으며, 지정된 ms를 기다리고 ms타이머 값을 반환한다.

9. 완성된 프로그램을 저장하고 **실행**( ) 버튼을 클릭하면 프로그램이 실행된다. LabVIEW는 MCB2300 보드에 적절한 코드로 변경해서 이를 다운로드 한다. 프로그램이 실행 중이면 으로 표시된다.

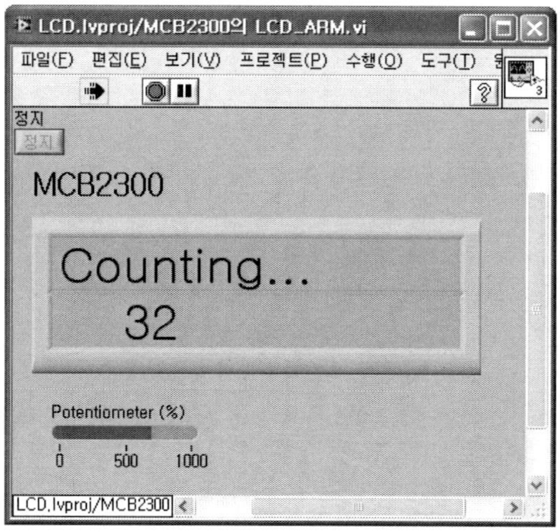

10. LCD 패널에 프런트패널과 동일한 값이 표시되는지 확인한다.
11. MCB2300 보드의 가변저항을 손으로 조정하면 Potentiometer(%)가 변하는지 확인한다. 이 값이 크면 While 루프가 지연되어서 실행되므로(예를 들어 1000이면 1000ms에 1회 While 루프가 실행됨), LCD 패널에 표시되는 숫자는 느리게 변한다.
12. MCB2300 보드의 LED (P2.0 ~ P2.7)이 LCD 패널의 값과 일치하는지를 확인한다.
13. MCB2300 보드의 INT0 버튼을 누르면 프로그램이 종료하는지 확인한다.

CHAPTER 13 통신

13.1 RS-232, 시리얼 통신

시리얼 통신은 컴퓨터와 계측 장비 또는 컴퓨터 간의 중요한 데이터 전송 방법 중의 하나이다. 시리얼 통신은 1회에 1비트의 데이터를 리시버로 전송하기 위해 트랜스미터를 사용한다. 이 방법은 데이터 전송 속도가 느리거나 데이터를 먼 거리에 전송하고자 할 때 일반적으로 사용한다.

시리얼 통신은 컴퓨터가 시리얼 포트를 갖고 있기 때문에 특별한 비용추가 없이 사용할 수 있다. 하지만 1개의 시리얼 포트가 1개의 디바이스만 제어한다는 단점이 있다.

일부 측정 장비는 문자열 데이터를 종료하기 위해 특수 문자열을 요구하기도 한다. 일반적인 종료 문자는 carriage return, line feed, semicolon 등을 사용한다.

13.1.1 LabVIEW의 시리얼 관련 VI

다음과 같이 LabVIEW에는 시리얼 통신을 할 수 있는 함수가 내장되어 있으며, MCB 2300 평가보드를 프로그램 할 때 사용할 수 있다.

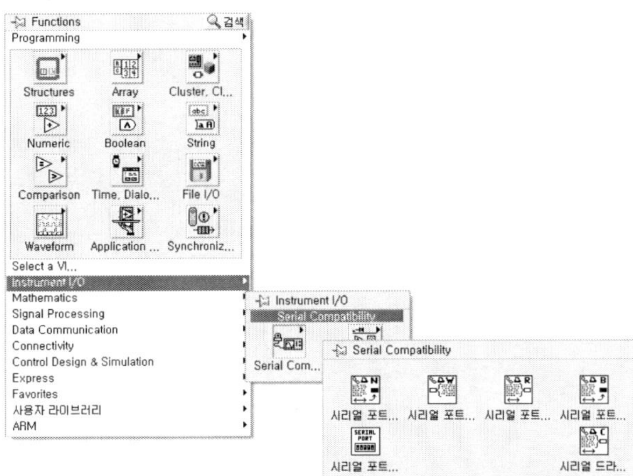

시리얼 포트 초기화
[Serial Port Init.vi]

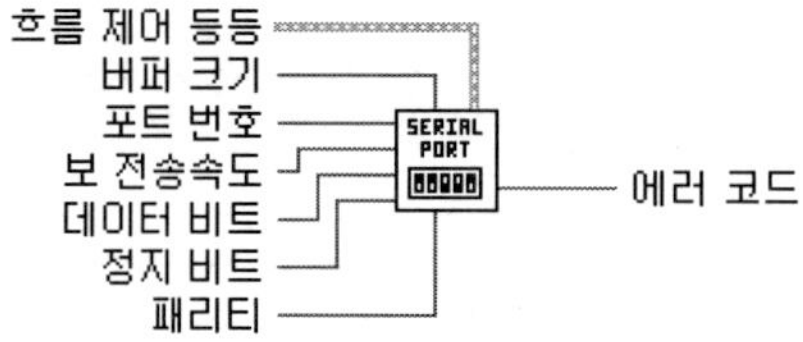

선택된 시리얼 포트를 지정한 셋팅으로 초기화한다.

시리얼 포토 초기화(Serial Port Init) VI는 선택된 시리얼 포트를 지정된 셋팅으로 초기화한다. **흐름 제어 등등**은 핸드쉐이크 변수들을 설정한다. **버퍼 크기**는 VI가 할당하는 입력과 출력 버퍼 크기를 의미한다. **포트 번호**는 통신에 사용되는 포트를 의미한다. 윈도우에서 **포트 번호** 0는 COM1이다. 보 전송속도, 데이터 비트, 정지 비트, 패리티는 지정된 포트의 변수값을 설정한다.

시리얼 포트 쓰기
[Serial Port Write.vi]

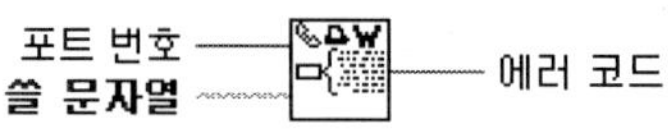

시리얼 포트 쓰기(Serial Port Write) VI는 **포트 번호**가 가리키는 시리얼 포트에 쓸 문자열의 데이터를 전송한다. 만약 특수 코드를 시리얼로 전송하려면 **쓸 문자열**에 입력하는 데이터를 16진수 모드로 전송한다.

문자열 상수를 바로 가기하고 16진수 디스플레이를 선택하면 16진수 데이터를 전송할 수 있다. 다음 그림은 ESCAPE(1B hex)와 SPACE(20 hex)를 연속적으로 전송할 경우이다.

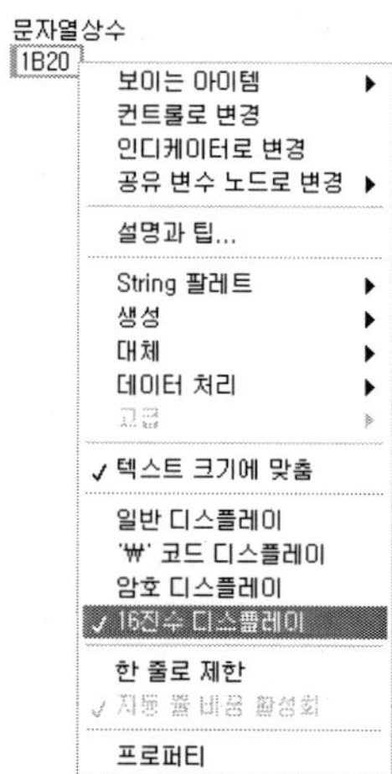

시리얼 포트 읽기
[Serial Port Read.vi]

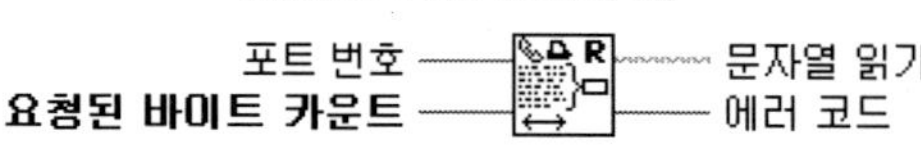

시리얼 포트 읽기(Serial Port Read) VI는 **포트 번호**에서 가리키는 시리얼 포트로부터 **요청된 바이트 카운트**에 의해서 지정된 문자의 개수를 읽는다. VI가 출력하는 데이터는 문자열이며 에러가 발생하면 에러 코드를 전송한다.

시리얼 드라이버 닫기
[Close Serial Driver.vi]

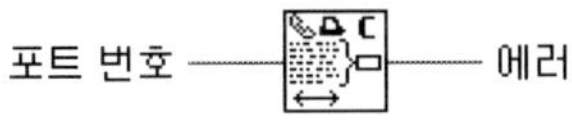

시리얼 드라이버 닫기(Close Serial Drver) VI는 지정된 포트를 닫는다.

시리얼 포트 브레이크
[Serial Port Break.vi]

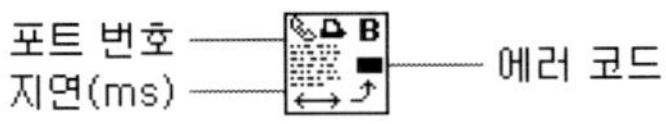

시리얼 포트 브레이크(Serial Port Breake) VI는 일정한 시간동안 **지연** 입력과 함께 **포트 번호**에서 지정된 출력 포트에 브레이크 신호를 보낸다.

시리얼 포트의 바이트
[Bytes At Serial Port.vi]

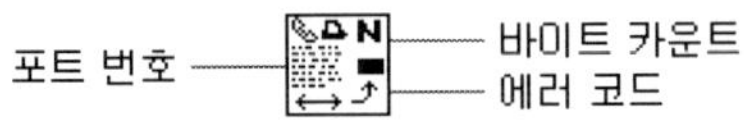

시리얼 포트의 바이트(Bytes At Serial Port) VI는 **포트 번호**에서 가르키는 시리얼 포트의 입력 버퍼에서 바이트의 개수를 반환한다. 만약 에러가 발생되면 에러 코드를 출력한다.

1 MCB2300 보드의 시리얼 포트

MCB2300 보드의 시리얼 UART의 ASC0는 MAX563(IC2)와 연결되어 로직 신호를 RS-232 전압 레벨로 변환한다. ASC0 UART는 디버깅 또는 flash에 다운로드를 위한 bootstrap 모드로 사용할 수 있다.

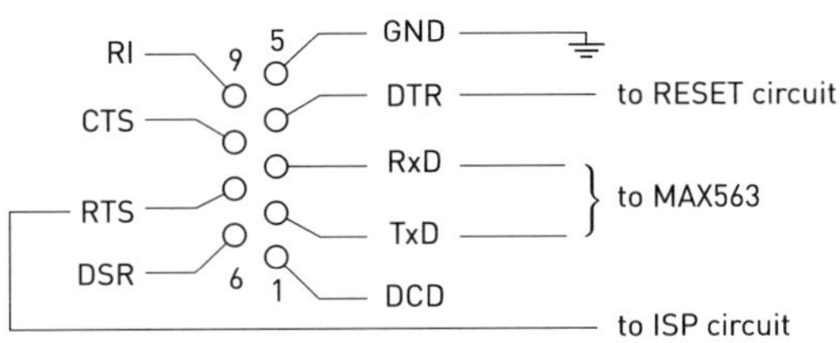

표준 3-선 인터페이스 외에 **COM0** DB9 커넥터는 DTR 핀을 통해 보드 리셋을 할 수 있게 되어 있으며, 다음의 그림과 같이 RTS 핀을 통해 In-System Programming(ISP)를 할 수 있다.

The **COM1** DB9 커넥터는 표준 3-선 와이어를 사용하며 아래의 그림과 같이 DTR 또는 RTS 핀과 연결되지 않았다.

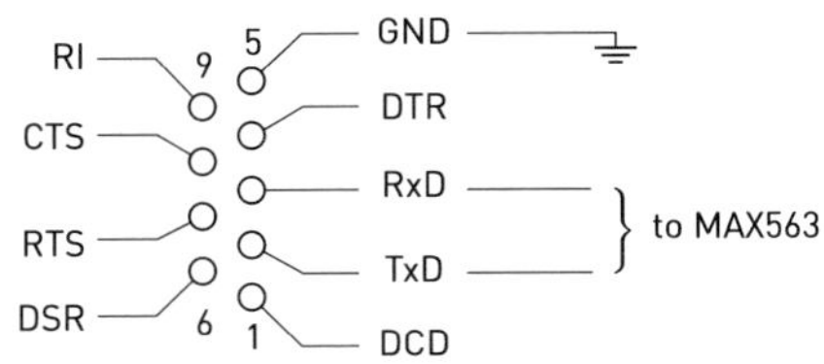

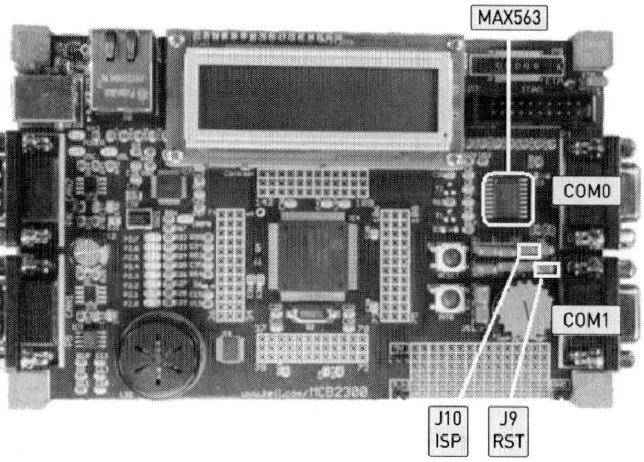

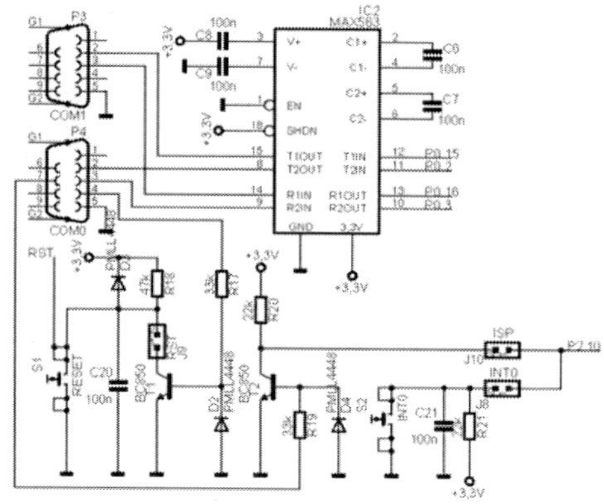

예제 13.1 시리얼 통신 연습

MCB2300 보드의 가변저항의 아날로그 AI0의 값을 읽어서 이를 MCB2300 보드의 RS232 포트1로 전송하고 LCD에 표시한다. PC의 시리얼 포트를 이용해서 MCB2300의 RS232 값을 읽는 실습을 한다. 참고로 MCB2300에는 2개의 RS-232 포트가 있지만, USB JTAG와 COM0를 동시에 사용할 수는 없다.

ARM 프로젝트 위자드

1. LabVIEW 시작하기 창에서 타겟 **ARM Project**를 선택하고 '검색' 버튼을 클릭한다.
2. Project type에서 **New ARM project, blank VI**를 선택하고 '다음' 버튼을 클릭한다.
3. Target type에서 **MCB2300**을 선택하고 '다음' 버튼을 클릭한다.
4. System에서 ☑Create a build specification 상태를 확인하고 '마침' 버튼을 클릭한다.
5. 순차적으로 **RS232_ARM.vi**및 프로젝트 **RS232 Test.lvproj**로 저장한다. 다음과 같은 프로젝트 탐색기가 표시된다.

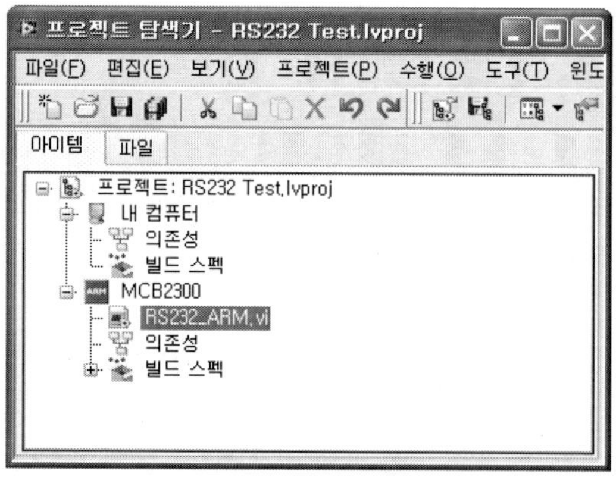

6. RS232_Arm.vi를 다음과 같이 작성한다.

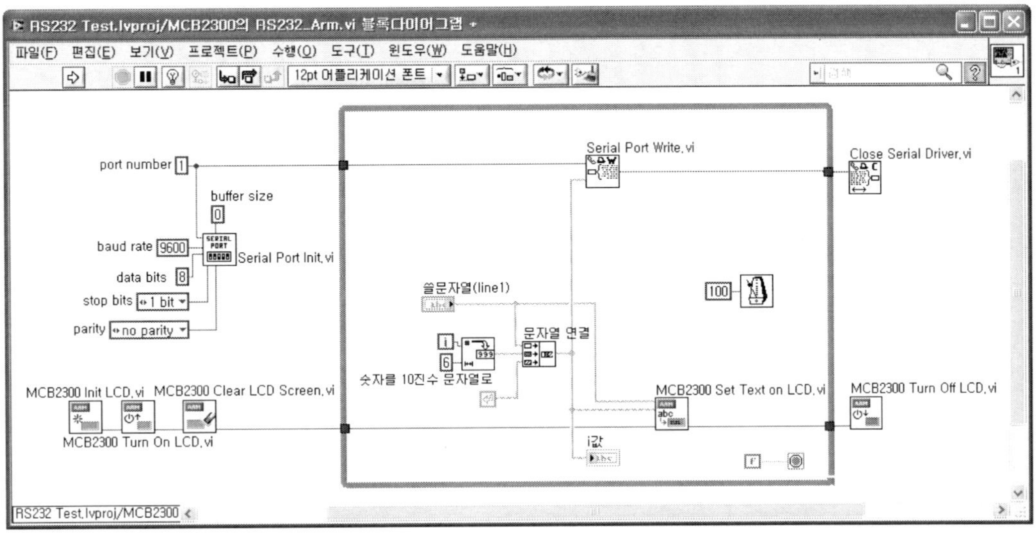

MCB2300 보드의 LCD에 문자를 표시하기 위한 작업은 앞의 예제를 참조하기 바란다.

숫자를 10진수 문자열로(Number To Decimal String,) 함수는 **Programming → String → String/Number Conversion** 팔레트에 있다. 여기서는 While 루프의 'i'를 폭 6의 10진수 문자열로 변환한다.

문자열 연결( ) 함수는 **Programming → String** 팔레트에 있다. 문자열을 연산한 결과는 다음과 같은 형태로 표시된다.

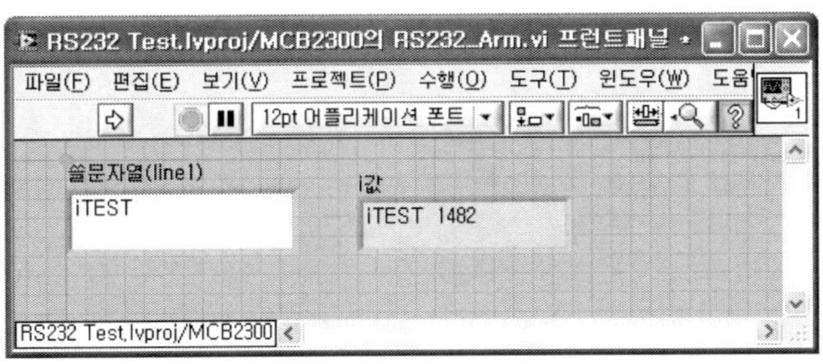

MCB2300 Set Text on LCD.vi( )는 프런트패널에서 입력한 **"쓸문자열(line1)"**의 문자열을 1번째 라인에 표시하고, **"i값"**을 2번째 라인의 LCD에 표시한다. 다음과 같은 결과가 LCD에 표시된다.

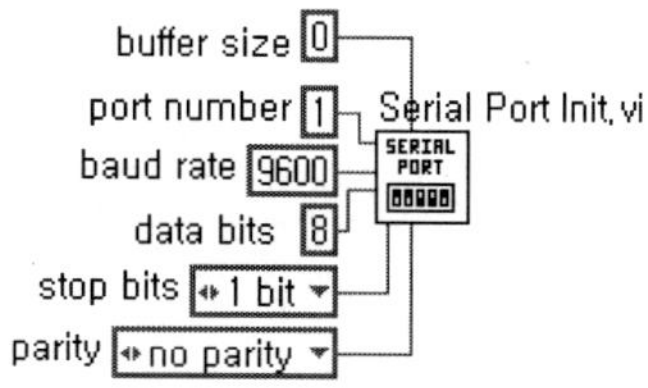

Serial Port Init.vi는 **Functions → Instrument I/O → Serial Compatiblity** 팔레트에 있다. Port number = 1, baud rate = 9600, data bit = 8, stop bits = 1, parity = no를 입력한다. 또한 While 루프 내부에는 **Serial Port Write.vi**를 놓고 루프 밖에는 **Close Serial Driver.vi**를 놓고 이들을 와이어로 연결한다.

7. **RS232_Arm.vi**를 실행한다. While 루프가 반복 실행되면서 'i'값이 변경되는 것을 LCD에서 확인한다. 아직까지는 MCB2300의 COM1과 PC의 COM을 연결하지 않았다.

8. MCB2300 보드의 **COM1**과 PC의 COM 포트(또는 USB Serial Port)를 연결한다. 여기서는 USB Serial Port를 사용하였으며 PC의 COM3로 설정되었다. 다음 그림과 같이 장치 관리자를 확인한다.

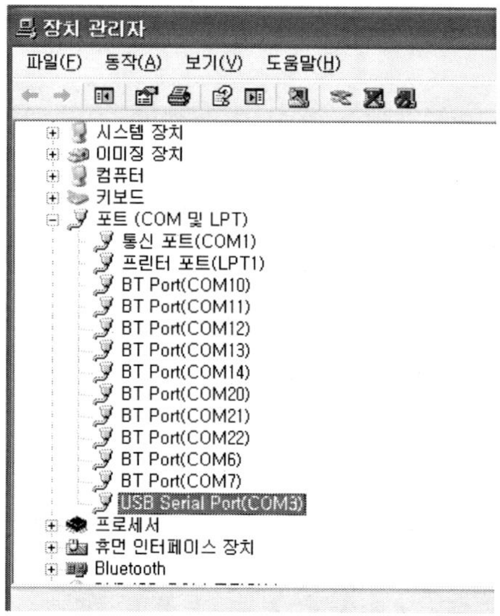

9. 독립적으로 실행되는 MCB2300의 데이터를 PC로 읽기 위해서는 다음의 과정을 따른다. 먼저 윈도우의 **프로그램 → 보조프로그램 → 통신 → 하이퍼터미널**을 선택한다. 다음과 같이 TEST를 입력하고 '확인' 버튼을 클릭한다.

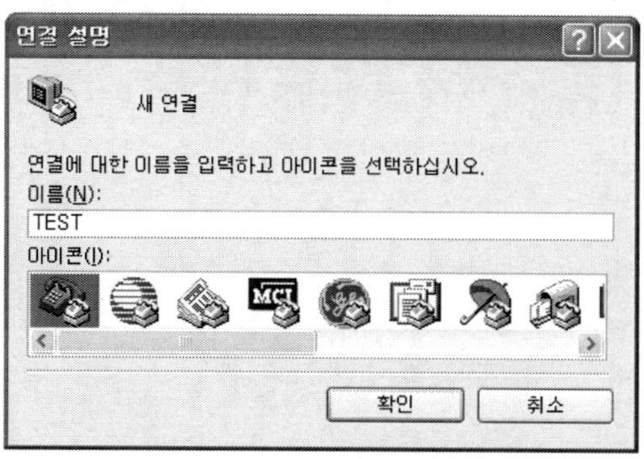

다음과 같이 연결 대상에서 COM3를 선택한다(사용자의 장치 관리자를 통해 컴퓨터 환경에 따라 적절한 COM 포트를 반드시 선택하여야 한다).

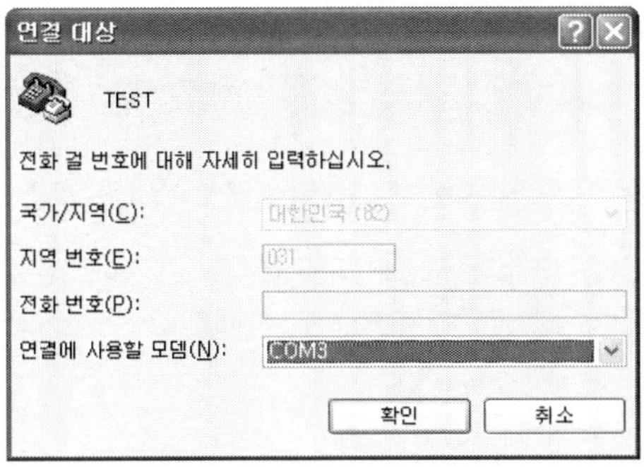

COM3의 포트 설정은 다음과 같다. MCB2300 보드의 COM1과 동일한 조건으로 셋팅하고 '확인' 버튼을 클릭한다.

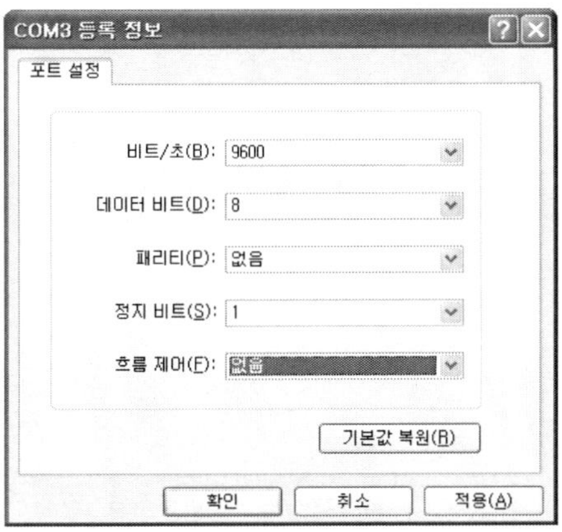

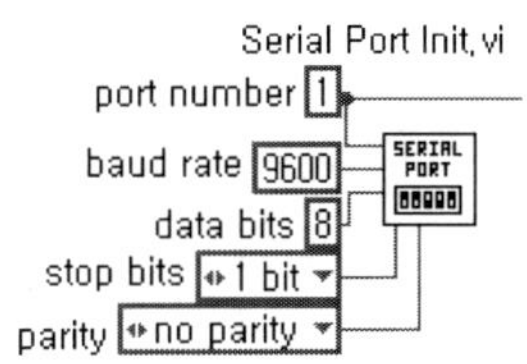

다음과 같이 하이퍼터미널에 변경된 값이 실시간으로 표시된다. 연결끊기( )를 선택하면 하이퍼터미널이 종료된다.

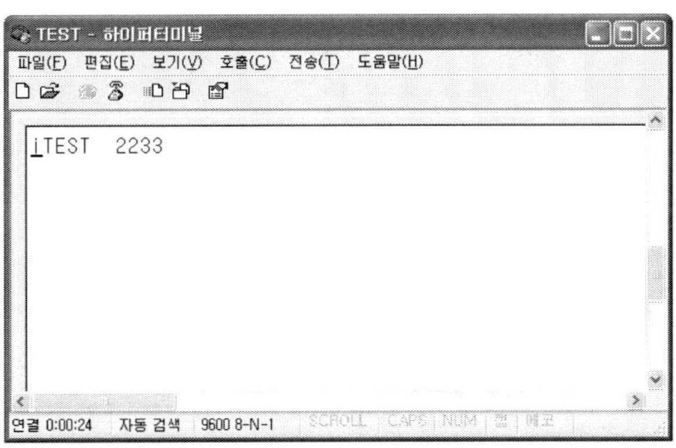

10. 하이퍼터미널 대신에 LabVIEW로 PC의 COM 포트에서 MCB2300의 데이터를 읽기 위해서는 다음의 단계를 따른다. 먼저 프로젝트 탐색기에서 **내 컴퓨터→새로 만들기→VI**를 선택하고 VI를 **RS232_PC.vi**로 저장한다.

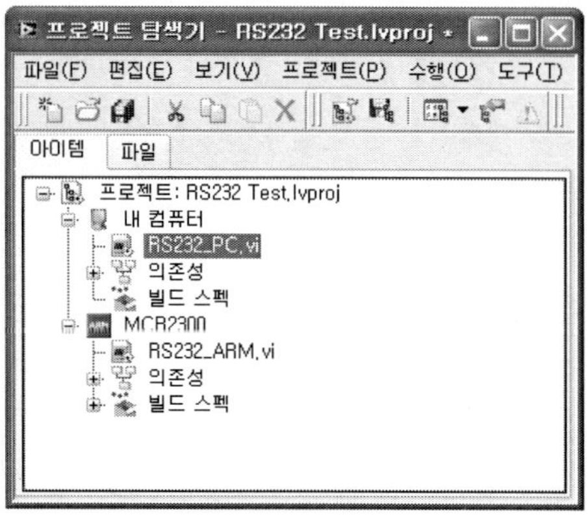

11. **Instrument I/O→Serial Compatibility**의 함수를 이용해서 다음과 같이 프로그램을 완성한다. 프로그램을 실행하면 다음과 같은 결과가 표시된다.

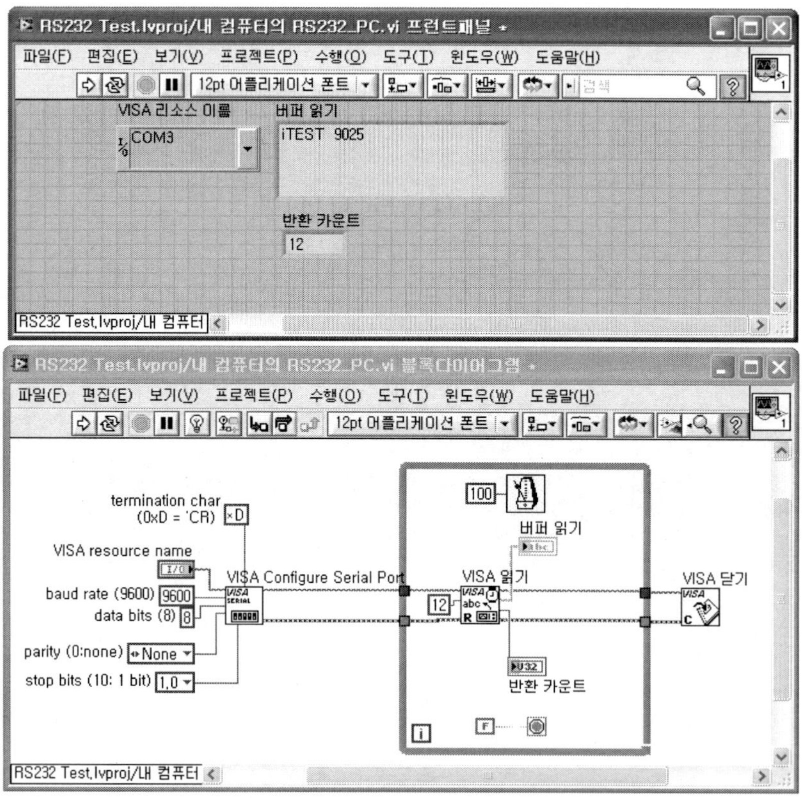

VISA Configure Serail Port.vi에서 termination문자는 CR을 사용하였다. 16진수 ASCII코드 CR은 0xD이다. 'xD'은 16진수를 의미한다.

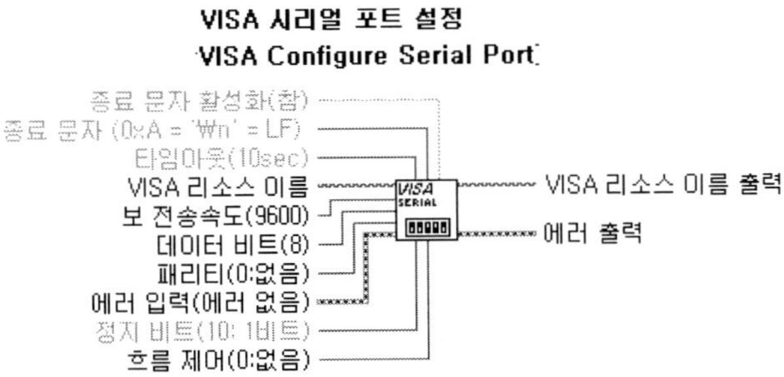

VISA시리얼포트 설정(VISA Configure Serial Port) VI는 VISA 리소스 이름으로 지정된 시리얼 포트를 지정된 셋팅으로 초기화한다. 데이터를 VISA 리소스 이름 입력에 연결하여 사용할 다형성 인스턴스를 결정하거나 인스턴스를 수동으로 선택한다.

VISA 읽기(VISA Read) VI는 VISA 리소스 이름으로 지정된 디바이스 또는 인터페이스에서 지정된 바이트 수를 읽고 **버퍼 읽기**에 데이터를 반환한다.

VISA 닫기(VISA Close) VI는 VISA 리소스 이름으로 지정된 디바이스 세션 또는 이벤트 객체를 닫는다.

13.2 CAN 통신

CAN은 자동차 산업 등에서 매우 중요한 통신으로 사용되며, ISO(International Standards Organization) 11898에 의해 high/low speed 버전으로 표준화 되었다. High-speed CAN은 1Mbps이며 엔진 콘트롤, 파워트레인 어플리케이션에 사용된다. Low-speed/Fault-tolerant 버전은 125Kbps를 지원하며 바디 및 comfort 디바이스에 사용된다. LabVIEW for ARM을 이용하면 쉽게 CAN과 통신할 수 있다.

13.2.1 LabVIEW의 CAN 관련 VI

CAN 통신관련 함수는 **함수 팔레트→ARM→CAN**에 있다.

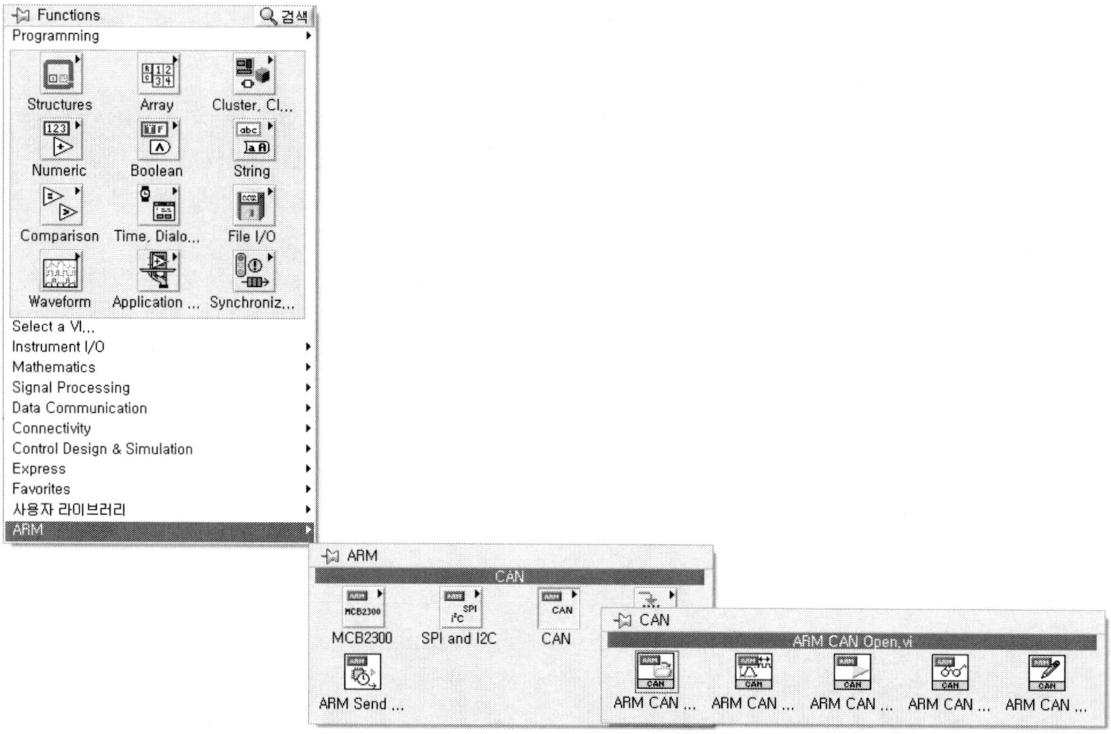

ARM CAN Open VI

ARM CAN Open.vi

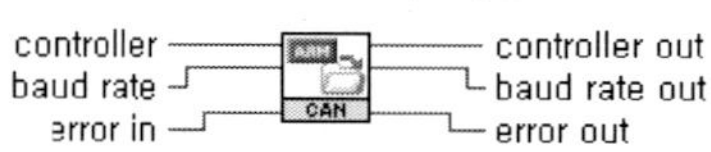

CAN 컨트롤을 불러온다. CAN 통신 시 CAN 하드웨어를 초기화하는데 이 VI를 사용하며, CAN 컨트롤러와 통신하기 이전에 먼저 불러온다. CAN 컨트롤러를 초기화 한 후 통신을 하기 위해서는 ARM CAN Start VI를 사용한다.

ARM CAN Receive ID VI

ARM CAN Set Receive ID.vi

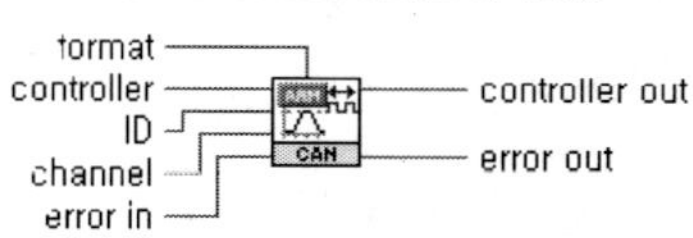

ID로 지정된 CAN 디바이스로부터 메시지를 받기 위한 CAN 컨트롤러를 설정한다. 여러 CAN 디바이스로부터 메시지를 받으려면, 이 VI를 여러 번 사용한다. CAN 메시지를 읽으려면 ARM CAN Read VI를 사용한다.

ARM CAN Start VI

ARM CAN Start.vi

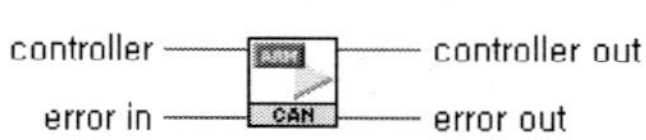

CAN 컨트롤러와의 통신을 시작한다.

ARM CAN Read VI

ARM CAN Read.vi

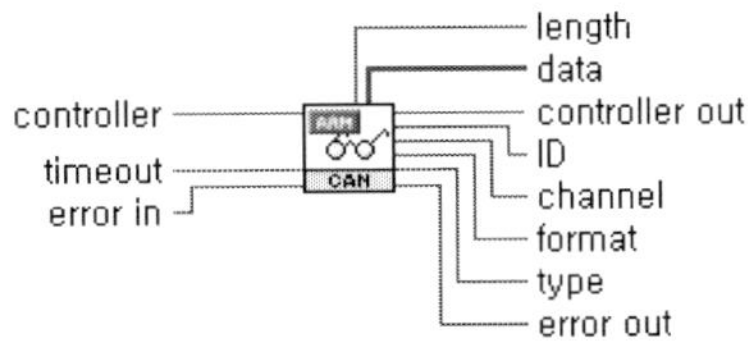

지정한 컨트롤러로부터 CAN 메시지를 읽는다. 메시지가 없다면 이 VI는 **timeout**에 지정된 시간만큼 대기한다. timeout 기간에 메시지를 받지 못하면 **error out**에 8을 출력한다.

ARM CAN Write VI

ARM CAN Write.vi

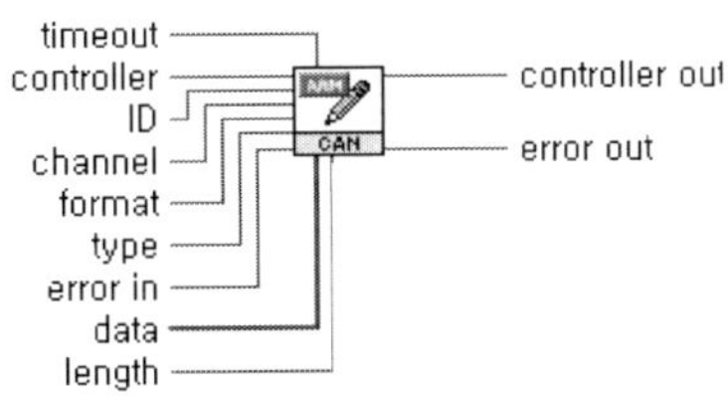

channel에 지정된 채널에 CAN 메시지를 전송한다.

1 CAN 버스로 데이터 쓰기

ARM 하드웨어에서 CAN 버스로 데이터를 쓰기 위해서는 다음의 예와 같이 프로그램을 작성한다. 먼저 루프 밖에서 컨트롤러를 오픈한다. While 루프 내부에서는 데이터, 채널 등을 **CAN write VI**로 보낸다.

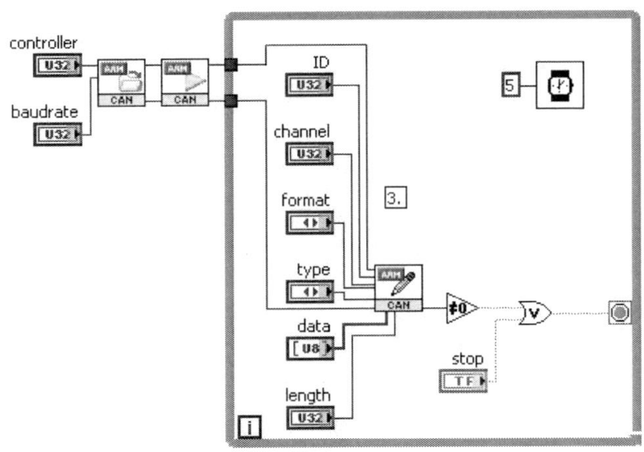

2 CAN 버스로 데이터 읽기

ARM 하드웨어의 CAN 버스로 데이터를 읽기 위해서는 먼저 컨트롤러를 루프 밖에서 불러온다. While 루프 안에서는 **CAN read VI**가 데이터 및 각종 정보를 읽는다.

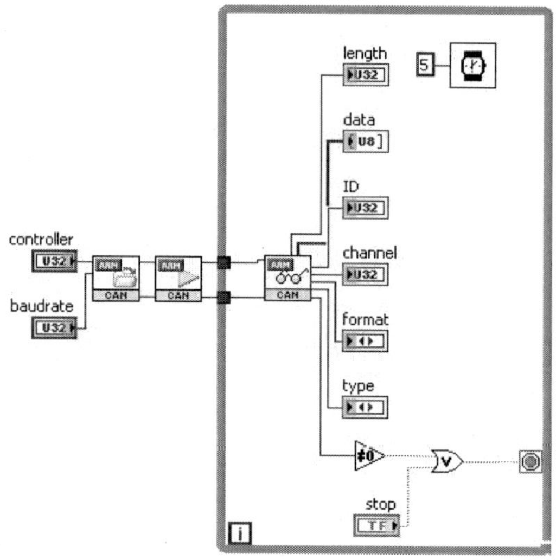

3 MCB2300 보드의 CAN 포트

MCB2300 보드에 있는 2개의 CAN 인터페이스는 TJA1040 CAN 드라이버 (CAN1은 IC5, CAN2는 IC6)를 사용하며 터미네이션 저항(CAN1은 R12 및 R13, CAN2는 R62 및 R64)을 사용한다. 드라이버의 셋팅은 점퍼로 변경할 수 있다.

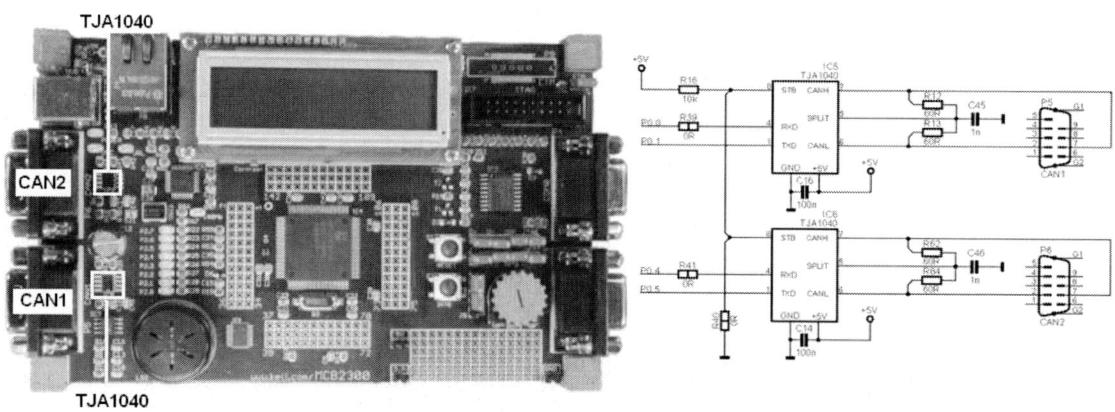

The **CAN1** 및 **CAN2** DB9 커넥터는 동일하게 연결되어 있으며(핀 2는 CANL신호를 제공하며 핀7은 CANH신호를 제공함) 각각은 TJA1040 CAN 드라이버 IC에 연결되어 있다.

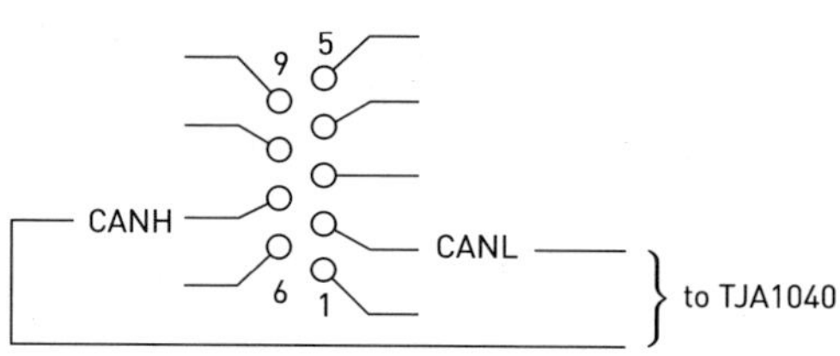

예제 13.2 루프백 테스트를 이용한 CAN 제어

CAN 제어 연습을 위해서는 추가적인 CAN 디바이스가 필요하다. 여기서는 MCB2300에 있는 2개의 CAN 포트를 이용해서 루프백 테스트를 할 것이다. 즉 MCB2300 보드 상의 2개의 CAN 디바이스를 사용해서 CAN 디바이스 #1 값을 전송하면 CAN 디바이스 #2가 이를 읽는 프로그램을 작성한다. 이 예는 MCB2300보드의 CAN1과 CAN2를 연결하기 위한 F-F널 모뎀 시리얼 케이블이 필요하다.

ARM 프로젝트 위자드

1. LabVIEW 시작하기 창에서 타겟 **ARM Project**를 선택하고 '검색' 버튼을 클릭한다.
2. Project type에서 **New ARM project, blank VI**를 선택하고 '다음' 버튼을 클릭한다.
3. Target type에서 **MCB2300**을 선택하고 '다음' 버튼을 클릭한다.
4. System에서 ☑ Create a build specification 상태를 확인하고 '마침' 버튼을 클릭한다.
5. 순차적으로 **CAN_ARM.vi** 및 프로젝트 **CAN test.lvproj**로 저장한다. 다음과 같은 프로젝트 탐색기가 표시된다.

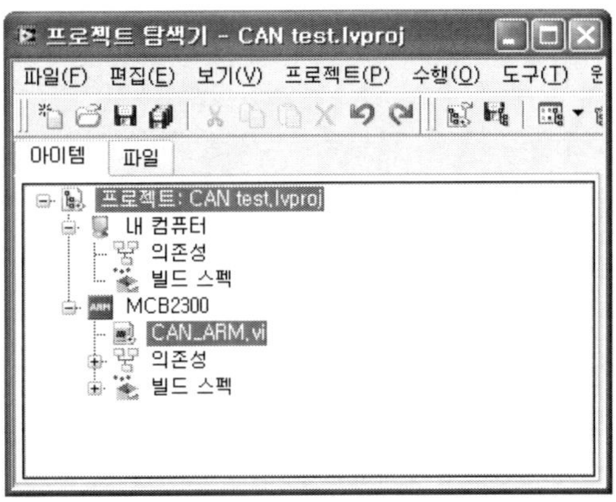

6. **CAN_ARM.vi**에 다음과 같이 프로그램을 작성한다.

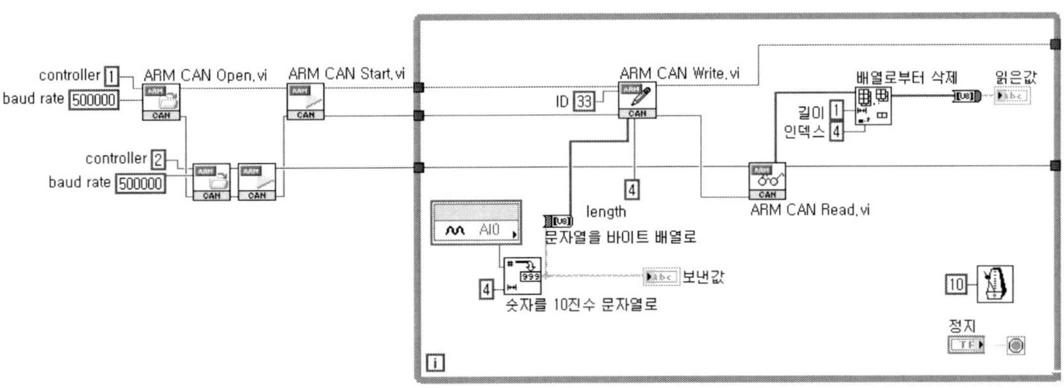

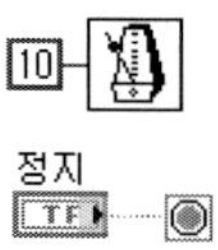

Programming → Structure → While 루프를 블록다이어그램에 배치한다. 루프 조건(◉)을 선택하고 마우스의 오른쪽 버튼을 누른 후 컨트롤을 생성한다.

정지(STOP)가 자동적으로 생성된다. 컨트롤을 마우스로 선택하고 오른쪽 버튼을 누른 후 아이콘으로 보기를 선택한다. 컨트롤이 작은 형태 정지(TF)로 표시된다.

(10)은 While 루프를 10ms마다 실행하기 위한 지연 함수이다.

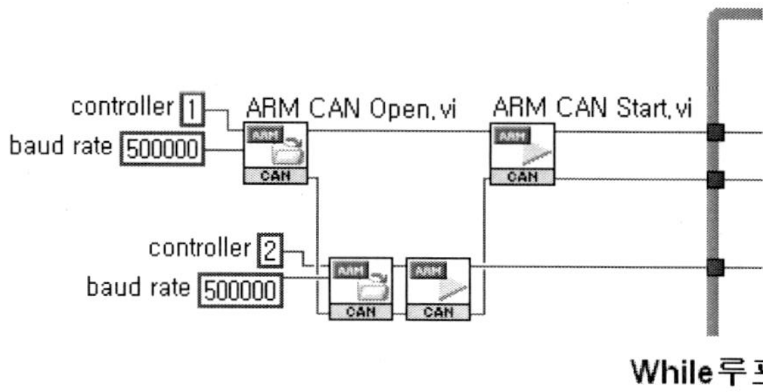

CAN 읽기 쓰기를 위해서는 루프 밖에 **ARM CAN Open VI**( ) 및 **ARM CAN Start VI**( )를 위치시킨다. **CAN Open VI**에는 컨트롤러 '1, 2'를 각각 입력하고 'baud rate 500000'을 입력한다.

ARM CAN Write.vi( )CAN1은 데이터를 전송하는 역할을 한다. 'ID 33' 및 'length 4'의 데이터를 MCB2300 보드의 가변저항 **AI0**에서 읽어서 이를 전송한다.

(AI0)를 생성하는 방법은 MCB2300를 팝업 후 **새로 만들기 → Elemental I/O**를 선택하고 AI0를 선택한다.

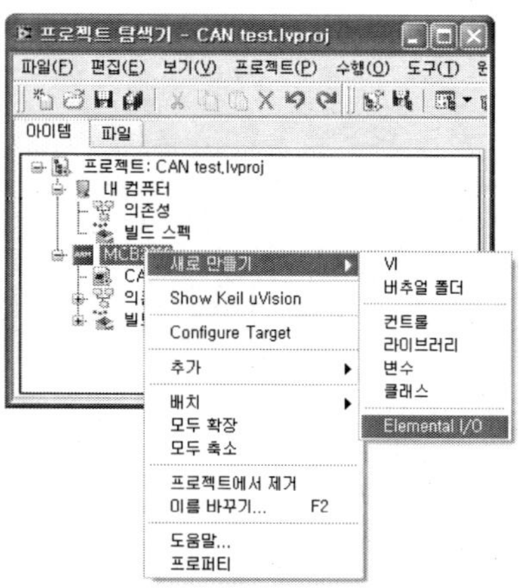

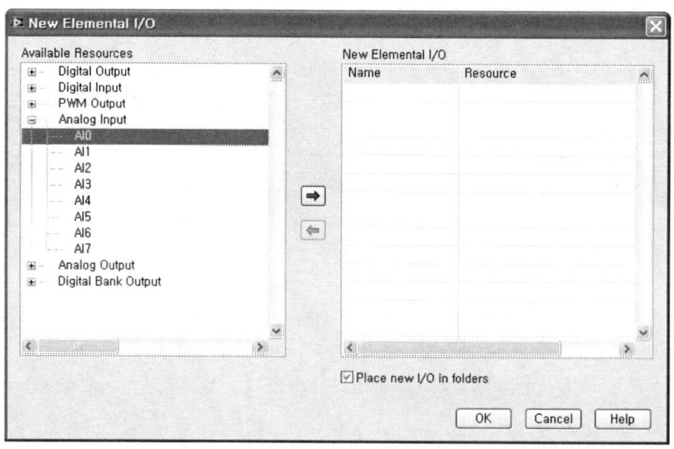

생성된 AI0( )를 마우스로 선택하고 While 루프로 이동하면 이 블록다이어그램에 생성된다.

숫자를 10진수 문자열로( )는 AI0에서 읽은 데이터를 폭 '4'의 문자열로 출력하며 프런트패널 보낸 값( )에 표시된다.

문자열을 바이트 배열로( )는 문자열 데이터를 배열로 변환해서 **ARM CAN Write VI**에 쓴다.

ARM CAN Read.vi( ) CAN2는 데이터를 읽는 역할을 한다.

배열로부터 삭제( )읽은 데이터를 길이 '1', 인덱스 '4'의 배열로 만든다.

바이트 배열을 문자열로( )는 숫자 배열을 문자열로 변환한다.

7. 버튼을 클릭해 프로그램을 실행한다. 다음과 같은 형태로 결과가 표시될 것이다. MCB2300의 가변저항(Potentiometer)를 손으로 돌려본다. 보낸 값 및 읽은 값이 동시에 변경되는 것을 확인할 것이다.

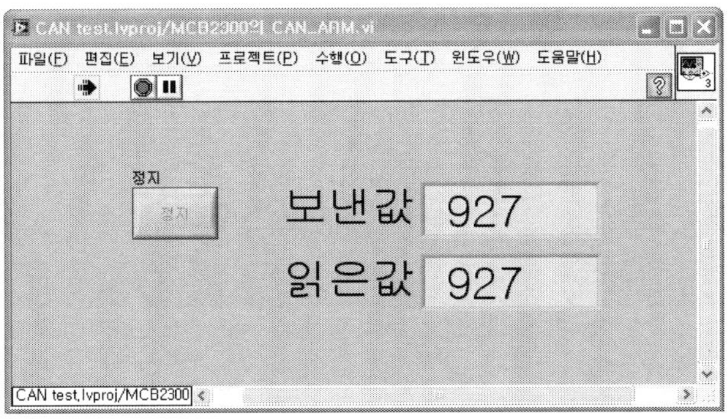

8. 프로그램을 종료하고 추가로 프로그램을 수정한다. 추가할 내용은 MCB2300의 LCD 패널에 보낸 값 및 읽은 값을 표시한다.

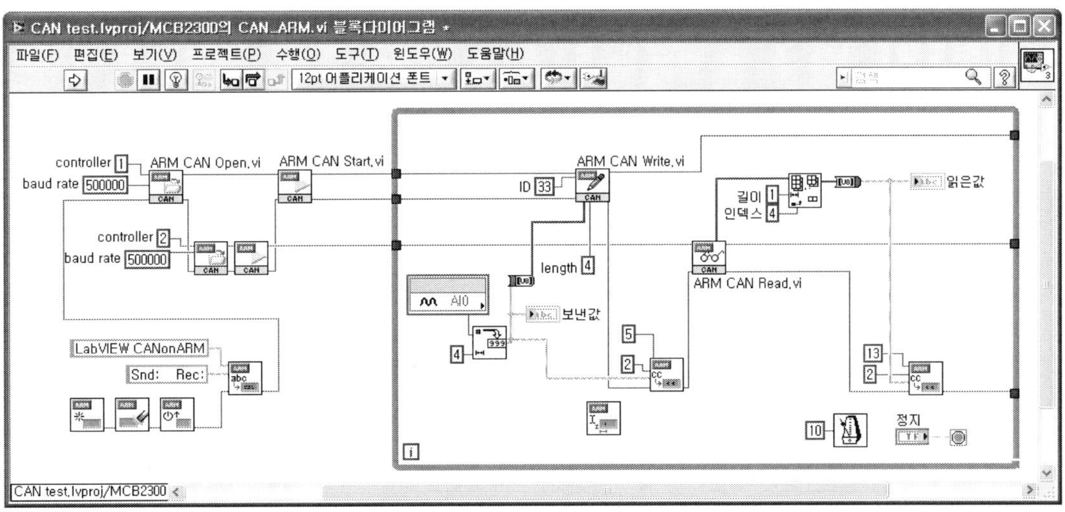

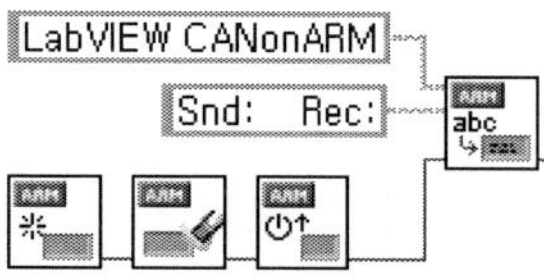

Programming → ARM → MCB2300 → LCD 팔레트의 **MCB2300 Init LCD VI, MCB2300 Turn on LCD VI, MCB2300 Clear LCD Screen VI, MCB2300 Set Text on LCD VI**를 순차적으로 사용하였다.

MCB2300 Set Text on LCD.vi( )는 MCB2300 보드의 LCD에 표시할 데이터를 입력한다. 첫 번째 라인에 'LabVIEW CANonARM'를 출력하고, 두 번째 라인에 'Sed: Rec:'을 출력한다.

Write Multiple Character(SubVI).vi( )는 두 번째 라인 '2'의 '5' 위치에 보낸 값( )을 출력한다. 또한 두 번째 라인 '2'의 '13' 번째의 위치에 읽은 값( )을 출력한다.

LCD 패널에는 다음과 같은 형태의 문자가 표시된다. CAN으로 전송되는 값을 변경하기 위해서는 MCB2300 보드에 있는 가변저항을 변경해 본다.

9. ⇨ 버튼을 클릭해 프로그램을 실행해 본다. LCD에 표시되는 가변저항의 값과 LabVIEW의 프런트패널에 표시되는 값이 동일한지 확인한다. 또한 가변저항 값을 손으로 변경하여 본다.

13.3 네트워크 커뮤니케이션

프로토콜은 컴퓨터 통신에 사용되는 일반적인 언어이다. 통신 프로토콜은 전송하고자 하는 데이터를 특정한 곳에 전송할 때, 데이터가 어떻게 도달하는지를 염려하지 않도록 정의된 방법으로 여러 프로토콜이 표준으로 확립되어 있다. 일반적으로 하나의 프로토콜은 전적으로 다른 것과 호환되지 않고 한 프로토콜로 작성한 VI를 새로운 프로토콜이 수용하도록 수정하는 것은 쉽지 않으므로, 신중하게 프로토콜을 선택해야 한다.

프로토콜의 가장 일반적인 모델은 클라이언트/서버 모델이다. 이 모델에서 한 어플리케이션 또는 프로세스(클라이언트)는 다른 어플리케이션 또는 프로세스(서버)로부터 서비스를 요청한다. 요청을 시작하는 프로세스 또는 어플리케이션을 클라이언트라 한다. 예를 들어 데이터를 측정해서 이를 엑셀로 직접 전달하는 VI를 고려한다. LabVIEW는 데이터를 저장하기 위해 엑셀에 서비스를 요청하므로 LabVIEW의 VI는 클라이언트로 작용하고 spreadsheet는 서버가 된다. 네트워크 프로그램은 하나의 서버 컴퓨터와 클라이언트인 리모트 컴퓨터로 구성되는 것이 일반적이다. LabVIEW

프로그램이 프로세스를 요청하면 VI는 클라이언트가 된다. LabVIEW 프로그램은 서버 및 클라이언트로 사용할 수 있다.

13.3.1 LabVIEW에서 지원하는 TCP/IP 관련 함수

TCP/IP 통신관련 함수는 **함수 팔레트→Data Communication→Protocol→TCP**에 있다. 주요 함수의 기능은 이전에 내용을 참조하기 바란다.

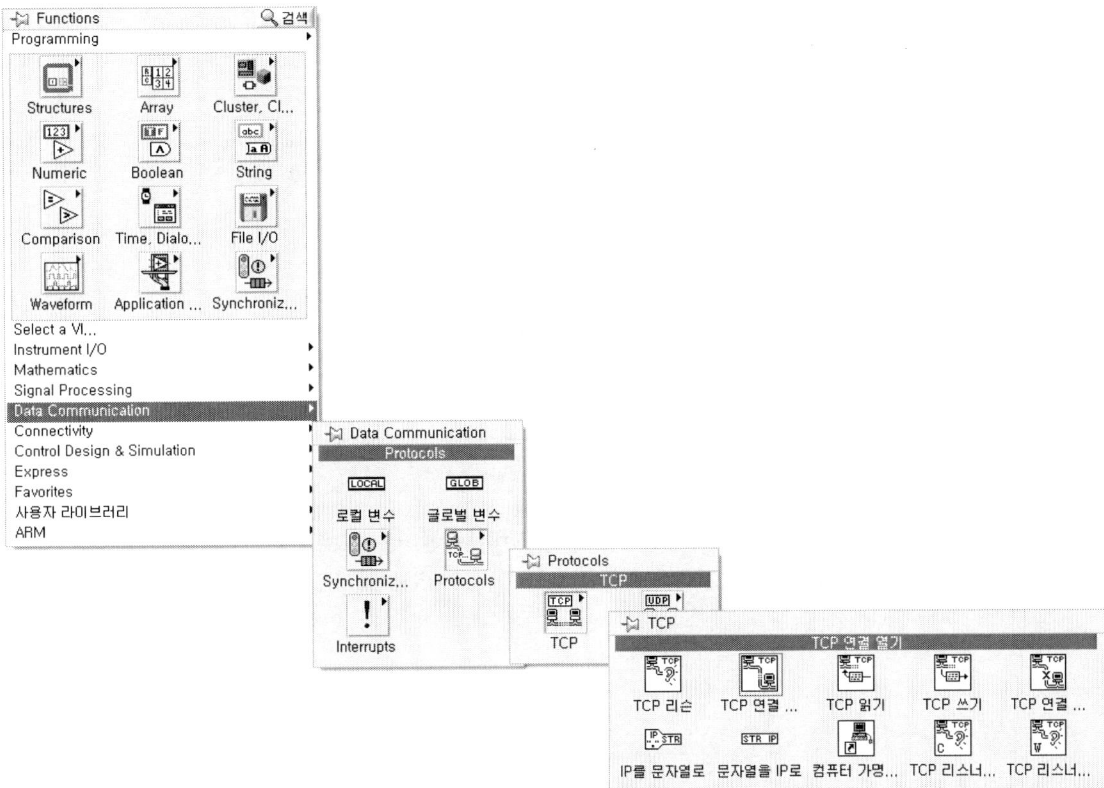

1 MCB2300 보드의 Ethernet 인터페이스

MCB2300 보드의 Ethernet 인터페이스는 10/100 Fast Ethernet을 지원하며, 3.3V National Semiconductor DP83848(IC2)을 사용하였다.

예제 13.3 TCP/IP 제어 연습

네트워크상에서 MC2300과 PC가 직접 연결된 경우를 한정해서 연습을 한다. 먼저 허브를 통해 PC와 MCB2300을 연결해서 실험조건을 만든다.

1. 윈도우의 **시작→설정→네트워크 연결**을 선택한다. MCB2300과 연결된 로컬 영역 연결을 선택하고 속성을 실행한다.

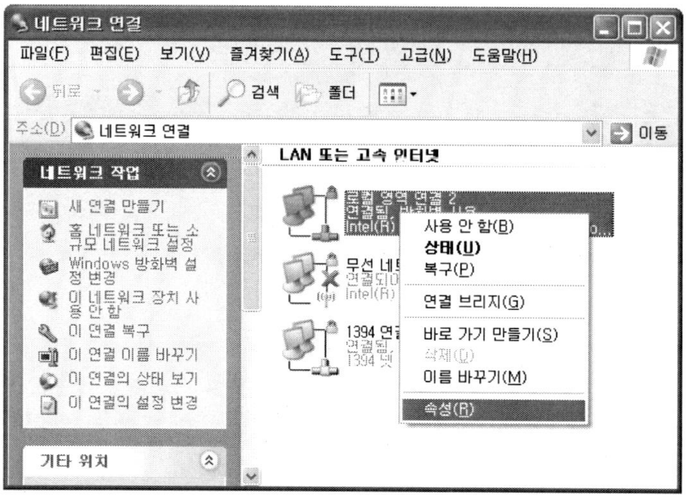

2. 인터넷 프로토콜(TCP/IP)를 선택하고 속성을 선택하면 인터넷 프로토콜(TCP/IP) 등록 정보가 표시된다. IP 주소를 192.168.0.10, 서브넷 마스크를 255.255.255.0으로 입력한다. 여기서는 PC와 1:1로 사용되는 가상 IP이기 때문에 사용하는데 제약이 없다. 만약 다른 네트워크와 연결된 경우는 관리자와 논의해서 IP를 사용한다.

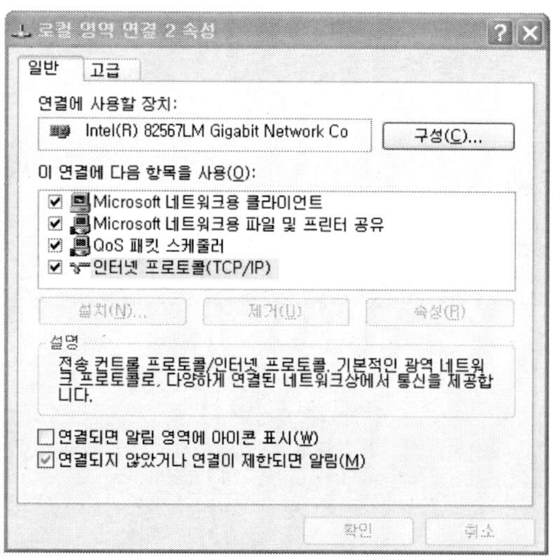

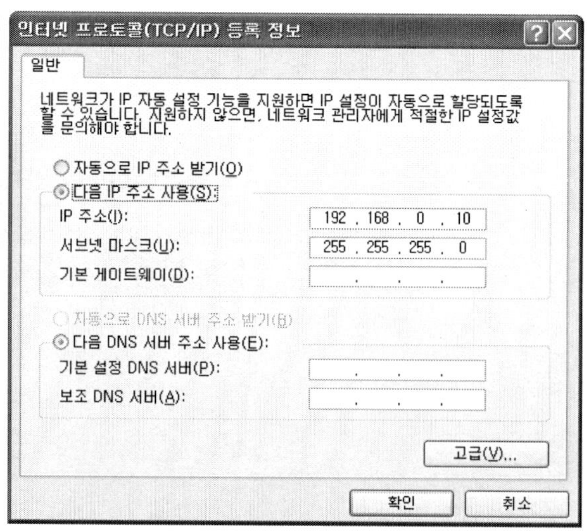

3. PC의 IP 설정상태를 확인하기 위해, 윈도우에서 **시작→실행**에서 **cmd**를 실행한다.

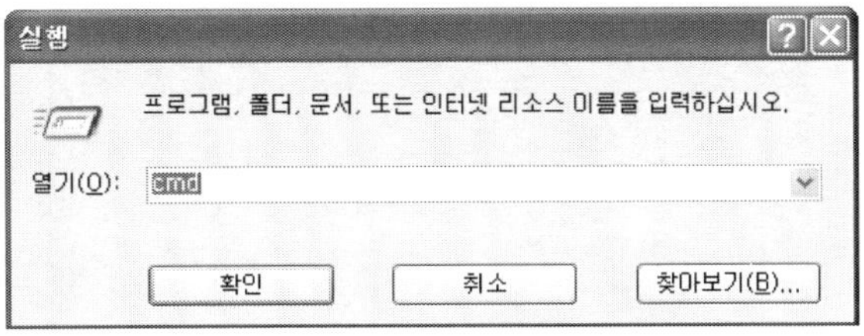

흑색 바탕의 커맨드 입력 창이 표시 된다. Ipconfig를 쓰고 엔터 키를 입력하면 PC의 IP Address, Subnet Mask, Default Gateway가 표시된다.

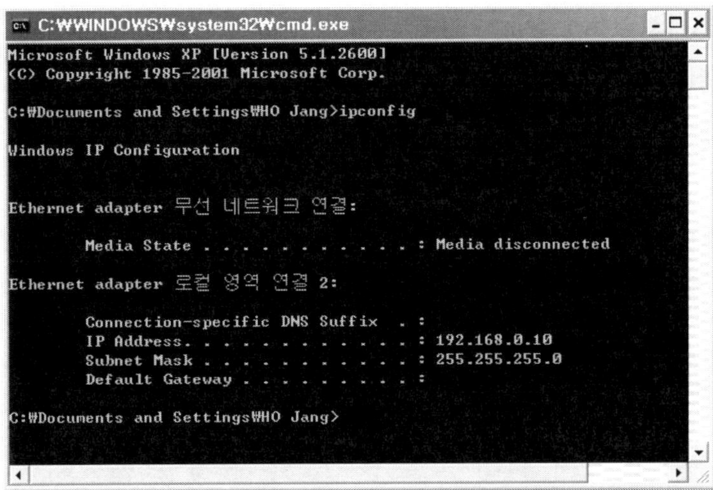

MCB2300을 Server로, PC를 Client로 사용하는 경우를 기준으로 프로그램 연습을 한다.

ARM 프로젝트 위자드

4. LabVIEW 시작하기 창에서 타겟 **ARM Project**를 선택하고 '검색' 버튼을 클릭한다.
5. Project type에서 **New ARM project, blank VI**를 선택하고 '다음' 버튼을 클릭한다.
6. Target type에서 **MCB2300**을 선택하고 '다음' 버튼을 클릭한다.
7. System에서 ☑Create a build specification 상태를 확인하고 '마침' 버튼을 클릭한다.
8. 순차적으로 **Server_ARM.vi** 및 프로젝트 **TCPip.lvproj**로 저장한다. 또한 다음과 같은 **Client_PC.vi**를 프로젝트 탐색기에 생성한다.

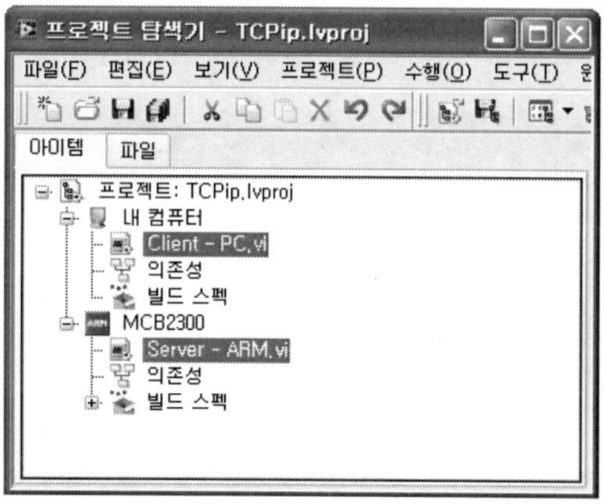

9. MCB2300의 IP Address는 192.168.0.20으로 설정한다. 설정 방법은 프로젝트 탐색기 **TCPip.lvproj**의 **MCB2300→빌드 스펙→Application**을 팝업한 후 **프로퍼티**를 선택한다.

MCB2300 Build Specification Properties 창이 표시된다. 이 창의 **Communication Option** 탭에서 다음의 값을 입력한다.

- **Target Name:** ARM
- **IP:** 192.168.0.20
- **Subnet:** 255.255.255.0

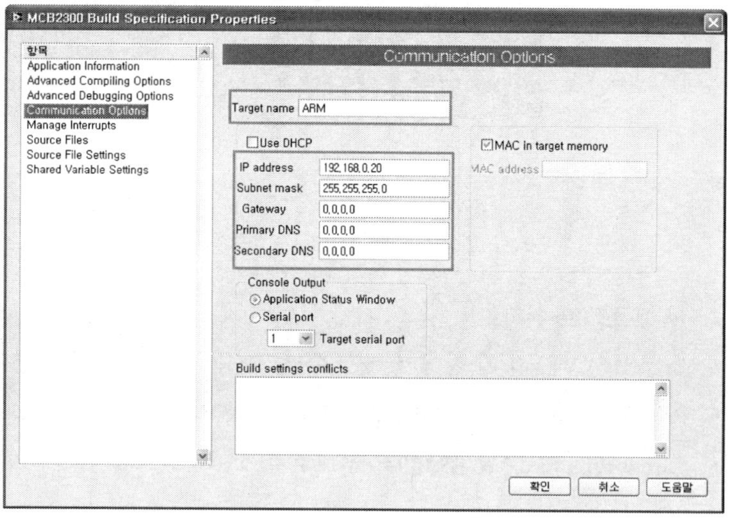

10. MCB2300은 서버로 PC를 클라이언트로 사용할 프로그램을 작성한다.

먼저 생성한 **Server-ARM.vi**에 다음과 같은 프로그램을 작성한다.

❶ 블록다이어그램에서 While 루프 및 **Exit** 버튼을 작성한다.

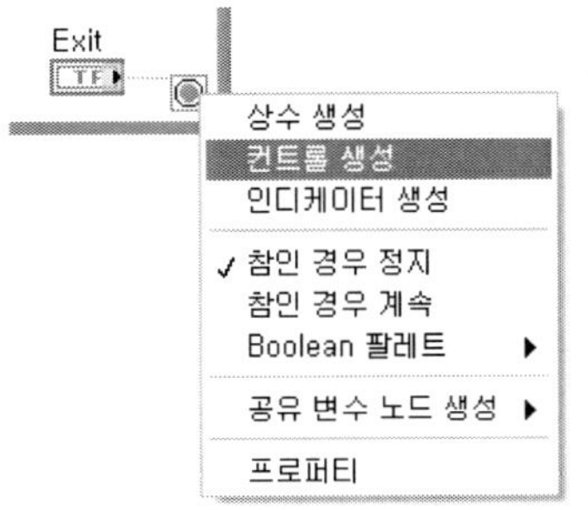

Programming → Structure → While 루프를 블록다이어그램에 배치한다.

루프 조건( )을 선택하고 마우스의 오른쪽 버튼을 누른 후 컨트롤 생성을 생성한다. 텍스트를 "Exit"로 수정 입력한다. 컨트롤을 마우스로 선택하고 오른쪽 버튼을 누른 후 아이콘으로 보기를 해제하면 컨트롤이 작은 형태 Exit( )로 표시된다.

❷ TCP 함수를 이용해서 기본 프로그램을 작성한다.

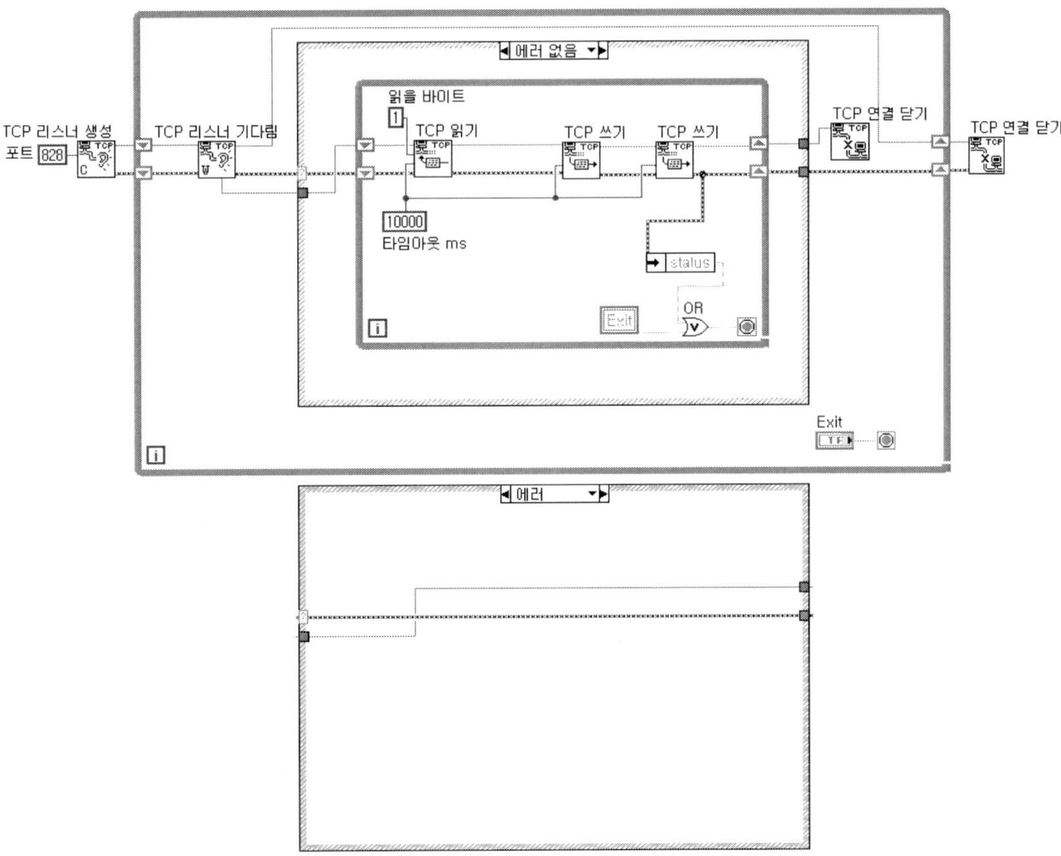

TCP/IP 통신관련 함수는 **함수 팔레트→Data Communication→Protocol→TCP**에 있다. 예제에 사용된 TCP 함수를 기본 설명과 함께 표시하였다.

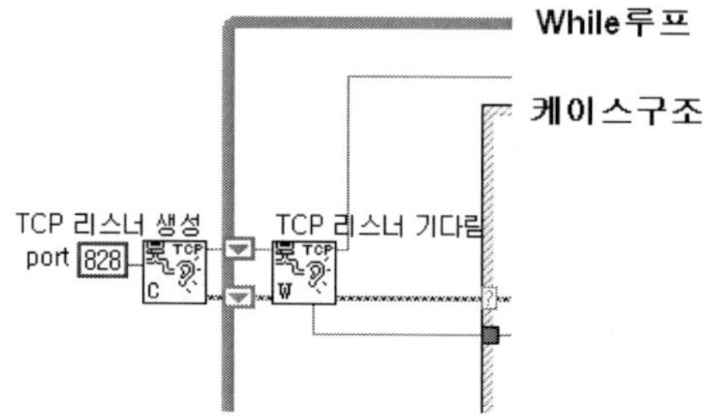

TCP 리스너 생성( ) **VI**에 포트 번호를 선택하고 **생성→상수**를 선택한다. 통신할 포트 '828'을 입력한다. 이 VI는 클라이언트가 요청할 때까지 대기 상태를 유지하고 있다.

❸ 에러 출력은 **Programming→Structures→케이스 구조**와 연결한다. 에러가 없으면 케이스 구조의 [에러 없음] 을 실행하며, 추가적인 While 루프를 실행한다. 케이스 구조에 에러가 있으면 [에러] 를 실행한다.

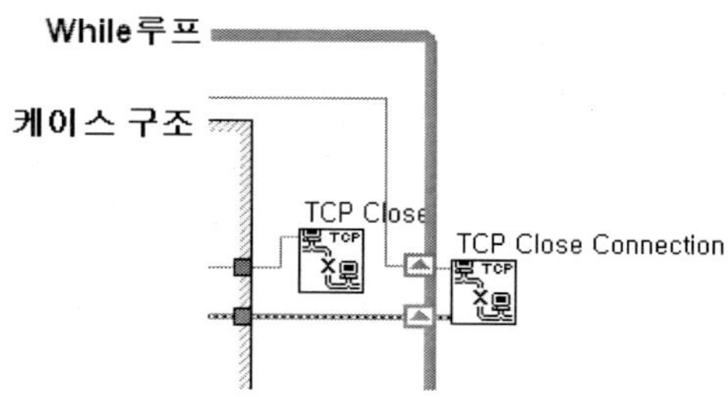

❹ While 루프를 통과하는 지점에 마우스를 놓고 오른쪽 버튼을 누르면 **시프트레지스터로 대체**를 선택할 수 있다. 시프트레지스터로 변경되면 과 같이 표시된다.

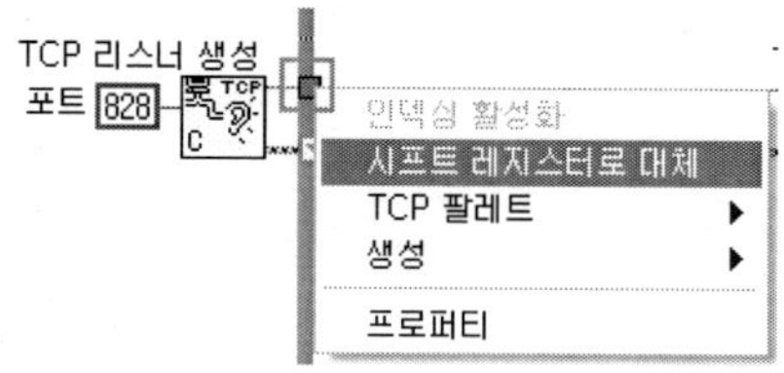

TCP 닫기 VI는 2개가 있다. 이 프로그램에서는 **TCP 리스너 기다림 VI**에서 에러가 발생하거나 Exit 버튼이 눌린 경우 종료한다.

❺ 다음과 같이 While 루프 내부의 블록다이어그램에 내용을 추가한다.

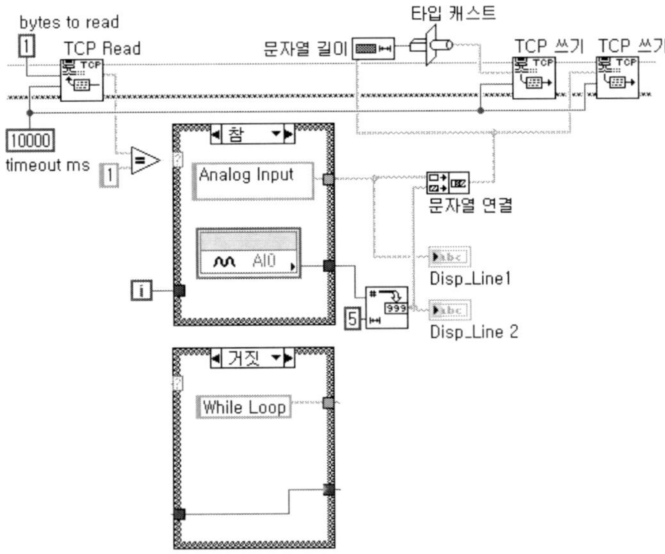

TCP 읽기( ) VI는 클라이언트로 설정된 PC가 보낸 1바이트를 MCB2300이 읽기 위함이다. 여기서는 '1' 바이트를 읽는 것으로 설정하였다. '10000'은 대기 시간을 표시한 것이다.

TCP 읽기 VI로 읽은 값이 '1'이면 [참] 케이스 구조를 실행한다. 이 구조가 호출되면 'Analog Input' 문자열을 출력하고, [AI0]을 MCB2300 보드의 가변저항 **AI0**에서 읽어서 출력한다. 'Analog Input'을 생성하려면, **Programming→String→문자열 상수**를 사용한다.

[AI0]을 생성하기 위해서는 이전 예제를 참조한다

Case 문에서 **TCP 읽기 VI**로 읽은 값이 1이 아니면 [거짓] 케이스 구조를 실행하며, 'While Loop'를 출력하고 While 루프의 'i' 값을 출력한다.

Disp_Line 1( )에는 케이스 구조를 통과한 'Analog Input' 또는 'While Loop'가 표시된다.

Disp_Line 2( )에는 케이스 구조를 통과한 [AI0] 또는 'i'는 숫자를 **10진수 문자열로 변환 VI**( )를 통해 '5' 폭 문자열로 변환된다.

문자열 연결( ) **VI**는 Disp_Line 1( )와 Disp_Line 2( )를 연결한 상태로 표시한다.

문자열의 길이 함수 및 타입캐스트 함수를 통한 데이터는 앞의 **TCP쓰기.VI**( )로 보낸다. 둘째 **TCP쓰기.VI**는 데이터를 전송한다. MCB2300이 외부로 전송할 데이터를 입력할 것이다. 추후 앞의 TCP 쓰기는 데이터 크기, 뒤의 TCP 쓰기는 데이터를 보내는데 사용할 것이다.

❻ 내부 While 루프의 [status]는 **Programming→클러스터, Class, &Variant→이름으로 풀기**를 이용한다.

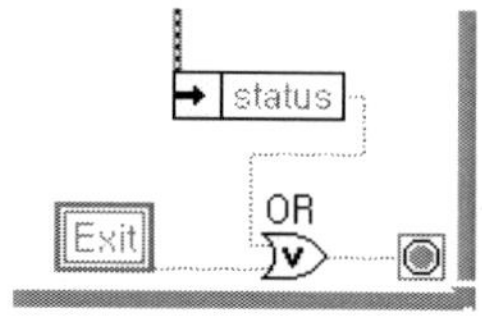

Exit(TF)를 선택하고 마우스의 오른쪽 버튼을 클릭 후 **생성→로컬 변수**를 선택하면 인디케이터 (Exit)가 표시된다. 다시 Exit를 선택한 후 마우스 오른쪽 버튼을 누르고 읽기로 변경을 선택하면 Exit 컨트롤로 변경된다. V는 **Programming→불리언→OR**에 있다. 여기서의 역할은 TCP 관련 함수에서 에러가 발생하였거나 Exit 버튼이 눌리면 프로그램을 종료한다.

❼ 내부 While 루프에 LCD 관련 내용을 포함시킨다. **TCP 읽기 VI**에서 1바이트를 읽어 그 값이 1이면 MCB2300 보드의 AI0에서 전압을 읽고 0이면 While 루프의 i 값을 LCD에 표시하게 한다.

다음과 같은 형태의 프로그램이 완성된다.

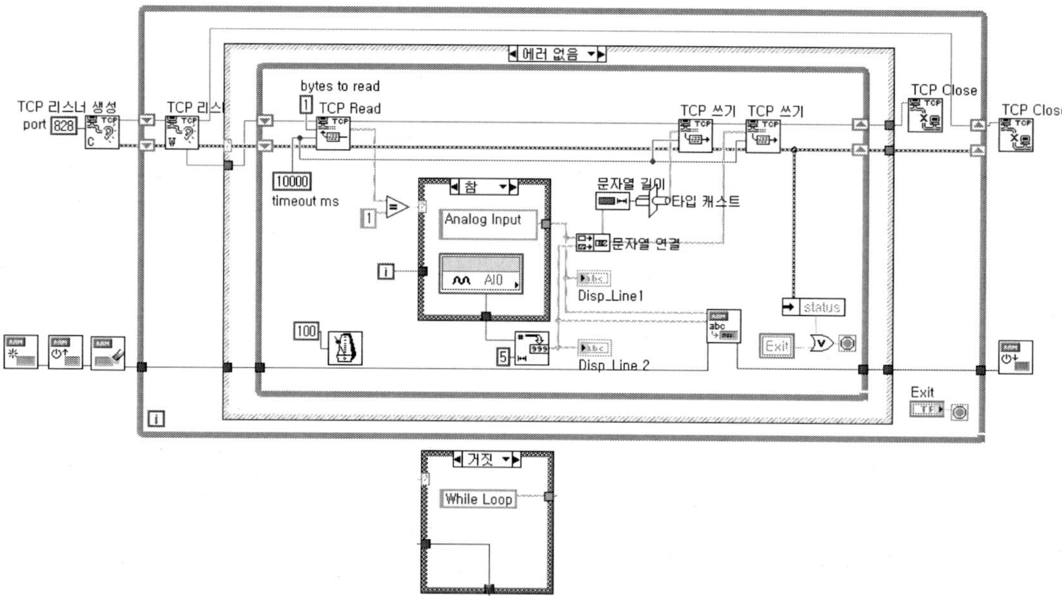

❽ LCD 패널 예제를 참조해서 MCB2300의 LCD에 데이터를 표시한다.

을 While 루프 밖에 위치시킨다. **Programming→ARM→MCB2300→LCD** 팔레트의 **MCB2300 Init LCD VI, MCB2300 Turn on LCD VI, MCB2300 Clear LCD Screen VI**를 순차적으로 사용하였다.

MCB2300 Set Text on LCD( ) VI는 LCD의 1, 2열에 문자열을 출력한다.

LCD 패널에 표시되는 데이터 형태다.

MCB2300 Turn Off LCD(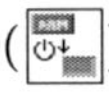) VI는 화면을 끊는다.

⑨ 완성한 프로그램은 다음과 같다.

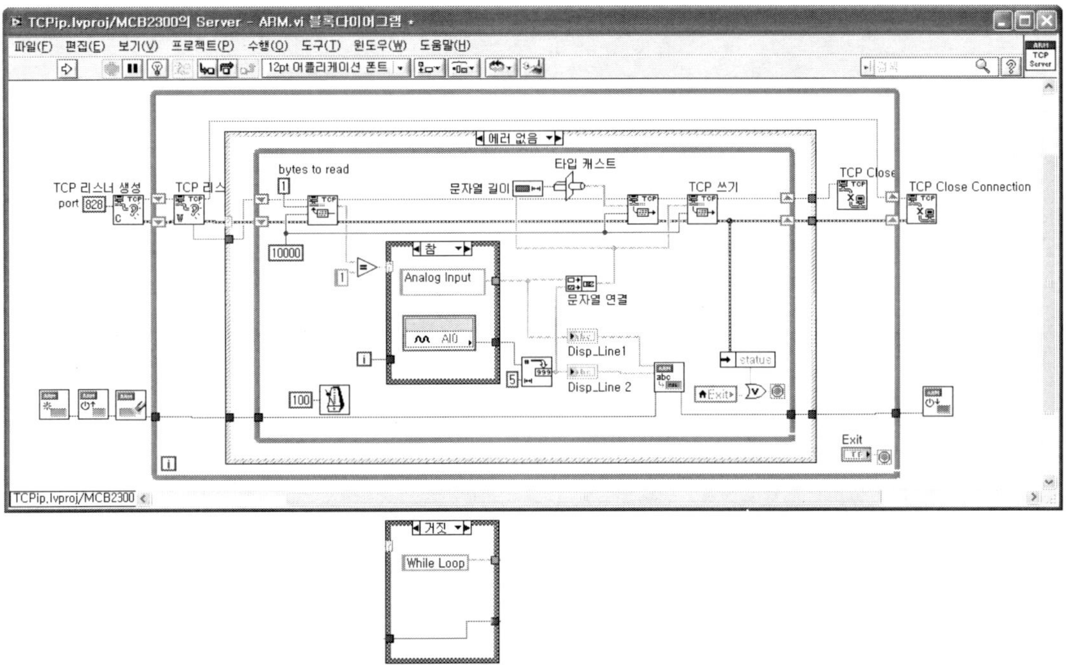

11. MCB2300에 서버 프로그램을 다운로드하기 위해 **Server-ARM.vi**를 실행한다. 다음과 같이 프로그램이 성공적으로 다운로드가 된 것을 확인한다. 아직까지 MCB2300의 LCD 패널에는 아무 데이터가 표시되지 않고 대기상태이다.

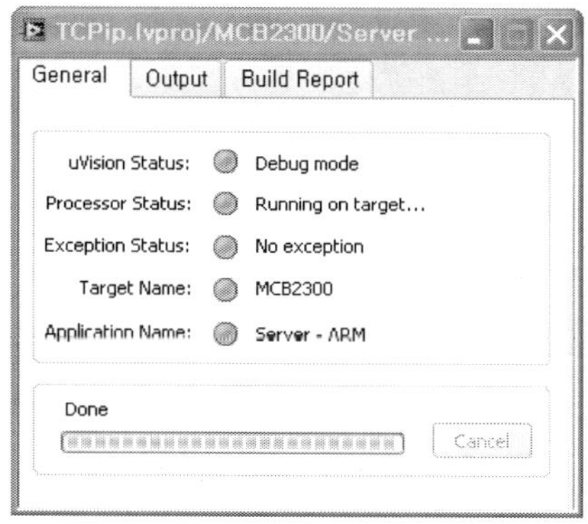

12. 서버로 설정한 MCB2300이 잘 동작하고 있는지를 확인한다. 확인 방법은 윈도우에서 **시작→실행**에서 **cmd**를 실행한다. Ping ARM 또는 Ping 192.168.0.20을 실행해서 MCB2300이 잘 동작되고 있는지를 확인한다. 연결이 성공적이면 아래와 같이 표시된다.

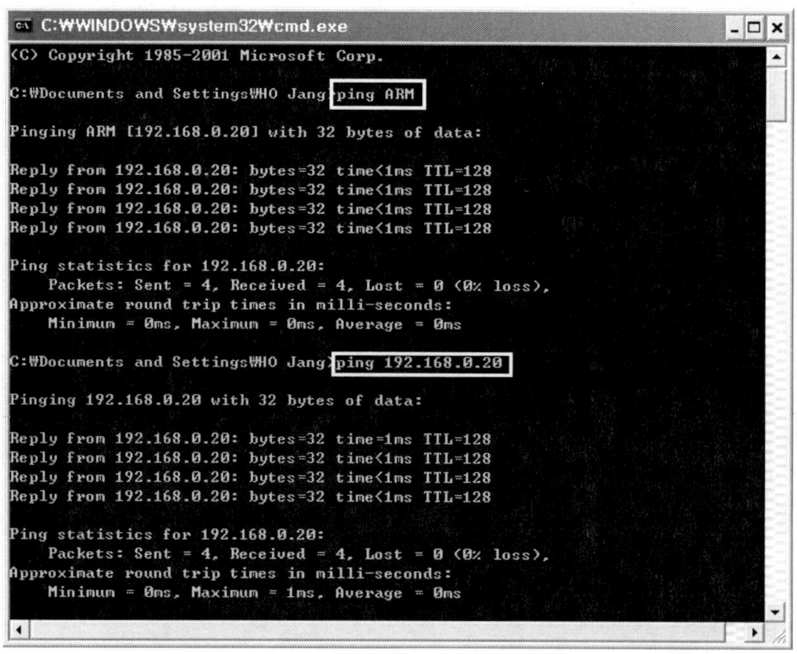

13. 다음과 같이 **Client_PC.vi**에 다음의 프로그램을 작성한다.

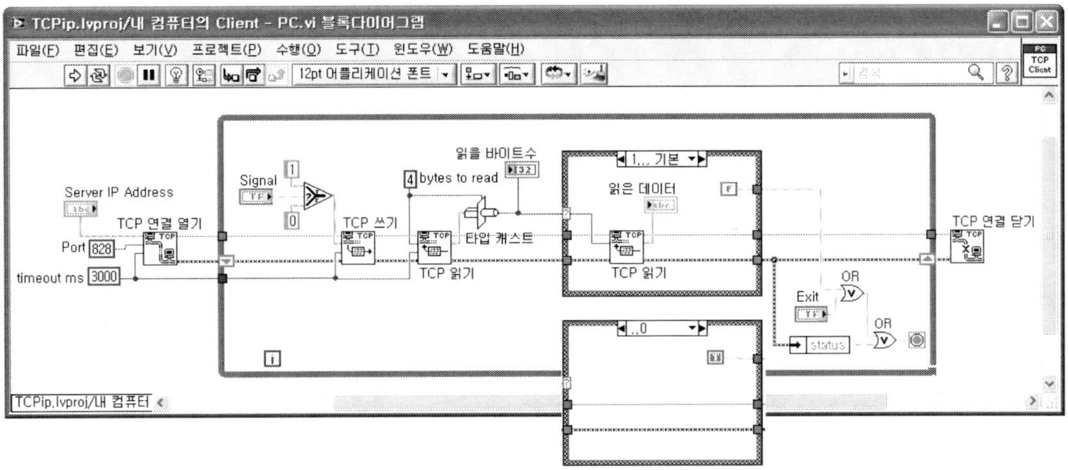

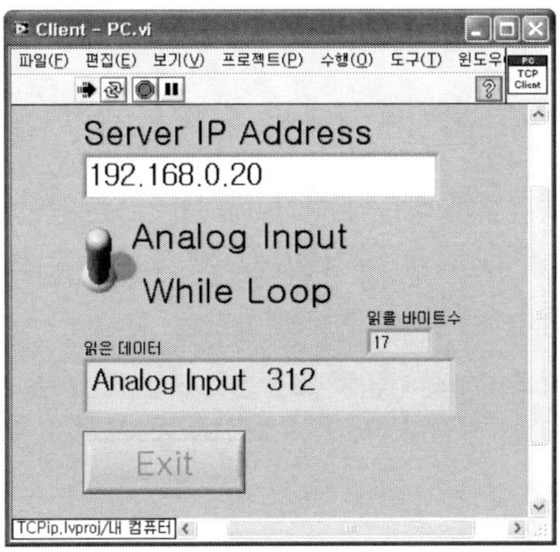

❶ **TCP 연결 열기 VI**는 주소와 원격 포트로 TCP 연결 한다.

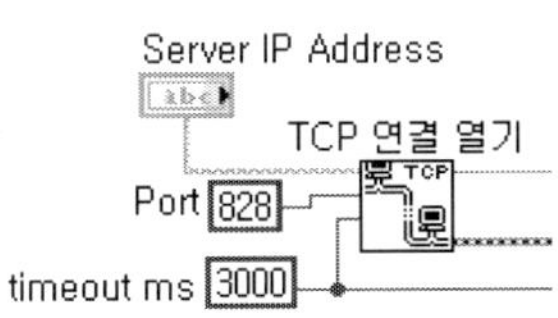

주소를 팝업 후 **생성 → 컨트롤**을 선택하면 Server IP Address( ) 컨트롤이 생성된다. 서버 IP address 192.168.0.20을 입력한다.

원격 포트 또는 서비스 이름에 '828' 및 타임아웃 ms에 '3000'을 입력한다.

❷ **TCP 쓰기 VI** 영역은 다음과 같이 작성한다.

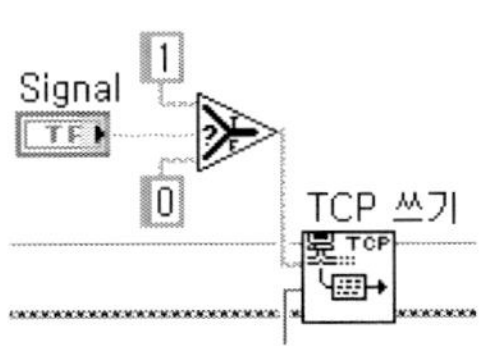

선택( )은 Signal( )의 상태에 따라 신호 0 또는 1을 TCP 쓰기한다. MCB2300 은 서버는 1을 받으면 Analog Input 루틴을 처리하고, 0을 받으면 While 루프의 'i'를 출력한다.

❸ **TCP 읽기**는 다음과 같이 작성한다.

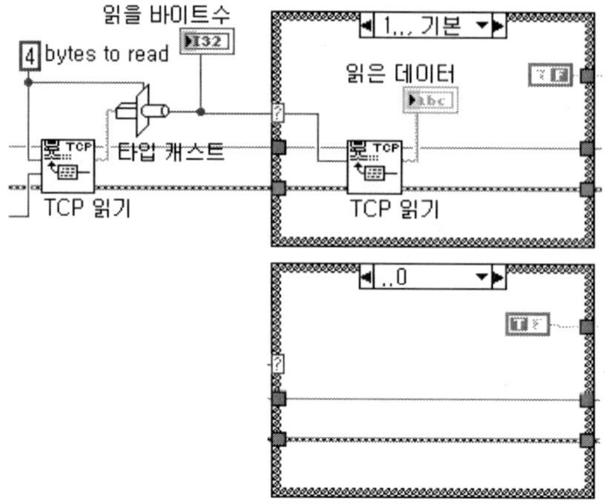

서버로부터 4바이트 TCP 읽기를 한다. 읽은 데이터 바이트수가 0보다 크면 케이스 루프 [1.., 기본]를 수행하며, TCP 읽기 한 데이터를 읽은 데이터([abc])에 표시한다. 또한 [F]을 출력해서 While 루프가 연속적으로 실행될 수 있게 한다. 읽은 데이터 바이트 수가 0이면 케이스 루프 [..0]를 수행하며, [T]을 출력해서 While 루프가 종료되게 한다.

❹ While 루프의 종료 단계는 다음과 같이 작성한다.

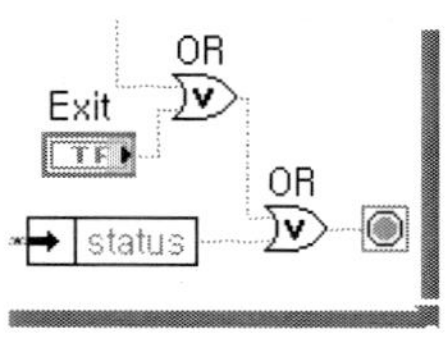

While 루프의 종료 조건은 Exit([TF]) 버튼을 누르거나 케이스 구조에서 [T]가 출력될 때, 또는 **TCP 읽기 VI**에서 에러 [status]가 출력될 때이다.

14. Client-PC.vi를 실행한다. MCB2300의 IP주소 192.168.0.20을 입력하고 실행한다. 스위치를 조정하면 읽은 데이터가 Analog Input 및 While 루프로 변경됨을 확인할 수 있을 것이다.

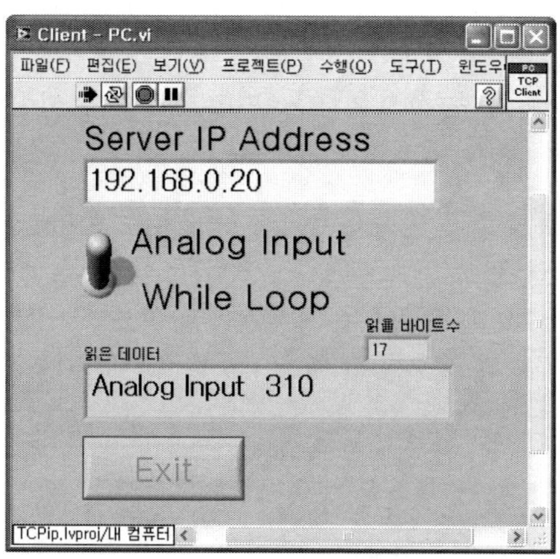

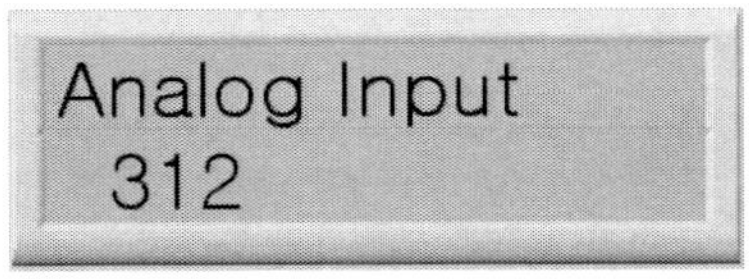

MCB2300의 LCD 패널을 관찰해보면 스위치의 조건에 따라 값이 변경되는 것을 확인할 수 있다. 가변저항 값을 손으로 변경해 보면서 AI0 값이 변경되는지 확인한다.

예제 13.4 Web 서버 제어 연습

LabVIEW for ARM에 기본적으로 제공되는 예제를 기반으로 간단한 웹 서버를 연습하고자 한다. 여기서는 앞의 예제가 정상적으로 동작한 경우를 가정으로해서 연습한다.

1. LabVIEW 2010\examples\lvemb\ARM\MCB2300\Web Server 폴더에서 **Web Server.lvproj** 파일을 불러온다.

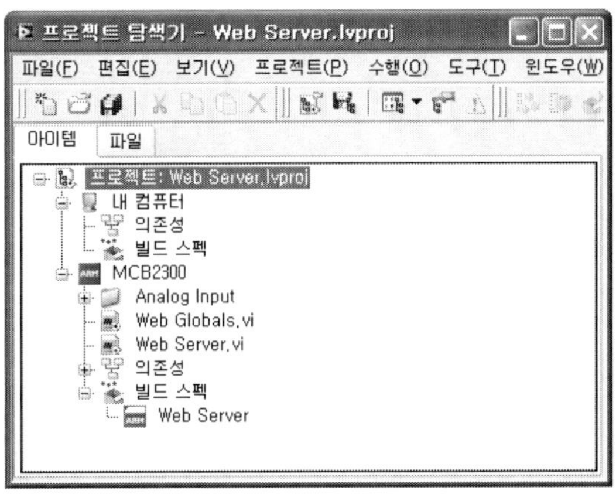

2. **Web Server.vi**의 블록다이어그램으로 전환한다.

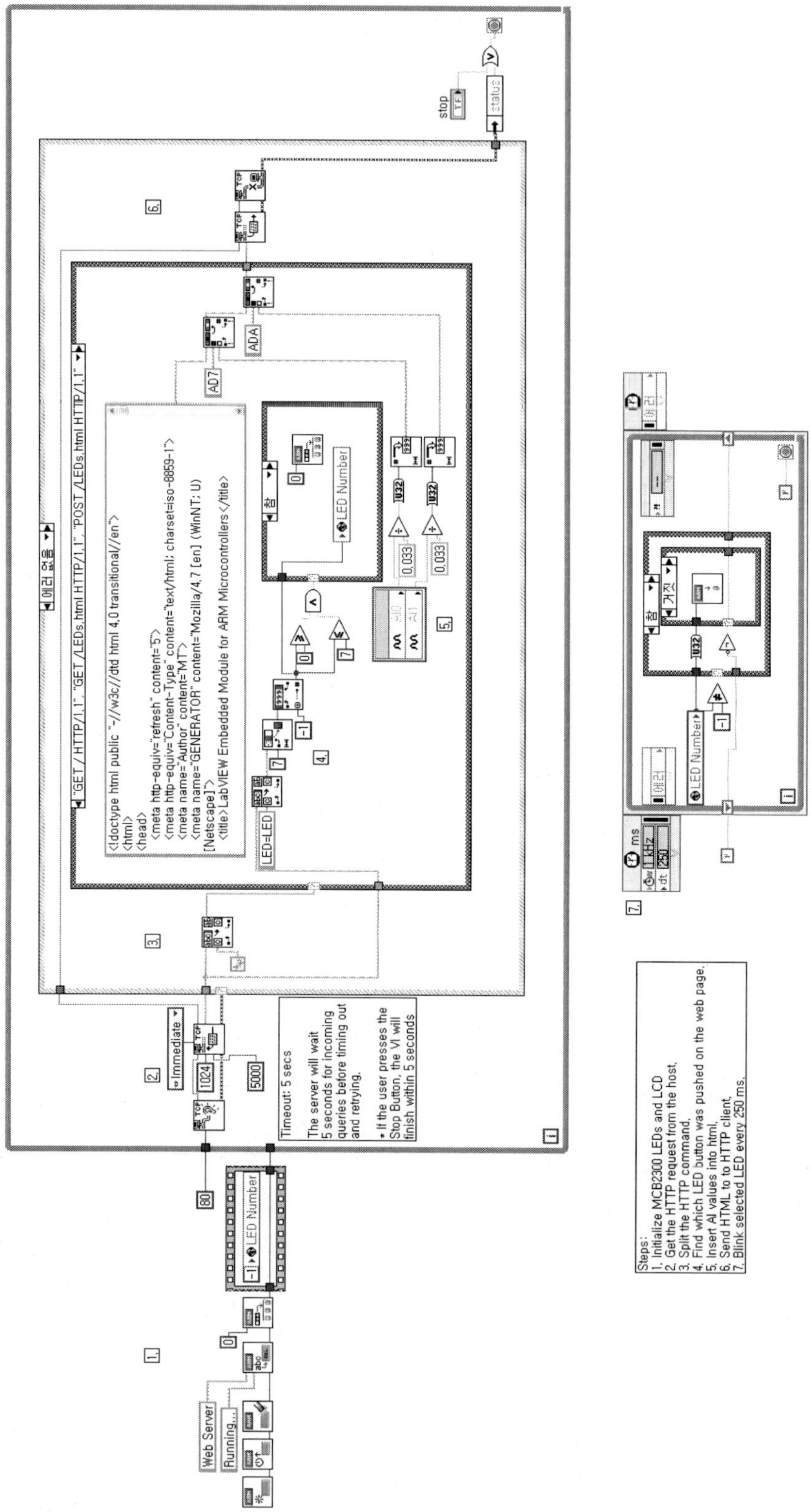
Timeout: 5 secs
The server will wait 5 seconds for incoming queries before timing out and retrying.
• If the user presses the Stop Button, the VI will finish within 5 seconds
Steps:
1. Initialize MCB2300 LEDs and LCD
2. Get the HTTP request from the host,
3. Split the HTTP command,
4. Find which LED button was pushed on the web page.
5. Insert AI values into html,
6. Send HTML to to HTTP client,
7. Blink selected LED every 250 ms.

While 루프는 다음의 단계로 프로그램을 진행한다.

① MCB2300 LCD 및 LCD를 초기화
② 호스트로부터 HTTP 요청을 받음
③ HTTP 커맨드를 분류함
④ 웹 페이지에서 눌러진 LDE 버튼을 찾음
⑤ AI값을 HTML로 보냄
⑥ HTML을 HTTP 클라이언트로 보냄

Timed 루프는 선택된 LED를 250ms마다 깜빡이게 한다.

3. 이전 예제가 정상적으로 동작한 것을 가정으로 한다. 빌드 스펙( ) 하단의 Web Server( )를 선택하고 **프로퍼티**를 선택한다. 다음과 같은 **Biild Specification Properties** 창에서 **Communication Options** 내용을 다음과 같이 수정하고 '확인' 버튼을 클릭한다.

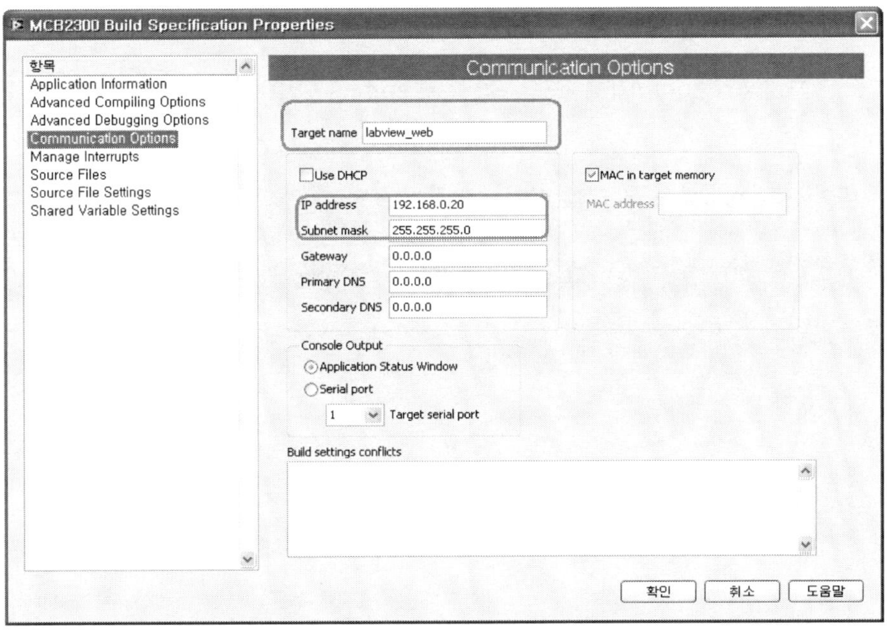

- **Target Name:** labview_web
- **IP address:** 192.168.0.20
- **Subnet mask:** 255.255.255.0

4. **Web Server.vi**를 실행한다. MCB2300 LCD에 다음과 같은 내용이 디스플레이 된다.

5. 정상적으로 네트워크가 연결되었는지를 확인한다. 다음과 같이 ping 192.168.0.20 또는 ping labview_web을 **cmd** 상태에서 실행한다.

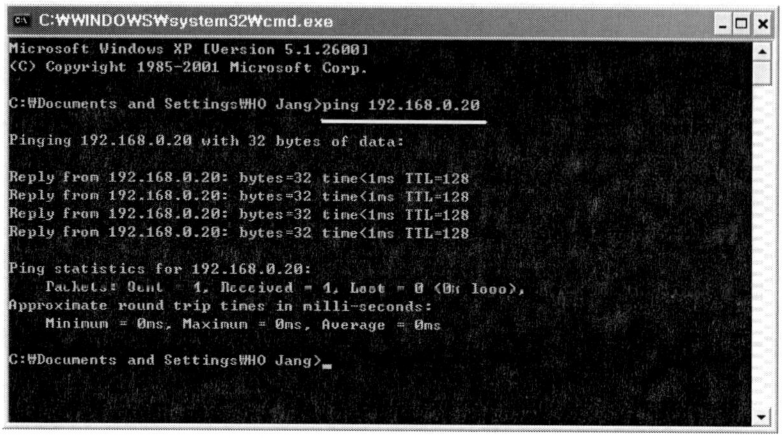

6. 인터넷 익스플러에서 http://labview_web을 실행한다. 다음과 같은 결과가 표시된다. 'LED0' 버튼 등을 마우스로 클릭한다. MCB2300의 선택된 LCD가 깜빡임을 확인할 수 있다. MCB2300의 가변저항을 손으로 돌려본다. 변경된 값이 화면에 표시되는지 확인한다.

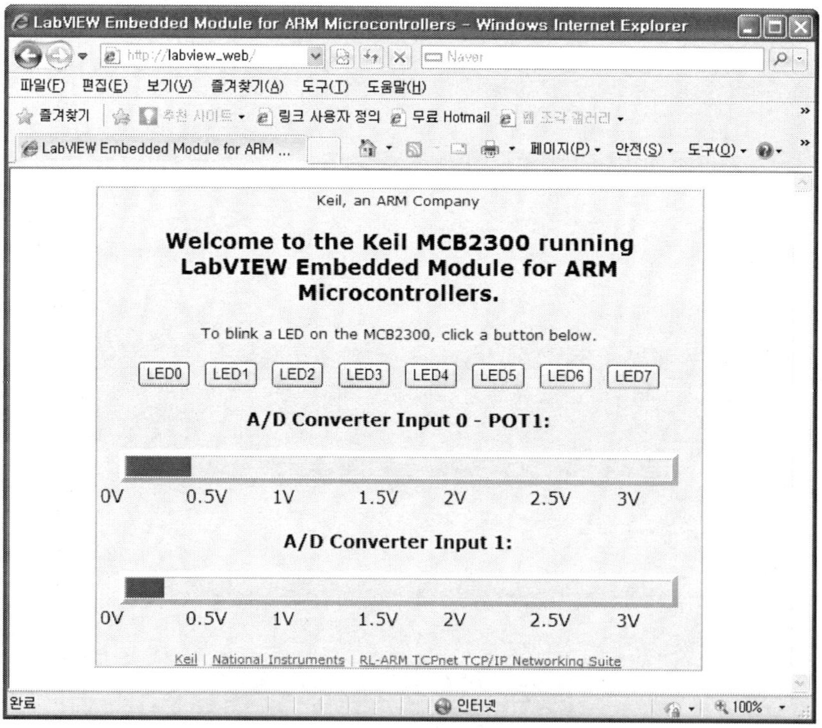

CHAPTER 14

고급기능

14.1 LabVIEW를 사용한 ARM 마이크로컨트롤러용 인터럽트 구동 프로그래밍

인터럽트 구동 프로그래밍을 소개하며, ARM 마이크로컨트롤러용 NI LabVIEW Embedded Module을 사용하여 인터럽트를 관리하기 위한 단계를 설명한다. 또한 어플리케이션 내에서 인터럽트를 사용할 때에 해결해야 할 설계 결정에 대해 다룬다.

14.1.1 인터럽트와 인터럽트 핸들러 소개

인터럽트 구동 시스템에는 두 가지 컴포넌트인 인터럽트와 인터럽트 핸들러가 있다. 인터럽트는 이벤트 발생시에 현재 실행 프로그램 중단을 표시하기 위해 하드웨어가 생성한 신호이다. 인터럽트 핸들러(인터럽트 서비스 루틴)는 특정 인터럽트가 발생하였을 때 프로세서가 실행되도록 등록된 코드의 부분을 의미한다. 일단 프로세서가 인터럽트를 인지하도록 설정되면 현재 진행중인 과정을 중단하며, 시스템 상태를 저장하는 Context Switch를 실행하고 인터럽트 핸들러를 실행한다. 인터럽트 핸들러 코드가 실행을 완료하면 프로세서는 이전에 작동 중이었던 프로그램으로 컨트롤을 반환하게 된다.

인터럽트를 사용하면 정기적으로 데이터를 읽거나 쓸 때 유용하다. 예를 들어 디지털 음악 플레이어를 설계한다고 가정해 본다. 시스템은 다음의 세 가지 요소로 구성될 것이다. ❶ 입력(오디오 레벨과 필터를 조정하는 다양한 아날로그 다이얼), ❷ 프로세서, ❸ 출력(디지털-아날로그 변환기- DAC)이다. 시스템은 다음과 같이 작동한다. 프로세서가 다이얼의 값을 읽고 메모리로부터 오디오 파일을 스트리밍하여 데이터에 필터링 알고리즘을 적용한 후 DAC에 값을 쓴다. 타이머 인터럽트를 사용하면 다이얼의 값을 정기적으로 읽을 수 있으므로 필터링 알고리즘의 파라미터를 결정할 수 있다.

두 번째 타이머 인터럽트는 DAC에 쓰도록 설정된다. 프로세서는 필터링 알고리즘을 사운드 파일에 계속적으로 적용하게 될 것이며, 레지스터를 쓰거나 읽기 위해서만 방해받게 된다.

14.1.2 인터럽트 관리

ARM 어플리케이션을 위한 인터럽트는 프로젝트의 빌드 스펙을 통해 처리된다. **빌드 스펙 프로퍼티** 대화창을 통해 개발자들은 인터럽트 핸들러를 생성하고 지정하기 위한 두 가지 방법을 사용할 수 있다. VI 사용 또는 Timed 루프 사용인데 두 가지 방법 모두 단일 프로젝트 내에서 사용되며, 어플리케이션 내에서 처리되도록 여러 개의 하드웨어 인터럽트를 허용한다.

다음은 VI와 Timed 루프를 사용한 인터럽트 핸들러 생성 방법을 설명할 것이다. 먼저 예제 10.12 폴더에서 **interrupts.lvproj** 파일을 불러온다. 다음과 같은 프로젝트 탐색기가 표시된다.

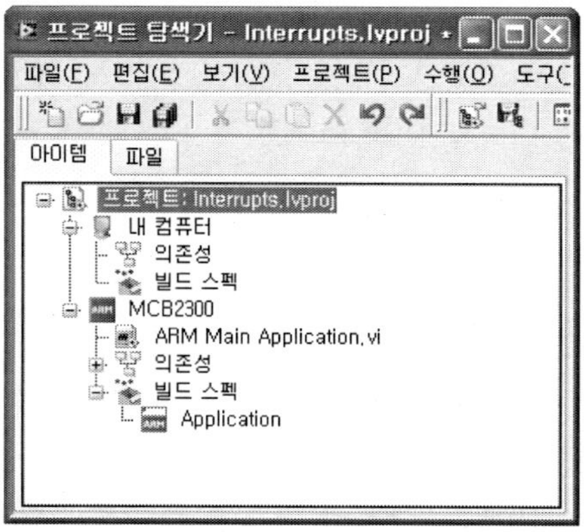

ARM Main Application.vi를 불러오고 블록다이어그램을 표시한다. 다이어그램에는 **Processor Status** 창에 문자열을 프린트하는 Timed 루프로 구성되어 있다.

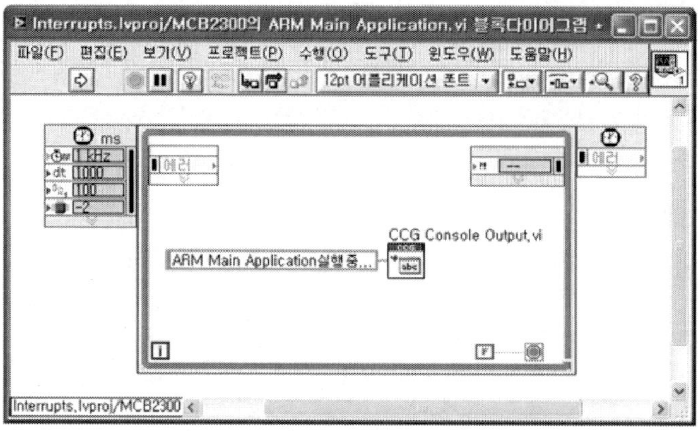

예제 14.1 VI를 인터럽트 핸들러로 사용

다음 단계에서는 인터럽트 핸들러가 될 새로운 VI 생성 방법에 대해 설명한다.

1. 프로젝트 탐색기에서 MCB2300( )을 마우스 오른쪽 클릭하고 **새로 만들기 → VI**를 선택한다. 프로젝트에 새로운 VI가 추가된다. 본 VI는 인터럽트 핸들러로 사용될 것이다. **파일 → 다른 이름으로 저장**을 선택하여 파일을 저장한다. 본 예제에서는 파일을 **ISR1.vi**로 저장한다.

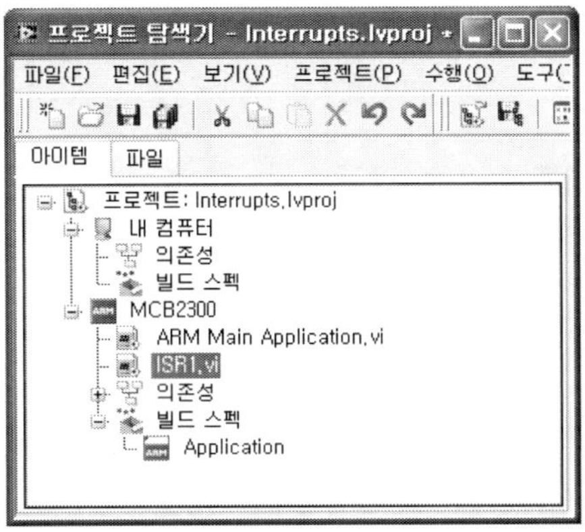

2. 인터럽트 처리를 위한 코드를 작성할 수 있다. **ISR1vi**의 블록다이어그램을 열고 **프로그래밍 → Time, Diaglg&Error** 팔레트에서 **Console Output.vi**를 불러온다. 문자열 상수를 생성하면 이는 **Processor Status** 창에 디스플레이 된다. 본 VI는 코드가 실행되었음을 나타내는 콘솔에 프린트된다. 코드를 둘러싼 루프 구조가 없음을 확인한다. 이는 타이머 인터럽트의 주기적인 속성을 나타내게 될 것이다.

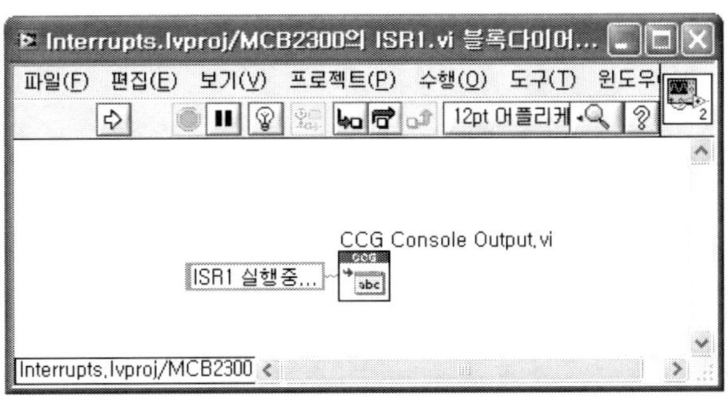

3. 인터럽트 핸들러 코드가 완성되었으므로 핸들러는 이제 인터럽트에 지정되어야 한다. 프로젝트 탐색기에서 빌드 스펙( )아래의 Application( )을 마우스 오른쪽 클릭하고 **프로퍼티**를 선택한다.

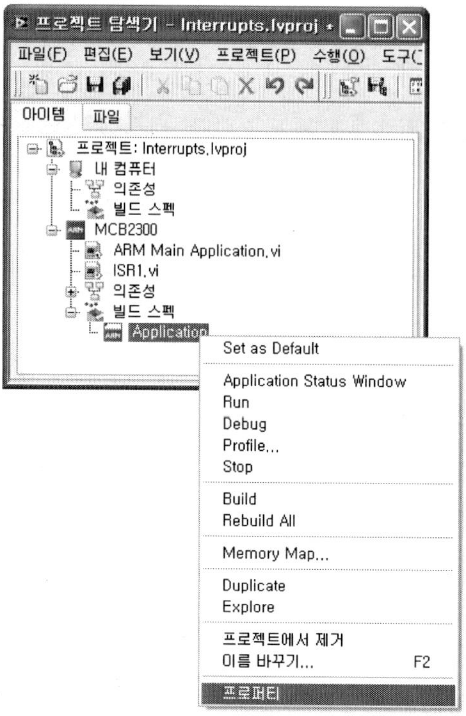

4. 다음과 같은 **MCB2300 Build Specification Properties** 창이 뜬다.

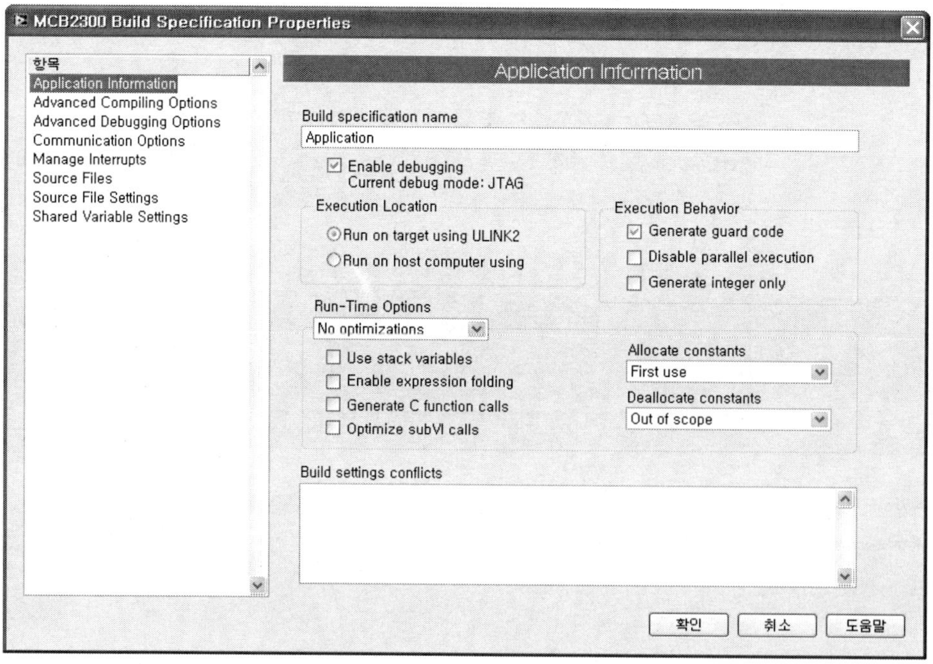

5. **항목** 아래에서 **Manage Interrupts**를 선택한다. 본 예제에 사용되는 하드웨어는 세 가지 타이머 인터럽트를 제공한다. **Timer 1**은 본 연습에 사용된다. 인터럽트 목록에서 **Timer 1**을 선택하고 체크박스 **Use interrupt**을 클릭한다.

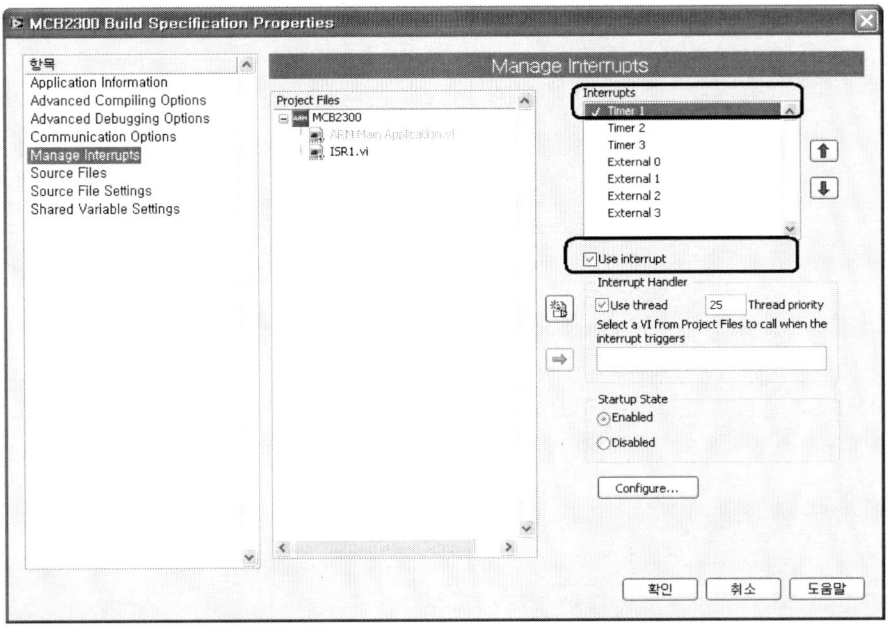

6. **Interrupt Handler** 박스에서 **VI** 라디오 버튼을 선택한다. **ISR1.vi**를 마우스로 선택하고 화살표 (➡)를 이용하여 하여 인터럽트 핸들러로 지정한다. 프로젝트 내의 모든 VI는 Top-Level VI를 제외하고는 인터럽트 핸들러로 사용될 수 있다.

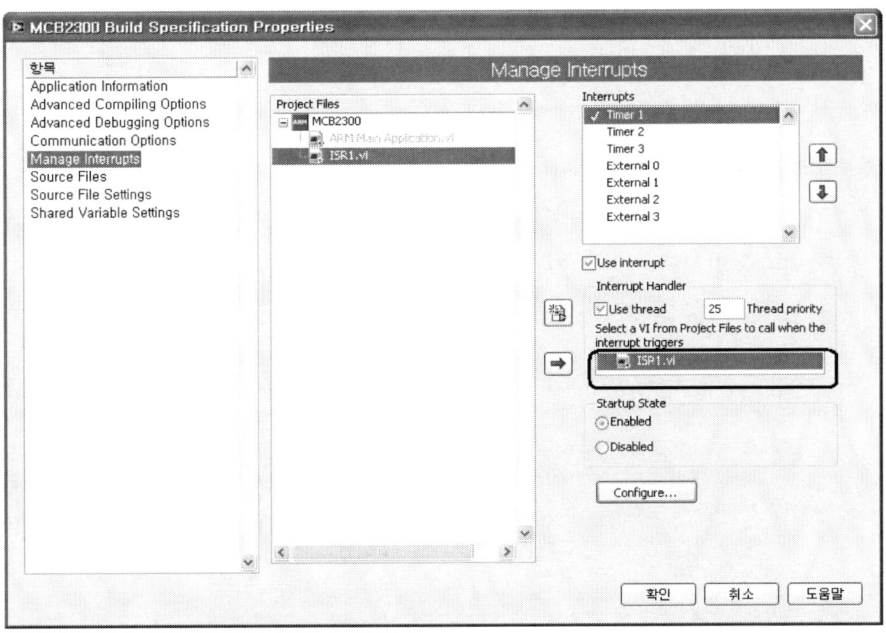

7. **Timer 1** 인터럽트 주파수는 **'Configure...'** 버튼 및 **Timer Configuration** 대화 창을 사용하여 구성될 수 있다.

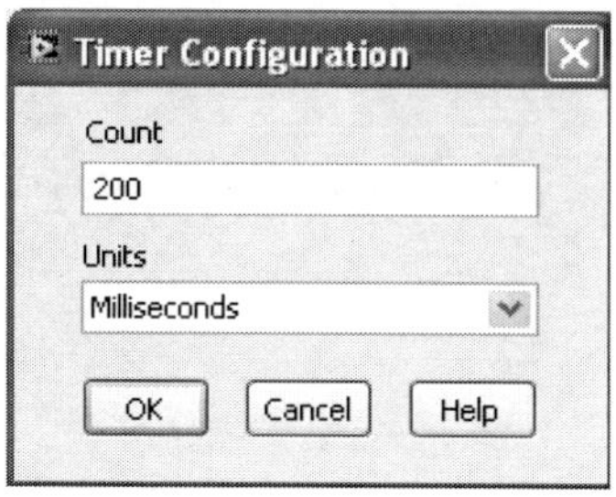

8. '확인' 버튼을 클릭한다. 인터럽트 핸들러 셋업이 이제 완성되었다. Application( )의 팝업 메뉴에서 **Run**을 선택한다. Processor Status 창은 아래의 이미지와 유사하게 나타난다. 인터럽트 핸들러는 주기적으로 호출되어 주요 루프의 실행을 방해하고 문자열을 **Processor Status** 창으로 출력한다.

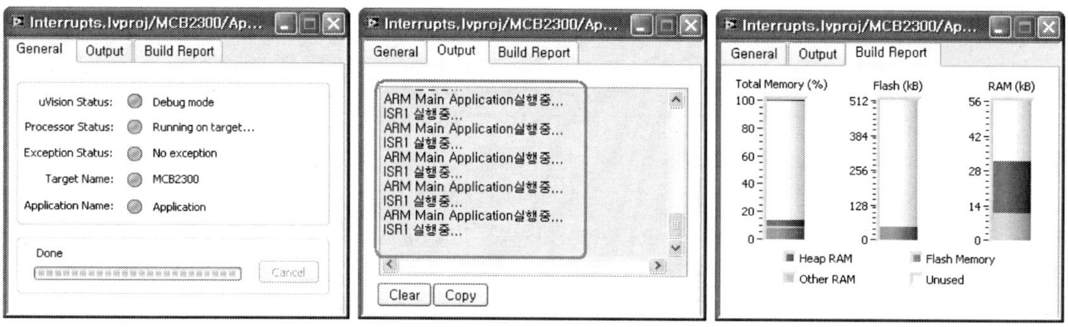

14.1.3 인터럽트 VI 팔레트 사용

인터럽트 핸들러를 지정할 수 있는 기능 이외에도 LabVIEW는 **ARM → Interrupts** 팔레트에 위치한 다음의 VI를 통해 인터럽트를 프로그램적으로 활성화 및 비활성화할 수 있는 매커니즘을 제공한다.

ARM 인터럽트 활성화(ARM Interrupt Enable) VI

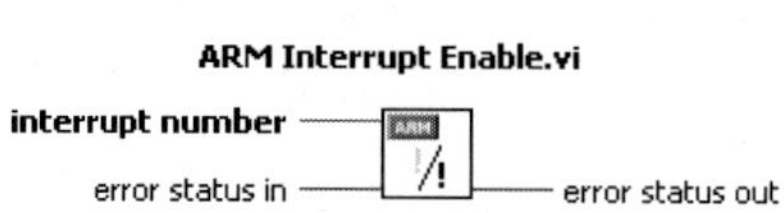

기존에 비활성화된 인터럽트를 활성화할 때 사용한다. 인터럽트는 프로그램적으로 비활성화될 수 있으며, 인터럽트는 **Manage Interrupts** 창을 통해 시작할 때에 비활성화될 수도 있다. 본 VI는 인터럽트 숫자가 지정한 단일 인터럽트에서 작동한다.

ARM 인터럽트 비활성화(ARM Interrupt Disable) VI

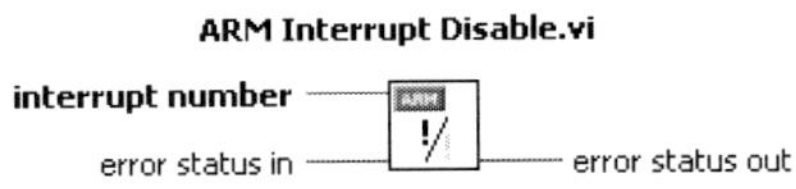

인터럽트 숫자가 지정한 단일 인터럽트를 비활성화할 때 사용된다.

ARM 글로벌 인터럽트 활성화(ARM Global Interrupt Enable) VI

프로그램적으로 비활성화 되었거나 또는 인터럽트 관리자 창을 통해 비활성화되었던 모든 인터럽트를 활성화한다.

ARM 글로벌 인터럽트 비활성화(ARM Glo-bal Interrupt Disable) VI

시스템 내에서 모든 인터럽트를 비활성화한다. 이는 시간이 매우 중요하며 절대로 외부의 이벤트에 대해 방해 받아서는 안되는 작업을 수행할 때에 유용한다.

14.1.4 ARM 어플리케이션에서 인터럽트를 사용할 때 설계 고려사항

시스템의 각 인터럽트에는 프로그램적으로 지정될 수 없는 우선 순위가 있다. MCB2300 하드웨어의 경우 **Timer 1**은 가장 최고의 우선 순위이며, **Timer 2**는 두 번째의 우선 순위이다. **Timer 3**는 사용 가능한 인터럽트 중 가장 낮은 우선 순위를 가진다. 2개 또는 그 이상의 인터럽트가 정확하게 동일한 시간에 일어난다면 가장 높은 우선 순위의 인터럽트가 실행된다. 인터럽트를 처리하는 동안에 인터럽트 핸들러는 앞에서 언급한 인터럽트를 위한 Timed 루프를 사용하는 경우를 제외하고는 방해받을 수 없다. 다른 인터럽트 핸들러가 실행 중일 때에 발생한 인터럽트는 큐에 있게 되지만, 그 후에 각 외부 트리거의 최종 인터럽트만 작동하게 된다. 예를 들어 Timer 1을 위한 인터럽트 핸들러가 실행되는 동안에 Timer 2에 다섯 개의 인터럽트가 발생하였다면, Timer 2에 대한 다섯번째 인터럽트만이 Timer 1의 인터럽트 핸들러가 완료된 후에 처리된다.

어플리케이션을 설계할 때에 인터럽트를 잃을 수도 있다는 사실을 명심하는 것이 중요하다. 프로그래머들이 인터럽트를 잃을 수 있는 확률을 최소화하기 위해 실행하는 두 가지 보편적인 구조가 있다. 첫 번째 방식은 인터럽트 핸들러 내에서 소비한 시간을 제한하는 것이다. 주요 어플리케이션이 프로세서 집약적인 연산을 수행하는 동안에 변수에 읽거나 쓰기에만 사용을 한정한다. 또 다른 방법으로는 인터럽트 핸들러 내에서 단일 인터럽트를 사용하고 프로세서의 집약적인 연산을 사용하기 위해 소프트웨어를 구축하는 것이다. 주요 어플리케이션은 그 후 인터럽트가 생성될 때까지 대기하게 된다.

14.2 사이클 정확(Cycle-Accurate) ARM 마이크로컨트롤러 시뮬레이터 사용

ARM 마이크로컨트롤러용 LabVIEW Embedded Module은 RealView μVision ARM 시뮬레이터를 지원한다. 본 시뮬레이터는 사이클 정확 타이밍 및 로직 시뮬레이션을 제공한다. 또한 시뮬레이터는 온칩 주변기기를 지원하므로 사용자는 어플리케이션 디버깅 및 테스트에 대한 제어된 시뮬레이션 및 응답을 제공할 수 있다. 본 기능으로 하드웨어 디자인이 완성되기 이전에 어플리케이션의 상당 부분을 개발하고 테스트할 수 있다. 본 튜토리얼에서는 NI Multisim SPICE 시뮬레이션 환경으로 주변 아날로그 회로를 통합 시뮬레이션 하는 방법 등 더 높은 품질의 코드를 더욱 신속하게 개발하기 위해 본 기능을 어떻게 활용하는지 설명한다.

예제 14.2 시뮬레이터에서 어플리케이션 실행

1. LabVIEW 시뮬레이터에서 어플리케이션을 실행하기 위해서는 반드시 LabVIEW 프로젝트를 생성해야 한다.

   ARM 프로젝트 마법사를 시작한다.

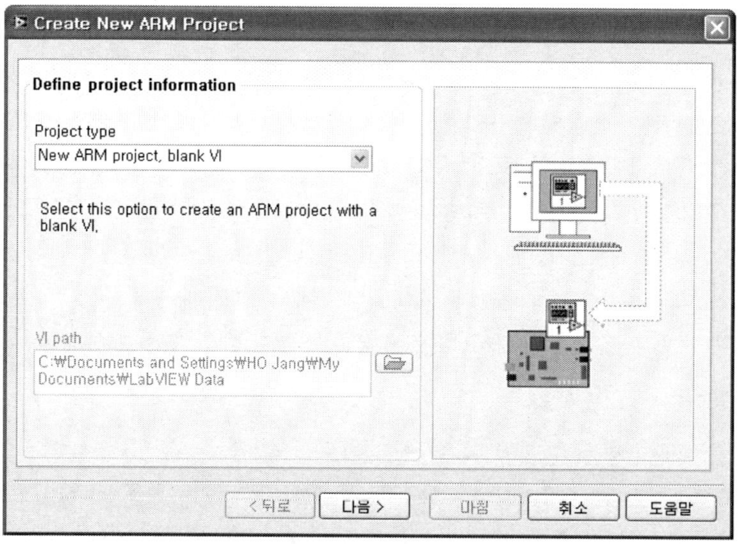

   '다음' 버튼을 클릭하여 새로운 VI를 생성한다.

   시뮬레이션하고자 하는 프로세서를 선택한다. 본 튜토리얼에서는 **MCB2300** 평가보드를 시뮬레이션한다. '다음' 버튼을 클릭한다.

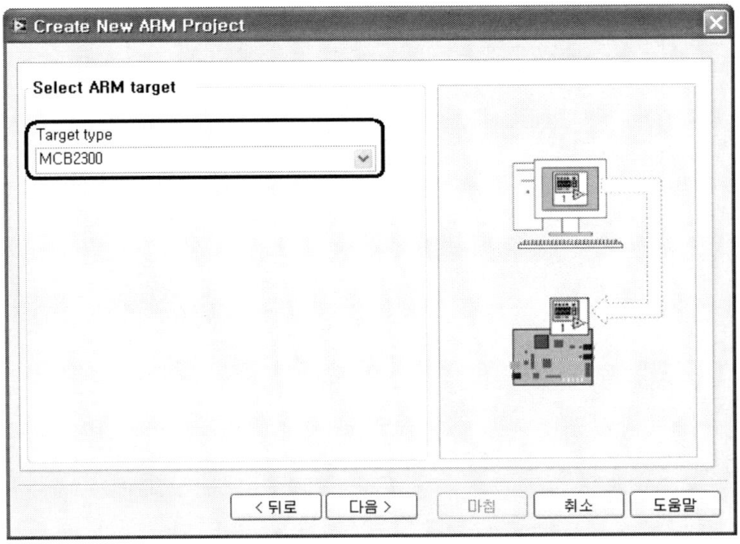

Run on Simulator 옵션을 선택하고 '마침' 버튼을 클릭한다. LabVIEW는 프로젝트 파일과 두 개의 VI를 생성한다. 각 파일을 저장하도록 요청받게 된다. 순차적으로 **시뮬레이션_ARM.vi, 시뮬레이션_PC.vi**, 시뮬레이션 연습.lvproj 파일로 저장한다. **시뮬레이션_PC.vi**는 마법사가 자동으로 생성한 LabVIEW 코드이다.

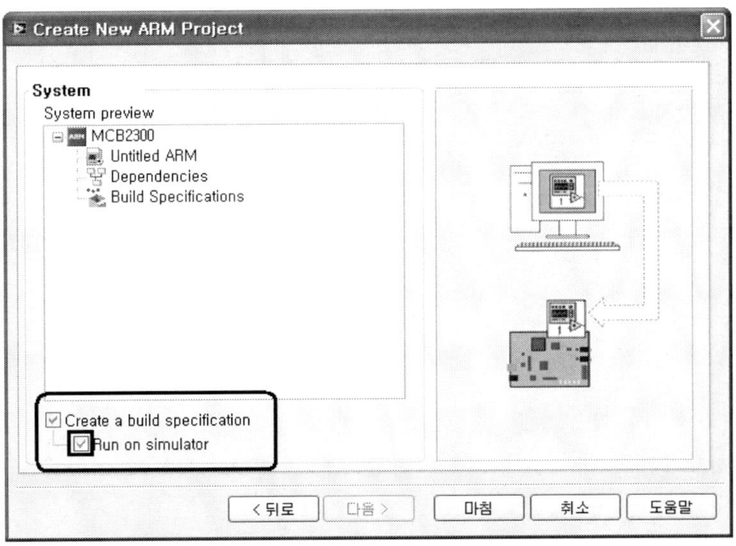

2. 어플리케이션을 구축한다. 이 경우 아날로그 입력을 읽고 임계점을 초과하는지 여부를 체크하는 간단한 VI를 만든다. 임계점이 초과되면 MCB2300 보드의 LED0에 불이 켜지게 한다.

   ❶ LabVIEW 프로젝트의 MCB2300(ARM) 타겟을 팝업하고 **New → Elemental I/O**를 선택하여 프로젝트 트리에 I/O 노드를 추가한다.

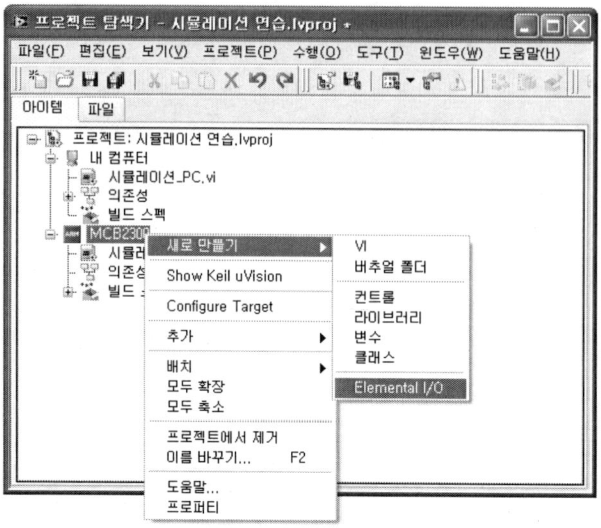

❷ 아날로그 **입력→AI0**와 **디지털 출력→LED0**을 프로젝트에 추가한다.

❸ **Window→블록다이어그램 보이기**를 선택하여 열려있는 VI의 블록다이어그램으로 이동한다.

❹ 프로젝트의 Elemental I/O 노드 AI0( ) 및 LED0( )를 블록다이어그램에 놓는다.

❺ 그림처럼 블록다이어그램과 프런트패널을 완성한다. A/D에서 반환된 값이 10-비트 A/D 값의 정수이므로 512 값은 약 1.66 V와 동일하다.

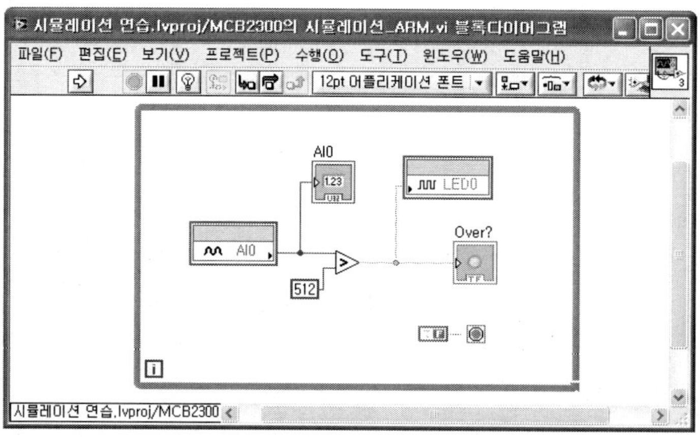

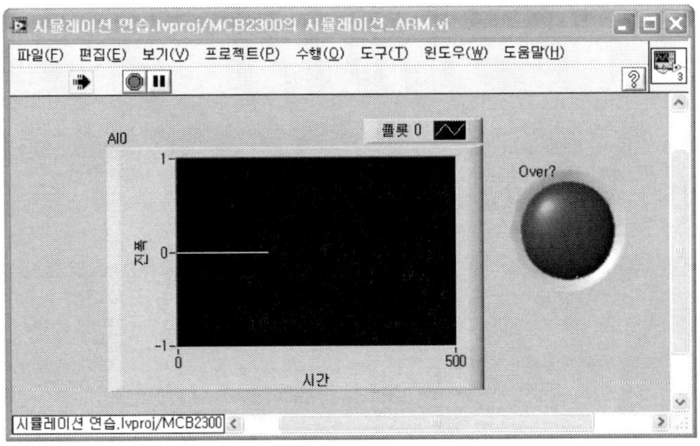

Run( ) 버튼을 클릭하여 C 코드를 생성 및 컴파일하고 시뮬레이터에서 어플리케이션을 실행한다. 프로세서 상태창은 시뮬레이터의 상태를 반영한다. 시뮬레이션 상태이기 때문에 가변저항을 조절해도 그래프의 값이 변경되지 않는다.

14.2.1 아날로그 입력값 수동 변경

이제 어플리케이션이 실행되므로 시뮬레이션 되는 A/D 변환기에 아날로그 값을 공급하여 코드의 로직을 테스트할 수 있다. 이 때 수동 또는 자동의 두 가지 방법 중 하나를 선택할 수 있다. 값을 수동으로 변경하면 μVision IDE에 직접 접근할 수 있다.

1. **μVision**을 실행하기 위해 프로젝트 트리의 MCB2300( )를 팝업하여 **Keil μVision** 보이기를 선택한다.

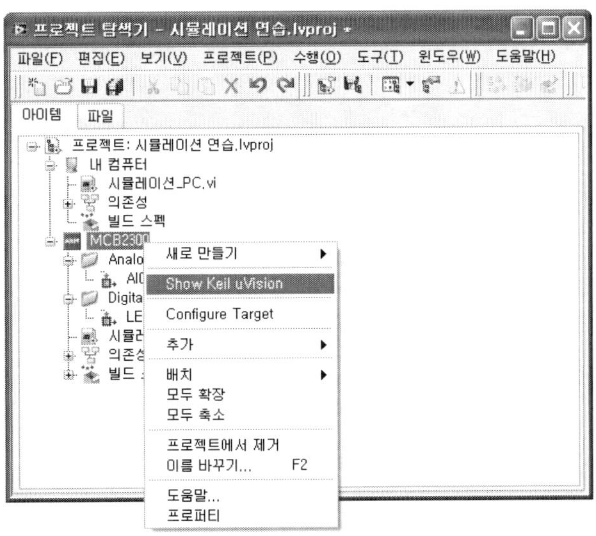

2. **Keil μVision IDE**에서 **Peripherals → A/D Converter → A/D Converter 0**을 선택한다. 이제 주변기기 시뮬레이터 인터페이스를 실행한다.

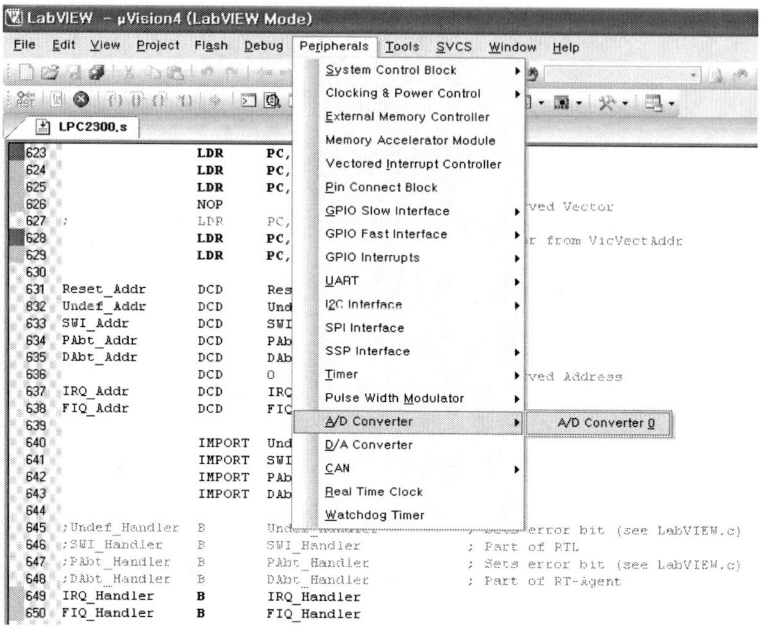

3. **Analog Inputs** 섹션에서 **AD00** 값을 2.0으로 변경한다. LabVIEW 소프트웨어에서 시뮬레이션된 A/D 변환기가 반환한 값을 변경한다. 본 값은 볼트이며 10-비트 A/D는 0-3.3V의 유효한 입력 범위를 가지므로 2V는 620의 정수 값으로 변환한다.

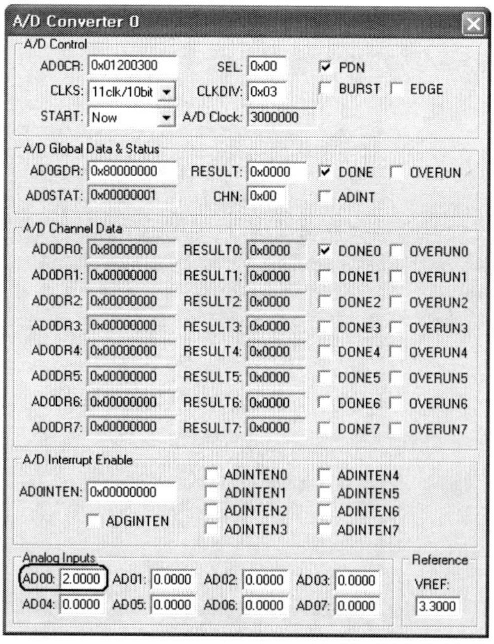

4. 출력값은 LabVIEW 인디케이터를 사용하여 확인 가능하다. 또한 **Peripherals→GPIO Fast Interface→Port 2**를 선택하여 디지털 포트의 값을 볼 수 있다. LED는 포트 2 line 0에 연결되어 있다.

14.2.2 시뮬레이션 및 응답 자동화

위에 설명된 수동 방식의 대안은 개별 VI를 사용하여 시뮬레이션되는 주변기기로 데이터를 송수신하는 방법이다. ARM 마이크로컨트롤러용 LabVIEW Embedded Module은 추가 팔레트를 설치하여 시뮬레이션되는 임베디드 시스템에 대한 복합적이며 자동화된 시뮬레이션 응답 테스트를 개발하는 간단한 방법을 제공한다.

1. 마법사가 자동으로 생성한 **시뮬레이션_PC.VI**를 불러온다. LabVIEW 프로젝트의 내 컴퓨터 아래에서 찾을 수 있다.

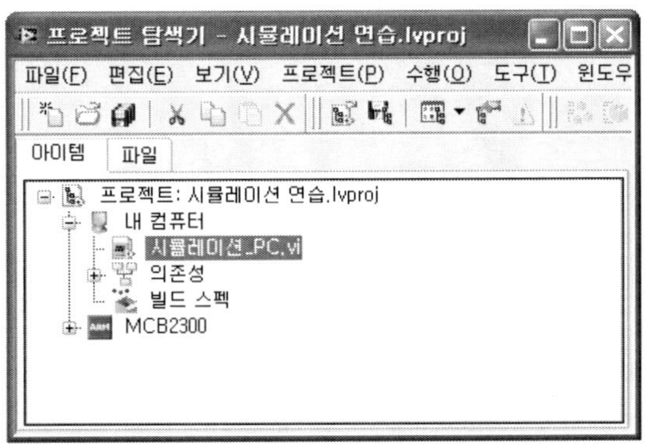

2. 블록다이어그램을 열면 시뮬레이터와 통신하기 위한 템플릿 코드가 이미 있는 것을 확인할 수 있다.

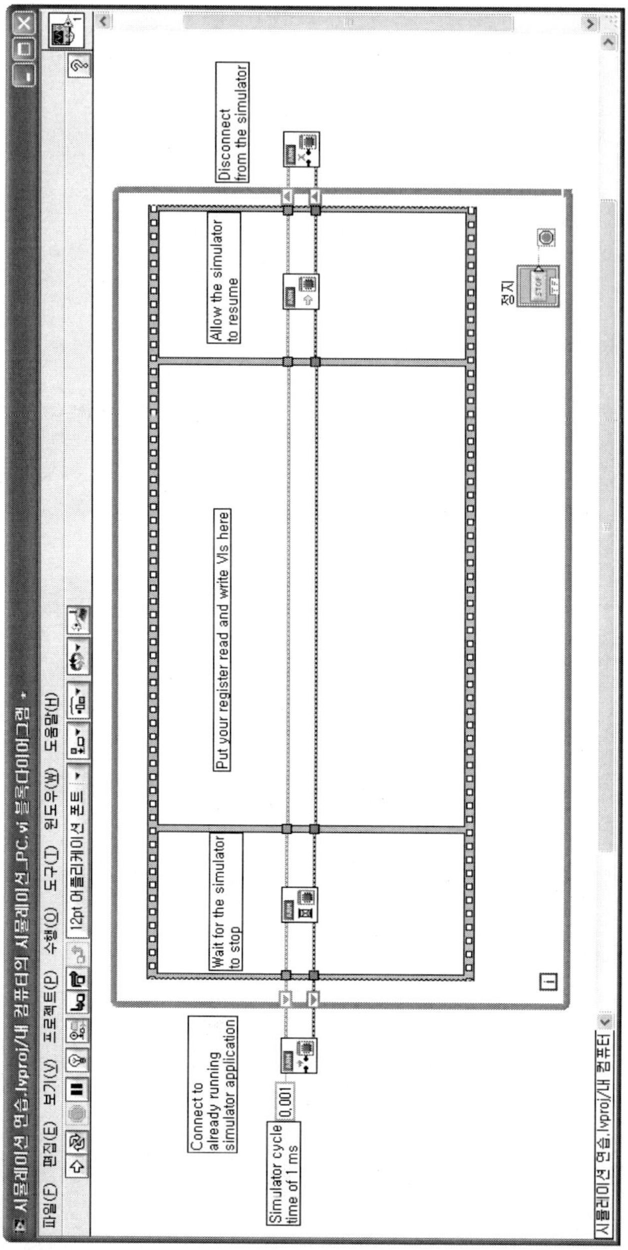

3. 코드는 시뮬레이션의 시간 단계를 구성하고 실행 시뮬레이터에 연결을 개방하며, 시뮬레이터를 중지시켜 LabVIEW가 데이터를 보내도록 한다.

4. 시퀀스 구조의 중간 프레임에 시뮬레이션 응답을 수행하기 위해 코드를 추가할 수 있다.

5. 데이터가 업데이트되면 시뮬레이터는 다시 시작할 수 있게 된다. 시뮬레이션이 완성되면 연결이 종료된다.
   본 튜토리얼에서는 **LVM**(LabVIEW measurement 파일)에 저장되어 있는 시뮬레이터로 입력의 시퀀스를 보낸다.

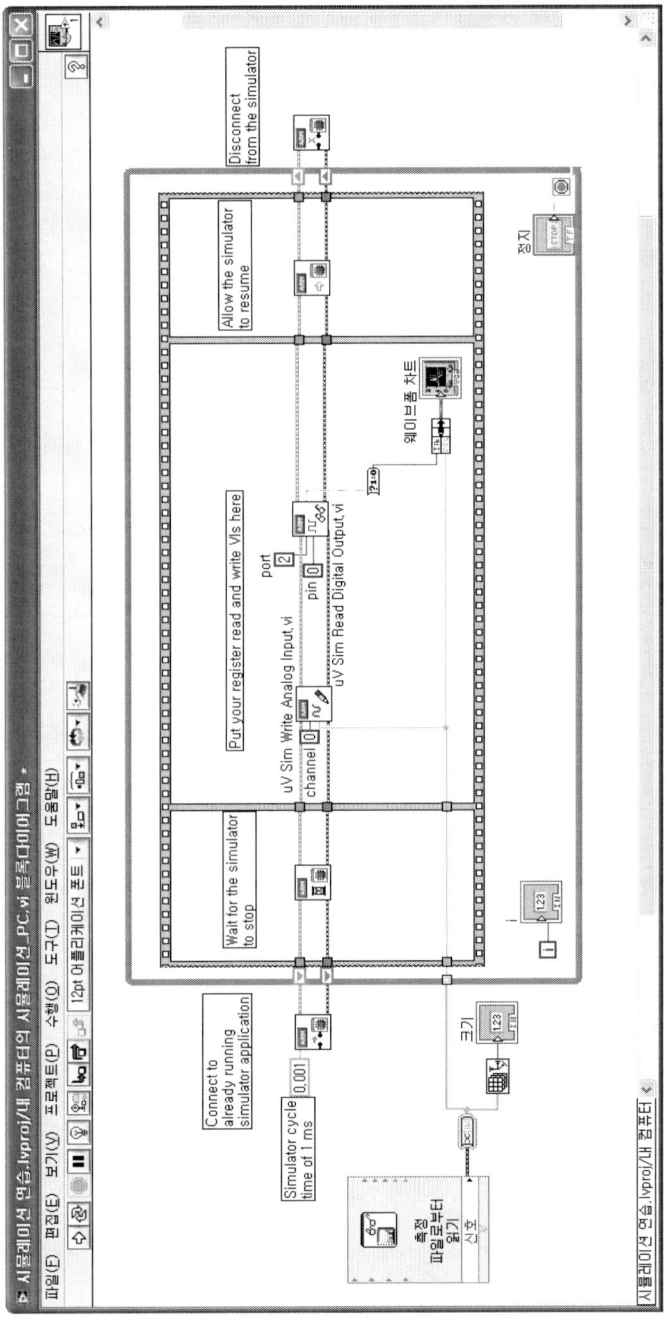

While 루프를 팝업하여 **For 루프**로 대체한다.

측정 파일로부터 읽기( ) VI는 **익스프레스→ 입력** 팔레트에 있으며, LVM 파일을 읽도록 구성한다. LVM 파일은 추후 작성할 예제에서 불러온다.

다이나믹 데이터로부터의 변환설정( ) VI는 **익스프레스→ 신호조작** 팔레트에 있다.

다음 함수는 **함수→ARM→ARM Simulation Signal Generation** 팔레트에 있으며, 시뮬레이터의 아날로그 레지스터에 값을 쓴다.

uV Sim Write Analog Input.vi

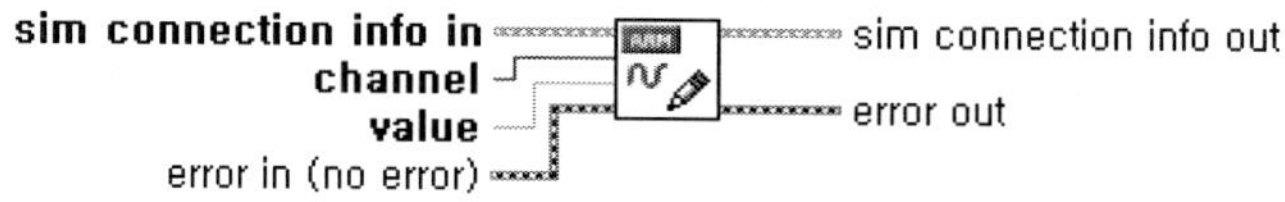

다음 함수는 **함수→ARM→ARM Simulation Signal Generation** 팔레트에 있으며, 시뮬레이터의 디지털 레지스터로부터 값을 읽는다.

uV Sim Read Digital Output.vi

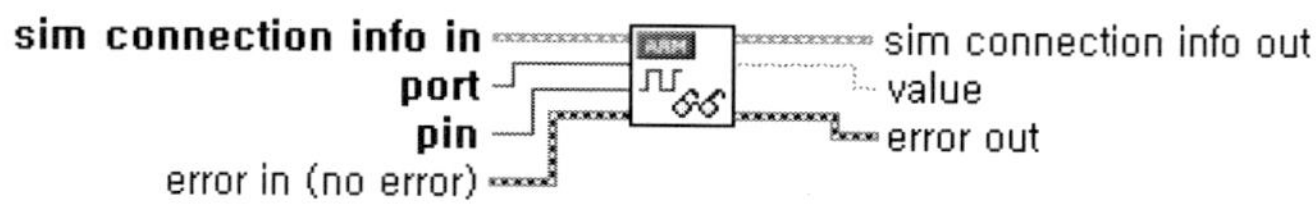

데이터는 수집되어 웨이브폼 차트에 디스플레이 된다.

시뮬레이션을 실행한 후, 이전에 예상했었던 동작과 최종 결과를 비교할 수 있다. 본 스크린샷에서 입력이 1.66V를 상회할 때마다 불리언 출력이 높아짐을 알 수 있다.

14.3 임베디드 어플리케이션의 최적화

임베디드 어플리케이션을 작성할 때, 메모리 제약사항 및 중대한 시간 요구사항과 같은 시스템적인 한계는 프로그램을 작성할 때 매우 중요한 역할을 한다. 여기서는 임베디드 어플리케이션을 최적화하는데 필요로 하는 좋은 프로그램 가이드를 설명할 것이다.

14.3.1 메모리 할당

다이나믹 메모리 할당을 피한다. 시간이 중요한 코드에서 다이나믹 메모리할당은 많은 비용을 지불해야 한다. LabVIEW임베디드 어플리케이션에서 다이나믹 메모리 할당은 **배열 만들기(Build Array)** 및 **문자열 연결(Concatenate Strings)** 함수를 사용할 때 발생된다. 배열 만들기 함수 대신에 **배열 부분 대체(Replace Array Subset)** 함수를 사용하고 배열의 크기를 사전에 할당한다.

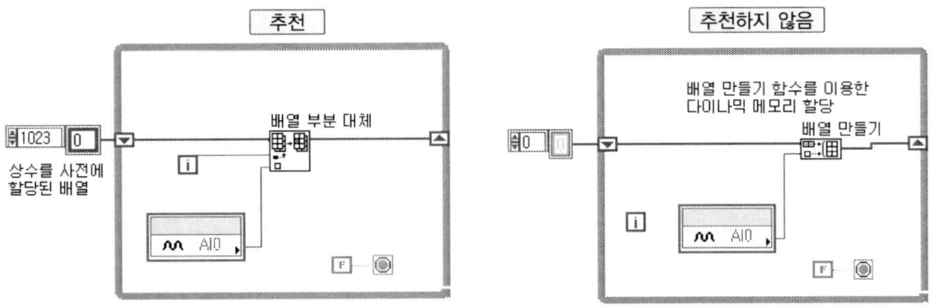

14.3.2 데이터 위치 시키기

큰 상수를 루프 내부에 위치 시키지 않는다. 루프 내부에 큰 상수를 위치시키면 LabVIEW는 루프를 반복적으로 실행할 때마다 메모리를 할당하고 배열을 초기화 한다. 이는 시간이 중요한 어플리케이션에서 많은 비용이 필요하다. 대신에 배열을 루프 밖에 놓고 글로벌 변수를 통해 연결한다.

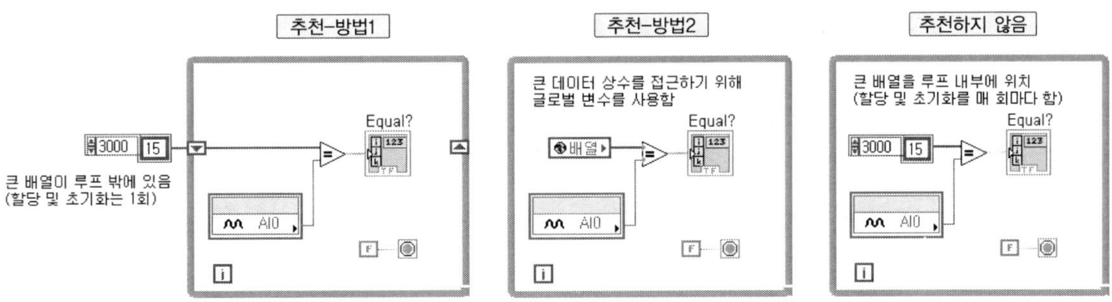

로컬 변수 대신에 글로벌 변수를 사용한다. 로컬 변수를 접근할 때마다 프런트패널의 값과 동기하기 위해 추가 코드가 실행된다. 단순히 로컬 변수를 글로벌 변수로 대치함으로서 코드의 성능을 개선할 수 있다. 글로벌 변수는 추가적인 프런트패널 동기화가 필요 없기 때문에 로컬 변수보다는 실행속도가 조금 빠르다.

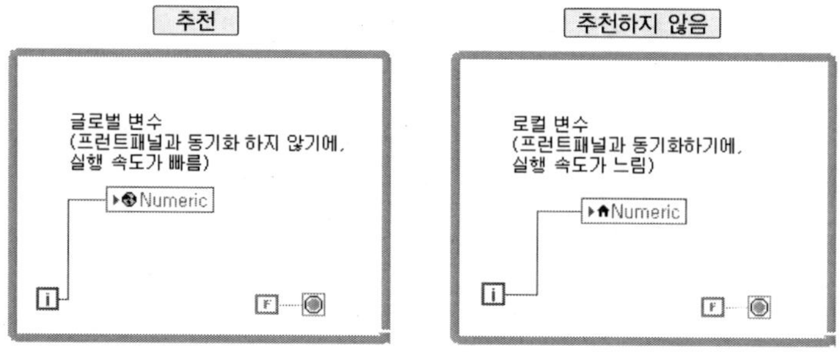

큰 배열에서는 시프트 레지스터를 사용한다. 큰 배열을 루프 터널로 통과시킬 때 루프가 반복될 때 마다 원래 값은 배열 위치로 복사되어야 하며, 이는 많은 비용이 요구된다. 시프트 레지스터는 이러한 복사 작업을 수행하지 않는다. 만약 데이터 값의 변경을 원치 않으면 왼쪽 시프트 레지스터를 오른쪽 시프트 레지스터로 연결해야 한다.

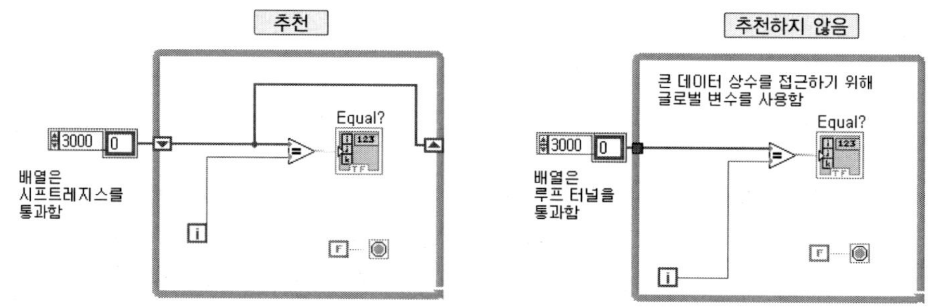

14.3.3 숫자형 변환

부동 소수점 대신에 정수형을 사용한다. 프로세서가 부동 소수점 연산을 할 필요가 없는데, 부동 소수점으로의 변환 후 다시 정수로의 변환하면 많은 비용이 필요하다. 다음 예를 통하여 Quotient & Remainder 함수를 사용하는 것이 Divide 함수를 사용하는 것보다 빠르며, Logical Shift function이 Scale by Power of 2보다 빠르다는 것을 알 수 있다.

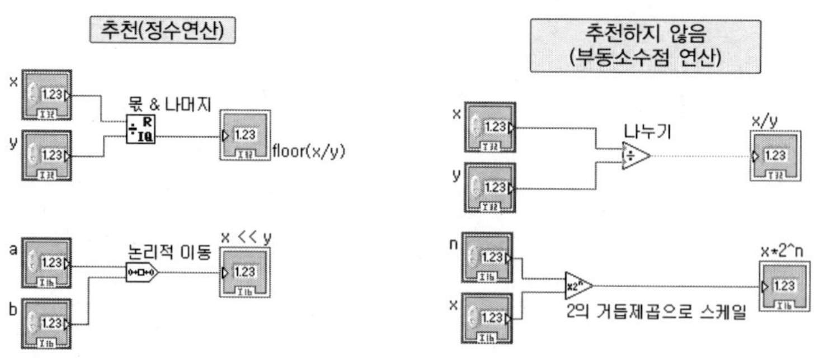

자동 숫자형 변환을 피한다. 코드 성능을 개선할 수 있는 다른 기법은 모든 강제변환점(coercion dots)을 제거한다. 중복된 동작 및 데이터 타입 결정을 피하기 위해 명확하게 데이터 타입을 변환하기 위한 함수를 사용한다.

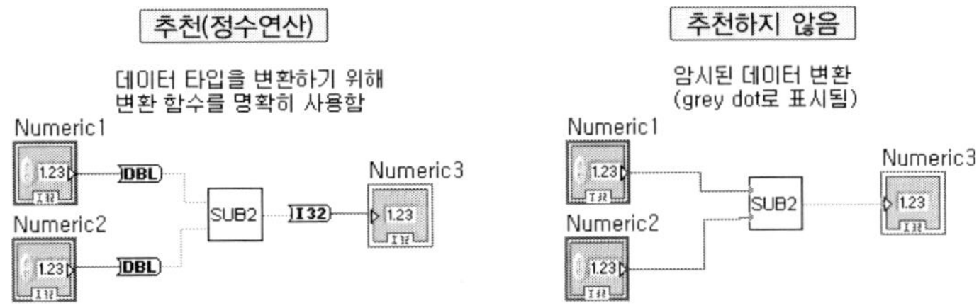

14.3.4 피해야 할 함수 및 데이터 타입

간단한 결정에는 케이스 구조를 피한다. LabVIEW에서 간단한 결정은 케이스 구조보다 **선택(Select)** 함수를 사용하는 것이 빠르다. 케이스 구조에서의 각 케이스에는 블록다이어그램이 있기 때문에 단순 선택 함수와 비교해서 오버헤드가 많다. 하지만 하나의 케이스가 많은 양의 코드를 실행하고 다른 케이스는 적은 코드를 실행할때에는 케이스 구조를 이용하는 것이 좋다.

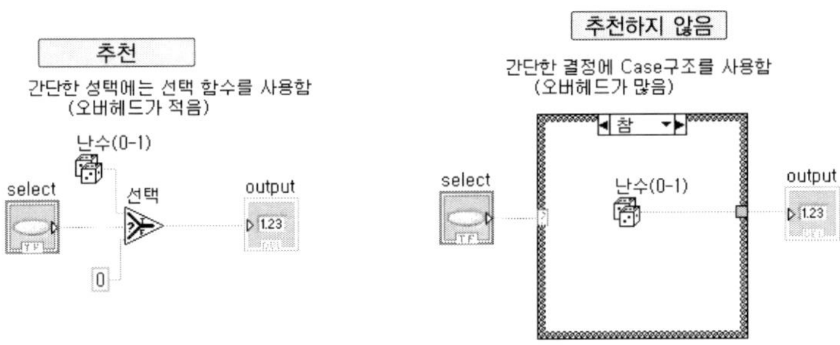

중요한 시간이 관계된 코드에서는 범위 내 확인과 강제 변환(In Range and Coerce) **함수**를 피한다. **범위 내 확인과 강제 변환 함수**는 사용자의 특별한 설정성 및 추가 데이터 타입 결정 작업과 관련되기 때문에 중대한 오버헤드를 가지고 있다. 사용자가 시간이 중요한 코드를 작성할 때에는 이 함수를 비교 및 **선택(Select)**를 사용해서 새롭게 만들어야 한다.

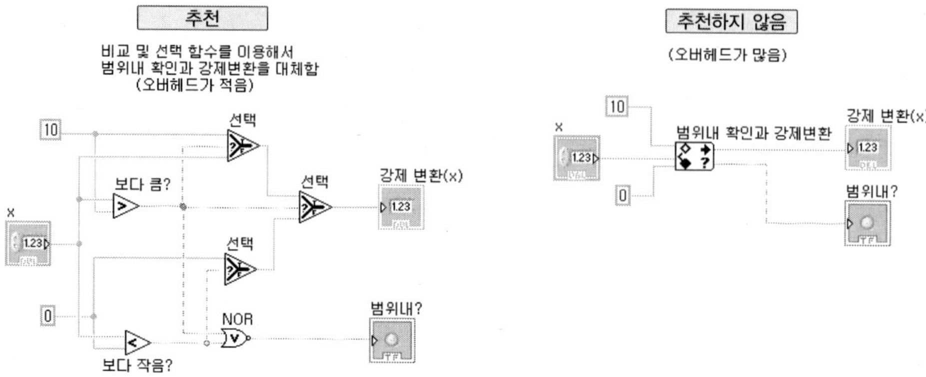

중요한 시간이 관계된 코드에서는 클러스터의 사용을 피한다. 클러스터는 불필요한 데이터 타입 정보도 SubVI로 전달한다. 코드를 좀 더 빠르게 하려면 시간이 중요한 부분에 클러스터의 사용을 줄인다.

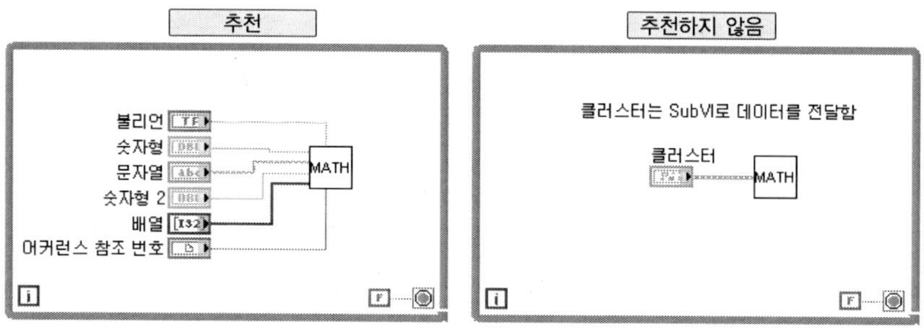

찾아보기

마이랩뷰로의 초대

LabVIEW로 말하는 세상! mylv.net

마이랩뷰는 2003년 사이트를 오픈 한 이래 꾸준한 LabVIEW 사용자들의 증가로 국내 최대 규모의 LabVIEW 개발자 커뮤니티로 자리 잡았습니다. 2011년 회원 여러분들과의 협업을 통해 마이랩뷰는 보다 강력하고 사용자 중심적인 LabVIEW 커뮤니티로 더욱 성장하였습니다.

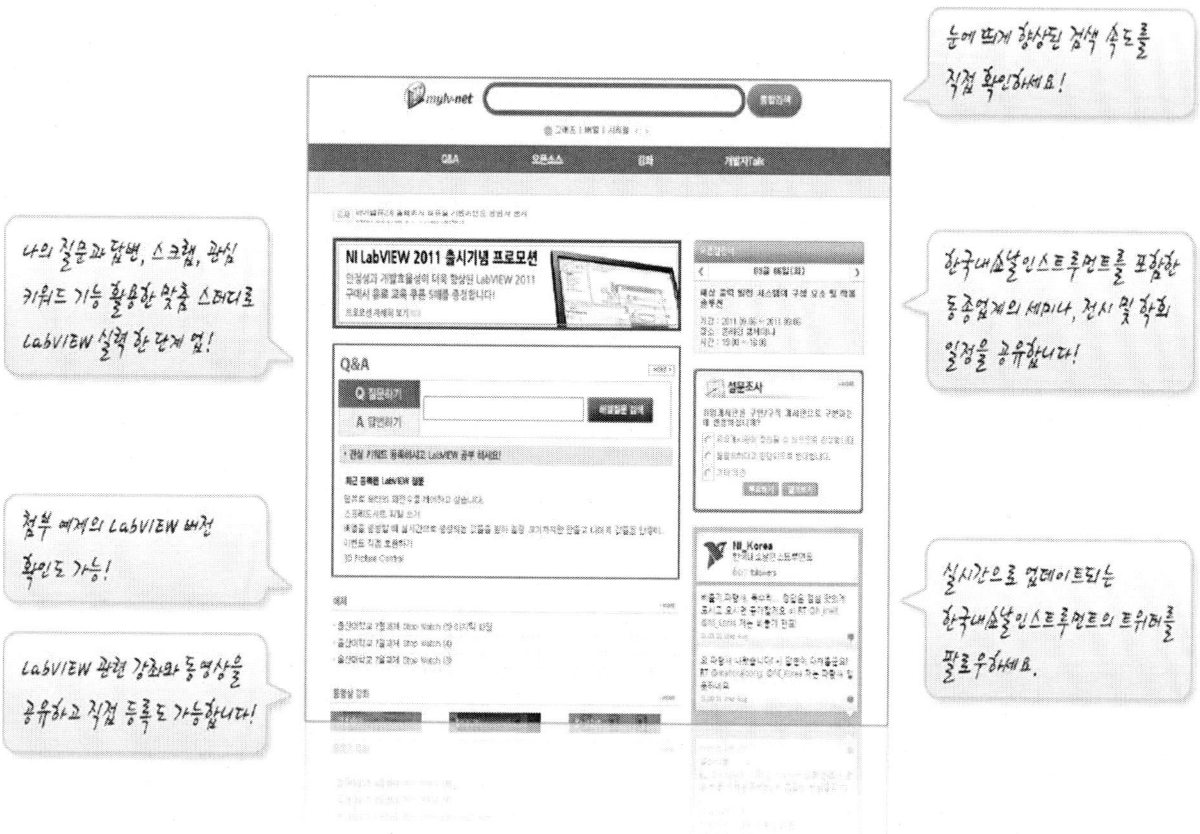

마이랩뷰2.0의 풍성한 리소스와 혜택을 모두 누리세요!

리소스

- 월 300건 이상의 질의응답이 이루어지는 Q&A 게시판
- 동영상 강좌, 사용자 솔루션 및 프로그래밍 예제 공유
- 다양한 분야의 엔지니어를 위한 구인, 구직 게시판
- 마이랩뷰 핫이슈만 골라보는 e뉴스레터
- 동종업계 세미나, 전시, 학회일정을 공유하는 오픈캘린더
- 회원님들의 멋진 꿈과 경험을 공유하는 멤버인터뷰

풍부한 혜택

- 커뮤니티 참여를 통한 소프트웨어 개발 실력 향상 기회
- 노하우와 지식 공유 시 주어지는 포인트 보상 프로그램
- 푸짐한 경품과 함께 매월 진행되는 이벤트 참여 기회
- 오프라인 모임을 통한 개발자간의 네트워크 형성 기회
- 설문조사를 통해 회원들의 의견을 적극 반영하여 커뮤니티 운영

더욱 새로워진 **마이랩뷰**를 지금 확인하세요! mylv.net

LabVIEW 교육을 위한 단 하나의 선택! NI 교육센터

한국 NI 교육센터 교육전용 웹사이트 www.niedu.co.kr

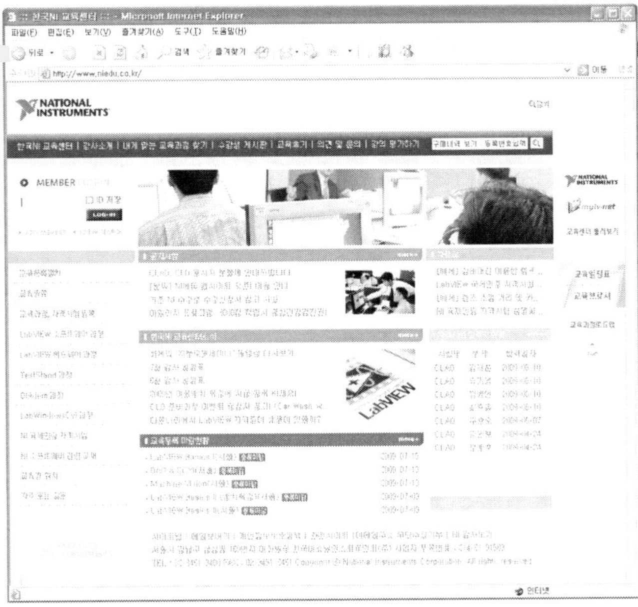

- 실무 지식과 숙련된 강의 경험 LabVIEW 국제인증 자격 보유자인 최고 강사들
- 20년 이상의 노하우를 가진 NI 미국 본사 전담교재개발팀에서 집필한 교재
- 수강생들이 교육에 집중하고 효율을 높일수 있는 최적의 환경

1. 미리 만나보는 강사진

웹사이트에서 미리 한국NI 교육센터의 강사진을 만나보십시오. NI 교육 강사들은 NI 기반 솔루션과 소프트웨어를 누구보다도 잘 알고 있는 한국NI 기술지원 엔지니어들과 현장에서 시스템 통합 업무 경험이 있는 전문 강사로 구성되어 있습니다.

2. 내게 맞는 교육과정 찾기

내게 맞는 교육과정 찾기는 스스로가 본인의 LabVIEW 실력을 파악하는데 도움이 되는 퀴즈이며, 각 채점된 결과에 따라 적합한 과정을 추천하여 드립니다. 정확한 진단을 위해 10가지 문항의 설문 후 퀴즈풀이에 참여하게 되며 총 4 과정에 대한 퀴즈가 준비되어 있습니다.

3. 수강생 후기

교육 과정 별 수강생 후기 또는 국제인증 자격시험에 응시한 후기를 살펴볼 수 있습니다. 진솔한 수강생의 후기를 통해 강의의 생생한 분위기를 미리 살펴보거나 강의 내용을 파악할 수 있습니다.

강의를 듣기 전에는 LabVIEW를 다뤄본 경험이 거의 없었기 때문에 과연 강의진도를 따라갈 수 있을까 걱정했었는데, 강사님께서 친절한 설명과 함께 수강생 모두가 따라올 수 있도록 배려해주셔서 무사히 과정을 마칠 수 있었던 것 같습니다.

LabVIEW만큼 당장 업무에 적용가능하고 반드시 필요한 교육도 드물었던 것 같습니다.

Core1에서는 기본적인 내용을 알고 간단한 프로그래밍 연습을 해볼 수 있어 앞으로 LabVIEW를 배워나가는 데 탄탄한 밑바탕이 될 것 같습니다.

3일 동안 배운 내용을 잊어 버리기 전에 빨리 저만의 VI를 만들어보고 싶은 욕심이 생깁니다

교육내용뿐만 아니라 교육환경 면에서도 너무너무 만족스러웠습니다.

– 교육과정 수강생 후기 중

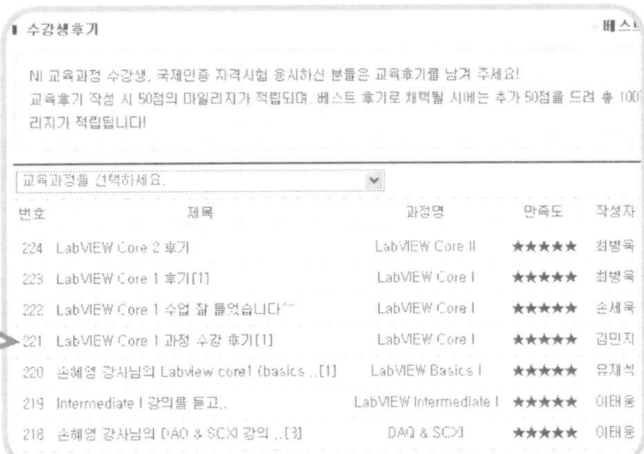

수강생후기

NI 교육과정 수강생, 국제인증 자격시험 응시하신 분들은 교육후기를 남겨 주세요!
교육후기 작성 시 50점의 마일리지가 적립되며, 베스트 후기로 채택될 시에는 추가 50점를 드려 총 100
리지가 적립됩니다!

교육과정을 선택하세요.

번호	제목	과정명	만족도	작성자
224	LabVIEW Core 2 후기	LabVIEW Core II	★★★★★	최병욱
223	LabVIEW Core 1 후기[1]	LabVIEW Core I	★★★★★	최병욱
222	LabVIEW Core 1 수업 잘 들었습니다^^	LabVIEW Core I	★★★★★	손세욱
221	LabVIEW Core 1 과정 수강 후기[1]	LabVIEW Core I	★★★★★	김민지
220	손혜영 강사님의 Labview core1 (basics ..[1]	LabVIEW Basics I	★★★★★	유재석
219	Intermediate I 강의를 듣고..	LabVIEW Intermediate I	★★★★★	이태웅
218	손혜영 강사님의 DAQ & SCXI 강의 ..[3]	DAQ & SCXI	★★★★★	이태웅

장 현 오

성균관대학교 물리학과, 동 대학원
(주)태일시스템
(주)한국내쇼날인스트루먼트
Application Engineer, Field Sales Engineer, Area Sales Manager
현 (주)스마트인스트루먼트 대표이사

LabVIEW

LabVIEW를 이용한
ARM 마이크로컨트롤러 제어

인 쇄	2012년 1월 10일 초판1쇄
발 행	2012년 1월 17일 초판1쇄
저 자	장현오
발행인	채희만
출판기획	안성일
영 업	박지훈, 박지인
편집진행	이승훈, 장은화, 백진주
관 리	최은정
발행처	**INFINITYBOOKS**
주 소	서울특별시 마포구 서교동 460-35
대표전화	02)302-8441
팩 스	02)6085-0777
Homepage	www.infinitybooks.co.kr
E-mail	helloworld@infinitybooks.co.kr
ISBN	978-89-92649-73-5
등록번호	제313-2010-241호
판매정가	27,000원